中国旅游业普通高等教育应用型规划教材

休闲旅游概论

主编 罗 君

中国旅游出版社

项目策划：张芸艳
责任编辑：张芸艳
责任印制：孙颖慧
封面设计：武爱听

图书在版编目（CIP）数据
休闲旅游概论 / 罗君主编. -- 北京 : 中国旅游出版社, 2022.12
中国旅游业普通高等教育应用型规划教材
ISBN 978-7-5032-6521-1

Ⅰ. ①休… Ⅱ. ①罗… Ⅲ. ①休闲旅游－高等学校－教材 Ⅳ. ①F590.71

中国版本图书馆CIP数据核字(2020)第121584号

书　　名：休闲旅游概论

作　　者：罗君　主编
出版发行：中国旅游出版社
（北京静安东里 6 号　邮编：100028）
http://www.cttp.net.cn　E-mail:cttp@mct.gov.cn
营销中心电话：010-57377108，010-57377109
读者服务部电话：010-57377151
排　　版：北京旅教文化传播有限公司
经　　销：全国各地新华书店
印　　刷：北京明恒达印务有限公司
版　　次：2022 年 12 月第 1 版　2022 年 12 月第 1 次印刷
开　　本：787 毫米 × 1092 毫米　1/16
印　　张：16.75
字　　数：346 千
定　　价：59.80 元
ISBN　978-7-5032-6521-1

前言

休闲是一种身心的调节与放松方式，它是人的生存整体的组成部分之一，是公民的社会权利之一。20 世纪末，国内外专家预测：2015 年，发达国家将进入“休闲时代”，发展中国家将紧随其后。从目前我国的生产力水平看，休闲显然已成为我们这个时代的特征之一，休闲正以一种崭新的生活方式影响着人们的生活，休闲旅游作为休闲经济的重要组成部分越来越引起人们的关注。休闲旅游是以休闲为目的的旅游，它不仅能满足人的感官需要，更能满足人的心理需求和精神需求，是一种较高层次的旅游形式，反映了旅游业发展的方向和趋势。2013 年，国务院办公厅发布了《国民旅游休闲纲要（2013—2020 年）》，顺应了休闲时代我国人民群众日益增长的休闲需求，为休闲旅游的发展指明了方向。

本书共分七章，分别介绍了休闲旅游概述、休闲旅游的发展、休闲旅游的理论基础、休闲旅游资源、休闲旅游产品、乡村旅游、城市旅游等内容。既可以作为高等院校旅游管理专业教材，也可以作为旅游从业人员的学习参考书籍。

本书的主要特点有：第一，博采众长，反映了休闲旅游的新观念、新思想、新方法，具有鲜明的时代特色。第二，内容充实，体系完整，系统性强。本书将休闲学和旅游学相结合，丰富了学科体系，提升了理论深度。第三，理论联系实际，具有较强的实践性，体现了我国休闲旅游的特色。

本书的编写引用了国内外相关学者的成果和部分网站的内容，由于篇幅所限，未能一一标注，将尽可能在文后参考文献中列出，在此向这些学者和网站表示衷心的感谢。本书在撰写中得到重庆第二师范学院旅游与服务管理学院的大力支持，同时得到杨纲老师、樊昊老师的支持和帮助，谨此一并致谢！

由于时间仓促，相关资料收集不全，以及作者研究水平及实践经验等方面的不足，本书难免存在一些疏漏或有待商榷之处，敬请各位专家和热心读者批评指正，以便今后进一步修订完善。

罗君

2022 年 11 月于重庆

目 录

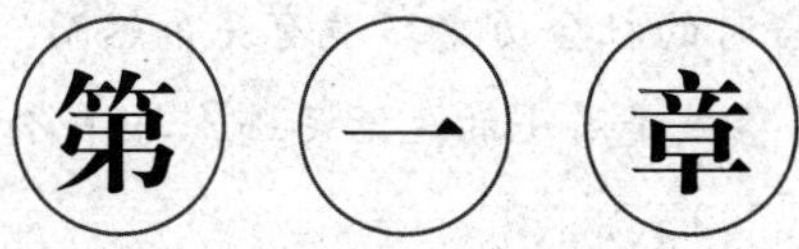

第一章 休闲旅游概述

【学习目标】

通过学习，要求理解休闲旅游的概念及其内涵，明确休闲旅游的功能，掌握休闲旅游的特征，了解休闲旅游的作用，熟悉休闲旅游的类型。

【内容结构】

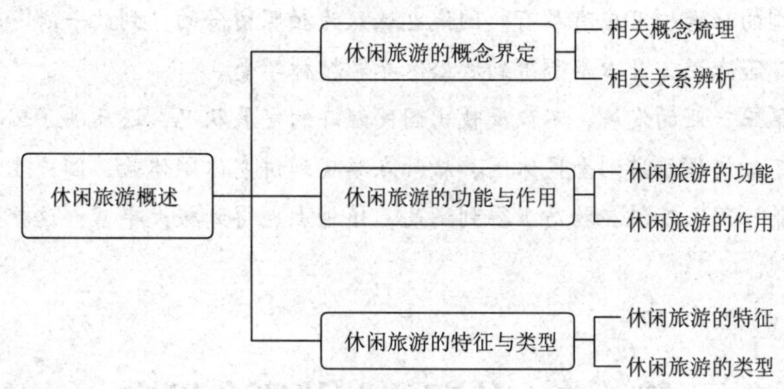

【开篇导读】

国民从极少出游到全民休闲[①]

俗话说，读万卷书不如行万里路。游山玩水一直以来都是国人喜爱的休闲方式。然而，早些时期，旅游休闲并非人人都能享受，出游似乎只是文人墨客抑或是有钱人的特殊消遣。直到近年来，随着生活水平的提高，旅游才逐渐发展成为国民生活最主要的休闲方式之一，并渐渐成为“中国好生活”的一个重要标志。

在中国古代，出门游山玩水的不外乎几类人：文人墨客、侠士、游医、僧人道士、

① 陈薇伊.透视国人生活变迁：从极少出游到全民休闲［EB/OL］. http：//news.sohu.com/20121211/n360077672.shtml，有删改。

王侯将相、富贵人家等。平常百姓人家，几乎极少出游，甚至如果普通人家孩子想撂下担子出去游玩几天，还会被骂不务正业。这固然是与当时的社会历史环境有关。然而，我们不难看出，在古代，旅游休闲只是有钱人家的娱乐，或是游士的生活足迹，与寻常百姓相距甚远。

直到改革开放以后，国家大力发展旅游业，各地旅游景点的修建，出行交通、酒店、餐饮等相关配套的完善，国家法定节假日的确立，国民旅游休闲意识逐渐从无到有，并且成为国民生活重要组成部分。尤其是近几年来，随着《国民旅游休闲纲要（2013—2020 年）》的提出，带薪休假制度的建立和完善，休闲旅游已然成为国民热爱的一种生活方式，从近年五一、十一民众出游呈井喷式的壮景便可见端倪。

随着旅游观念的转变和旅游业的发展，国民在旅游方面的投入不断增多，民众对旅游的需求也在不断提高。

在旅游业发展初期，国民旅游主要是以景点参观为主，显然，这种旅游方式并没有带给人们期望的享受，人们很快便不满足于这种休闲方式，于是有了更多针对游客需求的体验式度假休闲旅游。

从旅行社报团参加的景点旅游，到现在蓬勃发展的个人游、自助游等，体现了国民对旅游需求的不断提高。大城市周边的郊区游、打折季的出境购物游、黄金周的自驾游等，各种类型的旅游项目应有尽有。国民也从只为拍照留念的“到此一游”转变为越来越注重心情是否愉悦、身心是否得到放松休养等精神享受。

旅游等第三产业的发展，不仅反映出国民经济的发展状况，还反映了国人精神文化的需求。从不知何谓旅游到全民休闲，从景点参观到讲究休闲体验，国民生活随着社会发展不断改善，国人不仅在物质上得到满足，精神上也得到极大丰富，这就是“中国好生活”的体现。

第一节　休闲旅游的概念界定

一、相关概念梳理

（一）休闲的定义

休闲学的研究最早可以追溯到 1899 年美国社会学家凡勃伦的《有闲阶级论》一书的出版，尔后许多学者加入休闲研究的行列。时至今日，休闲学的研究早已超出了传统的社会学范畴，哲学家、经济学家、文化学者、心理学家乃至教育学家都在关注休闲问题。对于休闲的内涵，不同学者有不同的界定。

基于时间的定义。赫伯特（Herbert）认为，休闲是个体自主做出选择、自愿参加活动的时间。[①]

基于活动的定义。世界休闲组织（World Leisure Organization）指出，所谓休闲就是人们在完成工作和其他任务之后，在自由支配的时间内所进行的活动，是以补偿性活动为基础的活动。[②]

基于劳动的定义。勒科尔比西埃（Corbusier）认为，休闲这个词绝不反映一种不应提倡的惰性，而是一种付出劳动的巨大努力，一种发挥个人主动性、想象力和创造性的劳动，一种既不能出售也不能盈利的忘我的劳动。[③]

基于心态的定义。皮柏（Pieper）强调，休闲乃是一种心智上和精神上的态度，它并不只是外在因素的结果，也不是休闲时刻、周末或假期的必然结果。它首先是一种心态，是心灵的一种状态。[④]

基于发展的定义。梁颖认为，休闲是有计划地暂时停止日常工作，以刻意安排参加各种与本职工作完全不同或毫无关系的活动来摆脱日常工作、劳动所带来的各种精神压力，并利用这些活动与日常工作之间的极大差异性来恢复消耗的体力和精神，弥补智力磨损，获得新的知识和新的灵感，增强创造力。[⑤]

基于生活的定义。杰弗瑞·戈比（Geoffrey Godbey）等人认为，休闲是从文化环境和物质环境的外在压力中解脱出来的一种相对自由的生活，它使个体能以自己所喜爱的、本能地感到有价值的方式，在内心之爱的驱动下的行为，并为信仰提供一个基础。[⑥]

基于方式的定义。皮格拉姆（Pigram）提出，简单地说，休闲实质上就是人们对待和利用闲暇时间的方式。[⑦]

基于特征的定义。杜马兹迪埃（Dumazedier）指出，所谓休闲，就是个人从工作岗位、家庭、社会义务中解脱出来，为了休息、为了消遣，或为了培养与谋生无关的智能，以及为了自发地参加社会活动和自由发挥创造力，是随心所欲的总称。[⑧]

从以上论述中我们可以发现，对休闲定义的角度非常多元化。正确把握休闲的科学内涵应把握以下要点：

---

① Herbert D T.Work and leisure：Exploring a relationship［M］//C.米歇尔·霍尔，斯蒂芬·J.佩奇.旅游休闲地理学：环境·地点·空间.周昌军，等，译.北京：旅游教育出版社，2007：4.

② 世界休闲组织.休闲宪章［EB/OL］.http：//wenkubaidu.com/view/3230545c804d2b160b4ec019.html.

③ 楼嘉军.休闲学概论［M］.上海：华东师范大学出版社，2016：13.

④ 约夫·皮柏.节庆、休闲与文化［M］.黄藿，译.北京：生活·读书·新知三联书店，1991：116.

⑤ 梁颖.娱乐设施经营管理［M］.杭州：浙江摄影出版社，1998：4.

⑥ 杰弗瑞·戈比，等.人类思想史的休闲［M］.成素梅，等，译.昆明：云南人民出版社，2000：11.

⑦ Pigram J.Outdoor recreation and resource management［M］//史蒂芬·威廉姆斯.休闲旅游.杜靖川，等，译.昆明：云南大学出版社，2006：4.

⑧ Dumazedier J.Toward a society of leisure［M］.New York：The Free Press，1967：16-17.

（1）休闲是人们对可自由支配时间的合理安排与有效使用。

（2）休闲时间和休闲活动虽然与人们所从事的日常工作毫无关系，但与“既不能出售也不能盈利的忘我的劳动”并不冲突。从某种意义上讲，这种忘我的劳动恰恰是休闲的重要形式。

（3）休闲既是人们对生活理想和价值理念的一种理性诉求，也是一种行为实践。

（4）休闲活动成为人们自我发展和自我完善的一种具体形式。

（5）合适就是最好的休闲形式。

基于以上认识，可以将休闲定义为：休闲是指人在闲暇时间以自己喜欢的、感到有价值的方式，去休息和消遣，培养与谋生无关的兴趣，自发地参加到社会活动和自由活动的总称。

（二）旅游的定义

据不完全统计，目前国际上流行的旅游定义和概念不下 30 种，较为流行和较有代表性的定义有：奥地利学者施拉德（H. V. Schllard，1910）认为，旅游是外国或外地人口进入非定居地并在其逗留和移动所引起的经济活动的总和。德国学者莫根罗特（W. Morgenroth，1927）的旅游定义是，暂时离开自己的住地，为了满足生活和文化需求，或个人的各种愿望，而作为经济和文化商品的消费者逗留在异地的人的交往。国际旅游学会（ITSA，1951）对于旅游的定义是，人们为实现某种旅行所从事的各种活动的总和，是为满足游客某些需要而予以实现的途径……在此意义上，旅游与旅行的区别事实上在于，旅游者一方面可以自由选择旅游目标，另一方面，他的消遣愿望可以得到满足。法国文化学者让·梅特森（1966）认为，旅游是一种消遣活动，它包括旅行或在离开定居地点较远的地方逗留。其目的在于消遣、休息或为了丰富他的经历和文化教养。英国学者伯卡特和梅特利克（A. J. Burkart & S. Medlik，1981）将旅游定义为，除为了进行有偿工作以外的任何原因而离开正常居住地作短期外出访问（或离开家短期逗留别处）的现象。世界旅游组织（WTO，1991）的旅游定义是，一个人旅行到一个其惯常居住环境以外的地方并逗留不超过一定限度的时间的活动，这种旅行的主要目的是在到访地从事某种不获得报酬的活动。美国旅游学者戈尔德耐和里奇（C. R. Goeldner & J. R. BrentRitchie，2005）将旅游定义为，在吸引和接待旅游和访客过程中，由游客、旅游企业、当地政府、当地居民相互作用而产生的现象与关系的总和。

我国学者冯乃康认为，旅游是以去异地寻求审美享受为主要内容的一种短期生活方式。这一定义强调了旅游的目的性。谢彦君教授认为，旅游是人们以前往异地寻求愉悦为主要目的而度过的一种具有社会、休闲和消费属性的短暂经历。这一定义强调旅游活动的本质——异地愉悦经历。旅游的本质是异地消遣、审美的愉悦体验。曹诗图教授认为，旅游是人们以消遣、审美、求知等为主要目的，利用余暇到日常生活和工作环境之外的地方的旅行、游览和逗留的各种身心自由的体验。

从上述定义中，我们可以大致了解到旅游概念的几个本质特征：

（1）旅游是人的空间位置的移动（与一般货物贸易的移动有很大不同），这种移动是暂时的，这是旅游消费区别于其他消费活动的一个显著特征。

（2）旅游可以有一个或多个动机，但我们一般认为旅游的动机与游憩（或康乐）有关，当然也可能包括了商务、教育、健康或宗教等因素，这一切构成了旅游的基础。

（3）旅游活动需要一定的交通基础设施、住宿、营销系统、游憩（或康乐）和景区服务的支持，这一切构成了旅游产业的基础。

（4）旅游不仅仅是游客个人的一种休闲和游憩（或康乐）的消费方式。从空间上看，旅游不仅仅是客源地向目的地单向的人员流动，而是由客源地、通道和目的地构成的一个完整的空间系统。

（5）旅游整体的空间系统，不仅是一个经济系统，更是一个文化系统和社会系统，这是旅游目的地系统存在的理论基础。

（三）休闲旅游的定义

目前，关于“休闲旅游”的概念，学术界尚无统一的说法。刘群红认为，休闲旅游是指以旅游资源为依托、以休闲为主要目的、以旅游设施为条件、以特定的文化景观和服务项目为内容，离开定居地而到异地逗留一定时期的游览、娱乐、观光和休息。马惠娣认为休闲旅游是以休闲为目的的旅游，它更注重旅游者的精神享受，更强调人在某一个时段内所处的文化创造、文化欣赏、文化构建的存在状态。刘丽丽、李宏指出休闲旅游是旅游者为了休息、消遣、度假、健身、娱乐等目的，离开居住地 10 公里以上，到异地停留 6 个小时以上、不超过 24 小时（一日游），或停留 24 小时以上、最长不超过 12 个月的活动。黄大学、何文玉等认为，休闲旅游是不同于观光旅游的一种旅游方式，它以修养身心、陶冶情操等为主要目的。陈向红概括休闲旅游是人们在职业活动以外，离开居住地一定距离以自己喜爱的相对自由的方式进行修养、度假、健身、消遣、娱乐，以达到消除身心疲劳、发展自我、充实精神的一种形式简单、气氛轻松、费用适宜、重游率高的新兴旅游方式。岳培宇、楼嘉军认为，旅游是休闲活动的重要组成部分，而休闲旅游则是旅游活动的一种新型产品形式。邸明慧认为，休闲旅游与观光旅游的差别，主要在于休闲旅游是日常生活在异地的延伸。观光旅游是到别的地方，看没有看过的东西；休闲旅游是到别的地方，过差异化的生活。所以，观光旅游多是一次性的，而休闲旅游则具有重复性。百度百科对于休闲旅游的定义是以旅游资源为依托，以休闲为主要目的，以旅游设施为条件，以特定的文化景观和服务项目为内容，是离开定居地而到异地逗留一定时期的游览、娱乐、观光和休息。休闲旅游与其他旅游不同之处在于，一“动”一“静”，一“行”一“居”，一“累”一“闲”，它是旅游者占据了较多的闲暇时间和可自由支配的经济收入，旅游地有了一定服务设施条件下而逐渐形成的，是旅游得以丰富发展的产物。

结合以上观点，笔者认为对休闲旅游的界定可以从“休闲”与“旅游”两方面入手：

（1）休闲旅游是以旅游方式进行的休闲，它应符合旅游概念中关于活动时空的限定，也就是要具有异性地，而一般的休闲活动是可以在本地甚至居家进行的。

（2）休闲旅游是以休闲为目的旅游，它应具有别于其他旅游方式的特征，也就是说休闲旅游寻求的主要是释放日常生活的紧张与劳累、完成身心状态的调节与恢复，因此它不同于以满足好奇心、求知欲为主的观光旅游，也不同于出于职业或工作目的商务旅游。具体地表现为休闲旅游节奏较慢、逗留时间较长、重游率高、讲究环境氛围等。

综上所述，休闲旅游是一种较高层次的旅游形式，突出了旅游过程中精神方面的享受和放松。休闲旅游既是旅游活动，又是一种旅游心态的反映，是一种以休息、休整、休疗、休养为旅游动机的旅游活动。休闲旅游是旅游发展到一定程度后出现的一种旅游类型，它不同于一般意义的旅游，是对传统的旅游概念从内涵到外延的新的延伸，其本质是休闲，旅游者更注重精神享受，它不仅能满足人的感官需要，更能满足人的心理需求和精神需求。

二、相关关系辨析

（一）休闲、旅游与休闲旅游

休闲和旅游是人类的重要活动，休闲旅游是休闲活动的一部分，同时也是旅游活动的一部分，它们之间的关系既有区别，也相互交织融合。

1. 范畴不同

休闲是按时间划分，旅游强调异地性。刘德谦在《不要混淆了“休闲”与“旅游”》一文中提出，“休闲”主要是从时间的范畴来认识，而“旅游”考虑的却是地理范畴的位移（见图 1-1）。旅游不等于休闲，反之亦然，不是所有旅游活动都能达到休闲的目的。

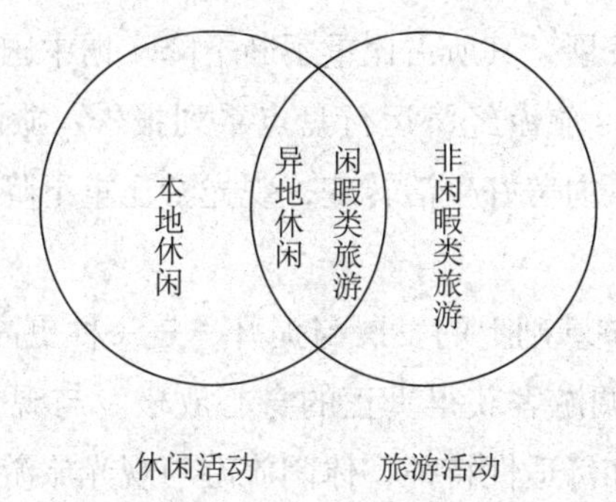

图 1–1 休闲活动与旅游活动关系示意①

2. 内容交叉

休闲是人的一种生活形态和生活方式，休闲的范畴大于旅游，旅游是休闲的一种重要方式。旅游的范畴又大于休闲旅游。休闲包括本地休闲活动和异地休闲活动。旅游可以分为观光旅游、商务旅游、修学旅游、休闲旅游等。通常情况下，本地休闲活动与旅游的关系不大，而异地休闲活动，如度假、游憩、健身康体、娱乐等属于休闲旅游。

3. 目的趋同

休闲本质就是使人处于愉悦、畅爽、自由，它为旅游提供了娱乐对象和活动设施。旅游最基本的属性是休闲，休闲是旅游的主要目的与归宿。旅游是休闲的重要途径之一，越来越多的休闲活动的内容被融合到旅游活动当中，原本只有本地社区居民参与的休闲娱乐活动也尽可能地被纳入旅游范围来吸引异地的旅游者。与此同时，旅游地也尽可能地为游客提供更有吸引力、更有体验性的休闲娱乐活动项目。休闲旅游是一种以休闲为主要目的的旅游形式，它将休闲活动的内容融合到旅游活动中，通过松弛有度的旅游方式达到令人放松身心、陶冶情操的目的，它不仅扩大了休闲的范围，也丰富了旅游的内容，充实了旅游产品体系，从而使休闲与旅游更为紧密地结合在一起。

（二）观光旅游与休闲旅游

观光旅游是旅游业发展的初期阶段，是旅游的最基本形式。《旅游服务基础术语》规定，观光旅游是以参观、欣赏自然景观和民俗风情为主要目的和游览内容的旅游消费活动。在观光过程中可以陶冶性情、学习知识、锻炼体力和磨砺意志。观光旅游是以游览自然风光、名胜古迹、社会风情、博物馆等景观和文化设施从而获得美的享受和扩大眼界、增长知识为目的的一种旅游，国外称之为“单纯的观景旅游”。在观光旅游中，旅游者的目的性强，希望在旅游中能看到某些具体、有特色的东西。因此，出游前都是精心策划，游程中不辞艰辛，旅游结束时满载而归。观光旅游曾在相当长一段时间内是国民旅游的主要形式，在整个旅游消费构成中，观光旅游带来的收入也是占了相当大的

① 刘德谦．不要混淆了“休闲”与“旅游”［J］．旅游学刊，2006（9）．

比重。但随着社会经济的发展，其所占比重不断下降。据中国旅游研究院（文化和旅游部数据中心）发布的《2018 旅游经济运行盘点系列报告：旅游产业》中指出，我国国民旅游需求正在从美丽风景向美好生活转变，观光游比重下降成为国民旅游市场的中长期趋势。

休闲旅游是在观光旅游基础上的发展与提升，是一种更高层次的旅游业发展模式，它以消遣休闲为目的，强调游客获得真正的身心放松。与观光旅游相比，它的层次更高，呈现丰富性、深入性和舒适性特征。休闲旅游与观光旅游在出游方式、目的、旅游节奏、旅游吸引物等诸方面有着显著的区别（见表 1-1）。

表 1-1　观光旅游与休闲旅游比较 ①

旅游形式	观光旅游	休闲旅游
旅游目的	观光游览	休闲放松
旅游吸引物	风景名胜	环境、设施、氛围、活动
出游距离	较远	较近（城市周边或附近地区）
停留时间	单个景点或目的地停留时间相对较短，整体旅程需要较长时间	单个景点停留时间相对较长，整体旅程所需时间可长可短
旅游节奏	快	慢
旅游周期	一次性	重复性
旅游方式	以观光为主，多个不同的景点串成旅游线路	依托于单个休闲旅游景点的各种活动的组合
旅游活动	简单、无差异	个性化、注重体验

1. 旅游目的与旅游吸引物不同

观光旅游是旅游地具有美、新、奇、独、特、异等方面的吸引力拉动形成的，观光旅客的目的在于观光、观赏，感官上的刺激、冲击和震撼是诉求的核心。观光旅游更多的是依托自然资源和人文资源展开的，以满足基本观光诉求为主要目标，旅游服务的保障系统主要还是围绕食、住、行、游、购、娱六要素展开的。休闲旅游出游目的是出自人的内在需求，包括生理和心理的放松、康复，活动目的是为了康体休闲，休闲旅游不再仅仅围绕六要素展开，而是在此基础上围绕游客的高层次需求和产业的深度发展展开，在充分依托当地的自然和人文资源的前提下，强化了对环境的依托，贯彻可持续发展战略，促进一二三产业融合发展，对当地经济发展和产业升级产生积极的影响。

2. 距离、时间、节奏不同

观光旅游出游距离较远，旅游行程耗时较长，游览节奏快，游客一般不会重复游览同一旅游地；休闲旅游以短距离为主，旅游行程可控，旅游节奏控制得较慢，重复出游

① 黄晓虹 . 溧水县休闲旅游发展研究［D］. 上海：华东师范大学，2010，有删改。

的可能性较大。

3. 旅游方式和旅游活动不同

观光旅游以观光为主，将多个不同的景点串成旅游线路，观光产品批量化生产，旅游活动单一，无差异；休闲旅游注重满足个性需要，不仅要观光，还要体验更为丰富的异地休闲的内容，是旅游内容量和质的提升。

第二节　休闲旅游的功能与作用

一、休闲旅游的功能

休闲旅游的功能是指休闲旅游为满足游客需求而提供的产品和服务所发挥的效用。休闲旅游作为满足游客需求具有物质性和精神性两方面属性。休闲旅游的功能较之传统观光旅游有了很大的发展，其功能日益多样化。

（一）观光

丰富的自然景观和人文景观能吸引游客，游客在旅游活动中寻求美的享受，满足其悦耳悦目、悦心悦意和悦志悦神等不同层次的需要。休闲旅游的审美性在于旅游主体在旅游过程中通过景观欣赏、文化欣赏、文化交流、参与性活动等获得审美愉悦。对旅游活动来讲，一个人如果被生活压力逼迫或被利害计较束缚，无论怎样好的旅游客体出现在他面前，他都不可能获得审美愉悦。在休闲旅游中，作为休闲旅游的主体，已经“从外界环境的压力中解脱出来”，不仅摆脱了物质利益的束缚，而且摆脱了精神的羁绊，能够以“欣然的”心态自由地体验与欣赏。休闲旅游的最佳审美境界是，生存没有附加，没有累赘，不为贫所累，不为利所缚；坦荡豁达，神经松弛，能感觉奋斗后的愉悦，能尽情地享受大自然赐给人间的一切美的东西。

（二）娱乐

休闲旅游者注重获得精神的愉悦和身心的放松，在休闲旅游体验中，自然放松的随意性和畅爽愉悦的目的性始终占据着主导地位，其间，人们进入一种相对自由状态，达到身心的休整。

（三）度假

度假是一种高层次的、悠闲的旅游方式。休闲旅游是一种高层次的旅游，它强调人与自然的和谐发展，回归自然、返璞归真，是人类天性使然，是现代文明社会中人们的一种迫切要求。尤其是在市场竞争日益激烈、工作与生活节奏都比较快的今天，人们希望能利用闲暇日从工作的劳累与紧张中解脱出来，放松精神、陶冶情趣、锻炼身体、调节生活。因此，休闲旅游者大多希望到气候宜人、环境幽静、风景优美、空气清新、没有污染的地方去度假。

（四）文化教育

休闲旅游蕴含丰富的文化内涵，带来个人成长和生活技能及素质的提升。休闲旅游使人获得旅游地的文化熏陶，在领略山川自然和人文古迹之美的同时，接受不同文化的冲击，体验文化带给人的美感，通过文化交流、传递文化信息，使人获得文化素质的提升。休闲旅游能够带给人愉悦的心灵体验，达到“畅”的境界，在与自然接触中，有助于塑造人的坚韧、豁达、开朗的品格，坚定人追求真、善、美的信念，促进人形成良好的心理素质。

（五）节事活动

节事旅游是指依托某一项或某一系列旅游资源，通过开展丰富的、开放性与参与性强的各项活动，以吸引大量游客参与为基本原则，以活动带动一系列旅游消费进而带动地方经济增长为最终目标的所有活动的总和。节事旅游的主题明确，具有较强的参与性，能为当地旅游产业带来一定的综合效益，同时对当地的旅游形象也具有一定的推动作用。

（六）美食、购物

美食、购物是旅游过程中必不可少的组成部分。特色餐饮和商品是具有鲜明地域特色的休闲旅游资源，能够使休闲旅游者对目的地产生足够的兴趣和回忆。同时，特色餐饮和特色纪念品往往与当地民众的生活活动是分不开的，游客可以在品尝美食、欣赏商品的同时，参与、体验地方文化特色。

二、休闲旅游的作用

（一）有利于构建和谐社会

休闲旅游是一种积极的休闲活动，有助于在建设物质文明的同时，促进精神文明、小康社会、社会主义和谐社会的构建。休闲本身便是人自身要求物质需求与精神需求相统一的产物，是休闲旅游活动开展的出发点和落脚点。休闲旅游的价值取向便是使旅游者在旅游过程获得身心的双重放松，使主观需求与客观环境相协调。在整个旅游过程中，休闲旅游的旅游者不是孤立的个体，而是与活动组织者、旅伴、当地居民等主体会产生相应的关联，对提高人的素质、发扬人性善的一面具有潜移默化的作用。

（二）有利于推动经济增长

休闲旅游的游客在旅游目的地的停留时间更长、重游率高，形成对休闲旅游产品的重复购买和消费，休闲旅游的经济效益总是呈无限循环的态势。世界旅游组织的研究表明，休闲度假旅游能够带动或者影响交通、通信、建筑、商业、文化等多个产业和行业的发展，休闲度假旅游收入每增加 1 美元，可带动其他相关行业收入增加 4.3 美元；休闲度假旅游业每增加 1 个直接就业人员，能带动 5 个就业岗位。休闲度假旅游在调整优化经济结构、扩大内需、增加就业、促进经济社会健康发展等方面都发挥着重要的作用。

（三）有助于促进旅游产品升级换代

休闲旅游不仅丰富了旅游产品种类，而且在本质上优化了旅游产品结构，提升了旅游吸引力和综合盈利能力。传统的观光旅游产品不仅对游客吸引力有限，造成旅游市场需求多元化与供给单一化的矛盾，而且在盈利模式上，“观光游”留不住游客，从而限制了旅游目的地深度挖掘游客消费的潜力。而休闲旅游则不仅极大地丰富了旅游产品的种类，提供了休闲度假游、生态游、体育游、节庆文化旅游、科技修学游、购物游、探险游、自驾游等多种形式的旅游产品，有效地满足了旅游者多元化、个性化的旅游需求，而且也改变了旅游产品的结构，休闲旅游通过优化调整基本旅游消费产品（如食、宿、交通）与非基本旅游消费产品（如旅游购物、娱乐休闲等）的比例，从而达到延长游客停留时间、增加旅游收益的目的。因此，休闲旅游有助于促进旅游产品升级换代。

（四）有利于促进旅游业可持续发展

休闲旅游使旅游环境和资源得以永久持续利用，是实现旅游业可持续发展的必然选择。休闲旅游的核心是强调环境的美化与优化，协调人地关系与人际关系，减轻环境压力，它是一种集观赏、感受、研究、洞悉大自然于一体，又不破坏大自然的旅游形式，一种以普及人文知识、维护自然平衡为目的的旅游产品，它是保护生态环境和资源可持续发展的旅游方式。文化赋能，加强了当地社会文化结构的保护，避免了传统旅游中常见的乱搭乱建、盲目的大规模建设。此外，强调舒适度的休闲旅游使人们更乐于选择自主式旅游，以往那种集中的、大规模组团旅游逐渐被分散的旅游人群所替代，有效地减轻了环境压力，使得旅游资源能够可持续发展。

第三节 休闲旅游的特征与类型

一、休闲旅游的特征

休闲旅游作为旅游的一种形式，除具有异地性、暂时性、综合性等旅游基本特征外，还具有自己的特征。

（一）休闲性

休闲性是休闲旅游与传统旅游的本质区别。休闲的本质是自由，休闲性既是休闲旅游的行为出发点也是落脚点。休闲旅游是对当前生活环境的一种超越，它不仅使人获得身体的放松，而且可以获得精神的享受。旅游者不仅重视旅游的结果，更注重在旅游过程中的收获和体悟。

（二）体验性

休闲旅游是在强调游客积极参与的前提下，强化个体生命对旅游产品的独特体验性，从而体会到自然之美、生活之美、生命之美。休闲旅游的体验性以游客参与互动为主要特征，围绕旅游者创造出值得回忆的活动，让旅游者获得各种感官刺激和精神震撼。休闲旅游主体在行为上表现为不再满足做一个“旁观者”，更愿意做一个积极“参与者”，不仅通过多种方式接触大自然，而且使自己的意志、直觉等得到充分展露和表达。

（三）文化性

文化性是休闲旅游内涵的高层次表达。产品是形、文化是神，休闲旅游产品具有了文化性，就有了品位和生命力，对旅游者就会产生持久的吸引力。文化性使得休闲旅游主体不仅能够得到感官享受的满足，而且能够获得历史文化知识和精神上的巨大享受。

（四）舒适性

休闲旅游是一种高级别、高质量的旅游，对旅游产品、服务和环境质量的选择，其侧重点与观光旅游不同，要求更为严格。休闲旅游者为了从繁重的工作或学习中解脱出来，达到放松精神、陶冶情趣、锻炼身体、调节生活等目的，往往希望旅行中交通便捷、设施完备、服务优质、环境优美、产品丰富、活动多样，以获得身心的全面放松。

（五）自主性

休闲旅游者对旅游目的地的选择和行程安排，主要受自身内在的心理状态、价值观念和道德素养等的驱动，他们更偏好于自助式旅游或半自助式旅游。休闲旅游者一般没有固定的旅游行程，没有固定的旅游项目，而是随心所欲地享受旅游所带来的乐趣。

（六）和谐性

休闲旅游力求在人们的休闲旅游活动中实现人与自然、社会和自我的和谐。休闲旅游追求一种“自然而和谐的状态”，注重休闲资源的可持续性和生态环境的保护，有助于实现人与自然的和谐。同时，休闲旅游既是个体行为，也是群体行为，个体休闲目的的实现，必须有轻松、愉快、温馨的人际关系氛围作基础，以社会和谐安定为环境条件，休闲旅游主体在旅游过程中实现了自身与游伴之间关系的和谐，主动营造和谐的旅游环境。此外，休闲旅游摆脱了传统旅游中人们偏重追求物有所值，过多考虑景点观光却忽略了人的精神享受的弊端，使人不再疲于赶景点、拍照片，而是注重精神世界的丰富和充实。

二、休闲旅游的类型

（一）根据游客出游动机划分

依据休闲旅游动机的不同，可将休闲旅游划分为四种不同的类型，即休息型休闲旅游、休整型休闲旅游、休疗型休闲旅游和休养型休闲旅游。

借助马斯洛需求层次理论中的金字塔模型，休闲旅游的四个类型代表了四种旅游动机，只有低层次的动机实现之后，才会出现更高层次的旅游动机。也就是说，休闲旅游按照从低级向高级的顺序递进发展（见图 1–2）。

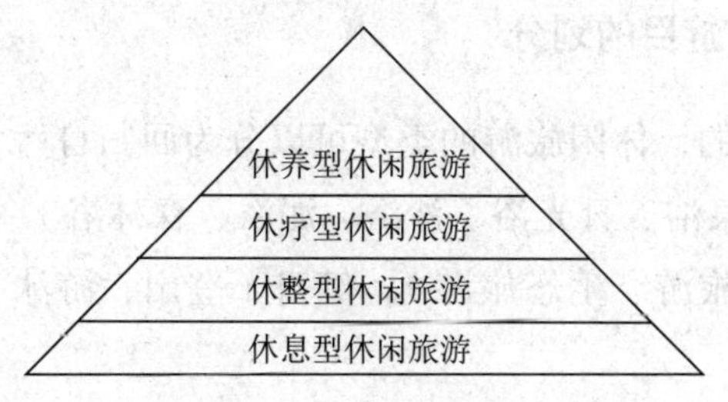

图 1–2　休闲旅游的层次[①]

1. 休息型休闲旅游

休息型休闲旅游是指旅游消费者通过积极的休息方式、差异化的生活体验达到充分

① 谷金明，王菲，陈婷婷．休闲旅游的层次性分析［J］．商业时代，2009（27）．

休息的目的。因此，旅游地需要给此类旅游消费者提供安静的环境、宽松的氛围，使其达到放松身心、缓解紧张和疲劳的目的。此种类型的旅游消费者通常选择离家较近的郊区、郊县进行短时间的休闲旅游活动，如利用周末时间参加“农家乐”“渔家乐”等旅游活动。这种需要的满足不仅停留在身体上的缓解上，最主要的是心理上的放松。如乡村静谧的环境、清新的空气、农家的差异化生活体验等都成为主要的吸引点。

2. 休整型休闲旅游

休整型休闲旅游是指旅游消费者试图摆脱日常工作、生活中的压力，扭转不良的情绪以及放松疲惫的身心所进行的活动。此类型的旅游消费者希望在短时间内把自己调整到较好的工作、生活状态，旅游动机强烈并力求在短期内取得良好的效果，旅游消费者要求高，对于价格的敏感性不强。因此，各种具有较强刺激性的娱乐活动、节庆活动、狂欢活动以及体育运动项目、极限运动对于此类型的旅游消费者更具有吸引力。

3. 休疗型休闲旅游

休疗型休闲旅游是指通过旅游活动达到强身健体、治疗疾病的目的。此种类型的旅游活动不仅是指通过温泉疗养、体育运动等达到身体疗养的目的，还包括亲近自然、提高审美等所带来的心灵慰藉和净化。此种类型的旅游消费者对于当地的休疗资源和休疗设施具有较高的要求，如温泉的休疗功效、空气中的负氧离子含量等。

4. 休养型休闲旅游

休养型休闲旅游是指通过全身心地浸入旅游环境，通过自身体验达到人与自然、人与人之间的和谐。此种类型的旅游消费者多以度假的形式出现，多选择自然环境优美、人文气息浓厚、生活节奏较慢的地方较长时间的停留。

总之，由于休闲旅游需要投入更多的金钱和时间，因此人们对于休闲旅游的追求会随着生活水平的提高和闲暇时间的增多而逐渐向更高的层次发展。当然这种层次性的递进是一种普遍的发展规律，并不排除人们富裕后直接向高层次需求跨越式迈进。

（二）根据游客出游目的划分

根据游客出游的目的，休闲旅游的类型可以分为回归自然（山野风光、森林游憩、乡村风光），休养（温泉浴、日光浴、沙浴、泥浴、森林浴），娱乐（划船、滑沙、骑马），求知求新（产业旅游、生态旅游），健身（登山、游泳），购物（农副产品等）六类。

（三）根据活动主题划分

Butler 和 Wall 根据人们喜爱的休闲活动主题，对休闲旅游进行主题分类，将休闲旅游划分为温泉和海滨休闲、城镇和乡村休闲旅游、公共或私人设施旅游、精英或劳动者的经历体验、探险或其他特殊旅游等主题类型。[①]

（四）根据休闲方式和资源性质划分

根据资源性质，休闲旅游可分为自然游憩类（地文景观类、水域休闲类、生物休闲类、气候休闲类、自然综合类），康体娱乐游憩类（公共游憩类、餐饮休闲类、娱乐休闲类、购物休闲类、体育健身类、保健疗养类），文化熏陶休闲类（历史遗产类、文化场馆类、人文活动类、人文综合类），专项旅游休闲类（产业休闲类、刺激冒险类、其他专项休闲类）。

（五）根据休闲旅游产品划分

依据休闲旅游产品形态的不同，可将休闲旅游划分为五种不同的类型：度假休闲旅游、体育休闲旅游、产业休闲旅游、主题公园休闲旅游、专项休闲旅游。

1. 度假休闲旅游

度假休闲旅游主要包括海滨休闲度假、山地休闲度假、湖泊休闲度假和环城市带休闲度假。

（1）海滨休闲度假。海滨休闲度假旅游是世界上传统的休闲度假旅游方式之一，主要起源于拉丁美洲的加勒比海地区，然后逐步扩展到欧美和亚太地区。我国的环渤海、长三角、珠三角等地区的海滨浴场在黄金时节总是游人如织，成为旅游热点。

（2）山地休闲度假。山地休闲度假旅游是以山地资源为依托，以休闲为主要目的，以山地自然景观、人文景观和山地生产经营活动为内容，配以系统的设施，开展高山滑雪、疗养、避暑、登山、攀岩、观光等活动，吸引游客前来休闲度假。近年来，越来越多的游客开始关注山地旅游，并且将山地作为休闲度假旅游的重要目的地。

（3）湖泊休闲度假。湖泊休闲度假以湖泊旅游资源为依托，以休闲为目的，以湖泊旅游设施为条件，以特定的湖泊文化历史景观和服务项目为内容，离开居住地而到异地逗留一定时期的与湖泊相关的游览、娱乐、观光和休息的过程。湖泊休闲通过人们对湖泊旅游资源的参与，如泛舟、垂钓、疗养、游泳、观光等体验，获得轻松感、愉快感、幸福感，从而使人们减轻工作、生活上产生的压力，不断地得到精神的、知识的、体力的补充。

（4）环城市带休闲度假。吴必虎 1999 年曾提出环城游憩带（ReBAM）理论，认为 ReBAM 实际上是指发生于大城市郊区，主要为城市居民光顾的游憩设施、场所和公共空间，特定情况下还包括位于城郊的外来旅游者经常光顾的各级旅游目的地，一起形成的环大都市游憩活动频发地带，简称为“环城游憩带”，它是我国城镇居民休闲、度假

① Butler R，Wall G.Introduction：Themes in research on the evaluation of tourism［J］.Annals of Tourism Research，1985，12（3）：287-296.

旅游的主要目的地。城市居民为了摆脱日常繁忙的工作压力，在市区内的公园、广场等城市内旅游景点或者城市近郊具有观光、休闲、度假、娱乐、康体、运动、教育等不同功能的景区进行的一日游等短期休闲旅游活动。

2. 体育休闲旅游

体育休闲旅游是现代旅游体系中的一个重要分支，无论是在国内还是在国外，体育休闲旅游产品日益丰富和成熟，如水上体育休闲、山地体育休闲、草原体育休闲、沙漠体育休闲和其他体育休闲，吸引了大量体育旅游爱好者。休闲旅游、体育运动和时尚、文化以及当地特色物质文化资源逐渐融合，营造出运动性、趣味性、地域性和文化性交融的休闲氛围。随着我国奥运会、亚运会等众多大型国际体育赛事的举办，体育休闲旅游在我国必将成为旅游业发展和旅游经济的一个新的增长点。体育休闲旅游包括：一般体育旅游、高尔夫运动和高尔夫旅游、体育观战旅游、滑雪旅游、漂流等。

3. 产业休闲旅游

休闲旅游与一二三产业不断融合发展，形成乡村旅游、工业旅游及其他产业旅游。乡村旅游通过农家乐、渔家乐、农业观光、种植旅游、放牧、采摘和古镇游等形式挖掘乡土文化，体验乡村生活。一些大企业利用自己的品牌效益吸引游客，推出工业旅游，如青岛海尔、上海宝钢、广东美的、佛山海天等相继向游人开放。游客通过参观工业企业，增长了见识，体验到生产制造过程中的乐趣。

4. 主题公园休闲旅游

主题公园是自然资源和人文资源的一个或多个特定的主题，采用现代化的科学技术和多层次空间活动的设置方式，集诸多娱乐内容、休闲要素和服务接待设施于一体的休闲旅游目的地。主要包括乐园型、民俗型、历史型、微缩景观型、高科技型等，如迪士尼、欢乐谷、海洋馆、冰雪大世界、民俗文化村、宋城、唐城、三国城、锦绣中华、世界之窗、恐龙馆、航宇科普中心等。

5. 专项休闲旅游

专项休闲旅游包括购物休闲旅游（城市观光购物旅游、特色产品购物等），美食休闲旅游（品尝美食、体验食品制作等），娱乐休闲旅游（舞蹈、酒吧、篝火晚会等）。

【思考与练习】

1. 谈谈你对休闲旅游的理解。
2. 分析休闲、旅游与休闲旅游的关系。
3. 理解休闲旅游的本质及特征。
4. 简述休闲旅游的功能及作用。
5. 阐述休闲旅游的类型。

【案例分析】

冰雪冷资源成为旅游热经济[①]

2019年至2020年冰雪季冰雪游热度仍在持续升温。中国旅游研究院和携程旅行网联合发布的《中国冰雪旅游消费大数据报告（2020）》分析，冰雪游呈人数快速增长、消费明显升级的趋势：一方面，跟团游仍是冰雪旅游的主流，占比达到了62%；同时也有30%的游客选择自由行，追求更加自主的旅行安排；8%的游客则选择了更高端的出行方式，通过定制来获得个性化体验。另一方面，随着冰雪旅游的不断成熟，旅游产品不断增多，客单价也在提升。例如，厦门、深圳冰雪游客人均单次花费超过6000元，上海、珠海游客也超过5600元，折射出人们更愿意为好的体验埋单。从供给来看，2018年，我国滑雪场馆数量达到742家，总滑雪人数达到2113万人次。市场潜力的释放有效调动了地方政府发展冰雪旅游和社会力量投资冰雪项目的积极性。重庆、上海、广州等中部和南方地区，出于经济和民生的考虑而规划市内雪场和室内冰场。

不过，专家分析，冰雪经济还处于市场导入期和产业培育期。成熟的市场是以国民大众的日常消费为基础的，完善的产业体系则需要从研发、创意、制造、建设、运营、推广等产业链条出发，形成产业积聚效应。而高山滑雪、跳台滑雪、冬季两项、滑冰、冰壶、冰球等专业运动的观众基础还不够厚实；从调查数据和典型实例来看，各地发展冰雪旅游不同程度存在着重场馆建设、轻研发制造，重资产投资、轻运营体系，重冰雪运动、轻冰雪消费；重项目本身、轻产业链延伸，重旅游开发、轻环境保护，重硬件建设、轻软件完善，重产业促进、轻政策衔接等问题。未来需要积极完善与一流资源相匹配的现代冰雪旅游产业体系；从产品吸引人向产品留住人转变，打造主客共享的美好旅游生活新场景；实施“冰雪旅游+”和“+冰雪旅游”的全域旅游发展战略，从冰雪景区开发向目的地整体开发转变；完善以旅游市场治理现代化为标志的目的地软件体系，提升治理的智能化、数字化、法制化和人文化水平。

思考题：

1. 冰雪旅游有什么特点？冰雪旅游的发展趋势是什么？

2. 你认为目前冰雪旅游还存在哪些问题？如何改善和提升？

参考文献

［1］张凌云．国际上流行的旅游定义和概念综述——兼对旅游本质的再认识［J］．旅游学刊，2008（1）．

［2］伍延基．休闲、旅游及其相关概念之辨析［J］．旅游学刊，2006（12）．

［3］刘德谦．不要混淆了“休闲”与“旅游”［J］．旅游学刊，2006（9）．

① 李埗．冰雪冷资源成为旅游热经济［N］．中国文化报，2020-01-10（A07），有删改。

[4] 孙淼，朱立新．近年来国内休闲旅游研究综述［J］．现代基础教育研究，2006（6）．

[5] 孔繁嵩．观光旅游向度假旅游过渡阶段的旅游消费特征［J］．商场现代化，2008（15）．

[6] 许珂．浅析城市滨水区旅游功能的开发［J］．规划师，2002（4）．

[7] 熊清华．休闲度假旅游是新时期旅游发展的主旋律——以云南省保山市为研究个案［J］．学术探索，2007（2）．

[8] 黄晓虹．溧水县休闲旅游发展研究［D］．上海：华东师范大学，2010.

[9] 马惠娣．未来10年中国休闲旅游业发展前景展望［J］．齐鲁学报，2002（3）．

[10] 杨卫武．我国休闲旅游业的现状、特征与发展趋势［J］．旅游科学，2007（3）．

[11] 邹穗雯．休闲旅游益处［J］．旅游学刊，2015（11）．

[12] 张雅静．科学发展观视阈下的休闲旅游［J］．哈尔滨工业大学学报：社会科学版，2007（5）．

[13] 刘丽丽，李宏．北京郊区休闲旅游产业发展问题研究［J］．首都师范大学学报：自然科学版，2004（2）．

[14] 刘在森．青岛休闲旅游资源开发研究［D］．青岛：青岛大学，2011.

[15] 谷金明，王菲，陈婷婷．休闲旅游的层次性分析［J］．商业时代，2009（27）．

[16] 吴必虎．区域旅游规划原理［M］．北京：中国旅游出版社，2001.

[17] 吴应利，文南薰．休闲管理实务［M］．北京：中国旅游出版社，2017.

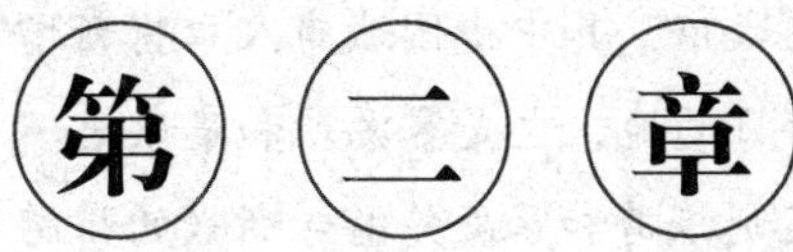

第二章 休闲旅游的发展

【学习目标】

通过学习，掌握国外休闲旅游发展概况，了解国外休闲旅游典型案例，明确我国休闲旅游发展条件，熟悉我国休闲旅游发展历程，理解我国休闲旅游发展现状及存在的问题，把握我国休闲旅游发展思路。

【内容结构】

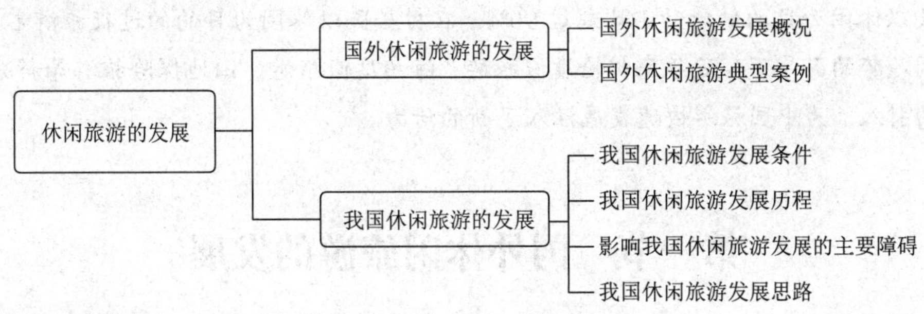

【开篇导读】

休闲旅游时代已正式到来①

世界旅游持续保持着快速增长的态势。联合国世界旅游组织（UNWTO）的数据显示，2018 年全球国际旅游总人数达到 14 亿人次，同比增长近 6%。联合国世界旅游组织在 2010 年曾预计，到 2020 年全球的国际游客将达到 14 亿人次，而随着经济的增长，高性价比航班的进一步加入，商业模式的变革发展以及出境游的便利化，全球旅游总人数已经提前两年完成了 14 亿人次的指标。

在世界旅游发展中，旅游城市对世界旅游的影响持续放大。联合国秘书处经济和社

① 王真真，李宝春 . 休闲旅游时代已正式到来［EB/OL］. http：//news.sina.com.cn/c/2019-10-25/doc-iicezuev4930877.shtml，有删改。

会事务部人口司发布的《世界城市化展望（2018 年修订版）》指出，2018 年全球 55% 的人口生活在城市，到 2050 年将有 68% 的人口居住在城市，其中中国城市人口将新增 2.55 亿。城市是人类文明的产物，旅游城市是世界旅游目的地，也是客源地和集散地。

如今，随着互联网技术的广泛应用，自由出行、定制旅游和家庭旅游等新兴的旅游模式层出不穷，对传统旅游服务管理营销模式提出了新的挑战。通过互联网、大数据、智能化等信息技术在旅游方面的应用不断提升，旅游体验服务管理和营销水平对于促进全球旅游业从观光旅游向休闲旅游转变具有重大的意义。休闲旅游是城市产业体系的重要组成部分，对优化城市产品结构、增加社会协调、改善人居生活、激发城市活力具有不可替代的作用。

目前，休闲旅游已成为世界旅游发展最新的潮流。与一般的观光旅游不同，休闲旅游更加强调舒适性和体验度。作为一种新型业态，休闲旅游已成为第三产业的核心载体和世界旅游价值链的高端形态。2015 年前后，发达国家已经率先进入了休闲时代，休闲旅游已经成为人们生活的一部分。据美国权威机构预测，休闲娱乐活动旅游将成为下一个经济浪潮，并席卷全球各地。

根据世界旅游城市联合会发布的报告，休闲度假占世界旅游的比重已超过 60%，休闲旅游的时代已经正式到来。近年来，随着居民生活水平的提高，高品质的休闲度假已经成为大众旅游的普遍追求。据社科院近年来对中国国内旅游调查的分析，2018 年城镇居民以休闲为目的的活动占比超过 90%，农村居民以休闲为目的的过夜旅游占 80%。在休闲趋势的引导下，近年来邮轮度假旅游、海岛度假旅游、山地探险旅游等新兴旅游业态的引入，为中国旅游快速发展注入了新的活力。

第一节　国外休闲旅游的发展

一、国外休闲旅游发展概况

（一）萌芽阶段

现代休闲旅游起源于 19 世纪中叶的欧洲，1865 年，意大利成立了“农业与旅游全国协会”，使农业旅游作为一种新型的旅游形式。这一阶段的休闲旅游，数量不多，规模较小，旅游者主要是贵族。

（二）发展阶段

20 世纪初，随着飞机、火车等现代化交通工具的出现和普及，为人们在短时间内实现长距离的出行旅游创造了条件。此外，1935 年，国际劳工组织通过了《40 小时工作周公约（1935）》（第 47 号），做出了 40 小时工作周的决议；1936 年欧洲 12 个国家相继出台了关于带薪休假的立法，为大众休闲旅游提供了时间上的保障。因此，20 世纪 60 年代，休闲旅游快速发展，西班牙、英国乡村旅游日益兴盛，法国的地中海沿岸开发了大量海滨别墅，出现了海滨度假、湖滨度假、山地度假和温泉度假等不同资源类型的度假地。欧美政要、贵族、富商蜂拥而至，使地中海成为欧洲乃至世界的休闲度假中心。到 20 世纪 70 年代后，美国、加拿大等国家的乡村旅游兴起并进入发展正轨。休闲旅游作为一种独特新奇的旅游形式扩展到了所有的发达国家，吸引着越来越多的人，成为现代旅游业非常重要的组成部分。这一阶段的休闲旅游形式多样，规模较大，活动丰富，更趋大众化。

（三）成熟阶段

20 世纪 80 年代，随着经济社会的发展，人们的休闲时间与时俱增，恩格尔系数则与时俱减。1995 年，全世界就有 145 个国家实行每周 5 天工作制，其中大多数国家又实行每年 5~52 天不等的在职带薪休假制。在发达国家和地区，恩格尔系数已降到 20%~30%，人们可自由支配收入大幅度增加。在这种背景下，休闲旅游成为现代人生活的重要组成部分。21 世纪开始，观光旅游的主体地位被休闲度假旅游取代。2015 年前后，发达国家已经率先进入了休闲时代，休闲旅游已经成为人们生活的一部分。据美国权威机构预测，休闲娱乐活动旅游将成为下一个经济浪潮，并席卷全球各地。根据世界旅游城市联合会发布的报告，休闲度假占世界旅游的比重已超过 60%，休闲旅游的时代已经正式到来。

二、国外休闲旅游典型案例

（一）英国乡村旅游

英国是第一个工业化国家，也是发展乡村旅游的先行者和最先发展大众旅游的国家。英国工业革命开启了近代大众旅游的新时代。机器工业生产的紧张节奏，使劳动者除了日常例行休息、恢复体力外，还需要有一段较长时间进行生理调整和心理放松，因此，度假式旅游率先在英国出现。

工业革命逐渐提高了工人收入，这为度假旅游提供了经济保障。工业革命的技术成果为大众旅游创造了条件。18 世纪的旅游多为个人、伴侣或家庭出行，以马车作为承载工具的组团最多只有 10 人左右。19 世纪，随着新交通工具的发明，大规模组团旅游成为可能。1841 年 7 月，英国旅行家托马斯·库克组织了各类游客 500 多人，从莱斯特包租火车，来到 35 公里外的拉夫堡观光。库克组团旅游的目的地拉夫堡就是个乡村小镇。

工业化使快速发展的城市人口拥挤、环境喧闹、雾霾弥漫、水源污染、疾病流行，社会中上阶层不堪忍受，产生了返居乡村的意愿。而古老的乡村虽然有美丽的自然风光，并给人以历史感，但居住条件和卫生环境却极端落后，只有彻底改造才能吸引和适应已经享受工业化成果的城市人群。工业化和城市化所积累的财富，已经为乡村改造提供了资金准备。这些财富主要集中于社会中上层，他们有返居乡村的强烈愿望，但是要求别墅式的住宅，因此，他们自然成为乡村改造包括住宅改造的主力，使乡村出现一大批宽大舒适的所谓“维多利亚”式住宅。另外，随着工业化后经济结构的改变，乡村农业在经济中的地位逐步降低，许多耕地转为永久性草地，或作为牧场，或作为体育娱乐场地。这种调整过程虽然较长，但几乎颠覆了传统农村的面貌。加之草种改良，绿草茵茵成为英国乡村的四季常态。技术革命也促进了乡村改造。19 世纪铁路时代到来，20 世纪迈进汽车时代，使城乡联系极为便捷，不但社会中上层频繁来往于城乡之间，城市普通阶层也能够工作于城市而歇宿于村庄。机械化则使耕地连片形成大农业，庄稼似大手笔的巨幅油画随地形起伏波动，这是英国乡村最撩人的景色之一。迷人的乡村景色和宜居环境，使 19 世纪末的英国人将乡村视作“真”英格兰。20 世纪初，中国的林语堂说他生活的理想就是“住英国乡村”。英国的乡村改造奠定了发展乡村旅游的基石，不过乡村旅游活动最初仅限于小部分有钱又有闲的人群。

“二战”后，伴随经济的恢复和发展，人民生活水平不断提高，大众旅游再次兴起。20 世纪七八十年代，乡村旅游开始占据稳定的市场份额。乡村旅游从业者逐渐增多，20~30 人规模的乡村旅游企业普遍出现。20 世纪 80 年代，一系列因素再次推动了乡村旅游，这些因素包括：欧洲共同体和英国政府农业政策的变化；英国对城市化的控制（将大城市人口迁往小城镇和乡村）；政府、学界及民众均意识到乡村能够实现可持续发展的旅游和绿色旅游；政府认识到乡村旅游的经济潜力和解决劳动力就业的前景；教育为乡村旅游领域准备了专业性人才等。当然，乡村能吸引游客的原因更在于农村的环境和风景，人的友好、安宁和平静，这样的旅游资源物超所值，激发了人们对农村的认知兴趣。20 世纪 80 年代，全英国宿夜旅游中 21% 发生在农村。到 90 年代，英国乡村旅游进一步发展，农场景点成为英国最受欢迎的景点之一，大约有 1/4 的农场直接开展旅游业务或提供与旅游相关的服务，乡村旅游在英国得到进一步的普及和推广①。进入 21 世纪后，英国乡村旅游业既在旅游业整体中占有重要地位，又是乡村经济中重要的部门之一。2001 年，英国乡村旅游业创造了将近 140 亿英镑的产值。按照英国政府统计，2015 年，英国旅游业中有 42.1% 的企业、25.7% 的收入、44.4% 的就业机会来自乡村旅游业，乡村旅游已成为英国旅游业重要的组成部分。为发展乡村旅游，英国制定了 2010—2020 年的乡村旅游发展规划，提出乡村旅游对地方经济的贡献每年要增长 5%。

① 林海丽 . 英国农业休闲旅游发展的经验与启示 [J]. 世界农业，2016（4）.

目前，英国已经成为世界上乡村旅游最为发达的国家之一。

英国自然地形较为平坦，19 世纪以来，乡村改造活动的长期化、持续化，使人造景观逐渐自然化。从空中俯瞰，田野牧场好似块块绿毯镶嵌，树木葱茏苍翠，鲜花怒放，移步即景，随处如画。因此，英国乡村旅游的内容极为丰富，除了通常的游览观光外，还有远足步行、探险、骑马、驾船、文化节庆、观鸟、环保等活动，以及商务会议、团队组建等事项。旅游场所多样化，有农场、水道、乡村海滨、乡村城镇、村庄、酒馆、历史建筑、考古场地、花园、湖泊、森林、山脉景观、国家公园等。乡村环境宁静，更能保证工作的独立性、私密性，增加工作效率，因此不少公司将工作场所设在乡村。如约克郡商务工作场所的 39% 位于乡村；在全英国，位于乡村的工作场所占了 37%。乡村旅游业经营者也能以最大的投入、极大的热情提供最好的设施和服务，尤其是在购物、餐饮和娱乐方面，能够结合本地特色，满足游客对风土习俗的欣赏和消费需求。

科茨沃兹（Cotswolds）是发展乡村旅游的典范。该地区面积为 2038 平方公里，主山脉位于格洛斯特郡，地域范围则跨越伍斯特、沃里克、牛津、威尔特、萨默塞特等郡。科茨沃兹人中世纪就普遍用土黄色岩石筑房，村镇建筑别具风格，黄石垒砌的篱墙长达 5000 公里，加上绿色的草地、白色的羊群、赭色的岩石，使这里的自然风光极具乡村韵味。1966 年，该地区被规划成英格兰最大的“卓越自然美区域”，2000 年列为国家公园。为吸引游客，沿着科茨沃兹山脊修有一条国家级远足小道，从东北延伸至西南，全长 166 公里。旅游者在高处移步，风景尽收眼底。区内切尔滕纳姆镇 1815 年开始就举行全国性赛马，为这里的旅游业带来了更多客源，也扩大了科茨沃兹的知名度。2004 年成立了科茨沃兹保护委员会。科茨沃兹常住居民 8.5 万人，旅游业成为该地区经济发展新的增长点，每年接待一日游游客 3800 万人次，收入 1.3 亿英镑，是英国经济增长最快的地区。

英国乡村旅游呈现以下几个特点：第一，游人亲自参与农业活动。农场主是英国发展乡村旅游的主体，农场主将农业生产活动展现给旅游者，吸引游客量，如剪羊毛、驯牧羊犬等，一些城市居民到乡村租地耕种，全面感受乡村旅游的魅力。旅游者在英国乡村可以体验到家禽喂养、果实采摘、秋季收割、捕鱼生产等农业生产活动，同时也可体验到英国乡村的田园风光和风土人情。第二，娱乐休闲活动种类多。英国不同乡村开发本地区资源特色，因地制宜，举办不同风格的乡村集市、游艺会等休闲活动，并邀请旅游者参与其中。乡村集市活动中举办各类竞赛、农产品展示，如展示最圆的番茄、最绿的黄瓜和大小尺寸均衡的青椒等，开设游乐设施供儿童玩要。英国北部乡村地区结合山地地形，开发山坡比赛等山地运动。第三，旅游住宿饮食配套齐全。B&B 小旅馆是最具英国特色的旅馆，是当地人自己经营的，尤其在乡村地区发展较完善。莎士比亚小屋就是英国白金汉郡乡村中有名的 B&B 小旅馆。B&B 小旅馆方便快捷、收费较低，且提供早餐服务，是乡村旅游中的一大特色。第四，乡村旅游商品独具特色。英国在发展乡村旅游中，借助乡村展会推出具有当地特色的旅游商品，刺激旅游者的消费需求，主要以农产品、农副产品、手工编织的手工艺品和纪念品为主，现场加工的手工艺品是最受游客喜爱的产品。旅游商品收入是英国乡村旅游收入的重要来源之一。

（二）法国葡萄酒旅游

法国由于得天独厚的地理条件和气候优势，生产着世界上最为优质的葡萄之一，并因此而酿造出了许多世界著名的葡萄酒。法国是全球传统的葡萄种植和葡萄酒酿造大国，因此，葡萄酒与旅游的结合在法国显得如此顺理成章。根据法国旅游发展署 2010 年的统计，1/5 的法国人在选择度假目的地时会考虑当地是否出产葡萄酒。葡萄酒和美食不仅是 40% 的外国游客到访法国的重要诱因，更是 29% 的外国游客到访法国的首要乃至唯一诱因。2006 年，阿尔萨斯地区有 53.4% 的葡萄酒行业相关企业对游客开放，吉伦特省为 49.6%，勃艮第地区为 31.1%，普罗旺斯地区为 26.1%，香槟地区高达 82%。在各类葡萄酒企业推出的项目中，酒窖参观所占比重最大，达 81%，大多免费，仅 14% 需付费。参观者动机多样，约有一半为试饮和购买，13% 只为观赏，10% 因参观葡萄园而顺带参观其酒窖。

在法国发展葡萄酒旅游的众多实践中，葡萄酒之路最为突出。葡萄酒之路最早起源于勃艮第和香槟，两地均于 1934 年推出了各自的葡萄酒之路。1953 年，阿尔萨斯也推出了葡萄酒之路。但三地的葡萄酒之路在很长时间内都没引起足够反响，直到 20 世纪 90 年代起才声名鹊起，访客如潮并引得其他产区效仿。目前，法国每年接待的游客有 6700 万人次，其中大约 1/10 的游客参与到了法国的葡萄酒旅游项目中。

葡萄酒之路普遍风景如画，且大多与历史上的交通要道重叠。19 世纪下半叶，来自巴黎、英国、德国及北欧的中产阶级热衷于去法国南部地中海海滨的蓝色海岸地区避寒越冬，并习惯在沿途的著名酒庄和餐馆停留。伴随这一风尚，那些通往南方的要道纷纷被赋予各种与美酒关联的美名。如法国著名的“度假之路”7 号国道，因其贯穿风景如画、举世闻名的勃艮第葡萄酒产区，被誉为“名酒之路”，法国第一条葡萄酒之路“勃艮第名酒之路”就是在此基础上发展的。阿尔萨斯和香槟两地的情形也与之相似，两地也都处在德国和北欧通往地中海的交通要道上。

自葡萄酒旅游在法国发展以来，几乎所有产区和各类旅游指南都竞推葡萄酒之路，即以葡萄酒产区参观及品酒为主的旅游线路，这些线路往往与遗产景点完美融合，如城堡与美酒之路、修道院与葡萄园之路等。

一个地区通常只推一条葡萄酒之路，可以是一个酒庄都不漏的全线式游览，也可以是明星酒庄的站点式游览。阿尔萨斯葡萄酒之路是全线式游览的经典，以其线路独特、一气呵成和简单易行闻名于世，为旅游者纵览阿尔萨斯地区，探访当地的葡萄酒庄提供了极大便利，使其观光、品酒两不误。这条蜿蜒的葡萄酒之路长度超过 170 公里，从北到南越过一片片遍植葡萄的山坡，止于孚日山脉东麓，沿途不仅可以领略连绵起伏的葡萄园，也有精彩纷呈的其他景点。一条条小路串联起一座座童话般美丽的村庄，村村都有令人流连的酒庄。勃艮第葡萄酒之路则是站点式游览的典范，主打当地的顶级酒庄，酒庄之间的其他景点则不在规划范围之内。有些产区拥有众多明星酒庄，也不乏其他类型的旅游资源，但单凭一个酒庄或一类旅游资源难以吸引众多游客。如香槟产区内不仅名酒庄林立，如凯歌、酩悦、瑞纳特、库克、波美洛、香槟王，也不乏兰斯大教堂这样的世界遗产。但单体影响普遍有限，好在由于香槟地区开全球原产地命名的先河，让国家出台法律规定只有该地所产的起泡葡萄酒才能称为香槟酒，以此确保香槟酒的品质和声誉，维护香槟酒生产者和消费者的利益，因而香槟地区尽管名庄如林，但形象统一而鲜明，产区内的各方力量和各类资源可在“香槟之路”的框架下有效整合起来，共创品牌效应，从而大大提升推广效率，实现资源协同。

有些大型产区由于其内部多样性突出而无法通过一条线路来呈现全貌，于是就同时推多条线路。如波尔多葡萄酒得名于该区域的主要城市——波尔多，但该市本身并无葡萄园，所有的葡萄园都从该市边缘开始向外分布。各分产区行政归属情况各异，既有一个分产区跨多个行政单元，也有一个行政单元内的不同片区分属不同的分产区，因而无法依据行政区划来命名葡萄酒之路，同时各分产区的发展重点也不尽相同，于是波尔多产区所在的地区旅游委员会于 2006 年以波尔多市为起点设计、推出了 5 条葡萄酒之路。

法国政府积极参与制定葡萄酒旅游业发展规划及相关政策，提供资金支持和人力培训，其中法国波尔多地区通过建立葡萄园标识系统、葡萄酒中心等促进葡萄酒旅游的发展。法国阿尔萨斯地区通过建立葡萄酒旅游委员会来承担各种大型活动、招商及服务等工作。同时，法国政府还设立葡萄酒旅游产业专项资金，为葡萄酒旅游产业发展奠定了基础。

法国旅游部门制定了发展旅游战略，在葡萄种植园区建立相关景点，配有文化、餐饮、运动场馆、博物馆、葡萄酒休闲度假村等休闲设施，将自然风景区和文化景区同葡萄酒生产点关联起来；举办葡萄酒文化节，引导游客来参观和消费，在法国波尔多葡萄酒节和法国红酒节上，拥有美酒、特色食物、文艺演出等活动，为游客提供美妙的体验，拉动区域经济发展。

（三）瑞士山地旅游

瑞士位于欧洲中部，虽然从地理上看，它只是整个欧洲的一小部分，但它却是南北欧的必经之路。早在古罗马时代，许多的商人和朝圣者在向导的带领下，穿越瑞士的阿尔卑斯山脉，沟通欧洲南北，这是瑞士旅游最早的开端。在 14 世纪以前，由于交通不便，行程困难，当时在瑞士商旅必经的要道出现了驿站，这就是旅店业的开始。15—17

世纪瑞士温泉闻名遐迩，前往巴塞尔、巴登等地温泉沐浴成为欧洲上流社会的一种时尚。1787 年瑞士地质学家德·索绪尔首次成功攀登阿尔卑斯山山脉的第一高峰——勃朗峰，从而吸引了大批西欧人来攀登阿尔卑斯山。登山运动和高山滑雪从此在瑞士开展起来，成为旅游的热门项目。在19世纪末和20世纪初，瑞士就成立了联邦旅游联合会，主要负责联邦旅游经济的相关事宜，制定瑞士联邦的旅游政策与法规和一些旅游远景规划。"二战"以后，随着经济发展，人民收入增加，特别是带薪度假制度的实行和汽车的普及，瑞士凭借迷人的自然风光、浓郁的民族文化、完善的旅游设施、优质的服务质量吸引了来自世界各地成千上万的游客。旅游业已成为瑞士在机械、化工之后的第三大支柱产业。

瑞士是一个多山的国家，山清水秀，森林面积达 12523 平方公里，占全国面积的 30.3%。瑞士的地质结构错综复杂，全国的地形大致可分为三大部分，即阿尔卑斯山区、汝拉山区、中央高原。冰川与河流的侵蚀冲刷出河谷、阶地和山峰，使景色丰富多彩、气象万千。瑞士西部属大西洋海洋性气候，东北部属大陆性气候，南部属地中海式气候，但在山区随着纬度高度的升高，气候从温暖向寒冷过渡，形成"立体气候"。瑞士是个白色的国度，在这片国土上，4000 米以上的高山就有 40 多座，白雪皑皑的阿尔卑斯山脉一望无际，蔚为壮观。雪山、冰川、湖泊、河流、温泉、奇峰是瑞士得天独厚的六大自然景观，也是瑞士自然旅游资源的特色。阿尔卑斯地区是世界上最大的滑雪胜地，每年吸引全球滑雪者总人数的 44%，全球冬季滑雪人数超百万人次的 51 家滑雪场，80% 集中在阿尔卑斯地区。

瑞士的滑雪运动大致可分为高山滑雪、远距离滑雪、雪地远足、单板滑雪、极限滑雪、雪橇运动、雪地自行车、雪地马拉松和雪地赛马等。此外，冰球、冰壶等冰上运动在瑞士也非常风行。瑞士的滑雪场多为度假旅游综合体，配套设施完善，满足了滑雪度假旅游的多元需求。以蒙塔纳滑雪综合区为例，这里是欧洲知名的以冰雪为主的综合景区，年接待客人 300 多万人次。景区建设有 82 家宾馆和餐馆、200 多家世界知名品牌商店、3 个儿童乐园、1 座图书馆、1 家电影院等配套设施。作为主体的滑雪区，雪道总长 250 公里，单条最长雪道 12 公里，垂直落差达 1500 米。在夏季，这里经营高尔夫、山地车、滑翔伞、山地徒步等休闲体育项目。各滑雪场注重文化与冰雪的融合，如"老爷车"巡游表演、山地音乐会等，丰富了冰雪旅游的内涵，增加了滑雪的吸引力。在萨斯斐滑雪场，山顶建有冰川博物馆，游客滑雪之余，可以欣赏地质时代遗留下来的冰川痕迹。圣莫里茨滑雪场则保留了 1928 年、1948 年举办冬奥会时的雪道、滑冰场、颁奖台。

随着现代旅游业的蓬勃发展，游客到瑞士旅游，可以体验被瑞士人誉为"国家运动"的滑雪、山间徒步；也可以享受单行和时尚滑板的休闲时光；还能尝试充满动感的山地自行车和惊险刺激的滑翔伞。这些亮点旅游项目，无一不属于体育休闲旅游的范畴。

（四）美国公园旅游

美国地域辽阔，风光旖旎，开发历史较短且人口密度较低，使其能够划出大量自然风光优美、独特的区域作为公园。美国公园主要有国家公园和主题公园，这些公园是美国重要的旅游目的地，每年吸引了大量的国际旅游者。

国家公园主要是为公共休闲而建，提供一个特别的地点让参观者能观察到野生生物、自然景观，包括独特的地质景观，并体验户外生活。19 世纪初，美国艺术家、探险家等有识之士开始认识到西部大开发将对原始自然环境造成巨大威胁，同时颇有势力的铁路公司也发现了西部荒野作为旅游资源开发的潜在价值。于是保护自然的理想主义者和与强调旅游开发的实用主义者联合起来共同反对伐木、采矿、修筑水坝等另外类型的实用主义者，并最终成功地说服国会立法建立了世界上第一个国家公园。19 世纪末，美国公众又开始关注史前废墟和印第安文明的保护问题，国会于 1906 年通过了《古迹法》授权总统以文告形式设立国家纪念地。截至 1916 年 8 月，内政部共辖 14 个国家公园和 21 个国家纪念地，但没有专门机构管理它们，保护力度十分薄弱。国家公园重新面临着资源开发的巨大压力。这种情况下，马瑟成功筹建了国家公园局，并制定了以景观保护和适度旅游开发为双重任务的基本政策。同时积极帮助扩大州立公园体系以缓解国家公园面临的旅游压力，并在美国东部大力拓展历史文化资源保护方面的工作。从而使美国国家公园运动在美国全境基本形成体系。1933 年，富兰克林·罗斯福总统签署法令将国防部、林业局等所属的国家公园和纪念地以及国家首都公园划归国家公园局管理，极大扩展了国家公园体系的规模，尤其是国家公园局在美国东部的势力范围。同时随着罗斯福新政的展开，国家公园局与公民保护军团（CCC）配合，雇佣了成千上万的年轻人在国家公园和州立公园内完成了数量众多的保护性和建设性工程项目，这些项目对国家公园体系产生了深远影响。同时 1935 年和 1936 年分别通过的《历史地段法》和《公园、风景路和休闲地法》进一步增强了国家公园局在历史文化资源和休闲地管理方面的力度。“二战”后由于国家公园的游客大增，旅游服务设施严重不足，国家公园局启动了“66 计划”，即从 1956 年起，用 10 年时间，花费 10 亿美元彻底改善国家公园的基础设施和旅游服务设施条件。“66 计划”在满足游客需求方面是成功的，但在生态环境保护方面考虑不足，被保护主义者们批评为过度开发。[①]1985 年以后，国家公园的教育功能得到了进一步强化，在教育硬件设施方面进行了较大规模的建设，在人员配备、资金安排等方面优先考虑，使国家公园体系成为进行科学、历史、环境爱国主义教育的重要场所。由于里根以后的几届政府不断压缩国家公园局的人员和资金规模，因此这一时期的另一趋势是国家公园局开始强调和其他政府机构、基金会公司和其他私人组织开展合作。

自 1872 年美国创建第一个黄石国家公园以来，美国国家公园不断增加，已建成的

① Sellar Richard W.Preserving vature in the national parks［M］.Yale University Press，1997.

世界著名的国家公园有：黄石国家公园、科罗拉多大峡谷公园、约塞米蒂公园、大沼泽地国家公园、猛犸洞国家公园、化石林国家公园、冰川国家公园、红杉树国家公园、奥林匹克国家公园。截至2019年12月，美国国家公园共62座。目前，美国国家公园系统可分为三大类：第一大类以保护自然环境和生态系统为主，包括国家公园、国家禁猎区和国家纪念保护区；第二大类主要以生态旅游资源为保护对象，包括国家游憩区、国家海滨区和国家湖滨等；第三大类为文化历史遗址保护区，包括近10种保护区单位，主要有国家历史公园、国家战场遗址等。

就旅游资源来说，美国并非得天独厚，尤其是缺乏历史人文景观，于是通过“人造景观”，修建大型公园。广泛采用高科技手段，提供许多形式多样、内容新奇的娱乐节目，具有超现实的魔幻效果。美国人的冒险精神、创造精神和标新立异的民族性格，在公园建造中得到了充分体现，著名的主题公园有迪士尼乐园、海洋公园等，它们都是美国重要的旅游目的地。

第二节　我国休闲旅游的发展

一、我国休闲旅游发展条件

（一）休闲意识增强

休闲是闲暇时间与自我存在的有机融合，是人们生活中不可缺少的一部分，并逐渐成为人们的一种新的生活方式，其重要性日益凸显。加之，生活、工作节奏的加快，社会竞争意识的增强，人们普遍产生了休闲的需求。据世界旅游组织在全球范围内的调查，今后15年，全球参加社会工作的人们每年将有50%以上的时间用于休闲。随着休闲观念和休闲意识加强，人们生活方式和消费模式发生变化，消遣服务性的消费增加。据国家统计局数据显示，2019年我国居民人均消费支出21559元，比上年实际增长5.5%。其中，人均服务性消费支出9886元，比上年增长12.6%，占居民人均消费支出的比重为45.9%。作为积极休闲的旅游，由于其娱悦身心、审美体验等特性，成为人们闲暇活动的首选，休闲旅游为更多的人接受和喜爱。

（二）我国城乡居民收入持续增长

旅游业的发展与居民收入水平的提高相辅相成。国际经验表明，当一个地区人均GDP超过1000美元，观光旅游需求将急剧膨胀；人均GDP达到2000美元，休闲需求会急剧增长，并且需求将日趋多样化。从2006年起中国人均GDP已经超过2000美元，并且每年快速上涨，至 2012 年，我国人均 GDP 达到 6100 美元，标志着我国进入了全民休闲时代、大众旅游时代，休闲成为人们生活的重要组成部分。随着我国经济发展和居民收入水平提高，人们的精神消费需求不断扩大。根据国家统计局发布的《2019 年国民经济和社会发展统计公报》显示，2019 年，全国居民人均可支配收入达到 30733 元（见图 2-1），人均 GDP 突破 1 万美元大关，达到 10276 美元，居民恩格尔系数为 28.2%，其中城镇为 27.6%，农村为 30.0%。用于精神需求、满足享乐方面的开支增加，从而促进以满足人们精神需求为主的休闲旅游的迅速发展。

图 2-1　2015—2019 年全国居民人均可支配收入及其增长速度

资料来源：国家统计局发布的 2019 年国民经济和社会发展统计公报。

（三）闲暇时间不断增多

闲暇时间是构成旅游活动的必要条件。随着社会生产力发展和劳动生产率的提高，人们用于工作的时间相对减少，而闲暇时间则不断增多。1995 年 5 月 1 日起，我国实行双休日工作制；1999 年，国务院做出增加法定节假日的决定，对法定节假日进行了调整，开始实施春节、五一、国庆 3 个连休 7 天的长假；2008 年 1 月 1 日施行《全国年节及纪念日放假办法》（国务院令第 513 号），对清明、端午、中秋等节日放假时间进行了调整，自此，包括双休日在内，国人的法定节假日变为每年 115 天。此外，2008 年 1 月 1 日起施行的《职工带薪年休假条例》，使人们的闲暇权有了制度保障。这种休假制度，使每一位普通的中国人一年当中有接近 1/3 的时间属于闲暇时间。居民闲暇时间的增加，为休闲旅游的发展提供了时间保证。

（四）交通条件改善

任何旅游活动都离不开一定的交通运输条件，现代交通工具和道路的迅速发展，极大地缩短了旅游的空间距离，减少了休闲旅游的障碍。国家统计局发布的有关数据显示，2018 年年末，我国铁路营业里程达到 13.2 万公里，是 1949 年年末的 6 倍，其中高速铁路达到 2.9 万公里，占世界高铁总量 60% 以上，以“四纵四横”为主骨架的高铁网基本形成；公路里程 484.7 万公里，是 1949 年年末的 60 倍，其中高速公路从无到有，2018 年年末达到 14.3 万公里；内河航道里程 12.7 万公里，较 1949 年年末增长 72.7%；定期航班航线里程 838 万公里，是 1950 年年末的 735 倍。此外，私家车的不断普及，城市轨道交通、共享汽车、共享单车的推广，使游客出行更为便捷。

（五）旅游业持续发展

中国旅游业自改革开放以来，经过 40 多年的发展，旅游业产业体系和行业规模不断壮大，旅游业已融入经济社会发展全局，成为国民经济战略性支柱产业。据统计，2019 年国内旅游人数 60.06 亿人次，比上年同期增长 8.4%；入境旅游人数 14531 万人次，比上年同期增长 2.9%；出境旅游人数 15463 万人次，比上年同期增长 3.3%；全年实现旅游总收入 6.63 万亿元，同比增长 11.1%（见表 2–1）。我国国内旅游市场稳步增长，继续保持世界第一大出境旅游客源国和第四大入境旅游接待国地位。休闲旅游业作为旅游业重要的组成部分，在整体旅游市场中占比已超过 50%，我国旅游业已形成观光旅游和休闲度假旅游并重、旅游传统业态和新业态齐升、基础设施建设和旅游公共服务共进的新格局。

表 2–1　2011—2019 年旅游业主要发展指标

年份	国内旅游人数（亿人次）	国内旅游收入（亿元）	入境旅游人数（万人次）	入境旅游收入（亿美元）	出境旅游人数（万人次）	旅游总收入（万亿元）
2011	26.41	19305	13542	484.64	7025	2.25
2012	29.57	22706	13241	500.28	8318	2.59
2013	32.62	26276	12908	516.64	9819	2.95
2014	36.11	30312	12850	1053.80	10728	3.73
2015	39.90	34195	13382	1136.50	11689	4.13
2016	44.35	39390	13844	1200.00	12203	4.69
2017	50.01	45661	13948	1234.17	13051	5.40
2018	55.39	51278	14120	1271.03	14972	5.97
2019	60.06	57251	14531	1313.00	15463	6.63

资料来源：文化和旅游部发布的 2019 年文化和旅游发展统计公报。

二、我国休闲旅游发展历程

休闲旅游是社会进步和旅游得以丰富发展的产物。过去，我国旅游业以观光旅游为主，缺乏休闲旅游产品。这既不适应当今国际旅游市场需求的变化，也跟不上国内旅游发展的新要求。随着居民收入的增加、工作日的缩短、黄金周的推行，旅游已被越来越多的家庭列入消费计划，休闲度假成为人们的一种生活方式。

自 1984 年 4 月潍坊首届国际风筝会一举成功之后，全国各地的旅游节庆活动如雨后春笋般层出不穷，精彩纷呈。这些节庆活动主题鲜明，如曲阜孔子文化节、西安的长安国际书法年会、郑州的国际少林武术节、景德镇的国际陶瓷节、张家界的国际森林节、哈尔滨的冰雪节等。具有休闲娱乐特性的主题公园快速崛起，如深圳锦绣中华、无锡欧洲城、保定万国总统府、深圳世界之窗等，2017 年年底，我国主题公园已达 2500 多家，有望成为世界上最大的主题公园市场。

为适应国际旅游业的发展趋势，也为了满足国内旅游发展的新需要，拓展旅游市场，促使我国旅游产品由传统的观光型向观光度假休闲结合型的转变，1992 年国务院批准试办了大连金石滩度假区、苏州太湖度假区、昆明滇池度假区等 12 个国家级旅游度假区。这些旅游度假区规划了休闲度假、水上运动、健身疗养、活动娱乐等休闲旅游活动，如大连金石滩国家旅游度假区内设有高尔夫球运动区、现代都市区、国家旅游活动区、森林狩猎区、体育游乐区、综合娱乐区、田园风光区、水库风情区、果园风光区、海上活动区等。截至 2020 年 5 月，我国已形成了以 30 家国家级旅游度假区为引领、456 家省级旅游度假区为支撑、各地不同品类度假村为依托的金字塔式发展格局。

2013 年，国务院发布的《国民旅游休闲纲要（2013—2020 年）》进一步促进了我国休闲旅游的发展。纲要从“保障国民旅游休闲时间、改善国民旅游休闲环境、推进国民旅游休闲基础设施建设、加强国民旅游休闲旅游产品开发与活动组织、完善国民旅游休闲公共服务、提升国民旅游休闲服务质量”等方面积极落实休闲旅游发展需求，纲要的实施使人民群众日益增长的旅游休闲需求得到规模性释放。2014 年，《国务院关于促进旅游业改革发展的若干意见》明确提出积极发展休闲度假旅游。目前，国内已有多个城市确定了以发展休闲经济带动第三产业的发展规划，如成都、杭州等著名旅游城市将未来发展定位为“休闲之都”；以“进农家院、吃农家饭、喝农家酒、饮农家茶、住农家房、享农家乐”为特色的“农家乐”休闲旅游发展已粗具规模。《2017 年旅游中国休闲度假指数》显示，2016 年休闲度假旅游在整体旅游市场占比超过 50%，呈快速增长之势，城市休闲、乡村旅游深受欢迎。据统计，2019 年全国乡村旅游总人数超过 30 亿人次，占国内旅游总人次一半以上，我国居民旅游方式已从传统的观光型向观光休闲复合型转变，休闲旅游成为我国旅游消费的主流和旅游发展的重要方向。

三、影响我国休闲旅游发展的主要障碍

在我国现阶段发展休闲产业对促进消费、拉动内需、解决失业、盘活经济、繁荣市场，将起到积极作用。但同时也应看到，旅游业是高度综合的产业，其发展有赖于国民经济其他部门的配合与支持。改革开放之初，由于旅游供给和服务一时很难满足旅游者的需求，形成诸如饭店、交通、通信等方面的“瓶颈”制约，为缓解矛盾，国家制定了优先发展入境旅游的政策。我国国内旅游真正起步是在20世纪80年代，多年来，经历了从“不支持、不提倡、不反对”到“积极发展国内旅游”的发展历程。特别是法定假日增加、新闻媒体适时的消费舆论导向和旅游企业的市场促销使得我国居民的消费观念得到更新，旅游消费意识进一步加强，诱发了旅游动机，极大地促进了假日旅游经济的产生。从近几年火爆的“假日经济”可以看出，在富裕起来的人民大众中，传统的休闲观念正在发生变化，外出度假的热情也蓬勃高涨。同时也应看到休闲旅游发展的各种障碍因素在很大程度上仍制约着我国休闲旅游业的发展。

（一）假日旅游中客流集中与供给相对刚性之间的矛盾突出

旅游产品生产与消费的同步性及由此派生的不可储存性，决定了正确处理旅游供给与旅游需求时间段的弹性之间的矛盾，旅游需求具有很大的弹性，尤其是余暇时间的集中，使旅游需求在黄金周期间得到集中释放，表现出客流过于集中的现象。而不论是交通运输能力、旅游接待设施还是旅游景区景点的容量，都具有一定的刚性，在短期内不可能大幅度扩容，这就引发了一系列的矛盾。

首先，由于旅游者骤增，突破景区的承载能力，可能产生对旅游资源、生态环境、景区设施的破坏性影响。在几个旅游黄金周期间，许多热点旅游景区的客流大大突破景区的最佳接待量，有些地区甚至超过了最大接待量。假日旅游时间短、节奏快、人数多、消费大的现象，导致景区超负荷承载，以致景区管理、配套服务失控，个别地区出现了对自然生态环境及公共设施的人为破坏。据报载，许多被联合国教科文组织定为世界文化遗产的地方都因为承受过重的旅游压力，使脆弱的自然和文化遗产资源受到破坏，并频频被亮黄牌。有800年历史的云南丽江古城自清晨起就被熙熙攘攘的游客包围，从小桥流水边的餐饮店到阡陌纵横的僻静巷道，一直持续到深夜，文化古城成了“购物城”；敦煌石窟游客过多，呼出的二氧化碳和光线的影响造成壁画变色剥落，20年的损坏超过过去几百年的自然侵蚀；承德的避暑山庄自列为世界文化遗产后，每年的游客由原来的100万人次暴增为300万人次，山庄及周围的寺庙几乎被商店和人潮所淹没。

其次，浪潮式的假日旅游使旅游消费过于集中，超出旅游业及相关行业的承接能力，导致了交通、住宿、餐饮、旅游景点等服务接待设施短期的供求在时序上严重失

衡，旺季时超负荷运转，饭店宾馆爆满、拥挤；淡季时大量闲置。人们休闲度假选择的自由度受到限制，度假时间过于集中容易形成“瓶颈”，会使人的休闲效果大打折扣，不利于形成良好的社会文化氛围。人们在节假日进行的休闲旅游是为了在闲暇时间内得到欢乐享受和美好的体验，而此时造成的对交通及旅游服务设施的阵发性峰值需求，必然对旅游服务接待设施造成过重压力，而且无法保证旅游者的正常需求，对旅游业的长期健康稳定发展不利。

最后，供求失衡导致旅游业服务质量下降。过于集中的假日旅游消费，在给交通、旅游等部门带来压力的同时，也从很大程度上降低了服务质量，使旅游者的兴致大打折扣。相对于旅游消费需求在短期内的集中，供给呈现出缺乏弹性的状态，使旅游者的需求得不到高质量的满足。这时，旅游企业或经营者通常会采取一些办法来解决供求失衡问题，如提高旅游景点的收费标准、降低安全设施保障程度、改变旅游计划等，其结果使很多旅游者“乘兴而来，败兴而归”。

（二）休闲旅游产品种类不丰富，水平还不高，还不能进入国际休闲旅游的主流消费市场

在我国旅游产业的体系结构中，休闲旅游装备十分薄弱。据统计，世界旅游大国的休闲产品与普通观光产品的比例约为1∶1，我国为2∶8。为建设世界旅游强国，我国的旅游产业结构亟待调整，我国的休闲旅游产品和旅游装备生产体系亟待加强。在我国旅游业中，旅游产品长期处于供给隐性短缺状态，供需矛盾没有显现出来。由于人们的旅游消费需求处于潜在状态，一旦人们收入水平提高并拥有了充裕的闲暇，这种潜在的需求就会立刻转化为实际的需求，这时供需矛盾就因旅游产品的严重短缺而暴露出来。旅游产品在市场上所表现出来的供不应求现象，从表面上看是“假日经济”的出现而造成的，但探究其更深层次的原因就会发现，我国旅游业实际上长期以来处于发展滞后的状态，消费的集中使这一矛盾公开化。由于政府资金有限，投资不足限制了旅游产品的数量和质量。而发达国家为解决类似问题，通过发展休闲产业来缓解旅游业的压力，诸如休闲俱乐部、体育俱乐部、文化馆、剧院、博物馆、艺术馆、舞厅、休闲度假村、主题公园、游乐园等来缓解因旅游业对自然的过度开发而造成的破坏；同时在客观上也丰富了旅游的内涵，扩大了经营范围，促进了经济的发展，也满足了人的多方面消遣的需要。

（三）社会条件支持系统尚未形成

休闲旅游业是一个相互配套的系统工程，涉及众多部门，诸如饭店、餐饮、接待、公安、医疗、交通、商业、旅游、通信、文化艺术等，各部门必须同步发展，削弱任何一方，都难以快步发展。目前，人们的生活质量普遍有很大程度的提高，但仍然存在收

入差距。作为有支付能力的现代休闲消费群体还不能持续地保证旅游业的规模化发展，休闲旅游在国民经济中的重要作用还难以充分发挥出来。关键是社会保障未得到解决，消费贷款利率高，信贷的手续烦琐。休闲产业的科技开发力量薄弱，诸如银行结算系统、信用卡、国家服务（娱乐、消费、旅游预订）信息网等尚未得到到位的开发。整个休闲业的服务质量差，旅游形式程式化、统一化，使人出行一次就不想第二次；休闲项目缺乏个性和创新，专业人员极度匮乏，政府缺乏统一规划和协调。

四、我国休闲旅游发展思路

休闲与旅游的结合是实现产业资源配置的一种良好形式，让旅游业发展进一步适应休闲时代的需求，是我国面临的一个新任务。面对着休闲经济日益发展兴旺的新形势及上述障碍因素，有关部门应不断创新，推进我国休闲旅游的发展。

（一）全面实施带薪休假制度

在不改变法定节假日数量的前提下对固定节假日的休假时间进行制度创新，如实行带薪休假制度、奖励旅游制度、分时度假制度、旅游地服务供给价格季节差价制度等措施，可形成基本平衡的旅游供给与需求局面。这一制度的实施，既有利于缓解假日期间剧增的旅游客流压力，也有利于加快中国休假制度与国际的接轨，推动旅游业和相关行业为扩大内需和经济社会发展做出更大贡献，使休假成为人们生活中的重要组成部分，分散假日旅游市场压力。用带薪休假制度，从时间上解决人们旅游过于集中的问题，企业根据各自生产状况，一年中给予职工几天乃至一个月的带薪休假，让人们根据各自的实际情况制订出门旅游计划。错开居民休假出游的高峰，使人们的休闲方式更加多样化。这样可充分利用现有的各种旅游设施，也可取得更好的经济效益，同时也有利于旅游资源和生态环境的保护和持续利用，有利于国民自主式、个性化的旅游，休闲度假旅游是一种高品位、高弹性的发展需求和享受需求。休闲环境越宽松、越自由，这种身心需求就越强烈、越持久，有利于包括旅游在内的休闲产业的全面、持续发展。实行带薪休假后，人们可自由选择观光、度假、文化、艺术、修学、体育、康复、购物、美食、社交等各种休闲方式，从而促进休闲经济的全面、持续发展。

（二）要进一步加强与休闲相关的各种旅游设施的建设

旅游娱乐设施在中国虽然有了长足发展，但广度和深度还不够，需要进一步加强规划建设。我国的休闲度假设施与世界水平相比，在数量、档次和内涵上也存在较大差距。特别是在“黄金周”期间，适应城市居民到郊区度假休闲的设施更普遍不足。2022年1月，国务院出台的《“十四五”旅游业发展规划》中明确提出，加大旅游基础设施建设支持力度，完善覆盖城乡、全民共享、实用便捷、富有特色的旅游基础设施网络。

把旅游公共服务设施建设纳入新型基础设施建设计划。各旅游城市应开放更多的纪念馆、博物馆、科技馆、文化馆等，积极发展城市、郊区和重点景区周围的农业旅游、森林旅游、工业旅游和度假休闲旅游等，根据长假期人们消费的变化，要适当开发大众化的娱乐、健身设施，特别是考虑大众的普遍需求，专业场馆和部门内部设施也应对外开放。此外，还应解决包括交通条件、旅行社、饭店等硬件设施和良好的资信服务等软件设施在内的旅游基础设施建设。旅游业作为一项产业，首先必须解决好旅游者进得来、出得去的交通问题。

（三）要大力加强与休闲相关的各种旅游新产品的开发

旅游和相关服务业积极为休闲旅游提供相应的产品和设施。对大多数城市来说，现有旅游产品是一般观光旅游产品，这样的产品对一日游的旅游者来说非常必要，但要满足长假期的旅游需求，就应当重视开发适合不同消费层次的度假产品，从长远看，度假也将成为中国人生活方式的一个组成部分。中国旅游资源特别丰富，国家应鼓励发展与休闲相关的周末度假游、家庭度假游、保健旅游、科技旅游、教育旅游、工业旅游、农业旅游、体育旅游、文化旅游、都市旅游及“环城市旅游度假带”的开发等，大力发展这些旅游新产品，将有助于人们把更多的休闲时间用到旅游活动中来，为人们自主、便捷、安全、舒适地享受带薪休假权利创造充分的条件，进一步扩大旅游业在休闲经济中占有的份额。

（四）加强社会条件支持系统的配套工作

休闲旅游的发展需要其他部门的支持配合，国家在政策、立法、制度建设、社会保障、货币流通结算形式、人才培养、观念更新、开办学校、理论研究等方面要尽快制定制度、出台政策，为其发展创造良好的环境，并提供足够的启动资金。大多数国家有某种关于如何为旅游业进行资金支持的机制，并通过综合调查研究，提供有关信息支持。旅游业的发展需要整个社会系统的支持，旅游管理部门要与有关部门通力合作。

【思考与练习】

1. 简述国外休闲旅游发展历程。
2. 列举英国、法国、瑞士、美国具有代表性的休闲旅游活动。
3. 如何理解我国休闲旅游发展条件？
4. 试述我国休闲旅游发展历程。
5. 阐述我国休闲旅游发展思路。

【案例分析】

文化和旅游部旅游质量监督管理所发布的2020年旅游投诉分析报告显示，2020年旅游投诉总量同比大幅增长，涉疫旅游投诉占近40%。各渠道共收到有效旅游投诉49534件，同比增长47.43%；受理43185件，受理率为87.18%；结案41691件，结案率为96.54%；为游客赔偿经济损失金额11154.89万元，同比增长165.67%。其中，全年涉疫旅游投诉19624件，如果除去涉疫旅游投诉，全年投诉总量同比下降10.98%。

旅行社、景区和在线旅游企业仍是被投诉较多的市场主体。其中，旅行社占52.63%，景区占21.91%，在线旅游企业占17.50%。2020年国内游投诉占67.59%，出境游占比32.33%。其中，涉疫投诉主要集中在出境游。全年涉疫投诉中出境游占比63.73%。

涉疫旅游投诉主要集中在上半年，下半年明显趋缓。第一季度占比82.22%，第二季度占56.56%，第三季度占9.52%，第四季度占8.72%。分析认为，涉疫旅游投诉主要集中在旅行社，占71.80%；其次是在线旅游企业，占22.26%。退订退费是涉疫旅游投诉的主要问题，占93.93%，逾五成游客要求全额退费。其中，旅行社退团退费问题（包含在线旅游企业的旅行社产品）占77.43%，机票、火车票退订退费问题占11.41%。分析认为，旅行社退团退费的涉疫旅游投诉最难调解，调解失败3500件，占调解失败案件总数的79.13%；其次是机票退订，占10.45%。

报告对2020年旅游投诉（不含涉疫投诉）反映的主要问题进行了分析。分析认为，不按合同约定标准履约是旅行社服务质量存在的突出问题；景区投诉主要集中在工作人员的服务问题上；对在线旅游企业的投诉主要集中在机票和住宿产品预订退订问题上；人员服务不佳是住宿产品服务质量的突出问题；态度言语不良是投诉导游领队的主要问题，占导游领队投诉总量的53.64%。①

思考题：

1. 案例反映了2020年我国休闲旅游业存在哪些问题？如何改进？

2. 结合案例，分析制约我国休闲旅游发展的障碍及解决对策。

参考文献

[1] 楼嘉军. 休闲学概论［M］. 上海：华东师范大学出版社，2016.

[2] 熊清华. 休闲度假旅游是新时期旅游发展的主旋律——以云南省保山市为研究个案［J］. 学术探索，2007（2）.

[3] 刘文海. 世界旅游业的发展现状、趋势及启迪［J］. 中国市场，2012（33）.

[4] 朱海华，白仲安. 城市休闲与旅游的可持续发展［J］. 山西建筑，2008（4）.

① 李志刚. 为游客赔偿经济损失金额同比增长165.67%［N］. 中国旅游报，2021-2-08（002），有删改。

［5］宋飞 . 关于度假旅游的研究综述［J］. 经济研究导刊，2013（15）.

［6］冉斌 . 我国休闲旅游发展趋势及制度创新思考［J］. 经济纵横，2004（2）.

［7］刘宁宁 . 国际乡村旅游创新发展经验对我国的启示［J］. 农业经济，2017（3）.

［8］刘丹青 . 英国：乡村旅游业的先行者［J］. 经济社会史评论，2018（5）.

［9］何兰兰 . 法国葡萄酒旅游业发展及对中国发展的启示［J］. 世界农业，2016（2）.

［10］沈世伟，许静娜，黄晓岑 . 法国葡萄酒旅游发展的经验与启示［J］. 宁波大学学报：人文科学版，2016（3）.

［11］何誉杰 . 瑞士山地旅游对四川省阿坝州体育旅游开发的启示［J］. 商情，2013（19）.

［12］杨敏 . 中国、瑞士旅游业之对比［J］. 昆明大学学报，2008（2）.

［13］崔伦强 . 瑞士滑雪旅游对哈尔滨的启示［J］. 学理论，2019（12）.

［14］安士伟，刘宁宁 . 美国旅游业的特点及启示［J］. 河南教育学院学报：自然科学版，2006（1）.

［15］吴必虎 . 区域旅游规划原理［M］. 北京：中国旅游出版社，2001.

［16］谢洪忠，刘洪江 . 美国国家公园地质旅游特色及借鉴意义［J］. 中国岩溶，2003（1）.

［17］杨锐 . 美国国家公园体系的发展历程及其经验教训［J］. 中国园林，2001（1）.

［18］田喜洲，王渤 . 试论美国旅游业［J］. 东南亚纵横，2003（10）.

［19］钟丽霞 . 大湘西休闲旅游发展的现状及对策［J］. 中南林业科技大学学报：社会科学版，2015（4）.

［20］刘晨晔，姜秋爽 . 近十年来国内休闲旅游研究述评［J］. 洛阳师范学院学报，2011（10）.

［21］卢睿 . 我国休闲旅游产业的现状与发展［J］. 中国商贸，2010（8）.

［22］国家统计局 . 沧桑巨变七十载民族复兴铸辉煌——新中国成立 70 周年经济社会发展成就系列报告之一［EB/OL］.http：//www.stats.gov.cn/ztjc/zthd/bwcxljsm/-70znxc/201907/t20190701_1673373.html.

［23］国家统计局 . 中华人民共和国 2019 年国民经济和社会发展统计公报［EB/OL］.http：//www.stats.gov.cn/tjsj/zxfb/202002/t20200228_1728913.html.

［24］世界旅游城市联合会 . 休闲度假占世界旅游的比重已超过 60%［EB/OL］. https：//www.traveldaily.cn/article/132518.

［25］中华人民共和国文化和旅游部 .2019 年文化和旅游发展统计公报［EB/OL］. http：//zwgk.mct.gov.cn/auto255/202006/t20200620_872736.html.

［26］前瞻产业研究院 .2018 年旅游行业市场现状与发展趋势旅游产业结构发生转变［EB/OL］.https：//www.qianzhan.com/analyst/detail/220/190530-6662a87e.html.

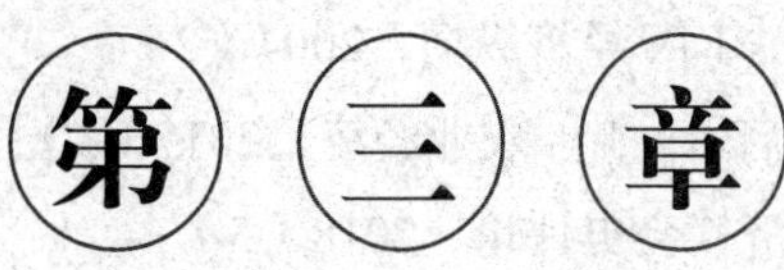

休闲旅游的理论基础

【学习目标】

通过学习，了解西方休闲思想的代表观念，掌握我国传统文化中的休闲思想，理解马克思主义的休闲观及当代意义，熟悉旅游可持续发展理论的内涵及其评价指标体系，理解旅游体验理论的属性及其特点，明确慢旅游理论理念及其支撑系统。

【内容结构】

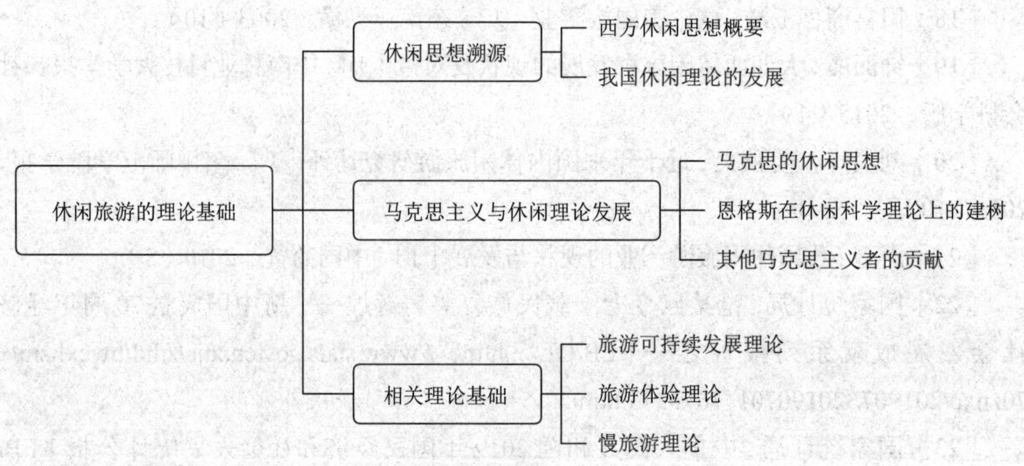

【开篇导读】

休闲——人类美好的精神家园①

“休闲”在几千年人类文明演化的历史中，始终具有重要的文化价值，不同时代的思想家们无不充满激情地赞美“休闲”。亚里士多德说，休闲才是一切事物环绕的中心，是哲学、艺术和科学诞生的基本条件之一。英国思想家罗素说，能否聪明地用“闲”是

① 马惠娣. 人类文化思想史中的休闲——历史·文化·哲学的视角［J］. 自然辩证法研究，2003（1），有删改。

对文明的最终考验。大科学家爱因斯坦说，人的差异在于闲暇。爱尔兰剧作家萧伯纳说，劳作是我们必须做的事，休闲做我们喜欢做的事。当今，休闲已成为我们这个时代重要的特征之一，成为人类社会文化活动的重要组成部分，成为与每个人的生存质量息息相关的领域，同样也成为社会进步的标志。

休闲之事古已有之。“休”在《康熙字典》和《辞海》中被解释为“吉庆、欢乐”。《诗·商颂·长发》中释“休”为吉庆、美善、福禄。“闲”，通常引申为范围，多指道德、法度，也有限制、约束之意。《易·家人》：“闲有家。”“闲”通“娴”，具有娴静、思想的纯洁与安宁的意思。从词意的组合上，表明了休闲所特有的文化内涵。因而，它不同于“闲暇”“空闲”“消闲”。这个颇具哲学意味的象喻，表达了人类生存过程中劳作与休憩的辩证关系，又喻示着物质生命活动之外的精神生命活动。“人倚木而休”，使精神的休整和身体的颐养活动得以充分地进行，赋予生命以真、善、美。同样，在英文词义学的考证中，也可以看到相似的暗喻。英文“Leisure”一词来源于法语，法语来源于希腊语和拉丁语。“休闲”，在希腊语中为“Skole”，拉丁语为“Scola”，意为休闲和教育，认为应发展娱乐，从中得益，并与文化水平的提高相辅相成。可见英文中“Leisure”休息的成分很少，消遣的成分也不多，主要是指“必要劳动之余的自我发展”。表明了“休闲”一词所具有的独特的文化精神底蕴。在拉丁语中，我们同样能找到这种排斥关系，因为 Otium（休闲、闲逸）的反意为 Neg-otium（字面意思为事务、商业、劳动）。

休闲的一个重要方面，是把休闲从劳动状态与负有责任的其他活动中分离出来。这是人的生存整体的一个组成部分。在某种意义上，其与马斯洛的人的需求“五层次理论”中的自我实现的理念相一致。旨在巡查精神世界中人的创造力和鉴赏力，通过休闲促使人对生活（生命）进行思索，有助于人的全面发展和个性的成熟，使人真正地走向自由。它的价值不在于提供物质财富或实用工具与技术，而是为人类构建意义的世界和守护精神的家园，使人类的心灵有所安顿、有所归依。它还以特有的精神理想赋予人的经济技术行为以真实的意义，使它与社会中占主导地位的政治、经济或科技力量保持一定的距离或相对的独立性，从而形成一种对社会发展进程有矫正、平衡、弥补等功能的人文精神力量。

拥有休闲是人类最古老的理想，因为在休闲状态中人才能把时间花在杰出而天才的沉思中。在这种沉思中，人们能认识和体验到：在人的本性中什么是最神圣的，人类如何摆脱功利主义的诱惑，为实现文化理想而努力。从根本上说，休闲研究是对生命意义和快乐的探索；休闲是人的一种“以欣然之态，做心爱之事”的生命状态。

第一节　休闲思想溯源

一、西方休闲思想概要

尽管西方休闲活动有着悠久的历史，但是古希腊对休闲现象的认识升华出的思想还没有形成独立的理论体系，休闲认识只是在一些哲学、伦理学、政治学等方面的著作中，因而，这一时期的休闲认识还处在休闲科学产生的前期阶段。柏拉图在《理想国》中认为休闲“是以自我启发和自我表现为目的的自由时间”①。亚里士多德被誉为休闲学之父，对同时代人的思想和知识进行了整理和分类，阐述了“快乐、幸福、休闲、美德和安宁”等问题，誉休闲“是一种沉思的状态”“是一切事物环绕的中心，是科学和哲学诞生的基本条件之一，而工作的目的是为了休闲”②；认为“幸福存在于闲暇之中，人类最终的生活为休闲生活”“在正确的治国方面，不能没有已成为生活必需的、人人喜爱的休闲是所有人都承认的事，但用什么方法保证休闲确是不容易的事”，还认为休闲是“国民权”，将健全的休闲娱乐作为人类天赋的权利和义务。古罗马时期，塞奈卡承袭了亚里士多德的休闲思想，开创了罗马的休闲论，著有《人生论》阐明了他的休闲观，将生活分为“懒惰繁忙的、忙于公务的和真正休闲”；认为“休闲是人生的第一目标，是追求人生最高价值的重要条件”③。

1516 年，英国思想家托马斯·毛阿发表了在古典文学中享有盛名的《理想国》，其休闲思想被认为是探索现代休闲状态的珍贵见解，在其设计的理想社会里，一天采取 6 小时劳动时间制度，纯粹的余暇时间约 8 小时，应用在“学得有益知识的活动”，而“娱乐是快乐的生活”“人类似乎感到自然的喜悦，将肉体和精神的所有状态和运动都看成是快乐”“在国家制度方面首先被考虑和唯一追求的目的，就是在公共生活方面从必要的职业和工作中留出哪怕很少的余暇，这样市民就必须将所有时间从身体的劳动转变为精神的自由活动和教养”④。1602 年，西班牙哲学家坎帕奈拉写了一篇与柏拉图《国家篇》相对应的理想国家论，即《太阳国》，其中将一天的劳动时间写为 4 个小时，剩下的时间都作为运动、娱乐、游戏和散步等休闲活动的时间。

1693 年，英国思想家洛克在《教育论》中认为“含有娱乐意义的消遣也是娱乐的

---

① 李仲广，卢昌崇．基础休闲学［M］．北京：社会科学文献出版社，2004.

② 同①。

③ 乔克勤，关文明．中国体育思想史［M］．兰州：甘肃民族出版社，1993.

④ 同③。

基本概念”；而“消遣是身体和精神交替进行有益的锻炼，使已经疲倦了的身心常常可以得到放松而恢复活力”。1861 年，英国思想家斯宾塞在《教育论》中，突出了两个教育目的，即“为全部生活做准备”和“培养健全活动的人”。英国的叔本华受亚里士多德“幸福寓于休闲之中”思想的影响，1850 年写了《幸福论》，认为“奢侈产生欲求，会给人造成浪费并慢慢地引向逆境”“人们只用于嬉笑等官能享受的休闲是完全无价值的休闲，唯有能使所有人真正掌握自己的休闲才是自由的休闲”；将享乐分为“生存即培养再生产力的享乐，寻求体力刺激的享乐，认识过程或精神感受性的享乐”。1862 年，马克思在《剩余价值理论》中认为“可以自由支配的时间是真正的财富”“休闲增加是未来社会的根本条件和主要特征”。罗素进一步认为“运用休闲的能力是检验人类文明的最后手段”。1883 年，拉法格发表《休闲的权利》，被认为是休闲社会学的直接起点。

在近现代科学分化发展的总体趋势下，休闲认识是随着休闲实践进程不断积累和丰富的，开始逐渐形成了独立的理论体系——休闲科学，从教育学、社会学、地理学、历史学等多个视角研究休闲行动现象，这样围绕“休闲”产生了许多新学科，不仅从理论层面上研究休闲与社会、休闲与文化、休闲与教育的关系等，而且从实践层面上研究休闲与健康、休闲与经济、休闲与服务的关系等。因而说现代休闲学是在美国诞生的，是以 1899 年凡勃伦发表的《有闲阶级论》为标志，建立了以社会地位功能为标准的休闲理论，系统分析了休闲与阶级、阶层的关系[①]，认为“休闲已成为一种标志和社会建制，是人的一种生活方式和行为方式”[②]；“富人已经形成了一个有闲阶层，休闲并不是为了自我完善，而是为了炫耀个人财富并拉大同普通百姓之间的距离”[③]。继凡勃伦之后，更多学者加入休闲研究队伍中，推进了休闲学的发展。

二、我国休闲理论的发展

（一）中国传统文化中的休闲思想

1. 中国传统养生学中的休闲思想

中国传统的休闲思想最早与养生思想有着密切的关系。有关养生的记载，最早见于古代文献《周易》中关于“阴阳”思想的认识和生命的阐述：在“人”这一生命体中，“形”与“神”是相互依存缺一不可的，“神”依赖“形”，珍视生命首先珍视的是人的肉体生命，养生首先是养护有形的身体，同时“神”对“形”有支配作用，精神状态的好坏直接影响到身体的健康，所以“养神”是养生的根本，是生命的根本。可见，中国传统文化的养生包括“养形”和“养神”两个方面，但更看重“养神”的重要意义。

① 王雅林 . 城市休闲［M］. 北京：社会科学文献出版社，2003：4.
② 凡勃伦 . 有闲阶级论［M］. 蔡受百，译 . 北京：商务印书馆，1964：36.
③ 杰弗瑞・戈比，等 . 人类思想史中的休闲［M］. 成素梅，等，译 . 昆明：云南人民出版社，2000.

《黄帝内经》谈到的养生思想也与今天的休闲类似:“恬淡虚无，真气从之，精神内守，病安从来?是以志闲而少欲，心安而不惧，形劳而不倦”。中国的传统养生中的休闲思想与我们今天所谈到的“休闲”具有异曲同工之处。

2. 中国儒家思想中的休闲思想

孔子作为中国古代哲学集大成者，是儒家学派的创始人，他的休闲哲学是传统文化中的宝贵部分。孔子关于“止”的论述表述出了“休闲”思想。“子曰:‘语之而不惰者，其回也与!’”“子谓颜渊，曰:‘惜乎!吾见其进也，未见其止也。’”(《论语·子罕》)。“有颜回者好学，不迁怒，不贰过。不幸短命死矣，今也则亡。”(《论语·先进》)。可知，颜回好学不倦，孔子对他深为赞赏，但他只知前进不知止步休息，孔子对此深为叹息，表达了对颜回英年早逝的无比痛惜之情。“止”的思想是一种现实生活中难得的闲心、闲情，是更高境界的人生追求。孔子的休闲思想在《论语·先进》中的“与点”章体现得淋漓尽致。孔子与弟子各言其志，曾点说自己的理想是:“暮春者，春服即成，冠者五六人，童子六七人，沐乎沂，风乎舞雩，咏而归。”孔子说:“吾与点也”，极大地赞赏了曾点的休闲意识，是他生活态度和人生观、价值观的深刻反映，这种价值观是中国古代文人所向往的享受快乐人生的独有方式。孔子在评价《韶乐》和《武乐》时认为《韶乐》“尽美矣，又尽善也”,《武乐》“尽美矣，未尽善也”(《论语·八佾》)。优美的音调与厚重的仁德的完美结合，于尽善尽美之中，孔子乐以忘忧，这从另一侧面反映了孔子对优雅闲适的精神快乐的期待。此外，孔子将蕴含赞美自然和生活的《诗经》作为传授弟子的教本，表达了他对《诗经》反映的休闲思想、休闲文化和休闲方式的肯定。《小雅·南有嘉鱼之什·六月》中有“比物四骊，闲之维则，维此六月，既成我服”“四牡既佶，既佶且闲”;《国风·周南·汉广》中有“南有乔木，不可休思”“朝吟风雅颂，暮唱赋比兴，秋看鱼虫乐，春观草木情”等，这些足以说明其中的古老而丰富的休闲思想。

孟子的休闲思想在精神上又得到进一步提升。孟子说:“万物皆备于我矣，反身而诚，乐莫大焉”(《孟子·尽心上》)。孟子认为，通过一定的精神修养，超越自我的限制，达到天人合一、万物一体的精神境界，这样人便获得了绝对的精神自由与幸福。

诚然，孔孟的休闲思想是植根于其以“仁”为核心的价值理想之中的，孔子在赞赏曾点的休闲生活的同时并未否定其余三子倾心国家治理的志向。因此，儒家的休闲自得必然以“修身、齐家、治国、平天下”为蓝本，即“闲以载道”，这一点可以从“兴于《诗》，立于礼，成于乐”(《论语·泰伯》)中得到佐证。

3. 中国道家思想中的休闲思想

道家创始人老子的休闲思想与《周易》有很大关系。《周易》蛊卦的“不事王侯，高尚其事”是最有代表性的宣言，这也成为道家休闲思想的最早表达形式之一。道家创始人老子说:“人法地，地法天，天法道，道法自然”(《老子》第25章)，又说:“道之尊，德之贵，莫之命而常自然”（《老子》第 37 章）。道家休闲思想以回归自然、任性逍遥为根本价值取向，其休闲思想的中心观念可以归结为“道”字，认为“道”是客观存在的最高的绝对的天地之大美，“道”既是天地之根和万物之本，也是自然规律和行为准则，它展现在生活的方方面面，对道的观照是人生最大的快乐。所谓“吾游心于物之初”，就是游心于道，也就是对事物本真状态的观照。老子提出：“绝圣弃智，民利百倍；绝仁弃义，民复孝慈；绝巧弃利，盗贼无有”（《老子》第 19 章），老子这种“无为”之道，从休闲观的角度而言，实质上是一种休闲逍遥、乐以忘忧的精神境界。

庄子继承并发展了老子的主张，老庄哲学更充分体现了对休闲和精神自由的追求，这也正是道家思想最大的现实意义所在。《庄子》是体现道家休闲思想的经典之作，对后人产生了极大的影响。《庄子·逍遥游》：“北冥有鱼，其名为鲲。鲲之大，不知其几千里也。化而为鸟，其名为鹏。鹏之背，不知其几千里也。”庄子以展翅鲲鹏翱翔天际为喻，意在冲破世俗的禁锢，实现一种精神自由。道家认为，人生的最高境界就是追求彻底的个体自由，达到无我、无功、无名的境界。这是一种悠闲的人生状态，是从是非、虚实、善恶、内外、物我、生死的区别中超脱出来，达到“天地与我并生，万物与我为一”的人生最高境界。《庄子·亥公意》中有“就薮泽，处闲旷，钓鱼闲处，无为而已矣；此江海之士，避世之人，闲暇者之所好也”的记载。因此，休闲不仅仅是一种生活态度，更是一种“大知”者的境界，《庄子·齐物论》说“大知闲闲，小知间间。大言炎炎，小言詹詹”。

4. 中国佛教文化中的休闲思想

佛教在中国能发展，并在魏晋南北朝时达到鼎盛，很大一部分归功于“六祖”慧能对佛教教义的部分改变，所以慧能被称为“禅宗”，而他所提倡的“随缘人生”，其实也是一种休闲思想，实际上就是顺应自然，让一切按照生活的本来面目进行，用天皇道悟的话说，就是“任性逍遥，随缘放旷，但尽凡心，别无圣解”。佛教休闲观的发展在魏晋南北朝时期的诗里面可见一斑，一首禅诗这样写道：“春有百花秋有月，夏有凉风冬有雪。若无闲事挂心头，便是人间好时节。”可见，这确实是一种休闲状态，回到自然，一切随缘。禅宗不但向往自然而然，更向往自由。在禅语中，“自由”就是“解脱”。所谓解脱，即“纵任无碍，尘累不能拘”，而尘累就是世俗生活的牵绊，摆脱了生活牵累就是自由境界。可以说这种生活态度和生活方式是一种生存智慧，它能使人摆脱生存困境，消除各种不良情绪，让人生活得自由自在、无拘无束。

（二）近年来休闲理论研究简述

随着改革开放的深入和我国经济持续良好的发展，自 20 世纪 80 年代以来，国内越来越多的学者对休闲问题展开了多层次和多角度的探讨。

于光远在 80 年代就开始关注并倡导对休闲的研究，早在 1983 年就指出，我国对体育竞赛很重视，但对体育竞赛和游戏的理论研究远远不够。1996 年，他进一步论述道，闲暇时间的长短与人类的文明进步是并行发展的。“从现在看将来，如果不属于闲的劳动时间随着社会生产力的发展能够进一步减少，闲的地位还可进一步提高，这是走向未来经济高速发展的必经之路”[①]。邓伟志在《生活的觉醒——漫话生活方式》（1985）一书中，根据我国当时社会生活所发生的实际变化，对休闲、休闲时间和休闲活动方式等内容分别进行了比较充分的论述。王雅林、董鸿扬主编的《闲暇社会学》（1992），虽然在理论和方法上主要借鉴苏联和东欧国家的研究思路，视角也有一定的局限性，但对于促进我国休闲理论的研究也具有重要的借鉴作用。马惠娣主编出版的“西方休闲研究译丛”于 2000 年和 2009 年分别面世，共计 10 本。其中，2000 年出版的第一批译丛，如《走向自由——休闲社会学新论》《人类思想史中的休闲》和《你生命中的休闲》等 5 本译著，对于处在刚刚起步阶段的我国学术界而言无异于久旱之后逢甘露，影响深远。马勇主编出版的“休闲与游憩管理丛书”（2008），译著共计 6 本；浙江大学亚太休闲教育研究中心庞学铨主编出版的“休闲丛书”（2010），译著有 4 本。这些西方当代休闲理论研究成果的引入，极大地拓宽了我国学者的研究视野，对于推进我国休闲科学理论研究工作的深入发展发挥了极其重要的作用。

近年来，国内学术界在休闲研究的完整性和系统性方面有了长足的进步。王雅琳主编的《城市休闲——上海、天津、哈尔滨城市居民时间分配的考察》（2003）、魏小安的《中国休闲经济》（2005）、楼嘉军的《休闲新论》（2005）、卿前龙的《休闲服务与休闲服务业发展》（2007）、郭鲁若的《休闲经济学——休闲消费的经济分析》（2005）、魏翔的《闲暇经济导论——自由与快乐的经济要义》（2009）、楼嘉军的《论休闲与休闲时代》（2013）和《中国城市休闲化发展研究报告 2013》（2014）、宋端的《寻找中国的休闲——跨越太平洋的对话》（2015）、陈占彪的《自由及其幻象——当代城市休闲消费的发生》（2015）、楼嘉军的《休闲学概论》（2016），这些学术著作反映了我国休闲发展现状，总结了我国休闲发展经验与教训以及思考我国休闲发展路径，对推动我国休闲理论科学的发展产生了积极意义。

第二节　马克思主义与休闲理论发展

一、马克思的休闲思想

马克思休闲思想的基本内容同马克思的思想一样博大精深。他的休闲思想主要是在

① 约翰·凯利. 走向自由——休闲社会学新论［M］. 赵冉，译. 昆明：云南人民出版社，2000：4.

批判资本主义社会、阐述社会主义和共产主义社会有关理论中论及的，是把它作为资本主义社会的否定状态和为了理想社会的可能或者是应该的状态来论述的。

（一）休闲是人之为人的一种权利

休闲是人的基本权利，劳动者休闲权的平等实现是马克思休闲观首要的根本的问题。马克思把现实的自由时间看成人们拥有的真实人权，并从理论与实践相结合的维度，看到了工人的剩余劳动时间被资本家无偿占有的现实。工人创造了自由时间，却成为无闲阶级，资本家不劳动但却拥有自由时间，成为有闲阶级，马克思指出了资本主义社会这一异化的状态。在《1844 年经济学哲学手稿》中，马克思指出劳动对工人来说是外在的东西，也就是说，不属于他们的本质；因此，他们在自己的劳动中不是肯定自己，而是否定自己，不是感到幸福，而是感到不幸，不是自由地发挥自己的体力和智力，而是使自己的肉体受到折磨、精神遭到摧残。同时，为了改变这种异化的状态，马克思致力于为争取无产阶级的休闲权而抗争。马克思在《工资、价格和利润》中提出："时间是人类发展的空间。一个人如果没有自己处置的自由时间，一生中除睡眠、饮食等纯生理上必需的间断以外，都是在为资本家服务，那么，他就还不如一头役畜。"

（二）休闲为人的发展提供自由时间

自人类诞生以来，自由便被视为神圣与崇高的象征，被认为是人的基本生存价值之一，是人的本质的体现。自由时间也被称作闲暇时间，是人们从事休闲活动的保证，是个人所能完全自由支配的时间。马克思的休闲思想就是隐喻在其对自由时间的论述之中，也体现在其为工人争取自由时间的坚持之中。可以说，马克思一方面用大量活生生的事实无情地揭露了资本家对工人自由时间最大限度的剥削，另一方面又不无悲愤地指出资本家这种残酷剥削限制工人个人休闲权利的获得。1862 年他完成的《剩余价值理论》的草稿中，马克思深刻指出，可以自由支配的时间"也就是真正的财富，这种时间不被直接生产劳动所吸收，而是用于娱乐和休息，从而为自由活动和发展开辟了广阔的天地"。时间是发展才能等的广阔天地。在马克思看来：自由时间是"非劳动时间""可以自由支配的时间"，可以说，休闲时间即摆脱了各种社会责任之后所剩余的那部分时间，而且这种时间不用于生产劳动，主要用于娱乐、休息、创造和满足个人精神文化需要。而在资本主义社会，工人不但没有自由时间，其工作日的设定往往突破了社会的道德界限甚至是生理界限。马克思在《资本的生产过程》中这样写道："他们四肢瘦弱，身躯萎缩，神志呆痴，麻木得像石头人一样，使人看一眼都感到不寒而栗……这种制度是社会的、肉体的、道德的和智力的奴隶制。"面对这样残酷的掠夺，马克思愤慨地指出，个人的全部时间都成为劳动日，从而使个人降到仅仅是工人的地位，使他从属于劳动。因此，最发达的机器体系现在迫使工人比野蛮人劳动的时间还要长，或者比他自己过去用最简单、最粗笨的工具时劳动的时间还要长。马克思对工人劳动时间的客观描述说明，劳动者理应得到的自由时间没有得到有效的保护，而是被无情地剥夺。

自由时间被无情剥夺这一现实，直接制约着工人的发展，因为在资本主义生产关系之中，劳动者无闲时，更别说闲钱和闲情，工人阶级的休闲无从谈起。工人阶级要体验休闲，要实现自身的发展，必须拥有自由时间这一前提。对于休闲时间与个人的发展问题，马克思在《临时中央委员会就若干问题给代表的指示》中指出，工作日的限制“不仅对于恢复构成每个民族骨干的工人阶级的健康和体力是必需的，而且对于工人有机会来发展智力，进行社交活动以及社会活动和政治活动，也是必需的”。为此，他提出建议：通过立法手续把工作日限制为 8 小时。而如何增加自由时间，马克思认为自由时间的获得首先是个发展生产力的问题，并且认识到了人与科学技术在这一进程中的优先性作用。马克思在《机器体系和科学发展以及资本主义劳动过程的变化》中指出，科学技术的发展能推动生产率的提高，从而实现“真正的经济——节约——是劳动时间的节约”。节约就是发展生产力，这就为自由时间的获得创造了条件。

（三）休闲促进人的自由全面发展

1. 休闲能促进人的能力的全面发展

马克思认为，劳动时间的缩短和自由时间的增加，其目的是“使个人得到充分发展”。在马克思看来，人的全面发展就是每个人都能够在自己的自由时间里，在自己的必要劳动时间被减缩之外，个人会在艺术、科学等方面得到发展。当然，马克思在此列举的艺术和科学等仅仅是劳动之外的例子，其目的是说明个人能力的全面发展才是人的全面发展的核心。人的能力是人类生存之根本，是人类改造客观世界和创造物质财富的本质力量。人的能力是多方面的，包括体力、智力、物质生产能力、社交能力、审美能力、精神生产能力和道德修养等。人们通过各种能力的提高，创造出日益丰富的物质生活资料，突破了人的生存困境，人们在享受生产力高度发展的前提下，自由个性也得到了整体发展。同时，生产力的快速发展也为人的自由全面发展提供了充足的自由时间，人们才有机会从事个人兴趣爱好的有益活动，使人在物质关系和精神关系上变得丰富多彩。马克思认为，生产力决定了人的自由活动范围，生产力越发达，人们创造物质的能力就越强，人的自由活动范围就越广阔。只有人的能力的全面提高，才能促进生产力的稳步快速发展。因此，能力的发展在人的全面发展中具有重要的地位，休闲对人的能力的全面发展则起着促进的作用。

2. 休闲能促进人的个性的全面发展

马克思认为，每一个单个人的发展程度是与整个人类发展程度相一致的，而每一个单个人的发展程度是整个人类发展程度的前提。人的个性发展是在人的实践活动中展开的，是在摆脱自然必然性束缚之后获得的自由发展。从整体上看，人类不仅在自由自觉的劳动中表现自我个性和人的本质，也在休闲活动中以审美方式体验生活、展现个性和特长、追求人生的本真意义。人的独特个性是每个人在社会关系发展过程中所形成的独特品质。正因为这种个性化特征，休闲活动对每个休闲个体才可能具有互补作用，人们才能够通过休闲活动达到能力的全面发展，也就是说，非艺术类人员通过艺术类的休闲活动，接受艺术的熏陶，实现对艺术美的追求与享受；艺术类人员可以通过参加体育活动来达到强身健体，追求和享受另一种美；人文类教学科研人员通过参观自然科学博物馆的活动来弥补这类知识的不足；而自然科学类的教学科研人员可以通过参观历史文化博物馆的活动补充自身在这方面的缺陷。休闲活动的个体化特征能够丰富和发展人的各种能力，闲暇时间可以充分开发人的兴趣、爱好、潜能等，使人自我超越、自我发展，从而促进人的个性的全面发展。

3. 休闲能促进人的需要的全面发展

在马克思看来，人不仅有物质的需要，而且有精神的需要，在物质需要得到满足之后，更多的是精神层面的需要，这是人的全面发展最基本的需求结构。人通过劳动和社会交往不断满足自身的需要，在不同时期、不同阶段，人的需要是不一样的，随着时间的推移和经济的发展，又会出现新的需要，人正是“以其需要的无限性和广泛性区别于其他一切动物，人的本质是人的真正社会联系，所以，人在积极的实现自己本质的过程中创造、生产人的社会关系、社会本质”。人通过生产实践活动推动人的需求，而人的社会联系也是人们在生产实践中建立和发展起来的。人作为一个生命活体，需要衣食住及其他物质维持生命的延续，当然需要物质资料来支撑，需要是人的生命活动的表现。“休闲既是一种态度，也是一种素养，既是一个人自由休闲程度的标志，也是一个集体或社会内在生命力的动力。”[①] 人的需要要得到全面实现，人才能真正成为全面自由发展的人。休闲是对生命超然脱俗的一种诠释，是满足生存的需要，休闲的真正意义是促进人的需要的全面发展与满足。

（四）休闲是马克思描绘的未来理想社会的基本特征和基本内容

马克思曾高度评价自由时间对人类文明发展的基础性作用，他在《1861—1863 年经济学手稿》中指出整个人类的发展，就其超出对人的自然存在直接需要的发展来说，无非是对这种自由时间的运用，并且整个人类发展的前提就是把这种自由时间的运用作为必要的基础。”在这个基础上，他对社会主义和共产主义做了这样的描绘，“在个人全面发展和他们共同的社会生产能力成为他们的社会财富这一基础上”建立“自由个性”。马克思在《德意志意识形态》中指出，在共产主义社会里，任何人都没有特殊的活动范围，而是都可以在任何部门内发展，社会调节着整个生产，因而使人有可能随自己的兴

① 张雅静 . 和谐休闲观：走向科学休闲的理念支撑［J］. 贵州师范大学学报，2010（4）：43.

趣今天干这事，明天干那事，上午打猎，下午捕鱼，傍晚从事畜牧，晚饭后从事批判，这样就不会使人总是一个猎人、渔夫、牧人或批判者。在《1844 年经济学哲学手稿》中，马克思对未来理想社会进行了描述：这种共产主义，作为完成了的自然主义，等于人道主义，而作为完成了的人道主义，等于自然主义，它是人与自然界之间、人与人之间的矛盾的真正解决，是存在和本质、对象化和自我确证、自由与必然、个体和种类之间的斗争的真正解决。它是历史之谜的解答，而且知道自己就是这种解答。可以说休闲是人的一种存在方式和生活方式，是人的价值存在的一种表现形式，是人的本体论意义之所在。因此，马克思在描绘未来理想社会的时候把“休闲”作为社会的基本特征和基本内容来对待。

二、恩格斯在休闲科学理论上的建树

与马克思同时代并肩奋战的无产阶级革命导师恩格斯，对休闲科学理论的发展也做出了重要贡献。首先，恩格斯提出了“人生三需要”的著名论断。恩格斯曾指出，人生有三个根本需要：一是生存的需要，消费是为了生存。二是享受的需要，人可以活得更好一些。三是发展和表现自己的需要。在此，恩格斯辩证地说明了休闲的重要性，并将自我发展和表现自己的需要作为人生追求的最高目标，从而揭示了休闲科学的本质特征。在致彼得·拉甫罗维奇·拉甫罗夫的信中，恩格斯赞同拉甫罗夫提出的“人不仅为生存而斗争，而且为享受，为增加自己的享受而斗争”的观点，并进一步阐述，人类的生产在一定的阶段上会达到这样的高度：能够不仅生产生活必需品，而且生产奢侈品，即使最初只是为少数人生产。这样，生存斗争就变成为享受而斗争，不再是单纯为生存资料而斗争，而是为发展资料，为社会生产出来的发展资料而斗争。在《反杜林论》中，恩格斯提出生产劳动给每一个人提供全面发展和表现自己的全部能力即体能和智能的机会，这样，生产劳动就不再是奴役人的手段，而成了解放人的手段，因此，生产劳动就从一种负担变成一种快乐。其次，恩格斯认为自由时间主要用于人的享受和发展。1891 年，恩格斯在为马克思《雇佣劳动与资本》的单行本撰写的导言中就明确指出，这个社会已被自己的富有所窒息，而同时社会的绝大多数成员却几乎得不到保障去免除极度的贫困。对此，恩格斯以一个无产阶级革命家的气概和胆略预言到“一个新的社会制度是可能实现的，在这个制度下，当代的阶级差别将消失，而且在这个制度下——也许在经过一个短暂的、有些艰苦的，但无论如何在道义上很有益的过渡时期以后，通过有计划地利用和进一步发展现有的巨大生产力，在人人都必须劳动的条件下，人人也都将同等地、愈益充分地得到生活资料、享受资料、发展和表现一切体力和智力所需的资料。”恩格斯的论述十分清晰地表明，所谓劳动是用于社会成员生存所必须支付的时间，而用于享受和人的体力及智力发展的时间就是休闲时间。

三、其他马克思主义者的贡献

除了马克思和恩格斯外，同时代其他的一些马克思主义者也对休闲的理论问题有过不少精彩的论述。法国著名的马克思主义者拉法格（Lafargue）在1880年曾经撰文，为那个时代无产阶级争取获得合理和必要的休闲权所从事的正义斗争进行热情的呼吁和有力的申辩。在那篇题为《懒惰权》（1880年）的文章中，作者引用了诗人莱辛的两句诗："我们对于一切，除了爱情和美酒；对于一切，除了休闲本身，都懒得去管！"[①] 拉法格还指出，无产阶级如果要认识到自己的力量，就应该宣布他们有休闲权，这一权利比干巴巴的人权要神圣高贵千万倍。拉法格的《懒惰权》被认为是推动休闲社会学发展的直接起点。

第三节　相关理论基础

一、旅游可持续发展理论

（一）旅游可持续发展的由来

可持续发展的战略思想源于1980年世界自然保护同盟（IUCN）、联合国环境规划署（UNEP）和世界野生动物基金委员会（WWF）共同编制的《世界自然保护大纲》（*World Conservation Strategy*）。1990年，在《保护地球——可持续生存战略》（*Caring for the Earth: A Strategy for Sustainable Living*）中又阐明可持续生存原则、可持续生存的额外行动、实施和后续行动。在这两个文件发布期间，世界环境与发展委员会（WCED）于1987年制定了《我们共同的未来》（*Our Common Future*），并获得第42届联合国大会通过。可持续发展的指导思想被引入旅游业，应归功于1990年在加拿大举行的全球持续发展大会旅游组行动筹备委员会会议，它所制定的《旅游发展行动战略草案》首次从国家和区域两个层次提出了旅游业持续发展的总目标、政府政策、实施步骤，以及政府、非政府和旅游企业的任务。1993年，《可持续旅游》学术刊物在英国的问世，标志着旅游可持续发展的理论体系已初步形成。1995年，联合国教科文组织（UNESCO）、联合国环境规划署（UNEP）和世界旅游组织（UNWTO）在西班牙召开了"可持续旅游发展世界会议"，并通过了《可持续旅游发展宪章》《可持续旅游发展行动计划》。宪章强调在全世界范围内实现经济发展目标与社会发展相结合，改变旅游消费模式，旅游价格制订中增加生态环境费用，探讨国际通用的经济可行的方法，保证

① 舒展．休闲——一门科学［N］．解放日报，1999-06-25（1）．

资源的可持续利用等。

（二）可持续发展是旅游可持续发展的基础理论

可持续发展所包容的内容十分丰富，与旅游可持续发展的本质关系主要表现在以下几个方面。

1. 系统观与旅游可持续发展

人类生存的整个地球及其各个局部是自然、社会、经济、文化等多因素组成的复合系统。它们之间既相互联系，又相互制约，其中任何一个方面功能的削弱或增强都会影响其他部分，影响可持续发展进程。在实施发展战略时，需要打破部门和专业条块分割以及地区界限，从全局着眼，从系统的关系进行综合分析和宏观调控。旅游业是社会系统的组成部分，与系统的其他部分既相互独立，又相互依存。推进旅游实现可持续发展必须考虑旅游在区域发展中的功能作用以及与相关子系统在功能上的匹配与否，任何超越客观条件的超前发展和人为限制旅游业发展的滞后性做法都会阻碍旅游可持续发展的实现。

2. 资源观与旅游可持续发展

对不同属性的资源采取不同的对策。对非可再生资源，应提高使用效益，寻找替代性资源，尽可能推迟其枯竭的时间；对可再生资源，要限制在其再生产的承载能力限度内，将资源价值核算纳入经济体系之中，保证资源的持续利用。旅游业的发展对人类的自然遗产等旅游资源有着很强的依赖性，旅游资源的开发潜力和可利用程度是旅游业发展的基本前提，应针对旅游资源的不同类别与属性差别，协调资源开发、保护与人类旅游需求的关系，科学、合理地规划、开发与保护好珍贵的旅游资源，使之能最大限度地发挥其应有的价值并尽可能地延长其使用寿命，促进旅游资源的持续利用。

3. 平等观与旅游可持续发展

可持续发展的平等观主张人与人之间、民族与民族之间、大国与小国之间、强国与弱国之间等要互相尊重、互相平等。可持续发展的平等观包括三层意思：一是本代人的公平分配和公平发展；二是代际的公平，反对为满足自己需求而损害人类世世代代满足需求的条件——自然资源与环境的行为，让后代享有公平利用自然资源的权利；三是公平分配有限资源。旅游业的发展应在满足当代人需要的同时，保证后代人能公平享有利用旅游资源的权利，满足后代人为发展旅游业和满足旅游的需求。

4. 协调观与旅游可持续发展

可持续发展的协调观认为生态、经济与社会的协调发展是可持续发展的前提，没有协调发展根本不可能实现可持续发展。系统中的各子系统应组合优化、和谐有序。这里既有各要素在结构、功能、区域上的协调，也有它们在时段上的协调：强调某一子系统中的要素和其他子系统中的要素之间、子系统内部各要素之间的协调发展。旅游业要实现可持续发展，不仅应考虑旅游业与经济社会发展水平，也要兼顾生态环境对旅游业发展规模、档次的承载能力，同时对旅游业自身的各要素如旅游资源的结构、等级、客源市场以及旅游相关产业等基本情况进行综合分析，保持适度发展规模，促进旅游协调、稳定、健康、持续的发展。

5. 全球观与旅游可持续发展

许多资源与环境问题已超越国界和地区界限，人类所面临的共同问题不是仅靠某些国家就能解决的，要实现全球的可持续发展，就必须建立起巩固的国际秩序和合作关系，互相帮助和支持。旅游资源是全人类共同拥有的财富，是人类文明进步的见证。实现旅游可持续发展，就必须摒弃狭隘的区域观念，加强国际交流与合作，充分利用人类所创造的一切文明成果，特别是那些有利于旅游发展的技术、信息与现代管理手段实现全球旅游业的繁荣与发展。

（三）旅游可持续发展的内涵

关于旅游可持续发展的内涵，学术界虽没有达成普遍共识，但分歧并不大。田道勇（1996）在总结前人研究成果的基础上做了如下定义：旅游可持续发展是指满足当代人的旅游需求，又不损害子孙后代满足其旅游需求能力的发展，这一定义具有较大的代表性。李滨等（2001）认为，旅游学界公认世界旅游组织顾问爱德华·英斯基普的定义：可持续发展旅游就是要“保护旅游业赖以发展的自然资源、文化资源、其他资源，使其为当今社会谋利的同时，也能为将来所用”，同样具有较大的权威性。这些定义基本上是围绕1990年加拿大温哥华召开的全球可持续发展旅游分会上提出来的概念进行讨论的。旅游业可持续发展的实质是要求旅游发展带动区域发展，实现区域经济效益、社会效益、环境效益的综合最大化。要科学准确地理解旅游可持续发展的内涵，可以从以下几个方面加以把握。

1. 目标

（1）通过旅游开发满足地方经济发展的需要，在现实和长远目标中提高旅游目的地居民的生活水准和生活质量。旅游以当地经济发展提供的各种机遇作为发展基础，与当地经济有机结合，对当地经济发展起到积极的促进作用。

（2）维护作为旅游发展的基本吸引要素（或组成要素）的环境资源质量（包括自然、人文环境要素）。旅游发展必须建立在生态环境的承受能力之上，考虑旅游对自然资源、生物多样性的影响，考虑旅游活动对当地文化遗产、文化传统的影响。

（3）要保持并提高旅游业的竞争力和生命力，维护公平的经营环境。

（4）满足日益增长的旅游需求，为旅游者提供高质量的旅游感受。

2. 原则

（1）开发与保护并举原则。保护与开发并不是一对不可调和的矛盾，保护的根本目的是为了更好地开发，科学的开发是一种积极的保护。

（2）区域性原则。按照区域分异规律，突出区域特色，从宏观上讲就是“合理布局，重点开发”，根据各地资源的不同特色，选择特色突出、市场潜力大的地区优先开发；从微观上讲就是要“科学规划，合理分区”，每一个旅游地内部进行功能分区，最大限度地减少旅游活动对旅游地资源环境的破坏。

（3）综合效益最大化原则。旅游开发以生态效益为前提、经济效益为依据、社会效益为目标，使旅游取得最佳的生态效益、经济效益和社会效益。

（4）容量控制原则。旅游资源的利用应保证环境质量不发生明显的变化，控制在环境自我修复能力界域之内（旅游地环境承载力）。

（5）污染者付费原则。对造成污染的生产、生活单位、部门及个人采取收费方法以控制污染行为。

3. 切入点及关键

旅游可持续发展的切入点是资源的价值化和外部不经济性的内部化：一是尽可能使难以交易的外部代价（成本）进入可交易的市场体系，即通过经济市场的内部化；二是将不能进入市场的经济要素由政府来管理、调控，通过加强对旅游企业和消费者的约束来降低外部成本。

旅游可持续发展的关键是旅游环境承载力，旅游环境承载力由生态环境承载力、资源空间承载力、居民心理承载力、经济承载力组成。

（四）评价指标体系

在确定评价指标的过程中，将划分旅游系统网络构成的基准限定为旅游目的地。也就是说，在评价区域旅游的发展状态时是在具体的区域（或行政区划）的基础上构筑整体性的宏观系统，而不是以旅游活动的动态联结为核心串联开放的子系统系列。依据旅游可持续发展的目标及原则，建立以生态环境指标、旅游经济指标、社会文化指标和旅游支持系统指标四大类二级指标为主的评价指标体系（见表 3-1）。各类评价指标并不是孤立的，彼此之间存有内在的紧密联系。像旅游社区类同为旅游经济指标和社会文化指标所囊括，分别体现出不同侧面的意义；而旅游经济指标中的旅游对象类实质上也包括在生态环境指标的实体内容之中。上述 3 类指标同时又都以旅游支持系统指标为依靠，互相联系、互相作用。对于评价指标体系而言，其具体构项伴随着系统要素的变化也要进行相应的调整，有一个逐步完善的过程。

表 3-1 区域旅游可持续发展评价指标体系[①]

<table>
<tr><th>一级指标</th><th colspan="2">二级指标</th></tr>
<tr><td rowspan="8">生态环境指标</td><td colspan="2">大气污染指数</td></tr>
<tr><td colspan="2">水环境质量及其生态补偿作用指数</td></tr>
<tr><td colspan="2">地面清洁系数</td></tr>
<tr><td colspan="2">生物多样性指数和生物物种生长状态指数</td></tr>
<tr><td colspan="2">风景损害强度指数</td></tr>
<tr><td colspan="2">旅游资源利用强度指数</td></tr>
<tr><td colspan="2">生态系统负荷及生态系统之稳定性与抗逆性的综合指数</td></tr>
<tr><td colspan="2">其他指数</td></tr>
<tr><td rowspan="14">旅游经济指标</td><td rowspan="5">旅游社区类</td><td>政府及居民收入和收入指数</td></tr>
<tr><td>旅游及社会消费量</td></tr>
<tr><td>物价指数变动率</td></tr>
<tr><td>投资强度</td></tr>
<tr><td>其他指数</td></tr>
<tr><td rowspan="6">旅游业类</td><td>投入产出值或利益（亏损）指数</td></tr>
<tr><td>产业破产或再生指数</td></tr>
<tr><td>产业生存环境——市场发育程度</td></tr>
<tr><td>旅游业带动系数</td></tr>
<tr><td>产业投资机会</td></tr>
<tr><td>其他指数</td></tr>
<tr><td rowspan="3">旅游对象类</td><td>生命周期</td></tr>
<tr><td>投入—产出系数</td></tr>
<tr><td>其他指数</td></tr>
<tr><td rowspan="5">社会文化指标</td><td rowspan="5">旅游主体类</td><td>旅游人数及客源市场构成</td></tr>
<tr><td>重访率</td></tr>
<tr><td>停留时间</td></tr>
<tr><td>游客满意度、游客抱怨度</td></tr>
<tr><td>其他指数</td></tr>
</table>

① 崔凤军，许峰，何佳梅. 区域旅游可持续发展评价指标体系的初步研究［J］. 旅游学刊，1999（4）：4.

续表

一级指标	二级指标	
社会文化指标	旅游社区类	就业机会
		人口迁入与迁出
		居民满意度、居民抱怨度
		其他指数
旅游支持系统指标	目的地社区的政府对旅游业的认识及计划执行	
	旅游发展机构建设	
	管理措施体系	
	旅游行业管理与文化建设	
	其他指数	

1. 生态环境类指标

生态环境指标主要是对环境资源类原生态自然景观进行质量判别和客观描述，从而为区域生态结构优化调整提供背景资料和科学依据。其主要构成包括：①空气质量，用大气污染指数加以表示；②水环境质量及其生态补偿作用指数，要实施动态循环检测；③固体废弃物产生量及堆存量处理率，相关指数为地面清洁系数；④生物物种的质量及多样性维护，用生物多样性指数和生物物种生长状态指数来反映；⑤风景损害强度指数，包括风景价值贬损率、退化率；⑥旅游资源利用强度指数，用接待量占环境承载量之比率、土地利用强度（建筑密度、容积率等）等来反映；⑦生态系统负荷及生态系统之稳定性与抗逆性的综合指数；⑧其他指数。

2. 旅游经济类指标

旅游经济指标是从经济学的角度出发，以“经济人”利益最大化的目标追求为评价标准，主要从经济效益的优劣和市场环境的建设等方面对区域旅游经济环境进行评价。

在旅游社区类中，主要有以下指标：①政府及居民收入和收入乘数，要反映出旅游发展所带来的收入构成的变化；②旅游及社会消费量，尤其要判断出旅游发展所产生的带动效益链；③物价指数变动率，主要考虑旅游旺季时由旅游者所引发的变动幅度；④投资强度，包括旅游项目投资及其他项目投资强度；⑤其他指数。在旅游业类中，主要有以下指标：①投入产出值或利润（亏损）指数，是最为具体也最有价值的经营数据；②产业破产或再生指数，用以了解产业结构演化更替的区域特征；③产业生存环境——市场发育程度，与政府宏观政策的贯彻执行有密切关系；④旅游业带动系数，需借用经济学相关模型来进行数据计算；⑤产业投资机会，反映出区域旅游发展的盈余空间；⑥其他指数。在旅游对象类中，主要有以下指标：①生命周期，对具体产业部门进行个案分析；②投入—产出系数，是较为普遍采用的经济指数；③其他指数。

3. 社会文化类指标

社会文化指标从旅游发展的社会影响入手，着重反映客源变化、居民感受等主体特征，用以指代旅游发展所带来的社会成员之间的互动行为及其变化态势。

在旅游主体类中，主要有以下指标：①旅游人数及客源市场构成，这是对旅游发展规模较为准确的数量判断；②重访率，构成了对区域旅游吸引力和市场忠诚度的间接反映，是进行旅游深度开发的依据之一；③停留时间，同重访率具有类似的作用，但主要反映单位旅游产品的效能；④游客满意度和游客抱怨度（Consumer Satisfaction，CS；Consumer Complain，CC），是对旅游者精神享受的定量描述；⑤其他指数。在旅游社区类中，主要有以下指标：①就业机会，包括数量、种类变动频率及幅度，机会利用率，失业人口和失业率等；②人口迁入与迁出，将其与旅游业发展的相关曲线模拟比较，以求解旅游社会影响的外延效应；③居民的居民满意度、居民抱怨度（Resident Satisfaction，RS；Resident Complaint，RC），反映了社区居民对发展旅游的态度；④其他指数。

应当指出的是，社会文化指标是基于旅游开发目标的多重性而设计的，要充分考虑旅游者的旅游需求、当地政府的经济需求和社会驱动以及当地居民的游憩需求和收益需求。

4. 旅游支持系统指标

旅游支持系统指标是在区域宏观社会经济背景下对旅游发展所获得的社会整体支持力度进行评价，同时也反映出旅游发展的未来潜力。它主要包括以下指标：①目的地社区的政府对旅游业的认识及计划执行，涉及旅游产业定位与发展机制的内容；②旅游发展机构建设，包括管理机构与服务机构；③管理措施体系，是否具备相关的政策、法规、条例，投诉情况及解决措施是否得当等；④旅游行业管理与文化建设，是目的地形象设计的主要内容；⑤其他指数。

二、旅游体验理论

（一）体验经济理论与旅游

体验经济理论由美国经济学家约瑟夫·派恩和詹姆斯·吉尔摩在其《体验经济》一文中首次提出，将体验定义为“企业以服务为舞台，以商品为道具，以消费者为中心，创造能够使消费者参与，值得消费者回忆的活动”[①]。体验经济是满足人们各种体验需求的一种全新的经济形态。人类的经济生活，自诞生之日起，经历了农业经济、工业经济、服务经济与体验经济四个发展阶段。体验经济已经逐渐成为继农业经济、工业经济和服务经济之后的一种主导型经济形态。越来越多的消费者渴望得到体验，越来越多的

① B. 约瑟夫·派恩，詹姆斯·H. 吉尔摩 . 体验经济［M］. 华崇毅，译 . 北京：机械工业出版社，2008.

企业精心设计和销售体验。在体验经济中，企业不仅是销售商品或服务，更是提供体验经历。从这个角度上说，在体验经济时代，顾客每一次购买的产品或服务在本质上不再仅仅是实实在在的商品或服务，而是一种情绪上、体力上、智力上甚至精神上的体验。

旅游与体验存在天然的耦合关系，旅游作为人们求新、求异、求奇、求美、求知的一种重要途径，本身就是一种体验经济，没有哪一个产业能够像旅游业这样更适于生存在体验经济时代。对旅游业而言，体验经济时代的来临为其发展创造了前所未有的机遇。

（二）旅游体验的概念与属性

旅游体验的研究始于20世纪60年代中期的西方学术界，至今国内外学者已经取得了一些研究成果。波斯汀（Boorstin，1964）把旅游体验定义为一种流行的消费行为，是大众旅游非自发的预制的体验；麦克坎奈尔（MacCannell，1973）则认为，旅游体验是对现代生活之烦恼的一种积极反应，是现代人为克服这些问题而追求的一种“真实性”经历。科恩（Cohen，1979）则指出，不同的人需要不同的体验，不同的体验对不同的旅游者和他们所处的社会具有不同的意义。科恩将旅游体验界定为个人与各种“中心”之间的关系，认为体验的意义源自个人的世界观，取决于个人是否依附于某个“中心”。他坚信，旅游体验反映了各种动机的某些稳定的模式，而这些模式又与旅游者个人构建的世界有关，并代表着满足个人各种需要的方式。瑞恩（Rayan，1997）综合了各方观点后指出，对个人而言，旅游体验是一种多功能的休闲活动，可能包括了娱乐成分或者学习成分，或两者兼而有之。谢彦君（1999）认为，旅游体验是指个体借助观赏、交往、模仿和消费等活动方式实现的一个时序过程，通过与外部世界取得暂时性的联系而改变其心理水平并调整其心理结构，是旅游者的内在心理活动与旅游客体所呈现的表面形态和深刻含义之间相互交流和相互作用的结果。全帅、王宁等（2004）指出，旅游体验由支撑性体验维度和高峰体验维度构成，高峰体验是指对目的地旅游吸引物的体验，支撑性体验则主要来自旅游者在目的地的基础消费，诸如吃饭、睡觉、交通等，但是它们一般不构成目的地的吸引物，不能用其涵盖旅游体验的全部，如果支撑性体验很糟糕的话，无论高峰体验有多好，整体旅游体验的效果或多或少都会受到影响；如果构成旅游者主要出游动机的高峰体验令人失望的话，那无论支撑性体验再好也难以填补高峰体验造成的遗憾。当然，在一定的条件下，这两个维度的体验之间可以相互转化。邹统钎（2004）将旅游体验定义为“旅游者对旅游目的地的事物或事件的直接观察或参与过程以及形成的感受”。

旅游体验的本质是一种符号互动现象。在旅游体验的各种情境当中，很多意义是通过各种符号传达出来的。人与人之间的互动过程是这样，人对物的象征意义的解读过程也是这样。无论是对旅游者还是对向旅游者提供服务和产品的旅游企业管理经营人员而言，旅游体验的质量都可以说是他们从事旅游及相关活动的生命线，高质量的旅游体验给旅游者以预期甚至超过预期的旅游满足，从而奠定企业获得经济效益的长久基础。因此，体验是旅游活动的本质属性，旅游业是体验经济时代的先锋。旅游体验的属性包括具身性、情境性、流动性和生成性。

1. 具身性

一般而言，旅游体验会涉及对身体位置和姿势感知的本体感觉，对手臂、肌肉等身体移动感觉的运动觉，以及以眼、耳、鼻、舌等的感知为主导的多感官知觉，这三种感觉的共同作用使体验中的身体能够在旅游对象物中产生身临其境的感受，获得更真实和具象化的体验。从这一点上说，旅游体验是具身的，即建立在具（体）的身（体）感知之上。旅游体验的具身性特征意味着：一方面，感知、情感、认知都建立在活生生的身体之上，我们通过身体体验世界，也赋予这种体验以意义；另一方面，感知、情感和认知不完全是身体本能欲望的展现，而是受到社会规范、习俗、价值观等的影响。可以说，旅游体验是在物质身体和社会建构的身体的交叉中进行的，身体是中介也是目的，是出发点也是归宿。

2. 情境性

旅游体验是贯穿于旅游情境中的具有一系列可能性的过程，它发生在个人的身体之上和心灵之中，其结果取决于被具体环境和情绪情境化了的消费者对所遭遇之物做出的反应。旅游情境受多种要素影响：首先，旅游体验是高度主观的，对于相似的活动和环境，每个人具有不同的体验方式，甚至对于同一个人，其体验方式也是时刻变化的。其次，旅游者之外的他人构成影响旅游情境的另一个变量。许多体验是在他人在场的情况下发生的，群体规模、熟悉程度、互动水平等都会对游客体验的满意度和质量感知造成显著影响。最后，旅游吸引物和目的地环境对于塑造旅游情境也具有能动作用。

3. 流动性

体验不是对客观世界的映照和机械的反应模式，而是富于多样性、动态性和变化性的。旅游体验贯穿于旅游世界之中，旅游不停，体验不止。广义而言，除了现场体验外，旅游体验还包括行前和游后阶段。在行前阶段，因为旅游者本身在生理上和心理上都不是静态的，过去的体验都会产生学习过程，从而塑造未来的期望和需要；当某次的旅游期望成为现实后，它一方面会影响未来的旅游体验，另一方面也会在体验的过程中做出积极的调整。在游后阶段，旅游者对自己的体验质量和水平的评价会依赖前两个阶段，同时，旅游者也会通过回忆、书写、分享等过程进行新一轮的体验修复过程。这预示着广义的旅游体验不是一个闭合的概念，而是具有某种动力学特征，处于持续的进行和建构之中。

4. 生成性

旅游者不只是旅游体验产品的被动消费者，他们也是生产者，与经营管理者、目的地和居民共同创造体验。旅游体验对于旅游者个体和旅游地的生成表现为不同的方式，典型体现为叙事和表演。旅游者能够通过叙述，现场参与旅游故事的建构，还可以向别人展示旅游照片，讲述旅途故事，通过这种方式，旅游者加深了对自我的反思性理解，获得成就感，也促进了地方内涵的展现和形象的传播。旅游者也通过表演与目的地互动，这使得旅游者可以在舞台上发现自己，也使旅游地由静态的背景环境变为充满“遭遇的复杂场所”，在共同表演中进行再生产。

（三）旅游体验的特点

1. 情感体验是旅游体验的重要内容

旅游活动就是游客对旅游产品在心理和情感上的一种体验，游客的个人经历、知识背景、兴趣爱好影响着情感反应的强烈程度。

2. 旅游体验具有很强的个体性

旅游体验是个人达到情绪、体力、智力甚至是精神的某一特定水平时，意识中产生的美好感觉。因此，没有两个人的体验是完全一样的。

3. 旅游体验的核心在于参与性

旅游经历就是游客参与旅游活动的结果。参与程度与体验效果直接相关，参与程度越高，体验效果越好，反之则越差。

4. 旅游体验具有综合性

游客在食、住、行、游、娱、购六要素过程中产生不同的体验内容。一般来说，“游”的体验效果占主导地位，但随着休闲、度假旅游的发展，“食”“娱”“购”将上升到主导地位，“行”和“住”在一些特色旅游中也成为游客青睐的对象。

（四）旅游体验的类型

旅游体验类型主要包括娱乐、教育、逃避、审美、移情五种。

1. 娱乐

消遣是人们最早使用的娱悦身心的方法之一，也是主要的旅游体验之一。游客通过观看各类演出或参与各种娱乐活动使自己在工作中造成的紧张的神经得以松弛，让会心的微笑或开怀大笑抚慰心灵的种种不快，从而达到娱悦身心、放松自我的目的。娱乐体验渗透到游客体验的整体过程中，无论是景区动物一个滑稽的动作还是美丽景观带给人的视觉冲击，都会起到娱悦身心的作用。深圳欢乐谷用不同的娱乐主题满足游客多样化、个性化的旅游需求，使游客感受不同的娱乐经历。矿山车让人体味穿越矿区的惊险与刺激，四维影院让人感受全方位的视觉冲击，卡通城让人沉迷于童年的回忆中，魔术晚会则让人在瞠目结舌中体验超凡的感受，不同的娱乐主题为不同年龄的人们塑造了属于自己的娱乐经历。

2. 教育

旅游也是学习的一种方式，尤其是人文类景点，如博物馆、历史遗迹、古建筑等，其深厚的文化底蕴、悠久的历史传统、高超的建筑技术都会令旅游者有耳目一新之感，学习因此而融入旅游者旅游的全过程。Beeho 和 Prentice 在对遗产地旅游者的旅游体验调查中发现，游客不仅获得了有益的学习体验，还获得了情感上和思想上的体验。近年来，在我国各地兴起的“农家乐”项目，也成为许多父母教育子女的方式，让孩子亲自种植蔬菜、水果，亲自管理，体会种植的乐趣和收获的快乐，在潜移默化中将节约、勤劳的教育理念灌输进孩子的意识中，寓教于乐。

3. 逃避

工作的压力、日常生活的烦琐、人际交往的复杂令现代人在生活中很少有时间来审视自己内心的真正需求。因此，他们更渴望通过旅游活动，暂时摆脱自己在生活中扮演的各种角色，抛却大堆的日常琐事，把工作置于脑后，在优美、轻松、异于日常生活的旅游环境中获得一份宁静、温馨的体验，寻找生活中另一个摆脱束缚和压力后的真实自我。到农家体验田园生活，可以使旅游者在相对淳朴的人际关系中放松自我，在恬淡、与平常生活相隔绝的田园世界中把自己从日常的紧张状态中解脱出来，从而获得解脱后的舒畅、愉悦；探险旅游、极限运动则使旅游者在极度的刺激中、在不断的超越中冲破心理障碍，跨越心理极限，在获得巨大的成就感和舒畅感的同时忘却生活中的种种琐碎、压力和不快，进而实现自身的精神解脱。

4. 审美

对美的体验贯穿于旅游者的整个活动中。旅游者首先通过感觉和知觉捕捉美好景物的声、色、形，获得感观的愉悦；继而通过理性思维和丰富的想象深入领会景物的精粹，身心俱沉迷其中，心驰神往，从而获得由外及内的舒畅。自然景物中的繁花、绿地、溪水、瀑布、林木、鸟鸣、动物、蓝天等，人文景物中的雕塑、建筑、岩绘、石刻等都是旅游者获得美感体验的源泉。此外，景区布局合理，营造出天人合一的整体环境氛围，以及旅游从业人员、景区居民的友好、和善、热情也是游客获得审美体验的途径。

5. 移情

一部《庐山恋》让庐山声名鹊起，《神秘的大佛》使乐山大佛人尽皆知，《卧虎藏龙》令蜀南竹海远近闻名，电视连续剧《刘老根（第二部）》则让无名小城——铁岭成为人们的旅游新宠。影视剧的播映对旅游目的地的促销效果十分明显，而众多旅游者之所以选择到影视故事发生地旅游，主要是一种移情的体验。旅游中的移情，是指旅游者把自己置身于他者的位置之上，从而实现情感的转移和短暂的自我逃离。到《刘老根（第二部）》的拍摄地铁岭龙泉山庄和凤舞山庄参观的游客，会在老根的办公室里坐一会儿，体味老根生活的点点滴滴。

（五）旅游体验影响因素与旅游体验强度

旅游体验受旅游者的客观与主观条件的影响。旅游者获得旅游体验的强度因人而异，可分为表层体验、中度体验、深度体验。旅游体验强度的重要影响因素包括：①足够的闲暇时间（T——Time）；②一定的购买力（M——Money）；③知识背景（K——Knowledge），包括早期的经验；④取得技能的自我努力（S——Skills）；⑤接受新鲜事物态度和能力（A——Attitudes）；⑥社会网络关系（N——Networks），包括与当地居民的交流。以上6个条件是一个动态的集合，足够的闲暇时间和一定的购买力是最基本的客观条件，但也不是唯一的，其他4个主观条件逐步深化旅游体验的强度（见图3-1）。

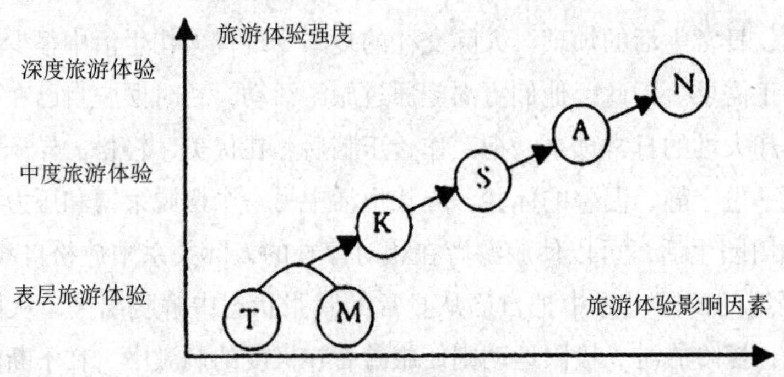

图3-1　旅游体验影响因素与旅游体验强度的关系[①]

只是具备时间和购买力2个客观条件而缺乏相应的主观条件，只能达到表层体验。表层旅游体验，游客只是走马观花地参观自然景观和人文景观，很少与目的地居民进行直接交流，游客只能被动地接受旅游体验对象，难以获得难忘、独特的体验效果。传统的观光旅游就是一种表层旅游体验。

中度旅游体验是游客根据自己过去积累的知识背景，通过自身的努力取得一些技能，主动积极地参与各项旅游活动，积极地接收、吸纳新鲜事物，创造出属于自己独特的体验，如一些参与性强的休闲、运动、娱乐、节庆等活动。中度旅游体验可以让旅游者从视觉、味觉、触觉等多方面来体验旅游地特色、目的地居民生活方式以及放松心情。

深度旅游体验使旅游者超越自己的体力和智力，尝试另一种生活方式，在实现自我价值中获得成就感和快乐感。

其实，影响旅游体验强度的因素是错综复杂的，这不单纯取决于旅游者的客观和主观条件，也不完全取决于旅游企业人员服务，旅游体验的强度在不同的时间和场合、不同的人身上会以完全不同的方式发生作用。

---

① 李晓琴.旅游体验影响因素与动态模型的建立［J］.桂林旅游高等专科学校学报，2006（5）：3.

（六）旅游体验塑造原则

1. 差异性

差异性要求景区在体验塑造时应力求独特，做到人无我有、人有我优、人优我特，不断为游客带来新鲜的旅游感受，满足其个性化需求。差异性要求景区的环境、项目、活动与游客自己的日常生活环境要有差异，要与竞争对手存在差异。前者可以实现游客逃避、放松、学习的目的，后者可以保证旅游景区的竞争力。景区体验差异化的途径有两类：一是率先进入某一产品市场，即以市场先行者的身份出现，推出新产品、新项目，并且不断创新；二是推出的项目或产品难以复制，或有很高的进入壁垒，如技术要求、企业文化、政策限制等，使其他潜在进入者无法进入，从而可以保持体验的唯一性。1955 年，迪士尼乐园在洛杉矶创立时，凭借米老鼠和唐老鸭在儿童心目中的牢固地位，在全球首次推出以快乐为标志的儿童娱乐公园，向儿童展示生活中的真、善、美，让他们得到快乐和兴趣，在赢得孩子的喜爱的同时，也获得了家长的认可，从而成为主题公园中的常青树。几十年来，迪士尼通过不断创新，已经成为游客梦想的乐园，各种年龄段的人都可以在这里获得快乐和知识。从米老鼠、唐老鸭到狮子王、花木兰，再到星际宝贝，迪士尼的动画明星总是在变，迪士尼的娱乐项目也在不断变化，但迪士尼创造快乐的宗旨并没有改变，变的只是越来越新颖的题材、更加现代化的内容和先进的制作技术。

2. 参与性

增强游客体验的重要措施就是提高游客的参与性。游客主要通过两种途径参与景区的旅游活动，即精神参与和身体参与。游客的精神参与，是指游客通过各种途径获取旅游吸引物的信息，增强游客对旅游吸引物的理解和感知，从中获得美感和知识。游客的身体参与，是指游客亲身参与到景区的活动中，在活动中使感观或心灵获得享受，体验旅游活动的真谛。完善景区的讲解系统，有助于提高游客的精神参与，使游客对景物的体验更加深刻、生动。为游客创造尽可能多的身体参与机会，则有助于提高游客旅游经历的质量，使体验更加具体、形象，增强游客与景区之间的感情联系。

3. 真实性

景区体验塑造应为游客获得真实体验创造环境。体验塑造的真实性体现为游客在景区为其所创造的环境中（不管这种环境是真实的、有历史原型的还是臆造的）品味旅游吸引物的内涵，沉迷其中，获得真实体验。这要求景区从业人员应把自己融入所扮演的角色中，为旅游者创造真实的氛围。杭州宋城中在街道上打铁、刺绣、弹棉花、磨豆腐、耍猴等的人均是宋城集团从全国各地找到的手艺人，对业务的精通使他们表演自己的老本行十分轻松，回答游客的问题也十分自如。生动的场景、真实的人物、古代的服饰让游客在宋城的游览过程中忘记了时间，仿佛真的置身于千年之前的宋朝，从而使体验更加真实。

4. 挑战性

适度挑战性的活动才能使游客真正忘却自我，从日常繁杂事务中逃脱出来。这也是近几年极限运动不断升温的原因。极限运动多在野外进行，游客在不断挑战自我、不断突破生理极限中感受自我突破、自我实现的快乐。在体验设计时应把握好度。体验的挑战性太低，则会缺乏吸引力，游客容易觉得乏味，很难获得“畅”的感觉；体验的挑战性太高，又容易使游客因无法克服心理障碍而产生挫败感，影响游客的体验质量。因此，体验的设计应适度，并可通过难度系数分级的方法使游客既能选择适合自己的难度系数，又可产生难度系数不断升级，成就感也层次递增的效果，使游客达到最佳体验。

三、慢旅游理论

（一）慢旅游内涵

自 1986 年意大利人 Carlo Petrin 推动“慢食运动”（slow food movement）以来，慢理念得到了延续和发展。慢文化渐渐成为人们普遍关注的话题，并蔓延到生活、工作、运动、教育、旅游等诸多方面。其中，慢旅游作为一种新型的旅游方式，是慢食运动、慢生活等慢理念在旅游活动的具体表现，是人们重视旅途中的慢节奏和旅行质量的结果。

近年来，慢旅游的研究受到国内外学者的关注。贾福瑞（Jafan）认为，慢旅游就是旅游者享受旅途过程，在旅行过程中摆脱时间概念和工作的压力，逃离这个世界。[①] 迪克森（Dickinson）从气候变化的角度，提出慢旅游是排除航空出行和汽车出行等重污染交通方式之外的步行、骑行、社区巴士、火车等轻污染甚至无污染的一种低碳旅游理念，以增加旅游发展的可持续性。[②] 李君轶等认为慢旅游意为放慢速度、降低污染、减少旅游目的地数量和深度体验。[③] 李庆雷认为，慢旅游是游客自主控制旅行速度和游览时间，充分实现个体创造、发展和自由的新型旅游形式，是未来旅游的发展趋势。[④] 黄华等认为，慢旅游是一种个性化的休闲度假方式，以慢节奏、低碳和绿色的旅行方式来追求旅游的乐趣。[⑤]

因此，慢旅游是指旅游者以获得身心愉悦、回归本性和满足精神需求为目的，避开旅游高峰段、放慢旅行节奏、长时间停留而前往有限目的地进行的休闲旅游方式。慢旅

① Jafan.The holiday makers：Understanding the impact of leisure and travel［J］.Tourism Management，1988，9（1）：82-84.

② Dickinson J，Lumsdon L.Slow travel and tourism［M］.London：Earthscan，2010：1-2.

③ 李君轶，唐佳，张高军．慢游：概念、特征及动因［J］．思想战线，2012（6）：118-122.

④ 李庆雷．慢旅游视野下的休闲旅游目的地建设［J］．邵阳学院学报（社会科学版），2014，12（1）：57-62.

⑤ 黄华，朱喜钢，赵宁曦．慢城、慢旅游及其旅游规划运用［J］．浙江农业科学，2013（6）：741-744+748.

游的本质是在闲适状态下的自我实现，即寻找到了现代社会下精神缺失的家园和自我生存的意义。慢旅游内涵要素包括：

1. 动机

将旅游者的一次旅游定义为慢旅游，决定性的要素是旅游者主体，即旅游者想要一种怎样的旅行方式，是否有一种悠闲的旅游心态。旅游者的旅游动机应该是一种休闲度假的心态，是一种本性的回归，是心灵带着身体的旅行。

2. 效果

慢旅游的旅行效率不应以游览景点或参加活动多少来测算，慢旅游者对旅途中物质方面的要求相对较低，但对品质的要求相对较高，更多的是追求精神文化需求的满足。其旅游效果的影响因素有旅游者期望、身心愉悦感、生理心理满足感、精神需求、体验程度等。

3. 节奏

慢旅游是对速度控制型和效率优先型旅游活动方式的一种反思和改革，是建立在对闲暇时间价值和利用方式的重新认识这一基础之上的。其核心理念之一就是减速。缓慢的节奏是保证实现旅游活动目标的基本前提条件。旅行节奏在慢旅游过程中表现为充足的时间和充分的自主性，慢旅游是一种要求在有限的旅游目的地放缓旅游速度、停留更长时间的旅游方式，且旅行主体对行程有充分的自主选择权，可自行随意调整旅游活动安排计划。

4. 范围

此处的范围首先指某一次慢旅游活动的参与人数，相对传统的大众旅游而言，慢旅游的人数相对较少，大规模的旅行团队成员很难达成共同的动机和节奏，所以慢旅游一般由个人、家人或朋友等较少人数构成。此外，范围也指代旅行时间和目的地的选择等，基于慢旅游的特征，在时间和地点的选择上应规避游客人数较多的旅游区，避开旅游高峰段。

（二）慢旅游的特征

从旅游者的角度来看，慢旅游有着不同于大众旅游的显著特征，包括旅游者自身放松身心，旅游过程中注重低碳、环保；强调旅游过程舒缓的节奏和深度体验，同时也注重旅游的品质。

1. 低碳的方式

慢旅游的一个显著特征便是低碳、环保，慢旅游注重对交通工具的选择，出于低碳的要求，慢旅游目的地的出行工具多选择低碳、环保型交通工具，如绿色动力大巴车、马车、自行车等，甚至会在旅游目的地享受漫步的过程，选择徒步旅行。

2. 舒缓的节奏

慢旅游强调“慢”，其实是对快节奏的生活和旅行的反思，是对生活本质的思考。慢旅游的“慢”不是速度慢，是舒缓的节奏、合适的速度。在旅游途中享受慢交通工具带来的交通线上景观的视觉享受；在用餐的过程中细细品味原汁原味的本地特色菜肴和小吃；在漫步景区的过程中享受闲暇的时光。慢旅游不同于一般的大众旅游之处也在于不用像团队旅游一样疲于奔走在景区与景区之间，中餐填饱肚子只是为了更好地继续下午的行程。

3. 深度体验

慢旅游重视对目的地原生态、原文化的体验，以此来实现旅游目的地的可持续性发展。从社区居民角度来看，慢旅游是旅游者参与旅游目的地社区的真实生活，旅游者是社区生活的体验者，旅游目的地社区不会因为他们的到来而刻意将其文化逐一展示，在某种意义上，旅游者只是他们生活中的过客，不因旅游者的到来而使他们的生活节奏发生变化，甚至刻意展示“伪”文化。

4. 高质量

慢旅游能通过一段时间的异地体验，让旅游者在较宽松的环境里体会生活，享受时间流逝的感觉。而不是强调高消费带来的物质享受，慢旅游的高质量是身心的彻底放松，是在彻底放松的环境里的身心放松，是对旅游时间的充分自由把控，是对生活本质的思考和追求，甚至是对人生价值和意义的思考。

（三）慢旅游基本理念

慢旅游与传统旅游方式最大的差异是旅游者颠覆了传统旅行的目的，由以游览景点的多少转而以身心的放松和自由程度来判断旅游效果，倡导精神层次的旅游过程。慢旅游是一种深度体验，也是一种文化沉浸的过程。主张进入一个陌生区域，融入当地生活，充分了解地方文化。如在旅游地长时间停留，像居家生活一样，亲自到市场买菜，在区域范围或周边随意游逛，而没有特定的目的地和出行计划。与其说慢旅游是一种旅行，倒不如说是一种另类生活方式的选择和体会。慢旅游行为的发生需要慢旅游理念的引导，这种理念首先应该是理性的思维并经过深入思考且具有系统性、全面性的意识，同时也可以说是一种具有前瞻性和预见性的精神，慢旅游具有 5M 理念。

1. 方式与心情（Mood）

保持悠哉闲散的心境，无目的的闲逛观光，任意地闲聊，本真的回归，心无旁骛的心理状态。

2. 节奏与旋律（Melody）

享受栽培、烹调和品尝美食的过程，乘坐景区慢性交通工具，踏上绵延的丛林之路，细细地品味生活，慵懒地享受阳光，让生活的节奏在不知不觉中慢下来。

3. 贮存与记忆（Memory）

游客留下的不只是一些纪念品或者几张照片，而是真正体验旅游地居民的真实生活，旅行结束时，脑海中留下一段鲜活的故事和记忆。

4. 本土化（Mainland）

本土化并不是狭义的地域观念，也不是族群间的对立，而是旅游者主观自主转换身份以适应旅游地特定环境的过程，是旅游者在旅游过程中，融入旅游地生活环境，学习当地社区居民语言和民风民俗的过程。慢旅游是一种过程旅行，强调融入旅游地居民日常生活中，暂时脱去游客的外衣，忘记身份，将自己本土化，进行深度生活，是相对于传统旅游者的“他者”身份向“我者”身份的转换，是旅游者主观自主转换身份以适应旅游地特定环境的过程。慢旅游本土化的主体是相对于传统观光型旅游者而言的，旅游过程表现为客体本土化（游客融入旅游地环境）。

5. 行为意向（Motion）

旅游者的旅游行为方式趋于个性化、随意性，拥有更多的选择权，旅游者可随意更改行程计划，自主选择旅游项目，甚至没有计划。

（四）慢旅游发展支撑系统

1. 慢行旅游交通系统

慢行交通是相对于快速或高速而言的，通常靠人力作为空间移动动力。一般情况下，慢行交通是出行速度不大于 15 公里 / 小时的交通方式。慢行交通包括步行及非机动车交通，其中非机动车交通包括自行车、助力车、电瓶车、滑行工具、动力单轮车、双轮车、手摇船等，而步行及自行车构成了现行慢行交通系统的主体部分。

慢行交通平均出行速度较低，步行速度分布于 0.5~2.16 米 / 秒，自行车出行速度一般在 10 公里 / 小时左右，出行距离一般小于 3 公里；同时慢行交通绿色环保健康，基本不产生环境污染，还兼有锻炼身体的功效。

慢旅游目的地慢行交通系统的规划和设计应从慢行游道、慢行交通工具、慢行交通基础设施等方面着手，同时兼顾景色、游客体验、康体运动等要素，扩展游客三维活动空间，设计陆上、水上及空中慢行步道，布置必要的景观节点和敞开空间，并在其外围增加缓冲的边缘带，将景区内自然生态区与文化区通过慢行廊道进行串联，打造全方位、多功能的慢行交通系统。

2. 慢旅游的基础设施

数据显示，慢旅游目的地中的自助旅游人数占到了 72%，这样的游客比例对慢旅游景区的旅游基础设施建设提出了更高的要求。慢旅游目的地的基础设施建设与普通景区相比有一定区别，其最突出的是注重旅游基础设施“地方感”和“人性化”的设计。基础设施的建设应注重建设质量，同时在旅游信息服务、游客集散中心、住宿餐饮等接待服务设施设计上，应注入地方要素，强调空间环境品质，突出个性化公共空间，把握区域地脉文脉及基本风格。通过对基础设施的物质形态、质感及颜色等元素来营造目的地独特的“慢休闲”特性，体现人文关怀，打造具有浓郁特色的休闲街区，将地方特殊的民居建筑形态融入基础设施建设中，凸显地方原真性和原生态，增强游客整体地方文化认同感。

3. 慢旅游产品

慢旅游景区的产品设计强调针对慢旅游的特点开发符合慢旅游游客需求的旅游产品，其核心理念是增强游客的慢生活体验。慢旅游产品的开发涉及人们生活的方方面面，从饮食（慢食）、通信（慢邮）到运动（慢运动）、阅读（慢读）、交谈（慢聊）等。产品设计应从单一产品开发转变为多种产品整合开发，利用地方传统美食、手工艺、文化等开发慢旅游休闲系列产品，注重游客的体验，完善“慢食、慢住、慢行、慢购、慢娱”的系列旅游产品设计。如对于慢食体验产品，游客可体验从食材选购、制作、烹饪到品尝这一系列的慢餐过程，慢运动可以选择慢跑、瑜伽等方式进行，同时可以将这一系列的单项产品整合开发，以当地慢社区为背景，扩展游客的慢生活游憩体验空间。

4. 慢文化氛围

慢生活氛围的营造对慢旅游的发展至关重要，这其中慢旅游社区扮演了重要的角色。旅游目的地的良好形象，不仅仅依赖其迷人的景观，还依赖良好的社区环境、热情友善的民众、良好的社会治安和高效的管理运作。慢旅游的成功开发，其社区人口的认同感是基本条件，也是产生旅游吸引以及形成产品差异化的重要标志。

慢文化氛围营造的主体是当地社区居民，只有当地社区居民真正地参与到慢旅游的发展活动中，才能将慢旅游更好地推行与实施。首先以高品质生活为目标，在完善社区基础设施和配套服务的前提下，当地居民要注重保持慢节奏的生活方式，因为在慢节奏的生活状态下游客能够受到感染，更好地开展慢旅游活动。此外，要重视目的地特色文化旅游资源的保护，挖掘产品文化内涵，提高旅游产品深度，不仅让游客在旅游节奏上慢下来，还要向游客提供“游有所赏、品有所思、游之有物”的旅游内容，让游客心甘情愿地慢旅游。

【思考与练习】

1. 简述西方休闲思想的发展。

2. 阐述我国传统文化中的休闲思想。

3. 阐述马克思的休闲观念及其当代价值。

4. 简述旅游可持续发展理论的内涵及其评价指标体系。

5. 理解旅游体验理论的属性及其特点。

6. 分析慢旅游理论理念及其支撑系统。

【案例分析】

践行数字化创新　赋能旅游业发展[①]

2022年10月，文化和旅游部公布了2022年文化和旅游数字化创新实践案例，包括十佳案例和20个优秀案例。30个案例聚焦5G、人工智能、大数据、云计算等数字技术在文化和旅游领域的创新应用，在服务行业管理、便利游客出游、推进文旅融合发展等方面产生了良好示范、带动作用。

据了解，此次公布的案例中，部分案例涉及以数字化创新赋能旅游行业发展和管理，借助科技手段更好把握旅游市场、做好数据监测、探索创新发展。

其中，由中国旅游研究院（文化和旅游部数据中心）申报的“全国旅游市场景气监测与政策仿真平台”获评十佳案例，体现了大数据指导和支撑旅游行业决策的能力。该平台运用数据仓库及数据中台技术，建成“1+7”数字应用体系，平台涵盖1978年以来供给侧和需求侧的多源异构数据，实现了130多个旅游指标的研发和数据挖掘。

上海市春秋旅行社有限公司申报的“数字赋能‘智’旅分销平台”是优秀案例之一。在疫情防控常态化背景下，旅行社企业多种经营、宣传活动从线下转移到线上。“数字赋能‘智’旅分销平台”致力于解决传统旅行社在数字化转型过程中所遇到的App开发难度大、用户获取成本高等痛点，依托微信小程序的特性，将店铺装修、首页轮播图和专题页、各条产品线的商品搜索和展示介绍等功能相结合，为旅行社企业提供一站式服务。截至目前，该平台入驻企业达405家，可售产品数达到1万个以上，发展有效微店1.7万个，累计销售金额超5000万元，累计服务70余万人次。

北京市公园管理中心申报的“基于5G和北斗卫星导航技术的公园景区游船智慧管理平台”入选十佳案例。该平台运用“5G+北斗”等自主知识产权核心技术，在北京陶然亭公园实现自助扫码购票、统一云上排队、游船智能运管、快速精准救援等，做到游客服务智慧化、公园管理智能化、指挥调度可视化。“游客一键扫码即可完成线上购票，不用现场排队，也可线下现金购票，统一云上排队登船。游客扫二维码或刷实卡启动游船后，系统自动计时，游览结束返回码头后，可扫‘退款动态二维码’自助结算。这解决了以往周末和节假日高峰时段游客排队等候时间长的问题，切实提升了游客体验，也降低了疫情传播风险。”北京市公园管理中心服务管理处副处长潘祥华介绍。该平台还推动了公园景区游船运管模式、应急救援等的发展，2022年以来，北京陶然亭公园游船共服务游客29.05万人次，总收入948.82万元，单船产值5.93万元，比2021年提高31.48%。

在优秀案例中，还有华强方特文化科技集团股份有限公司申报的AR沉浸式轨道船体验项目“致远致远”，运用大型全程可控动感轨道船等技术，让游客沉浸式体验“致

① 赵腾泽．践行数字化创新　赋能旅游业发展［N］．中国旅游报，2022-11-15（A01），有删改。

远号”传奇历程；中国国家博物馆申报的“8K+AR+5G科技助力全球博物馆珍藏云端智慧传播”，将全球博物馆凝聚于云端，推动博物馆资源向线上拓展……一系列数字化创新成果的推出，让市民游客更好地体验到了“诗与远方”的独特魅力。

思考题：

1. 结合案例，谈谈如何应对旅游业发展面临的挑战。

2. 结合旅游可持续发展理论，谈谈休闲旅游发展趋势。

参考文献

［1］韩丁. 中西休闲认识的演变与交融［J］. 广州体育学院学报，2008（2）.

［2］张莉. 马克思休闲观与人的自由全面发展［J］. 改革与战略，2012（10）.

［3］许斗斗. 马克思休闲价值思想探析［J］. 学术研究，2006（5）.

［4］刘艾，莫剑平. 马克思休闲思想对人的自由全面发展的作用［J］. 吉林农业科技学院学报，2013（2）.

［5］周芳琳. 论马克思休闲思想对人的全面发展的启示［J］. 齐齐哈尔师范高等专科学校学报，2017（1）.

［6］陆彦明，马惠娣. 马克思休闲思想初探［J］. 自然辩证法研究，2002（1）.

［7］楼嘉军. 休闲学概论［M］. 上海：华东师范大学出版社，2016.

［8］朱伟. 论我国先秦休闲思想的现代价值［J］. 云南民族大学学报：哲学社会科学版，2010（1）.

［9］庄众显，潘承亚. 论中国传统文化中的休闲思想及现代意义［J］. 汉字文化，2018（11）.

［10］刘德谦，高舜礼，宋瑞.2010 年中国休闲发展报告［M］. 北京：社会科学文献出版社，2010.

［11］崔凤军，许峰，何佳梅. 区域旅游可持续发展评价指标体系的初步研究［J］. 旅游学刊，1999（4）.

［12］许涛，张秋菊，赵连荣. 我国旅游可持续发展研究概述［J］. 干旱区资源与环境，2004（6）.

［13］谢雄辉. 我国旅游可持续发展理论研究的一般论域［J］. 桂林航天工业高等专科学校学报，2006（4）.

［14］田道勇. 浅谈旅游可持续发展［J］. 人文地理，l996（2）.

［15］王凯，鲁西奇. 论旅游业可持续发展战略的切入点和实施途径［J］. 热带地理，2003（1）.

［16］厉新建. 旅游体验研究：进展与思考［J］. 旅游学刊，2008（6）.

［17］余美珠. 基于体验经济理论的旅游产品要素设计——以福建省泰宁县为例

［J］. 云南农业大学学报：社会科学版，2009（2）.

［18］马天，谢彦君 . 旅游体验的社会建构：一个系统论的分析［J］. 旅游学刊，2015，30（8）.

［19］樊友猛，谢彦君 .“体验”的内涵与旅游体验属性新探［J］. 旅游学刊，2017（11）.

［20］李晓琴 . 旅游体验影响因素与动态模型的建立［J］. 桂林旅游高等专科学校学报，2006（5）.

［21］邹统钎，吴丽云 . 旅游体验的本质、类型与塑造原则［J］. 旅游科学，2003（4）.

［22］曹宁，明庆忠 .“慢旅游”开发的基本理念与开发路径探讨［J］. 旅游论坛，2015（1）.

［23］林辉，钟华 . 慢游的概念、特征及国内外慢游地经验总结［J］. 湖南商学院学报，2015（6）.

［24］杨柳松，周璇 . 慢旅游的概念、本质与特征研究——基于游客视角的探讨［J］. 旅游研究，2018（1）.

休闲旅游资源

【学习目标】

通过学习，了解休闲旅游资源的定义及其特征，熟悉休闲旅游资源的分类方法，理解休闲旅游资源评价内容及评价方法，明确休闲旅游资源开发的意义和原则，掌握休闲旅游资源开发的内容及方式。

【内容结构】

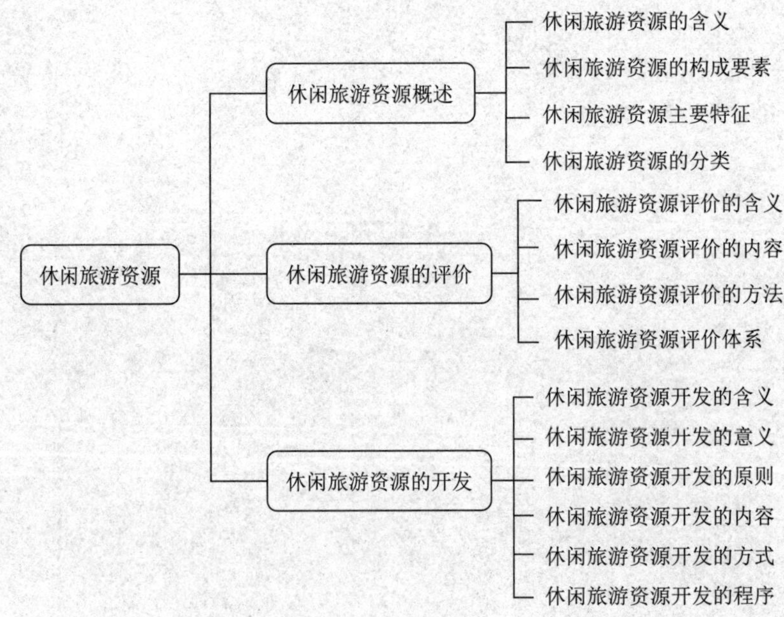

【开篇导读】

休闲旅游业：绿水青山与金山银山之间的重要转换器[①]

“绿水青山就是金山银山”（简称“两山论”）是习近平生态文明思想的一个经典阐述。“两山论”源于实践、高于实践，具有前瞻性、科学性，处处闪耀着马克思主义理论的光芒。2003年，在时任浙江省委书记的习近平同志的亲自部署下，浙江开展了“千村示范万村整治”工程（简称“千万工程”），至此，浙江“一张蓝图绘到底”“一届接着一届干”，造就了万千个美丽乡村，明显改善了乡村人居环境和生产生活条件，促进了美丽生态、美丽经济、美丽生活“三美融合”，有力支撑了浙江乡村风貌、经济实力、农民收入走在全国前列；2005年8月，习近平同志在安吉县的余村首次提出了“绿水青山就是金山银山”这个划时代的科学论断，有力地促进了浙江生态文明建设和乡村休闲旅游业的发展。浙江成为习近平生态文明思想的实践样板地。

“两山论”在语言表达上简单易懂，充满着马克思主义的理论光辉，蕴含着中华优秀传统文化思想的内涵。在这里，辩证唯物主义与中国古代“天人合一”“道法自然”等传统生态哲学思想有机衔接，秉持了遵从生态法则的大逻辑，饱含了敬畏自然、保护自然的生态大理念，充满了人与自然和谐共生的哲学精髓。曾几何时，“先发展后治理”“百姓富经济强”与“生态好环境优”不可能同时达到等观点甚嚣尘上，甚至在舆论中占上风，成为基层干部引进污染项目不惜牺牲环境的言论基础。“两山论”破解了“增长与保护”之间的“两难”悖论，彰显出来的战略眼光，有力地抨击了这些过时的思想和做法，为不可持续的发展方式敲响了警钟。在浙江，全省上下开启了绿色发展的新模式、加速度、新篇章，不断寻找保护生态环境与发展经济之间最大的“公约数”，实现了从靠山吃山到富山养山的转变。

休闲旅游业是典型的环境经济、生态经济、目的地经济。再好的旅游资源禀赋，如果没有良好的环境支撑，就没有旅游目的地的可持续发展。相反，如果传统旅游资源不丰富，凭借着良好的环境生态，旅游业依然可以大有作为。安吉没有名山大川，也没有重要历史文化遗存，老天爷、老祖宗并没有垂青这个浙江省的“欠发达县”，但是，每年1500万海内外游客纷至沓来，却明明白白地表明安吉是旅游大县。安吉的实践表明，在“两山论”指导下，没有名山大川，依然可以大力发展休闲旅游业。在“两山论”的科学指导下，安吉敢于在工业化时代率先提出“生态立县”，关闭了大批矿山，大力推进治水治违、治气治霾、治土治废（“六治”）；安吉的底色在于绿色和生态——“看起来，电影《卧虎藏龙》让安吉一举成名，不如说，安吉的绿水青山和大竹海让《卧虎藏龙》登上了奥斯卡”（导演李安语）。108万亩竹海、17万亩白茶，既富了农民，又美化了环境，哺育了旅游，养育了生态。这个过去的欠发达县，2008年率先在全国开展

① 崔凤军. 休闲旅游业：绿水青山与金山银山之间的重要转换器［J］. 旅游学刊，2020（10），有删改。

“中国美丽乡村”建设，把整个县域当作一个大景区来经营和打造；率先提出“经营乡村”理念，把传统村落当作“瑰宝”，打造了包括尚书垓村、鲁家村、高家堂村在内的多个旅游村、景区村（全县共计187个行政村成为美丽乡村）。充分利用“山水林田湖”自然要素和自然村落，建成了全国首批全域旅游示范县。今天，峡谷景区、水上运动景区、家庭亲子农场、竹海观光度假等具有乡野味道的景区遍地皆是；受旅游氛围和良好环境的吸引，凯蒂猫等多家主题乐园，JW万豪、阿丽拉等十几家高端度假酒店，大年初一风情小镇等旅游综合体，还有研学旅游、森林康养旅游、冰雪运动、低空飞行观光等旅游形态纷纷落户安吉，做足了自然要素和地方乡土文化的文章，已然成为一个综合性休闲旅游大县，绿水青山实实在在转化为了金山银山。

第一节　休闲旅游资源概述

一、休闲旅游资源的含义

休闲旅游资源是随着休闲旅游活动而出现的概念，它是吸引休闲旅游者的客体，又是休闲旅游活动得以实施和休闲旅游得以形成和发展的物质基础。目前，对休闲旅游资源的概念界定尚未统一。蔡燕萍认为，休闲旅游资源是指在自然场合或自然与人文相融的场合中，可供休闲旅游者审美、感知、享受、体验休闲，可为旅游业开发利用的资源。杨静认为，从狭义上讲，休闲旅游资源是休闲旅游的客体，即休闲运动或体验性景区景点；从广义上讲，是指能吸引休闲旅游者，并能为旅游业带来经济、社会和生态效益的各种事物与元素的总和。黄震方沿用国家标准《旅游资源分类、调查与评价》中旅游资源的概念模式，将休闲旅游资源定义为：自然界和人类社会凡能对人们的休闲活动产生吸引力，可以为休闲旅游业开发利用，并可产生经济效益、社会效益和环境效益的各种事物和因素。这一定义得到业界较广泛认可和接受。

二、休闲旅游资源的构成要素

类同于旅游资源，休闲资源的核心是吸引力要素。但是由于休闲旅游者的需求类型和行为方式与传统旅游者有所不同，休闲旅游资源的构成要素与传统旅游资源也存在一定的差异。总体而言，传统旅游者更重景观质量和文化差异，而休闲旅游者则更重环境（或设施）质量与游憩功能。休闲旅游资源的构成要素主要包括以下几方面。

（一）休闲环境

传统旅游资源观往往将环境视为景观资源的背景，并未将其单独视为旅游资源。而景观观赏并不是休闲旅游者的主要目的，其本质需求在于到环境优美、气候宜人的旅游地放松身心和消遣娱乐，因此，环境品质是休闲旅游资源具有核心吸引力的要素之一。休闲环境既有优美、清新的山水生态环境，也包括宜人的气候环境和独特的社会人文环境。环境资源可作为独立的休闲旅游资源，进而转化为休闲度假旅游产品。

（二）资源品质

休闲旅游资源的美学观赏价值、历史文化价值、科学考察价值、知名度和影响力状况是构成其吸引力的重要因素。尽管在休闲旅游资源的构成要素中，旅游资源的观赏性要求不及传统旅游资源重要，但在当前休闲意识向旅游活动渗透、休闲活动与旅游活动相互结合的形势下，资源禀赋与品质特征仍是休闲旅游资源的一大吸引要素。

（三）服务设施

游客对休闲旅游地的设施条件和服务水平有着更高的要求，丰富多样、功能完善、特色鲜明、档次合理、整体协调的休闲旅游设施，以及规范化、个性化、人性化的优质服务，可满足游客多种休闲旅游需求，是休闲旅游活动和接待服务必不可少的基本要素，其本身往往也是休闲旅游吸引物。

（四）社会文化

休闲是一种精神文化活动和现代生活方式，文化是休闲旅游的灵魂和动力源泉。各种社会形态、生活方式、文化遗存、文化活动及文化氛围等均可成为休闲旅游的吸引要素，因而旅游地的社会文化要素也是休闲旅游资源重要组成部分。

需要说明的是，就休闲旅游资源整体属性（或资源集合体）而言，上述四方面内容是休闲旅游资源的主要构成要素，但对单个休闲旅游资源则未必需要同时具备上述要素。

三、休闲旅游资源主要特征

休闲旅游资源既具有旅游资源的共性特征，又有其独特性，主要表现为以下几方面。

（一）类型的多样性

客观世界的复杂性和游客需求的多样性，决定了休闲旅游资源具有多样性特点。既有自然休闲旅游资源，也有人文休闲旅游资源；既有历史遗存资源，也有现代人造资源；既有有形休闲旅游资源，也有无形休闲旅游资源；既有现实休闲旅游资源，也有潜在休闲旅游资源。

（二）要素的关联性

休闲旅游资源除与环境、文化、设施等要素密切相关外，还与房地产、娱乐、餐饮、教育、体育、交通、金融、保险等相关要素具有关联性。同时，由于休闲旅游的本地性特征更为突出，休闲旅游资源对城市的整体发展与配套水平的关联性和依赖性也更强。

（三）功能的康娱性

休闲是人们在非劳动和非工作时间内自愿从事的各种自由活动，以求获得身心的轻松与调节，达到体能恢复、身心愉悦等目的。故较传统旅游资源而言，休闲旅游资源具有更强的康体娱乐功能。

（四）引力的近程性

休闲旅游活动包括本地休闲和外地休闲，但以本地休闲为主，并形成由家庭休闲、城市休闲、环城游憩、乡村休闲构成的本地休闲空间体系。休闲旅游资源对客源市场的吸引力虽然有大有小，但通常更多地表现为近程吸引的特性。

（五）资源的可塑性

休闲旅游资源具有可塑造性和可创新性。为了适应休闲市场需求和引导消费市场，可创意开发和建造一些新的休闲旅游资源，如主题公园、休闲街区等。尤其是对传统观光旅游资源相对匮乏的地区，可通过创造休闲旅游资源来营造旅游环境和发展休闲产业。

四、休闲旅游资源的分类

休闲旅游资源的分类是根据一定的目的，遵循一定的分类标准，通过比较、认识、归纳等方法，识别出休闲旅游资源之间的相似性和差异性进行归类。休闲旅游资源常见的分类方法有以下几种。

（一）按照旅游资源分级分类法划分

结合郭来喜、吴必虎于 2000 年提出的旅游资源分级分类法和休闲旅游定义，郭剑英（2005）将休闲旅游资源可分为 3 个景系、5 个景类、24 个景型（见表 4-1）。

表 4-1 休闲旅游资源分级分类系统[①]

景系	景类	景型
自然景系	地文景观景类	一般山地景区景型
	水文景观类	海面景型；湖泊 / 水库景型；泉景型
	气候、生物景观景类	日照景型；冰雪景型；风景林景型；风景草原 / 草甸景型；观赏花草景型；游憩性渔猎地景型
人文景系	现代人类吸引物景类	传统聚落 / 田园景型；现代城市公园景型；动植物园景型；主题公园 / 人造景观景型；购物旅游地景型；疗养度假地景型；科学教育设施景型；博物馆 / 展览馆景型；体育 / 健身康体设施景型；娱乐设施 / 表演团体景型；节庆活动景型；特色民俗景型
服务景系	旅游服务景类	旅游住宿设施景型；旅游餐饮场所景型

（二）按照资源特性划分

黄震方等（2011）参照国家标准《旅游资源分类、调查与评价》，依据休闲旅游资源特性，将自然环境资源、社会人文资源和服务设施纳入休闲旅游资源体系，综合考虑资源性质与休闲方式，先将休闲旅游资源分为自然游憩类、文化休闲类、康娱游憩类、专项休闲类 4 个主类，再根据资源赋存状态与成因，进而分为 18 个亚类，继而以资源特性为主，兼顾休闲功能，进一步细分为 98 个基本类型（见表 4-2）。

表 4-2 休闲旅游资源分类[②]

主类	亚类	基本类型
A 自然游憩类	AA 地文景观类	AAA 山地或丘陵 AAB 沟谷（峡谷） AAC 洞穴 AAD 沙漠与戈壁 AAE 岛礁 AAF 岸滩（沙滩） AAG 自然灾变遗迹 AAH 其他地质地貌景观
	AB 水域休闲类	ABA 河流（含漂流河段） ABB 湖泊与水库 ABC 海洋（海滨） ABD 地热与温泉（矿泉） ABE 瀑布 ABF 冰雪与滑雪地
	AC 生物休闲类	ACA 森林（包括植物园） ACB 草原或花卉地 ACC 野生动物栖息地或动物园
	AD 气候休闲类	ADA 天象观察地 ADB 避暑休闲地 ADC 避寒休闲地
	AE 自然综合类	AEA 世界自然遗产 AEB 自然风景名胜区 AEC 自然保护区 AED 森林公园 AEE 地质公园 AEF 湿地公园 AEG 生态旅游（示范）区 AEH 旅游度假区

① 郭剑英 . 四川休闲旅游资源及开发评价［J］. 乐山师范学院学报，2005（12），有删改。

② 黄震方，祝晔，袁林旺，等 . 休闲旅游资源的内涵、分类与评价——以江苏省常州市为例［J］. 地理研究，2011（9）.

续表

主类	亚类	基本类型
B 文化休闲类	BA 历史遗产类	BAA 遗址遗迹　BAB 古代建筑与工程　BAC 古典园林　BAD 祭祀与宗教活动场所　BAE 陵寝陵园　BAF 其他文化遗产
	BB 文化场馆类	BBA 博物馆　BBB 文化（艺术）馆　BBC 纪念馆　BBD 图书馆　BBE 科技（科普）馆　BBF 其他主题文化场馆
	BC 人文活动类	BCA 名人与重要事件　BCB 文学艺术　BCC 传统工艺　BCD 地方风俗与民俗活动　BCE 旅游节庆与专项活动
	BD 人文综合类	BDA 世界文化遗产　BDB 文化风景名胜区　BDC 历史文化名城（名镇）与古城镇　BDD 历史文化名村与古村落　BDE 特色村镇　BDF 文化园区与文化旅游示范区
C 康娱游憩类	CA 公共游憩类	CAA 城市广场　CAB 公园　CAC 公共游憩建筑与设施　CAD 休闲主题街区或社区
	CB 餐饮休闲类	CBA 地方名菜名点　CBB 特色与风味餐厅　CBC 美食街与美食城　CBD 酒吧、咖啡厅与主题吧　CBE 茶楼与茶艺
	CC 娱乐休闲类	CCA 演艺中心、歌舞厅或娱乐城　CCB 主题公园与游乐场　CCC 影剧院与影视中心（基地）CCD 数字游戏中心与娱乐网站　CCE 狩猎场
	CD 购物休闲类	CDA 购物中心（商场）CDB 商业街与特色市场　CDC 休闲装备品与地方旅游商品
	CE 体育健身类	CEA 体育馆或体育公园（含溜、滑冰场）CEB 高尔夫　CEC 健身馆（中心）或游泳馆　CED 拓展训练场所　CEE 马场、自行车或徒步场所　CEF 山地运动　CEG 水上运动（含漂流、潜水）CEH 空中运动　CEI 其他户外运动场所
	CF 保健疗养类	CFA 大型沐浴与 SPA 场所　CFB 大型足疗或按摩保健场所　CFC 体检康复中心　CFD 疗养院　CFE 大型美容院　CFF 主要化妆场所
D 专项休闲类	DA 产业休闲类	DAA 休闲农庄（农业园）与示范点　DAB 休闲工业园与示范点　DAC 创意文化（产业）园区　DAD 主题度假酒店与商务会所（俱乐部）DAE 会展休闲场所　DAF 其他产业休闲旅游资源
	DB 刺激冒险类	DBA 户外探险　DBB 野外生存　DBC 极限运动
	DC 其他专项休闲类	DCA 教育休闲　DCB 养老休闲　DCC 自驾车或房车营地　DCD 禅修度假　DCE 博彩休闲场所　DCF 其他专项休闲
总计	4 个主类、18 个亚类、98 个基本类型	

（三）按照地域分布划分

按地域分布划分，休闲旅游资源可分为城市休闲旅游资源、城郊休闲旅游资源、乡村休闲旅游资源。

1. 城市休闲旅游资源

城市休闲旅游资源包括现代城市公园、动植物园、主题公园 / 人造景观、旅游购物地、科学教育设施、博物馆 / 展览馆、体育 / 健身康体设施、娱乐设施、节庆活动等。

2. 城郊休闲旅游资源

城郊休闲旅游资源包括疗养度假地、体育 / 健身康体设施、娱乐设施、湖泊、水库、泉、花卉苗圃等。

3. 乡村休闲旅游资源

乡村休闲旅游资源包括湖泊、水库、泉、日照、冰雪、风景林、风景草原 / 草甸、游憩性渔猎地、传统聚落 / 田园风光、特色民俗等。

（四）按照游客体验划分

以游客体验为分类标准的有不少分类系统，其中以美国学者克劳森和尼奇 1966 年提出的分类系统最具影响力。该分类系统将休闲旅游资源分为利用者导向型游憩资源、资源基础型游憩资源、中间型游憩资源三种。利用者导向型游憩资源以利用者需求为导向，靠近利用者集中的人口中心（城镇），通常满足的主要是人们的日常休闲需求，如运动场、动物园、一般公园，面积多为 0.4~1 平方公里，通常由地方政府或私人经营管理，海拔一般不超过 1000 米，距离城市在 60 公里范围内。资源基础型游憩资源可以使游客获得亲近大自然的体验。资源相对于客源的距离不确定，主要在旅游者的中长期度假中得以利用，如自然风景、历史遗迹、远足、露营、垂钓等资源，一般面积为 10 平方公里，主要是国家公园、国家森林公园及某些私人领地。中间型游憩资源的特性介于上述二者之间，主要为短期（一日游或周末休假）游憩活动所利用，游客在此可以比利用者导向型地区更接近自然，但又比资源基础型地区要次一级。

（五）按照利用方式和效果划分

按照利用方式和效果划分，休闲旅游资源可以简单划分为游览鉴赏型休闲旅游资源、知识型休闲旅游资源、体验型休闲旅游资源和康乐型休闲旅游资源。蔡燕萍（2009）将休闲旅游资源划分为享受自然景观类（地文景观类、水域风光类、生物景观类、气象景观类）、感受文化熏陶类（公共游憩类、文化场馆类、节日庆典类、民俗风情类）、体验娱乐生活类（娱乐场所类、购物餐饮类）、偏好康休健身类（体育健身类、康复保健类、疗养度假类）及崇尚刺激冒险类（户外探险类、极限运动类）5 个类型。

（六）按照资源结构划分

按资源结构划分，休闲旅游资源可分为休闲旅游景观资源和休闲旅游经营资源两类。前者有自然景观资源、文化景观资源、民俗景观资源等；后者常见的有休闲旅游用品资源、休闲旅游饮食资源等。

第二节　休闲旅游资源的评价

一、休闲旅游资源评价的含义

休闲旅游资源评价是在资源调查的基础上，对休闲旅游资源的数量规模、品位、特质、区域环境、开发条件、利用前景等因素进行科学的价值判断和可行性研究，它是休闲旅游资源合理规划和开发的前提。休闲旅游资源评价导向及结果对休闲旅游资源可持续利用具有重要影响，主要表现为以下几个方面：

（1）通过对休闲旅游资源的类型、组合的丰富程度、结构、质量、功能和性质的评估，为休闲旅游资源开发提供科学依据。

（2）通过对休闲旅游资源规模水平的鉴定，为国家和地区进行休闲旅游资源分级规划与管理提供系统资料和判断对比标准。

（3）通过对休闲旅游资源特色和吸引力因子的分析，为开发者确定休闲旅游资源开发重点和开发方向提供有价值的参考。

（4）通过对休闲旅游资源环境及其开发条件的综合评价，为合理利用休闲旅游资源，发挥整体宏观效应提供可行性论证，为确定不同开发建设时序与步骤准备条件。

二、休闲旅游资源评价的内容

由于休闲旅游资源涉及范围广泛、结构复杂，种类及性质又千差万别，因而，休闲旅游资源评价是一项极其复杂而重要的工作，很难有一个统一的评价标准。一般来说，休闲旅游资源评价包括休闲旅游资源价值评价、休闲旅游资源环境评估和休闲旅游资源开发条件的评估等。

（一）休闲旅游资源自身条件的评估

1. 休闲旅游资源的特性

休闲旅游的特质对其功能定位、开发方向、开发程度和规模及其经济和社会效益起着决定作用。休闲旅游资源的特性和特色是休闲旅游资源开发的生命线，特别是别处没有或少见的休闲旅游资源，往往构成这个地区的独特的休闲吸引物。因此，对于休闲旅游资源的特质进行评估是休闲旅游资源评价的重要内容。

2. 休闲旅游资源的价值和功能

休闲旅游资源的价值包括艺术欣赏价值、文化娱乐价值、科学价值、经济价值、美学价值等，直接决定开发的方向。功能评价主要是对休闲资源满足人们观光、科考、环保、娱乐、健身、疗养等活动的程度进行评估。休闲旅游资源的这些价值和功能是其开发规模、程度和前景的重要决定因素。

3. 休闲旅游资源的数量、密度和分布

休闲旅游资源的数量是指休闲目的地内可满足休闲旅游的不同类别的休闲旅游资源实体的单体数目。休闲旅游资源的密度，又称休闲旅游资源的丰度，是指休闲旅游目的地内单个休闲旅游资源实体在空间上的集中程度，它可以用单位面积内休闲旅游资源单体的数量来衡量。休闲旅游资源的分布则是指休闲旅游资源实体所占据的空间位置及其组合特征，它是资源优势和特色的重要表现。休闲旅游资源的数量、密度和分布是区域休闲旅游资源开发规模和可行性的重要决定因素。

4. 休闲旅游资源的环境容量

休闲旅游资源的环境容量是指某项休闲旅游资源自身或所在区域在一定时间条件内休闲旅游的容纳能力，包括容人量和容时量两个方面。所谓容人量是指休闲旅游目的地单位面积所能容纳休闲旅游者的数量，它反映了休闲旅游地的用地、设施和投资规模等指标。休闲旅游资源的容人量并不是指休闲旅游目的地能容纳休闲者的最大数量，在评价休闲旅游资源环境容量时必须同时考虑休闲旅游资源的性质及由此而决定的休闲旅游的方式、休闲旅游资源点及其周边环境、经济与社会效果等，只有当这些方面的要求都得到较好的体现时，休闲旅游者数量的最高值才是休闲旅游目的地的最佳容量。休闲旅游资源的容时量是指休闲旅游资源满足休闲旅游活动所需要的基本时间，它体现了休闲旅游目的地的游程、内容、景象布局和建设时间等内容。休闲旅游资源越复杂、越有趣味，它的容时量就越大。

（二）休闲旅游资源开发利用条件的评估

1. 区位条件

休闲旅游资源的区位条件会影响到休闲旅游市场的客源。休闲旅游资源的区位条件（地理位置和交通条件）是评价休闲旅游资源开发可能性的首要条件，也是确定休闲旅游资源开发规模及程度的重要因素之一。

2. 环境条件

休闲旅游资源的环境条件评价主要指对休闲旅游资源的自然环境、社会政治环境、经济环境、安全环境、卫生健康环境及投资环境等的评价。在对休闲旅游资源开发规模、水平进行评价时，必须对上述环境条件所带来的影响进行综合性的分析，并根据环境条件的作用机理和影响范围等，预测休闲环境的演化状况和后果。

3. 市场条件

市场条件是评价休闲旅游资源的基本条件之一。休闲旅游资源的开发必须以客源市场为依据，客源的多少直接影响到资源的开发方向、规模、形式及经济效益。

4. 投资条件

休闲资源的开发需要资金的持续投入。休闲旅游资源区的社会经济环境、经济发展战略以及给予投资者的优惠政策等因素都会直接影响投资者的开发决策。为此，必须认真研究休闲旅游资源区的投资条件和政策环境。

5. 施工条件

休闲旅游资源的开发必须有一定的设施场所。这种场地主要用于建设游览、娱乐设施和各种接待、管理设施，如修建游览道路、娱乐载体、宾馆、饭店、停车场地等。不同的设施对地质、地形、土质、供水等条件的要求有所不同，休闲旅游资源的开发与上述条件的难易、优劣有密切的关系。

三、休闲旅游资源评价的方法

目前，对休闲旅游资源评价方法往往会采用不同的定性或定量的方法。这里主要介绍几种适用于休闲旅游资源评价的评估理论和方法。

（一）层次分析法

层次分析法是较成熟且常用于旅游资源评价的传统方法。层次分析法（Analytic Hierarchy Process）亦称 AHP，是美国著名运筹学家 T. L. Saaty 教授于 20 世纪 70 年代提出的一种简明、实用的系统分析方法，它通过将定性、半定量问题转化为定量计算，从而使人们的思维过程层次化，逐层比较多种关联因素之间的相对重要性，为分析、决策、预测或控制事物的发展提供定量的依据。我国旅游学者楚义芳、保继刚首先将层次分析法应用于旅游资源的评价领域。应用层次分析法评价旅游资源的基本步骤为：①对旅游资源的各种影响因素进行归类和层次划分，确定出属于不同层次和不同组织水平的各因素间的相互关系，构建成旅游资源的多目标决策树。②对决策树中各层次，分别建立反映其影响因素之间关系的判断矩阵。通常是邀请专家或问卷调查以填表方式，按同等重要、稍重要、重要、明显重要、极端重要等判断级别，各自以 1、3、5、7、9 或其倒数作为标度，对同一层次中的各因素间相对于上一层次的某项因子的相对重要性给予判断，获得判断矩阵的取值。③在计算机上进行整理、综合、计算和检验，得到旅游资源评价综合层、评价项目层和评价因子层的排序权重及位次。

（二）旅行费用法

旅行费用法（Travel Cost Method，TCM）是评估无价格商品（特别是户外娱乐场所）效益的最早技术，它常被用来评价那些没有市场价格的自然景点或游憩环境的游憩价值。TCM 起源于 Hotelling 的思想，最早由美国的 Clawson 于 1959 年提出。TCM 是非市场商品进行价值评估的一种有效工具，它首次把“消费者剩余”这一重要概念引入公共产品的价值评估，是公共产品价值评估的一次重大突破。作为一种对旅游目的地（诸如海岸、公园、健身场所等目的地）的收益进行评估的间接方法。TCM 基于的前提是一个游憩目的地的“价格”可以由去这个目的地的旅行费用来测算，即应用消费者到达休闲旅游目的地的所有花费来表征消费者对目的地支付的价格。

TCM 模型采用成本—效益分析（Cost-Benefit Analysis）中的消费者剩余理论计算旅游资源的游憩价值。即旅游资源的游憩价值包括消费者支出和消费者剩余两个部分，总游憩价值 = 消费者支出 + 消费者剩余。消费者支出是指游客旅行总费用的实际支出，包括交通、住宿、饮食以及门票等服务费，还有旅行时间花费和其他附属费用。其中，旅行费用支出 = 交通费用 + 食宿费用 + 门票及服务费用 + 其他费用（摄影、购物等）；旅行时间花费价值 = 游客旅行总时间 × 游客单位时间的机会工资。

消费者剩余可以理解为：对一件商品或一项服务，消费者愿意为其支付的费用与实际支付费用之间的差额，即消费者剩余 = 消费者自愿支出 - 消费者旅游实际支出。

消费者支出可以通过相应的问卷调查以及计算得到，因此，旅行费用法应用于旅游资源游憩价值评估的焦点就是求出需求曲线，根据需求曲线计算消费者剩余，而后得到总的游憩价值。

（三）意愿调查价值评估法

意愿调查价值评估法（Contingent Valuation Method，VCM）是一种典型陈述偏好的非市场价值评估方法，它以调查为基础，因此又被称为调查法（Survey Method）。该方法主要应用于环境经济领域包括非使用价值、非市场价的评估。

首次将 CVM 应用于实践是 1963 年 Davis 研究缅因州林地宿营、狩猎的娱乐价值时，通过调查捕鹅者对捕鹅的收益进行价值评估，而后，在自然资源两种主要的价值被广泛认知后，此方法很快流行，并被看作环境经济文献中总经济价值评估的一种重要方法。20 世纪 70 年代以来，CVM 逐渐地被用于评估资源的游憩娱乐、狩猎和美学效益的经济价值。

（四）费用支出法

费用支出法（EM）是一种古老又简单的方法，它从消费者的角度来评估旅游资源的游憩价值。它以游憩者支出的费用总和（包括往返交通费、餐饮费用、住宿费、门票费、设施使用费、摄影费用、购买纪念品和土特产的费用、购买或租借设备的费用、停车费以及电话费等一切支出的费用）作为旅游资源的游憩价值。

EM 通常有三种形式：①总支出法，以游客的费用总支出作为游憩价值；②区内花费法，仅以游客在游憩区内支出的费用作为游憩价值；③部分费用法，以游客支出的部分费用，如交通费、门票费、餐饮费和住宿费作为游憩价值。

（五）休闲效益评价法

此评价法将广义系统论的理论视角与现代管理和规划方法结合起来，指出传统的管理是着眼于休闲活动、以管理为目的、将重点放在建立休闲设施和推销休闲服务上，以用户的多少、项目收入的多少、平均每千人拥有的绿地面积与休闲设施的数量等数字作为评价一个项目的标准。如果把一个休闲项目视为一个系统的话，传统的管理基本上只看到了输入系统的投资和维护所需要的成本、项目管理人员及其技能、休闲设施及推销方法等因素。休闲效益评价法代表的是一个思维范式的转变，它要求人们先着眼于系统的输出，看人们希望一个项目能带来什么益处，然后再去考虑该如何规划和管理该项目，使之能产生人们所希望的益处。这样，系统的输入与系统的管理都只是手段，目的则是使项目利益相关者的效益最优化。“利益相关者”不仅包括项目所在服务的个人、群体、家庭及当地社区，还包括项目所在地的生态环境、地貌、景观、文物等。管理的目的就是要为人与环境增加尽量多的价值。

休闲效益评价法虽然不是一种直接对休闲旅游资源进行评价的方法，但是，该方法在为休闲旅游服务项目的规划和管理提供了一个良好的理论框架和一些具体方法的同时，也探讨了服务项目能给有关各方带来的益处，这些益处也从侧面反映了该项目所涉及的休闲旅游资源的价值与功效。因此，对休闲旅游资源的评价起到了一定的借鉴作用。该方法目前已经总结出一套比较系统的理论，成为进行休闲研究的一种有效的方法。

四、休闲旅游资源评价体系

（一）评价指标与层次结构

休闲旅游资源评价体系由目标层、要素层和指标层 3 个层次构成评价体系层次结构。其中，目标层以休闲旅游资源禀赋特征及其价值评价为总目标；要素层由构成各子系统的基本要素组成，包括资源要素价值、资源影响力、开发条件与资源潜力等子系统；而指标层由可直接度量的因子组成。其中，资源要素价值包括生态质量与环境效果、观赏游憩与使用价值、资源特性与项目特色、资源赋存与组合状况、设施配套和服务水平 5 项指标；资源影响力包括知名度和影响力、适游期与市场适应性 2 项指标；开发条件与资源潜力包括开发条件、资源潜力、环境保护与旅游安全 3 项指标（见图 4-1）。

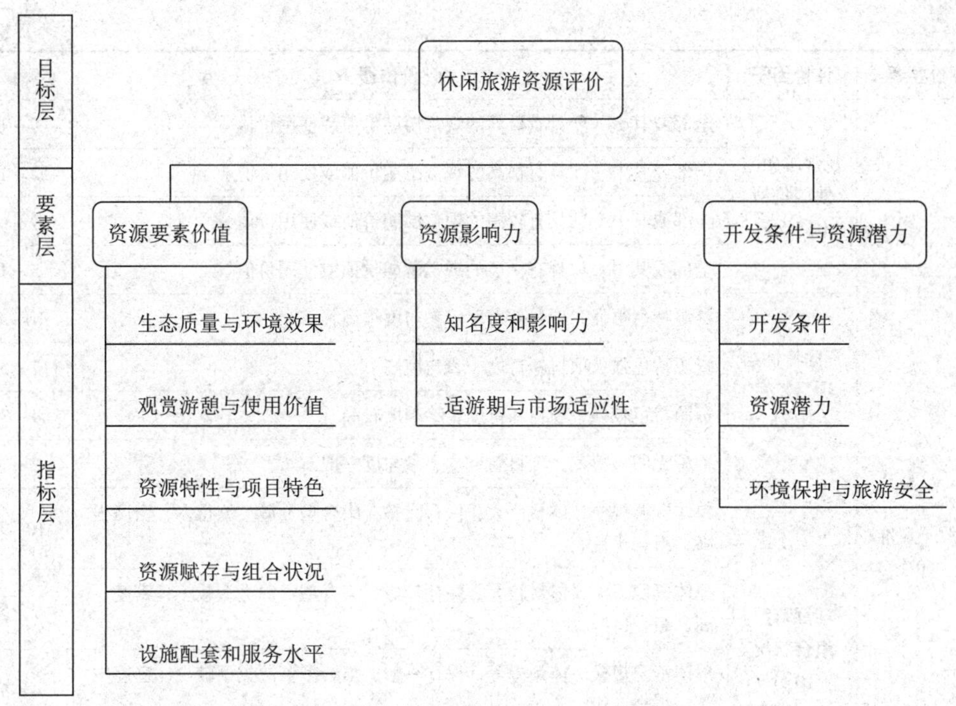

图 4-1 休闲旅游资源评价指标与层次结构①

（二）赋分评价标准

设定休闲旅游资源赋分评价体系的总目标层为 100 分，要素层分值分别为：资源要素价值为 60 分，资源影响力为 25 分，开发条件与资源潜力为 15 分，评价因子及赋分标准见表 4-3。其中，环境保护与环境安全，分正分和负分。每一评价因子分为 4 个档次，其因子分值相应分为 4 档。

表 4-3 休闲旅游资源评价赋分标准②

评价要素	评价因子	评价依据	赋值
资源要素价值（60 分）	生态质量与环境效果（13 分）	生态环境质量或环境营造效果极佳，特别适宜休闲或度假	13 ~ 10
		生态环境质量或环境营造效果优良，适宜休闲或度假	9 ~ 7
		生态环境质量或环境营造效果较好，比较适宜休闲或度假	6 ~ 4
		生态环境质量或环境营造效果一般，初步适宜休闲或度假	3 ~ 1

① 黄震方，祝晔，袁林旺，等 . 休闲旅游资源的内涵、分类与评价——以江苏省常州市为例［J］. 地理研究，2011（9）.

② 同①。

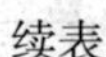
续表

评价要素	评价因子	评价依据	赋值
资源要素价值（60分）	观赏游憩与使用价值（15分）	全部或其中一项具有极高的观赏游憩价值或使用价值	15~13
		全部或其中一项具有很高的观赏游憩价值或使用价值	12~10
		全部或其中一项具有较高的观赏游憩价值或使用价值	9~6
		全部或其中一项具有一般的观赏游憩价值或使用价值	5~1
	资源特性与项目特色（10分）	资源特色很强，项目新奇度、参与度很高	10~8
		资源特色强，项目新奇度、参与度高	7~5
		资源特色较强，项目新奇度、参与度较高	4~3
		资源无明显特色，项目新奇度、参与度一般	2~1
	资源赋存与组合状况（10分）	单体资源规模、体量巨大，保存完整；集合型资源类型很多，密度很高，组合优良	10~8
		单体资源规模、体量较大，保存较好；集合型资源类型较多，密度高，组合良好	7~5
		单体资源规模、体量中等，保存一般；集合型资源类型较少，密度中等，组合一般	4~3
		单体资源规模、体量较小，保存较差；集合型资源类型少，密度较低，组合较差	2~1
	设施配套和服务水平（12分）	设施配套非常完善，达到世界一流水平，服务水平非常高	12~10
		设施配套完善，达到国内一流水平，服务水平高	9~7
		设施配套比较完善，达到省内一流水平，服务水平较高	6~4
		设施配套比较薄弱，仅满足基本休闲要求，服务水平一般	3~1
资源影响力（25分）	知名度和影响力（13分）	在世界范围内知名，或成为世界级品牌	13~10
		在全国范围内知名，或成为全国性品牌	9~7
		在本省范围内知名，或成为省内品牌	6~4
		在本地区范围内知名，或成为本地区品牌	3~1
	适游期与市场适应性（12分）	年适游期超过300天，市场适应性很强或适宜所有游客使用和参与	12~10
		年适游期超过250天，市场适应性强或适宜游客比例80%左右	9~7
		年适游期超过150天，市场适应性较强或适宜游客比例60%左右	6~4
		年适游期超过100天，市场适应性一般或适宜游客比例40%左右	3~1
开发条件与资源潜力（15分）	开发条件（7分）	扶持政策、交通条件、客源市场、配套设施、投资基础很好	7~6
		扶持政策、交通条件、客源市场、配套设施、投资基础好	5~4
		扶持政策、交通条件、客源市场、配套设施、投资基础较好	3
		扶持政策、交通条件、客源市场、配套设施、投资基础一般	2~1

续表

评价要素	评价因子	评价依据	赋值
开发条件与资源潜力（15分）	资源潜力（5分）	市场需求、后续投资、旅游容量、科技与管理潜力很大	5
		市场需求、后续投资、旅游容量、科技与管理潜力大	4
		市场需求、后续投资、旅游容量、科技与管理潜力较大	3
		市场需求、后续投资、旅游容量、科技与管理潜力一般	2～1
	环境保护与旅游安全（-5～3分）	已有工程保护措施，环境安全得到保证	3
		已受到轻度污染，或存在一定安全隐患	-3
		已受到中度污染，或存在明显安全隐患	-4
		已受到严重污染，或存在严重安全隐患	-5

（三）资源等级划分

根据对休闲旅游资源评价总分，参考国家标准《旅游资源分类、调查与评价》，以90分、75分、60分、45分和30分为分界点，将休闲旅游资源分为六级。其中，五级资源为世界级休闲旅游资源（≥90分）；四级资源为国家级休闲旅游资源（75~89分）；三级资源为省级休闲旅游资源（60~74分）；二级资源为地市级休闲旅游资源（45~59分）；一级资源为区县级休闲旅游资源（30~44分）；未获等级资源为乡镇级休闲旅游资源（≤29分）。

第三节　休闲旅游资源的开发

一、休闲旅游资源开发的含义

休闲旅游资源是休闲旅游赖以发展的物质基础，同其他资源一样，休闲旅游资源只有经过开发，才能成为休闲旅游产品，为旅游业所利用，发挥其经济、环境和社会效益的功能。所以，休闲旅游资源开发是实现旅游资源价值的有效途径和前提条件。休闲旅游资源开发是指在休闲旅游资源调查和评估的基础上，以人们的休闲需求为导向，以发展休闲旅游为目的，通过适当的方式把休闲旅游资源改造成吸引物，并使休闲活动得以实现的综合性技术经济过程。这一概念可以从以下几个方面加以理解。

休闲旅游资源开发要以调查和价值评估为基础。要了解休闲旅游赖以发展的物质基础的休闲旅游资源的类型、数量、品质、特征等，从而对休闲旅游资源进行有效的开发。随着社会经济的发展，休闲旅游者需求多样化、个性化趋势日益明显。因此，在开发时必须认真研究休闲旅游市场，以休闲旅游资源为基础、市场为导向、产品为核心开发相应的休闲旅游产品，从而提高休闲旅游资源的吸引力和市场竞争力。

二、休闲旅游资源开发的意义

开发休闲旅游资源有着十分重要的现实意义，通过发展休闲旅游不仅可以获得可观的经济效益，而且可以获得良好的社会效益与生态效益。

（一）经济效益

发展休闲旅游不仅可以推动旅游业的发展，而且可带动同旅游业配套的各种产业的发展，通过拉动内需，促进社会经济发展。

（二）社会效益

首先，发展休闲旅游可以丰富人民的生活，使得城市居民能够从工作的劳累与紧张中解脱出来，放松身心，陶冶情操，营造健康的精神家园。其次，发展休闲旅游可以提高本区域的文化层次，使得城市形象及知名度得到良好的宣传，有利于开拓国内和国际的客源市场。

（三）生态效益

休闲旅游强调人与自然的和谐统一。在旅游可持续发展概念的引导下，对旅游地进行保护和适度开发利用。休闲旅游者不仅注重自身对环境的保护，还会带动其他人群加入环境保护的行列。

三、休闲旅游资源开发的原则

休闲旅游资源开发要从实际出发，对不同资源条件采取不同的开发策略，但也应遵循一定的开发原则。

（一）市场导向原则

休闲旅游资源开发必须以市场为导向，先通过对市场全面、系统的调研，确定目标市场，根据市场需求，优化配置和有效利用休闲旅游资源，开发出适销对路的产品，满足休闲旅游者多层次、多方面的需求，赢得休闲旅游者的青睐。只有依托市场，休闲旅游资源开发才能保持市场竞争力，创造良好的经济效益，同时又注重生态效益、社会效益、文化效益的和谐统一。

（二）特色化原则

特色化是休闲旅游吸引力的核心。特色化来源于休闲旅游资源所在地同客源市场地之间差异化的自然和人文环境。首先，要明确资源优势，通过挖掘资源内涵，分析其某一方面的突出特点，从而确定开发方向；其次，要注意开发过程中的针对性措施，强化其优势，特别是突出地域特色、民族特色和文化特色；最后，还要注意创造整体休闲环境、氛围，形成独特的休闲形象。

（三）层次性原则

休闲旅游资源开发是一项综合性事业，涉及社会经济的多个领域、多个部门。因此，在开发的过程中绝不能盲目追求数量和规模的扩张，要循序渐进，根据自身资源及客源市场条件，确定开发类型和重点开发项目，实行科学规划、合理布局，分期分批循序开发。

（四）游客参与原则

休闲旅游资源开发不同于观光旅游的景点组合的旅游资源开发方式，需要将休闲旅游资源与旅游市场相结合，要求各项开发工作不能局限于旅游客体——旅游资源上，而要将眼光放在消费者——旅游市场上。游客参与原则要求在休闲旅游资源开发过程中创造更多的空间和机会，便于游客自由活动。各种休闲旅游服务设施可以采用渗入、延伸或扩大视野等方法，设置于休闲旅游资源所处的大环境中，使游客在整个游览娱乐活动过程中有广阔的自主活动空间、主动接触大自然的机会及充分展示自我意识的环境，真正体验人与环境协调统一、和睦相处、融为一体的感受。

（五）保护与开发并重原则

在休闲旅游资源的开发过程中，要正确处理好保护与开发的关系。对于那些不易破坏休闲旅游资源和环境的项目要以开发利用为主，大力开发建设。对于稀缺的、不可再生的休闲旅游资源，尤其是珍贵的文化遗产和自然遗存，则应以保护为主，在不破坏资源的前提下，进行科学的、有限的开发。总之，应以保护为前提，明确保护范围，合理适度开发，实现经济效益、环境效益和社会效益的和谐统一。

四、休闲旅游资源开发的内容

休闲旅游资源的开发从内容上不仅包括对资源本身的开发，还应包含休闲配套设施和休闲人文环境的建设，从而使得休闲旅游资源地成为一个具有吸引力和接待条件的休闲旅游目的地。休闲旅游资源的开发内容主要有以下几个方面。

（一）休闲旅游目的地的规划与开发

休闲旅游目的地的规划与开发是休闲旅游资源开发的核心部分，也是区域休闲旅游业开发的出发点。由于开发范围、开发规模、开发重点、背景条件的不同，加之缺乏国家统一标准，不同区域的休闲目的地的规划内容也不尽相同。休闲旅游目的地的开发内容一般包括现状调查、总体布局、资源产品转化、基础设施、近期建设项目、投资估算和效益分析、管理措施等。需要指出的是，休闲旅游目的地的规划与开发活动的内容会随着休闲旅游目的地生命周期阶段的不同而不同。对于某一个休闲旅游目的地而言，从初创期到成熟期，将经历从尚未利用的首度开发到成熟阶段的深度开发，其开发工作的性质也由建设向保护转化。

（二）休闲旅游资源提升改造与整合

在对休闲旅游资源进行详尽、科学的调查、分析与评价基础上，以休闲旅游目的地的规划设计方案为依据，对各类休闲旅游资源进行整合（归类、合并、调整）、组合（建立空间联系）、改造（改变其形态、结构、功能），根据休闲旅游市场的需求状况，设计、生产出休闲旅游产品。

（三）休闲旅游配套设施的建设与完善

休闲旅游配套设施在休闲旅游中具有非同寻常的重要性。一方面，它满足了休闲旅游者的基本生活需要；另一方面，由于休闲旅游本身的性质，使得配套设施也承担了一定的休闲功能。由于休闲旅游配套设施覆盖面广，资金投入量大，且回收期较长，对其建设数量、规模、布局都必须经过严格论证和审批，以避免设施不足或浪费的现象出现。

（四）休闲旅游环境的营造

休闲旅游目的地的环境可以充分展示休闲旅游资源的地域背景，如一个地区的政治局势、社会治安、风俗习惯以及当地居民的文化修养、思想观念、好客程度等，从而直接或间接地对休闲旅游者产生吸引或排斥作用，进而影响休闲旅游资源开发的效果。因此，在进行休闲旅游资源开发时，一定要营造良好的休闲环境，从而提高休闲旅游者的满意程度。

五、休闲旅游资源开发的方式

根据休闲旅游资源的性质和开发目的，休闲旅游资源开发包括新建、利用、修复、改造和挖掘提高五种方式。

（一）新建

凭借当地的休闲旅游资源特点，建立新的休闲旅游区，建设一些必要的休闲旅游服务基础设施，以增加吸引力，满足休闲旅游者的需求，推动休闲旅游发展。这种方式，重在创新，贵在特色，必须创造出“人无我有，人有我优，人优我特”的具有鲜明个性和独特风格的休闲旅游产品。

（二）利用

利用指将原有的没被认识到的休闲旅游资源，通过整理、组织和再开发，从而使之成为休闲旅游吸引物的一种开发方式。随着社会的进步和人们生活水平的提高，人们的休闲旅游需求及消费行为特征也呈现多样化趋势。所以，可以根据人们需求的新变化，开发利用那些以前未被认识到的休闲旅游资源，使其成为新的休闲旅游产品。

（三）修复

因自然或历史的原因而被损毁，但又有很高艺术、历史文化或科学研究价值的休闲旅游资源，经对其进行整修、修复或重建，使之重新成为可供人们休闲娱乐的吸引物。

（四）改造

改造是指投入一定数量的人力、物力和财力，对现有的、但利用率不高的休闲旅游景观、休闲设施或非休闲设施进行局部或全部改造，使其符合休闲旅游市场需求，成为受人们欢迎的休闲旅游产品。

（五）挖掘提高

挖掘提高是指对已被开发但又不适应休闲旅游发展需要的休闲产品，需要深入挖掘，增加一些休闲设施和新的服务，提高其整体质量，再生出新的休闲吸引力的一种开发方式。

以上五种开发方式并无严格的明显界限，难以截然分开，通常是结合现状与需求，根据具体的休闲旅游资源状况，确定具体的开发方式。

六、休闲旅游资源开发的程序

休闲旅游资源开发是一项复杂的系统工程，开发的程序具体可分为确定开发项目、可行性研究、开发规划、具体项目规划设计和项目实施与监控几个步骤。

（一）确定开发项目

确定开发项目就是根据当地休闲旅游资源的特色、休闲旅游市场需求特点和区域经济发展水平，选定要开发的休闲旅游项目，并对未来开发工作有一个初步的构想，这是休闲旅游资源开发工作的起点。选定资源开发项目的基本依据是：休闲旅游市场需求趋势、区域休闲旅游资源特色、地方经济发展水平、区域休闲旅游发展的主体形象等。

（二）可行性研究

进行可行性研究就是要论证项目中所涉及的休闲旅游资源或休闲旅游项目，是否具有开发建设的必要性和可行性。休闲旅游资源开发的可行性研究主要包括五个方面：休闲旅游资源调查与评价、休闲旅游目的地社会经济环境分析、客源市场分析、环境影响分析、投资和效益分析。以上五个方面是一个有机的整体，相互联系、相互渗透，是综合判断休闲旅游资源开发项目是否可行的具体标准。

（三）开发规划

所谓开发规划，就是在休闲旅游资源调查与评价的基础上，根据市场需求，为实现发展目标而进行的项目计划的设计过程与实践过程，是从总体上指导休闲旅游资源开发工作的计划和蓝图。其目的是增强资源开发工作的计划性、科学性，避免随意性和盲目性。制定开发规划，主要包括六个方面的工作：确定发展目标、休闲旅游资源开发定位（包括形象定位、功能定位、市场定位、产品定位、模式定位）、确定开发范围、规模和性质、进行项目总体布局、决定开发顺序和步骤。

由于人力、物力、财力的限制，休闲旅游资源开发一般不会同时全面铺开，应有选择、有重点、有时序地分期建设。在保证重点项目开发的基础上，不断增添新项目、新产品，以休闲旅游资源开发为核心，并逐步建立、建全休闲旅游服务和配套设施，逐渐形成完善的休闲旅游服务配套体系。

（四）具体项目规划设计

休闲旅游资源开发规划只是从总体上对休闲旅游资源开发项目进行宏观规划，不可能对具体项目进行微观设计。与总体规划相比，具体项目规划设计更加复杂、更加精细，任务也更加繁重。

（五）项目实施与监控

有了开发规划和具体项目的规划设计方案，在进行法定程序审批之后，休闲旅游资源开发工作就可以实施了。在建设过程中，需要解决的是资金筹措和部门分工等问题。

筹措资金的方式多种多样，可以采取政府融资、集体融资、私企融资或国际融资等方式。融资形式可以有自筹资金、银行贷款和证券融资（股票、债券）等。为了保证开发项目的顺利进行，必须成立一个专门的组织机构，负责整个项目的领导、协调和监管等工作，以保证各部门能合理分工、劳动力资源能有效配置。

实施过程中应随时对开发的工程质量、经济支出进行监管，将统计结果与预定目标和财政预算进行比较，找出偏差及其原因，从而调整实施方案或预定目标，但前提是基本按开发规划执行，保证休闲旅游资源开发过程中的动态平衡。

【思考与练习】

1. 理解休闲旅游资源含义及特征。
2. 休闲旅游资源有哪些分类方法？
3. 阐述休闲旅游资源评价的内容及评价体系。
4. 休闲旅游资源开发应遵循哪些原则？
5. 概述休闲旅游资源开发的内容及方式。

【案例分析】

盘活红绿资源　推动老区振兴[①]

2022 年“七一”前后，革命老区江西赣州客流明显增加，无论是红色景区景点、还是主题乐园、乡村旅游点等都实现了客流回升。赣州是原中央苏区，是长征出发地之一，拥有众多的革命遗址遗迹；赣州也是千里赣江源头、纵贯大湾区全境的东江源头，山水资源丰富，生态环境优越。

赣州红色资源丰富，全市 18 个县（市、区）中有 13 个“全红县”、15 个“老区县”，共有革命类文物保护单位 389 处、472 个点，其中全国重点文物保护单位 12 处、67 个点，省级文物保护单位 113 处、140 个点。

为把红色资源优势转化为发展优势，赣州提出了全力整合资源、推动协调发展的思路。相继出台了《关于进一步加快红色旅游发展的实施意见》《关于加快文化强市建设的实施意见》等，集中力量于“瑞、兴、于”红色片区，按照“突出重点、打造龙头，一县一品、错位互补”定位，分别围绕“共和国摇篮”“苏区干部好作风”“长征集结出发地”等红色品牌，推出了一批重点红色项目，包括共和国摇篮景区、苏区干部好作风纪念园、中央红军长征出发地纪念园等。如今，赣州把 341 个革命旧居旧址开辟为红色旅游景点，现有红色旅游 A 级旅游景区 9 家，瑞金共和国摇篮景区成功创建为国家 5A 级旅游景区。2021 年赣州红色旅游总人数比 2019 年增长 6.88%，红色旅游总收入比

① 叶辉圣，周晨．盘活红绿资源　推动老区振兴［N］．中国旅游报，2022-07-05（A01），有删改。

2019年增长8.63%。红色旅游已逐渐成为赣州经济高质量发展的新增长点和赣南苏区振兴发展的有力支撑。

2019年12月，中办、国办联合印发《长城、大运河、长征国家文化公园建设方案》，江西被列为长征国家文化公园重点建设区之一。赣州编制了《长征国家文化公园赣州段建设保护规划》，提出沿中央红军长征线路，修复重要遗址遗迹，重现重大事件原貌，打造转折节点体验场馆等项目，全域打造长征从赣州出发的重大革命历史展示园，弘扬长征精神，带动旅游发展。赣州为此规划了25个重点项目，实行市、县分级调度，在全市14个县（市、区）同步开展建设。目前已经建成于都中央红军长征出发地纪念园、长征步道于都段、南方红军三年游击战争纪念馆等10多个项目。

为了做大旅游经济，赣州将长征元素融入旅游产业链条，创排了赣南采茶戏《一个人的长征》、歌剧《长征组歌》、演艺节目《夜渡于都河》《闪闪的红星》《十七棵松》、实景演艺《浴血瑞京》，打造“参观＋体验＋一台戏”的文化和旅游经济模式，让进赣旅游团队线路丰满、活动紧凑、精彩频频。

赣州方特东方欲晓主题公园是以红色文化为主题的大型高科技主题公园。公园以百余年来中华民族的奋斗历程为背景，精心策划了六大历史主题区域，打造了一系列沉浸式、强互动的红色主题项目和特色景观，演绎中华民族寻求国家独立和民族复兴的历史。2022年“五一”假期，方特东方欲晓主题公园每天接待7000多人次，成为红色旅游网红打卡点。赣州以方特东方欲晓主题公园为龙头，不断优化红色旅游线路，还推出了“中心城区—兴国—于都—瑞金”的“红色故都·革命赣南”旅游线路。

为进一步把红色旅游产业做大，赣州提出要把绿色山水融入红色文化大文章，打造了瑞金罗汉岩景区、于都屏山景区、石城通天寨等生态旅游产品，石城花海温泉、天沐温泉等温泉产品以及瑞金田坞乡村旅游、兴国田庄休闲旅游等乡村旅游产品，着力推动红色旅游与生态旅游、休闲旅游、乡村旅游等多种业态融合发展。

于都县城郊潭头村的“富硒宴”特色农家乐、红色研学、民宿等旅游项目，近年来平均每年接待游客达90多万人次以上，全村增加就业岗位50个，人均年增收2.4万元，被评为全国乡村旅游重点村。目前，赣州全市已经建成乡村旅游点81家，其中5A级乡村旅游点3家，4A级乡村旅游点29家。老区不老，今朝更好。赣州正以新时代赣南苏区振兴发展为契机，全力推动红色旅游融合发展示范区建设，朝着文化和旅游产业更高质量发展目标奋勇前进。

思考题：

1. 请分析赣州休闲旅游资源的特点和类型。

2. 结合案例阐述休闲旅游资源开发原则及开发方式。

参考文献

［1］蔡燕萍．无锡休闲旅游资源的分类与评价［J］．魅力中国，2009（34）．

［2］黄震方，祝晔，袁林旺，等．休闲旅游资源的内涵、分类与评价——以江苏省常州市为例［J］．地理研究，2011（9）．

［3］谢彦君．基础旅游学［M］．北京：中国旅游出版社，2004.

［4］吴应利，文南薰．休闲管理实务［M］．北京：中国旅游出版社，2017.

［5］郭剑英．四川休闲旅游资源及开发评价［J］．乐山师范学院学报，2005（12）．

［6］曾瑜皙，钟林生．中国旅游资源评价研究回顾与展望［J］．湖南师范大学：自然科学学报，2017（2）．

［7］谭根梅，柳军，胡汉辉．基于层次分析法的乡村旅游资源评价——以千年古村：江西婺源江湾村为例［J］．农业经济，2007（4）．

［8］石惠春，刘春莲．兰州市休闲旅游资源开发初探［J］．江西科技师范学院学报，2007（1）．

［9］徐冬冬，黄震方，孙黄平，等．南京市休闲旅游资源空间特征及其影响因素［J］．南京师大学报：自然科学版，2017（1）．

［10］黄安民．休闲与旅游学概论［M］．北京：机械工业出版社，2015.

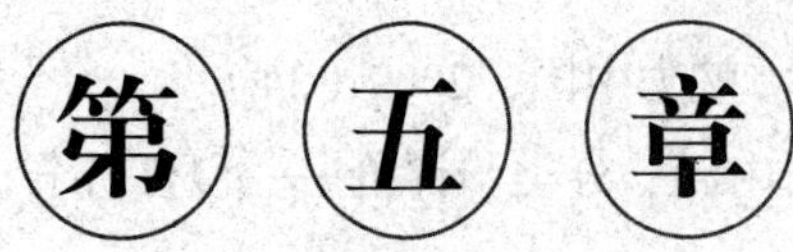

第五章 休闲旅游产品

【学习目标】

通过学习，掌握休闲旅游产品内涵，理解休闲旅游产品特点，熟悉休闲旅游产品类型，明确休闲旅游产品开发原则及开发思路，掌握休闲旅游产品创新的类型和方法。

【内容结构】

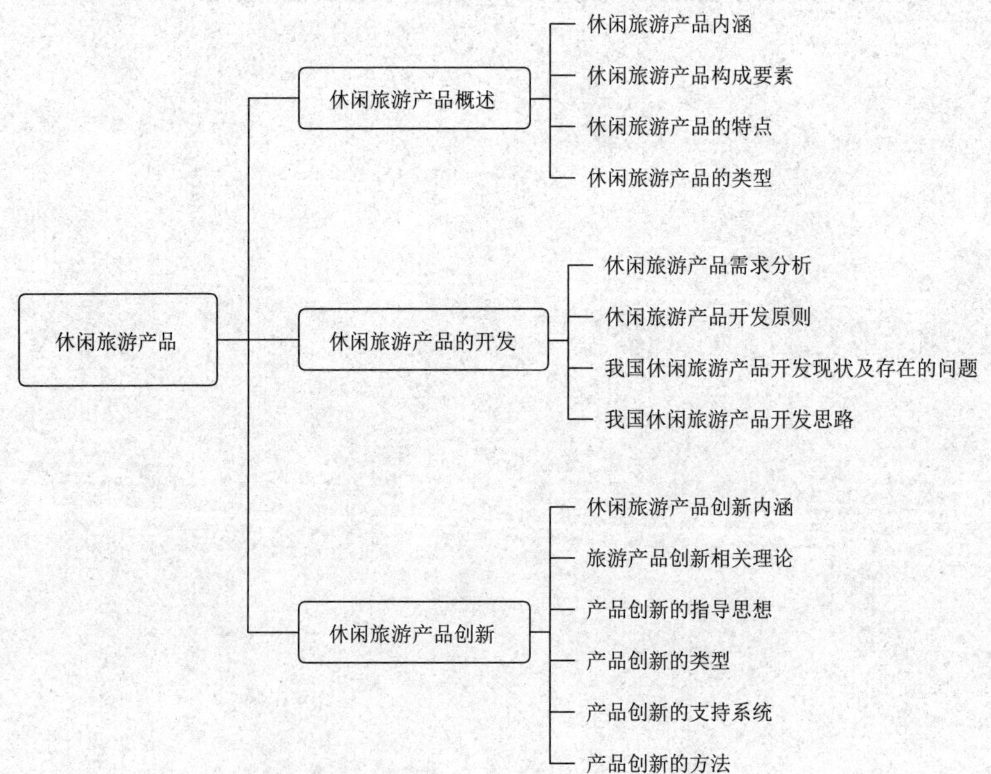

【开篇导读】

提升旅游产品价值要不断融合与创新[①]

消费升级的背景下，旅游消费呈现较大变化。从需求方面来看，旅游消费呈现多样化、个性化、高端化特点，要求业界在供给端进行变革，在文旅融合方面下功夫，推动旅游产品创新与更新，实施旅游产品价值提升战略。从供给方面来看，国内不少旅游地、景区面临老化问题，与旅游消费的新需求相去甚远。这就要求业界在供给端进行变革，在文旅融合方面下功夫，推动旅游产品创新与更新，实施旅游产品价值提升战略。

第一，旅游产品价值提升重在提高产品附加值。以往人们对旅游产品附加值的理解较多停留于售前、售中与售后的优质服务。实际上游客购买旅游产品就是购买旅游服务。旅游产品附加值可以看作一种游客得到的额外利益，也就是产品本身价值外的溢价。在品牌竞争时代，这种附加值更多体现为品牌溢价。旅游品牌可以是旅游项目品牌、旅游企业品牌、旅游集团品牌、旅游地品牌等。随着全域旅游深入发展，突破旅游企业以及区域边界的品牌开始出现，“云南云”就是一个典型案例。从今后发展趋势看，柔性的旅游企业组织形态以及与此伴随的跨界品牌、文旅融合品牌将呈现勃勃生机。

正如一些营销专家预言的，未来竞争的关键之一在于产品的附加值。旅游产品作为一种体验性极强的产品，产品附加值竞争意义尤其重大。除了提高旅游品牌含金量，提高文化附加值与服务附加值成为增强游客体验十分重要的因素。从文化附加值来看，文化融入食、住、行、游、购、娱，可以让游客得到更多额外体验与享受，从而实现游客满意。国务院办公厅印发的《关于进一步激发文化和旅游消费潜力的意见》鼓励把文化消费嵌入各类消费场所。加大文化与其他行业的融合力度可以激发更多的消费潜力。从服务附加值来看，消费便利与智能化都可以让游客得到更多超值享受。特别是互联网融入食、住、行、游、购、娱，大大提高了文化旅游消费的品质。AR全景监控、AR旅游向导、VR全景体验以及智慧停车、智慧接送以及智能巡逻等给游客带来前所未有的体验。

第二，旅游产品价值提升还需在产品本身创新上做文章。目前，以观光为主的旅游产品形式正在向休闲度假等产品形式过渡。休闲度假产品更多表现为一种产品组合或者功能复合，这就给文化嵌入提供了前所未有的机遇。有人将这种融合归纳为遗产传承模式、恢复重生模式、文化创意模式、节会展演模式、影视网媒模式等。无论哪一种模式，都要立足于当地旅游资源禀赋以及生态体系与文化底蕴，找到最好的契合点，才能让产品具有吸引游客的卖点。

第三，旅游产品价值提升要注重发展旅游新业态。邮轮游艇旅游、低空飞行等新业态都有很好的发展潜力。发展旅游新业态应注重发展生态旅游。《“十三五”生态环境保护规划》突出了生态环境保护的战略地位，要让良好生态环境成为全面小康社会普惠

① 张苗荧．提升旅游产品价值要不断融合与创新［N］．中国旅游报，2019-12-04，有删改。

的公共产品和民生福祉。生态旅游作为一种高级旅游形态，是旅游新业态发展的重要目标之一。与此同时，发展旅游新业态还要有打破区域局限的全域旅游观念。前不久，云南、四川、贵州三省签订了文旅合作协议，跨省组合各地不同的山地文化、民族文化与文化遗产，在整合文旅资源、扩充旅游产品组合、拓展旅游线路方面进行柔性联盟体组织的尝试。发展旅游新业态如果没有这样的大观念、大思路，仅仅在单个旅游产品上做文章，很难使旅游产品在功能与组合上有巨大的突破。

第一节　休闲旅游产品概述

一、休闲旅游产品内涵

休闲旅游产品是休闲活动的客体，是支撑休闲旅游活动开展的基础与前提条件。休闲旅游产品的品质、数量和质量直接关系到休闲旅游业的兴衰和可持续发展，它在休闲旅游发展中有着举足轻重的作用。

对于休闲旅游产品，学术界还没有给出一个明确的定义，不同学者从各自研究角度给出了解释。梁朝信（2006）指出休闲旅游产品是指旅游者以休闲活动为目的，借助一定的自然或人文环境，通过较轻松的旅游活动方式，使身体心理愉快、精神放松的旅游。从佳琦（2010）提出休闲旅游以“休闲”为基本特征，休闲旅游产品也以情感需求、文化消费和娱乐体验为内涵，强调休闲和注重文化体验。杨美霞（2015）认为，休闲旅游产品应该是支撑休闲旅游发展的重要基础，是游客选择休闲活动关注的核心元素，是旅游经营者为满足游客进行休闲活动的需要，以休闲者的动机、特征为导向，凭借一定的旅游吸引物和设施向旅游者提供的各种服务的总和。总之，休闲旅游产品是指休闲旅游经营者提供的、满足旅游者情感、文化、娱乐、体验等需求的各种旅游项目、设施与休闲活动和服务的总和，它既包括有形实物产品又包括无形服务产品，具有极强的吸引力，属于高层次旅游产品。

二、休闲旅游产品构成要素

休闲旅游产品的构成要素包括休闲吸引物、休闲设施和相关服务等内容，以情感需求、文化消费和娱乐体验为内涵，但在休闲吸引物、休闲设施和相关服务等要求上又与其他旅游产品有一定差别。

（一）休闲吸引物

休闲吸引物是休闲旅游者选择目的地的决定因素。它可能是物质实体，也可能是某种现象。休闲吸引物广泛蕴藏于自然环境和人类社会中，代表着各具休闲特色和不同民族的文化传统，其数量的多少和吸引力的大小是一个地区能否开发休闲旅游区域的先决条件。

（二）休闲设施

休闲设施是直接或间接向休闲旅游者提供服务所凭借的物质条件，分为休闲服务设施和休闲基础设施两种。休闲服务设施是指休闲旅游经营者直接服务于休闲旅游者的凭借物，一般包括住宿、餐饮、交通及其他服务设施；休闲基础设施是指不直接对休闲旅游者服务，但在休闲旅游经营中它是政府部门和企业必不可少的基本设施，如水电供应系统、通信设施系统、排水排污系统、交通运输系统、医疗救护系统等。

（三）相关服务

相关服务是休闲旅游产品的核心，以有形物质产品、自然物和社会现象为载体，在存在休闲旅游需要的情况下实现其价值和使用价值。休闲旅游产品能以一种混合体的形态出现，主要是由它的服务性质决定的。休闲服务是一个整体概念，它由各种单项服务组合而成，无论缺少哪一个环节，都会使顾客感到不满。休闲旅游者对休闲经历的评价主要取决于其所感受到的服务水平和质量。

三、休闲旅游产品的特点

休闲旅游产品既具有旅游产品的共性特征，如综合性、多样性、无形性、不可储存性、不可转移性、波动性等，又具有自身的个性特征，这些特征既是休闲旅游产品能吸引众多休闲旅游者的原因所在，也是其开发的重要依据。

（一）休闲娱乐性

休闲娱乐性是休闲旅游产品区别于其他旅游产品的根本特征。休闲旅游产品开发的重要作用就是为了让旅游者获得身心愉悦和放松，促使旅游者从现实压力中得到解脱，寻求消遣、娱乐、休息和放松。因此，休闲旅游产品正是迎合了人们休闲娱乐的需求而产生的，这也是休闲旅游的吸引力所在。同时，也是休闲旅游产品拥有使用价值和市场价值的根本特性。

（二）注重参与体验

参与体验是休闲旅游产品所具有的独特魅力。休闲旅游注重游客的主体性和参与性，强调游客在积极参与的前提下，强化对休闲旅游产品的独特体验性。休闲旅游者通过参与获得体验的快乐和轻松，不论是主题公园、农家乐，还是体育休闲旅游、专项休闲旅游、购物休闲旅游，这些产品无一不强调参与和体验。

（三）多样性

由于人们的价值观、消费方式不同，爱好、兴趣及所处环境的差异，加之休闲旅游与观光旅游相比较停留时间较长，对休闲旅游产品的需求更加多样化。首先，类别的多样化，如养生、度假、娱乐、美食、购物等，以满足旅游者差异化的需求；其次，层次的多样化，同一产品要能满足不同层次消费者的需求；最后，产品项目组合的多样化，休闲旅游方式有团队也有散客，出游组合有家庭也有同事、朋友等，因此产品项目多样化也是市场的客观需求。

（四）对休闲设施的依赖性

休闲旅游产品的吸引物主要包括休闲旅游资源和休闲旅游设施。如果只有休闲旅游资源而缺乏休闲设施，那么休闲旅游产品的开发将是不完全的，一个地区休闲旅游设施的完善程度是决定该地区休闲旅游产品开发的必要条件。

（五）更明显的脆弱性

首先，休闲旅游产品的开发要依托当地的旅游资源、配套休闲设施及环境质量，只有优雅的环境，才能使休闲旅游者领悟到“天人合一”生态伦理的认同需求和“放逐心情，牧养心灵”的精神需求。因此，上述三个条件任何一个出现问题都会影响休闲旅游产品的开发。其次，旅游业本身是一个脆弱的行业，对社会环境安全情况要求比较高，休闲旅游者对目的地的安全和健康因素要求更高。

四、休闲旅游产品的类型

休闲旅游产品种类的多少取决于社会生产力水平的高低，社会生产力水平越高，休闲旅游产品的种类就越多。按照不同的划分标准，休闲旅游产品常有以下类型。

（一）按照休闲旅游活动内容和动机划分

按照活动内容和动机划分，休闲旅游产品可以划分为度假休闲旅游产品、产业休闲旅游产品、主题公园、体育休闲旅游产品、文化休闲旅游产品和其他休闲旅游产品六类。

1. 度假休闲旅游产品

主要是在环境优雅、空气质量良好、可进入性强、离城市近的水库、温泉、河道、森林等地兴建。

（1）滨海型，如潜水、日光浴、海上摩托艇、冲浪、帆板、潜水、沙滩排球等。

（2）山地型，如高山滑雪、疗养、避暑、登山、攀岩、观光等。

（3）湖泊型，如泛舟、垂钓、疗养、游泳等。

（4）环城市带型，如农家乐、品茗、垂钓、登山、度假等。

2. 产业休闲旅游产品

（1）农业旅游，如农家乐、农业观光、种植旅游、放牧、垂钓、采摘等。

（2）工业旅游，如采掘业、重工业、高科技工业、手工业、轻工业、建筑业等。

（3）其他产业旅游，如服务业、商业等。

3. 主题公园

以某个主题为总定位，针对特定的客源市场，以总主题为依托，高度重视文化内涵的包装设计，开发附加旅游产品。

（1）乐园型，如欢乐谷、海洋馆、冰雪大世界等。

（2）民俗型，如民俗文化村、民族文化村等。

（3）历史型，如宋城、唐城、三国城等。

（4）微缩景观型，如锦绣中华、世界之窗等。

（5）高科技型，如恐龙馆、航宇科普中心等。

4. 体育休闲旅游产品

（1）水上体育休闲，如划龙舟、漂流、帆船等。

（2）山地体育休闲，如登山、攀岩等。

（3）草原体育休闲，如摔跤、赛马、射箭等。

（4）沙漠体育休闲，如滑沙、沙漠排球等。

（5）其他体育休闲，如民族舞蹈、竞技类体育项目等。

5. 文化休闲旅游产品

包括宗教朝觐游、科学考察游、科普修学游、民俗风情游等。

6. 其他休闲旅游产品

（1）购物休闲旅游，如城市观光购物旅游、特色产品购物（景德镇瓷、苏杭丝绸等）等。

（2）美食休闲旅游，如品尝美食、体验食品制作等。

（3）娱乐休闲旅游，如舞蹈、KTV、酒吧、篝火晚会等。

（二）按照休闲旅游产品功能划分

（1）观光型：包括城市观光、乡村观光、风景名胜区观光、工业观光、科技观光等。

（2）娱乐型：包括娱乐休闲城、滑雪、探险、漂流、游船、泡吧、民族风情游览等。

（3）康养型：包括森林浴、温泉浴、康体养生中心、康体休闲中心、疗养院（所）等。

（4）休憩型：包括各种主题型的度假（区）村、农家乐等。

（5）教育型：包括以参与和展览方式为主的农场教育体验、科技观光园、园林、研学等。

（6）美食购物型：包括大商业区、购物中心、特色商业街等。

（三）按照休闲旅游活动主题划分

围绕某一休闲旅游活动的主题形成主题休闲旅游产品或专项休闲旅游产品，如疗养休闲度假旅游、森林休闲旅游、草原休闲旅游、沙漠休闲旅游、农业休闲旅游、河流休闲旅游、海洋休闲旅游、体育探险休闲旅游、修学休闲旅游、文化休闲旅游、都市休闲旅游、乡村休闲旅游、娱乐休闲旅游等。

第二节　休闲旅游产品的开发

一、休闲旅游产品需求分析

休闲旅游产品在休闲旅游发展中的作用举足轻重。从宏观上分析，它为休闲旅游发展提供了可能，高质量的休闲旅游产品有助于休闲旅游的发展，促进休闲经济良性运行；并能带动相关产业发展、推动产业结构调整、创造就业机会、拉动消费需求，促进宏观经济发展。从微观上分析，高层次的休闲旅游产品具有较强的市场竞争力，经营者因此可以拥有稳定的客源市场从而获得良好的经济效益，旅游目的地因此得到更多就业岗位和更多的经济收益，促进区域经济社会发展；游客因为高质量的产品而获得较高的体验质量，从而提高满意度；经营方因为良好的经济效益而提高经营积极性，不断增加产品内涵建设，使产品品牌价值更加突出，产业链不断延伸；游客因良好体验质量形成对产品的忠诚，增加重游次数。这样需求与供给双方形成有效对接，产品生产、销售形成良性循环，休闲旅游因此得到高效、持续发展。与传统观光旅游产品相比较，休闲旅游产品在资源、环境、服务等方面需求有较大变化。

（一）休闲旅游产品的资源需求分析

1. 休闲旅游产品对旅游资源品位的要求降低

传统的观光旅游以游览高品位旅游资源为主要目的，对旅游资源品级的关注度很高，往往选择知名度较高的旅游区参观游览，而休闲旅游产品对旅游资源本身的要求有所降低，游览观光已经弱化成为旅游中的一小部分，而更关注旅游带来的身心放松、修身养性和自我提升。

2. 休闲旅游产品依托的旅游资源更加丰富

观光旅游时代，旅游资源的美学价值、历史文化价值与科学研究价值是保证旅游产品旺盛生命力的源泉，是增强旅游产品识别度、提升旅游市场竞争力的根本所在。与观光旅游相比较，休闲旅游对旅游资源的关注范围更加宽泛，除了资源的美学价值、历史文化价值与科学研究价值外，对资源的娱乐价值、体验价值、康体健身等都十分关注，使得旅游资源的范畴不断扩大。

3. 休闲旅游产品更注重旅游资源的参与性

休闲旅游者希望在自由自在的方式中从事自己喜欢的事情，所以，更关注参与度。特别对能够亲身参与、提升愉悦度和体验质量的资源关注度很高，诸如登山、森林度假、攀岩、漂流、冲浪、垂钓、温泉、滑雪、歌舞、演出、棋牌、美食、乡村田野、独特文化、体育赛事等，在参与中提高体验质量，产生美好的回忆。

（二）休闲旅游产品的环境需求分析

1. 休闲旅游产品的人文环境需求分析

目前，我国休闲旅游者大多来自城市，这些人群大都工作压力大，因而更加迫切地需要通过休闲度假得到放松。向往那种悠然的生活方式、安静的生活环境，渴望通过暂时改变日常生活环境，远离生活工作的紧张氛围，以消除身体疲劳、放松心情，因而温馨、友好的人文环境是休闲旅游产品所渴求的。

2. 休闲旅游产品的生态环境需求分析

作为主要休闲客源地的城市普遍存在人口多、环境问题突出、人均空间占有率低、绿地覆盖率较低、空气清洁水平低等问题，因而生活在大城市的居民对优越的生态环境特别渴望，在选择休闲目的地时对生态环境质量十分关注，优越的生态环境、适宜的气候条件、健康安全的绿色食品供应等往往也成为重要的关注因素。

（三）休闲旅游产品的服务需求分析

休闲旅游是人们为了获得一种自由、放松的感觉，把自己从日常工作环境和压力中解脱出来，因此，游客对休闲旅游的服务质量要求较高，除希望休闲旅游地拥有和谐的人文环境外，对良好周到的服务、便捷的交通运输和较好的设施条件十分关注。特别是随着经济的快速发展，自驾车休闲游、自助休闲游市场不断壮大，对旅游地的道路标识、咨询服务、宣传资料、自导式服务等解说系统构建提出较高要求，对旅游地交通秩序关注度大幅提升。为游客创造一种满意的、高质量的服务是休闲旅游地必须关注的问题。

二、休闲旅游产品开发原则

结合休闲旅游产品的需求分析，休闲旅游产品开发应遵循以下原则。

（一）以旅游者需求为导向的原则

旅游的主体是旅游者，旅游者的需求是旅游产品开发的中心，应当按照旅游者的意愿开发适销对路的相关产品。在进行休闲旅游产品开发时，首先应进行市场调查和预测，准确掌握市场需求和竞争状况，结合资源状况，积极寻求与其相匹配的客源市场，确定目标市场，以市场需求变化为依据，最大限度地满足旅游者的需求。休闲旅游比传统观光旅游内涵更深远，旅游者的需求也更为多样。因此，休闲旅游产品开发应当设计出风格多样、种类丰富的旅游项目，适应不同年龄层、不同档次、不同消费水平旅游者的需求，体现人文关怀。

（二）可持续发展原则

任何旅游资源都是有限的，掠夺性开发势必造成旅游发展赖以生存的资源遭到破坏甚至枯竭。因此，休闲旅游发展必须科学合理地开发利用旅游资源，实现旅游业可持续发展。严格遵守先规划后开发原则，充分考虑资源的环境的承载力，确定合理的开发目标，实现旅游开发的良性发展。对符合环保、可持续发展主题的休闲旅游产品实行重点开发，将由此产生的经济效益更多投入到环境的改造、基础设施和环境建设中，使休闲旅游实现可持续发展。

（三）特色原则

在产品日益丰富、市场竞争日益激烈、旅游者的旅行经验日益丰富的大趋势下，旅游者对于产品特色的关注和选择已成为大众旅游消费的重要影响因素。特色往往通过一定的主题表现出来，特色是休闲旅游产品生命力之所在。产品开发要寻找、发掘和利用旅游资源的特色，深入分析现有同类型旅游产品的特点与特性，结合自身优势尽可能地增大与它们之间的异质程度，强化产品主题，特别要注意在旅游产品设计中注入文化因素，丰富与提升旅游地文化内涵，突出垄断性和独有性。

（四）因地制宜原则

因地制宜是指休闲旅游目的地根据所处的地理环境和具体景观不同，规划开发适合自己特点的旅游产品。休闲旅游具有近距离、高重游率的特点，休闲旅游产品开发要突出本土性，强调原汁原味，在旅游资源挖掘、旅游线路开发、旅游活动设计、旅游基础设施建设等方面都要结合当地实际情况，努力开发蕴含地域文化特色的产品。同时，要注意发挥区域优势，形成地域性休闲旅游产品系列。

（五）符合美学的原则

休闲旅游是现代人对美的高层次的追求，是综合性的审美实践。休闲旅游产品的美学特征越突出、知名度越高，吸引力和市场竞争力就越大。中国传统审美观认为精神与物质、人类与自然、灵魂与肉体是统一的整体，自然万物是愉情悦性的对象，人们可以从中获得身心的愉悦。休闲旅游产品的开发就是要在休闲旅游资源中发现美，并按照美学原理创造美，使分散的美集中起来，形成相互联系的有机整体，使复杂、粗糙、原始的美经过开发而变得更纯粹、更精致、更典型化。

（六）社区参与原则

社区是旅游目的地重要利益相关者之一。社区参与是指社区成员参与社区公共事务和社区公共活动，影响社区权力运作，分享社区建设成果的行为和过程。让社区参与休闲旅游产品开发，不仅可以改善旅游目的地社区居民的生活水平，通过合理的利益共享，避免开发过程的过度商业化，使得社区居民从经济收益中认识到保护生态环境的重要性，保护本土文化，为旅游可持续发展奠定基础。此外，休闲旅游产品本身就存在于当地社区之中，居民的活动使旅游活动更具活力和魅力，对旅游目的地形象的树立和宣传起到更大的促进作用。

三、我国休闲旅游产品开发现状及存在的问题

（一）从总体来看，休闲旅游产品日趋多元化，但整体质量不高

休闲旅游的蓬勃兴起推动着休闲旅游产品开发日趋深入，无论是产品的内容类型、结构功能，还是表现手法、层次规模等，都呈现出一种多元化的发展趋势。从整体上来看，我国休闲旅游产品正呈现出丰富多彩、层出不穷的多元化发展趋势，但休闲旅游产品整体质量不高，具体体现在以下几方面。

1. 定位模糊

首先表现为产品定位不准。目前，尽管我国休闲旅游市场已经取得了显著的成绩，但也看到有很多旅游企业缺乏对目标市场的研究，缺乏对目标消费者的消费行为分析。有些企业误以为创造休闲产品品牌就要定位高档，但是要想使自己的品牌为广大游客所认可，并非越贵、越高档越好，好的品牌必定根据市场进行定位，与市场需求相适应，使品牌形象深入人心、持久不忘。其次是产品定位不足。比如好多家旅行社推出某些旅游区的休闲旅游线路大体相同、内容相似，无法体现休闲旅游产品的差异性。最后是定位模糊。主要表现在休闲旅游产品精品化程度较差。

2. 缺乏特色

产品特色也是产品的独特之处，是区别于其他同类产品所特有的品质。任何一种休闲旅游产品无不是以它的特色吸引着广大旅游者。尽管休闲旅游呈现出蓬勃发展的势头，但是从全国休闲旅游总体发展现状来看，各地休闲旅游产品普遍缺乏特色，形式单一，内容相似，游客参与性不强，没有充分体现出产品的特色。休闲旅游产品从设计、包装、质量到服务都基本相似，雷同现象较严重。

3. 文化特质不突出

著名经济学家于光远先生曾说，旅游是经济性很强的文化事业，又是文化性很强的经济事业。休闲旅游活动是一种更高层次的消费形态，其本质上是一种高层次的文化活动。目前由于旅游开发商文化品位不高、旅游企业具有盲目性等特点，开发出的休闲旅游产品文化特质并不突出，一方面，表现在产品缺乏文化品位和内涵，没有形成具有深刻文化特质的高雅休闲旅游产品。一些地区推出的休闲旅游产品档次低，夹杂着大量低级庸俗的东西。另一方面，对于休闲旅游产品中饮食文化、民族文化等文化特质的深度开发尚未形成一定的规模。

（二）从市场定位来看，中低档休闲旅游产品居多，国际化产品较少

在市场经济的拉动下，我国国内休闲旅游市场逐渐形成，并以迅猛的速度向前发展。总的来讲，我国休闲旅游产品仍以中低档消费为主，整体水平不高，到目前，我国国家级休闲旅游度假区的建设经营从总体上来看都不理想。据中国旅游研究院《中国入境旅游发展报告 2019》指出，2018 年，中国接待入境游客 1.41 亿人次，入境过夜市场和外国人入境市场规模同样保持稳步扩大，中国接待入境过夜游客 6290 万人次，入境旅游收入达 1271 亿美元。而中低档休闲旅游产品比重偏高难以满足游客对休闲旅游的需求。

（三）从产品开发程度来看，产品创新能力不强，产品软件设施相对落后

由于受到经济制约、休闲旅游市场还不完善等因素的制约，诸如商务休闲旅游、分时度假、产权酒店、邮轮旅游等休闲旅游产品在我国并不普及。与此同时，我国休闲旅游产品在软件设施开发方面与旅游发达国家还有一定的差距。表现在大多数旅游企业开发休闲旅游产品仍然以赚钱为主要目的，产品无法真正体现“以人为本”的开发经营思想和“人性化”服务理念等，比如专门为残疾人、儿童设计的休闲旅游产品还较少。

四、我国休闲旅游产品开发思路

（一）认真梳理旅游资源，挖掘特色、凝练主题

特色和主题是休闲旅游产品形成独特个性的灵魂，旅游企业应将特色化和主题化理

念贯穿于休闲旅游产品开发始终。特色是指事物所表现的独特的个性、品质等，是一个事物明显区别于其他事物独有的风格。事物的特色是在特定的环境条件下产生的，或是自然界的产物，或是人类长期生产生活中对所处环境的适应形成的独特生活习惯和方式的综合表现。旅游本身是求新求异的活动，休闲旅游产品特色越鲜明，越具有吸引力。休闲旅游产品的特色与其市场竞争力密切相关，休闲旅游产品开发应高度关注产品特色挖掘，以构筑旅游吸引力，形成独特的旅游形象。挖掘特色要从当地旅游资源着眼，通过梳理旅游资源发现特色，特别要关注历史性、地方性、民族性的资源特色，分析旅游资源特色是否符合休闲市场的需要，如内蒙古旅游可紧紧围绕草原这一地方性特色和蒙古族少数民族文化展开。

主题是对旅游产品及其相关因素进行组合所形成的内在的、统一的基调。随着旅游市场成熟，主题成为游客选择旅游地的主要参考因素。2016 年国内旅游景区唱响主题战，主题化、品牌化成为吸引国内消费者的目光、提高旅游产品竞争力的重要途径。鲜明的主题可以使产品尽快获得市场认可、吸引更多潜在休闲旅游者。休闲旅游产品的特色通过主题表现出来，主题凝练要充分挖掘本地自然资源与人文底蕴。例如，深圳华侨城从 1989 年开始陆续推出主题为“一步迈进历史，一日畅游中国”的“锦绣中华”和“中国民俗文化村”主题公园，以及后来的“世界之窗”“欢乐谷”等人造景点。山西普救寺从《西厢记》描述的爱情故事出发，打造爱情圣地主题，赢得市场青睐，1998 年以来，国际情侣月在普救寺景区举行，赢得了游客喜爱。泰州休闲旅游抓住“区域独特生活方式”特色，凝练主题，通过主题向游客传递水城和慢生活的特色，这对工作和生活压力较大、节奏较快、渴望放松减压、享受安逸的群体形成了吸引力。

（二）认真研究产品供给，丰富休闲旅游产品的种类与内涵

休闲旅游产品开发应充分体现自身优势，增大与其他产品的差异度，形成“人无我有、人有我优”的知名产品，增强产品吸引力。

1. 丰富产品的文化内涵

文化是旅游产品的灵魂，丰富休闲旅游产品的文化内涵就是增强产品的吸引力。休闲旅游活动强调人们在旅游过程中精神文化深层次的享受，强调人们文化品位的提升以及人们在文化创造、文化欣赏、文化交流过程中精神生活的满足。旅游者通过休闲旅游，一方面放松身心，同时可以在轻松舒适的环境中了解旅游地风土人情，增长知识。如泰州具有深厚的文化底蕴，泰州历史、戏曲、民俗、商贾四大特色文化就是吸引游客的重要资源，有较强的吸引力。泰州姜堰溱湖会船节源于南宋，历经数百年传承而不衰，是国家级非物质文化遗产，被列为全国十大民俗节庆活动，被称为“世界上最大的水上庙会”。近年来，泰州每年举办“溱湖会船节”，通过节庆活动推动地方文化的融入，展示民俗魅力，深受游客喜爱。实践证明，随着休闲旅游活动向纵深开展，只有那些富有文化

内涵的休闲旅游产品才会受到越来越多的旅游者青睐，才能具有持续的生命力和竞争力。

2. 增强产品的体验性

休闲旅游是人们积极、主动的休闲，是一种高层次的休闲活动。人们主动追求精神生活享受的行为促进了休闲旅游市场的发展。开发休闲旅游产品，更要强调旅游者的参与性，这种参与性产品不仅能够满足旅游消费者的感官享受，更重要的是可使游客在旅游过程中得到综合体验感，并留下深刻的印象，提高休闲旅游产品的体验价值。尤其是开发具有高科技技术的体验式休闲旅游产品，不仅可以丰富旅游者的知识，还可以拉近旅游者与现代高科技产业的距离，增加消费者与生产者之间的交流。例如，大连圣亚海洋世界推出的“太空人海底漫步”体验活动，让游客穿上潜水服、戴上太空潜水头盔在美丽的珊瑚丛及水中植物间漫步，与鱼共舞，极大地满足了人们亲身体验、探险猎奇的心理。同时在原“海洋世界”馆的旁边，投巨资兴建了一座“极地世界”馆，运用最先进的科技手段，让游客在逼真的模拟环境中看到活生生的北极熊和南极企鹅的生活状态，再加上挑战珠峰的极限俱乐部里的攀岩活动，让人们可以实现一日游遍地球三极的梦想。

3. 增加产品的类型与层次

由于休闲旅游游客年龄、职业、爱好等差异较大，旅游需求呈多样化态势，为满足游客多样化的需求，通过深入分析区域生态环境、历史文化、地方特色、优势产业，因地制宜，开发多样化、多层次的旅游产品，创造出新的旅游市场，引导旅游消费。如江苏泰州休闲旅游以“水城慢生活、尘世幸福多”为主题，围绕“慢生活”元素，先后开发出“水上慢生活”“文化慢生活”“美食慢生活”等大量休闲娱乐产品，形成支撑泰州“慢生活”的旅游功能，也成为游客选择泰州、体验泰州、重游泰州的理由。

（三）认真研究市场需求配置旅游设施，提升服务质量

休闲旅游者对旅游设施与服务的关注度高，应研究分析游客的心理与生理需求，充分考虑不同年龄层次、不同消费群体特别是弱势群体对设施和服务的需求，通过合理配置设施、提供贴心服务，保证休闲旅游游客旅游安全的同时获得身心健康，提高满意度。

1. 高度关注旅游者需求，提升旅游者满意度

旅游者的需求是不断变化的，所以应紧跟市场潮流，加强市场调研，滚动更新旅游项目和设施，同时注意全新产品的开发。要实现休闲旅游产品“以人为本”的目标，必须掌握不同层次旅游者的需求及其发展变化规律。这就要求在产品的研发、经营过程中，始终关注目标市场，了解目标顾客的需要和期望；站在旅游者的角度评估旅游资源，创造鲜明的旅游主题和形象，站在旅游者的角度评估旅游设施状况、旅游环境状况和旅游服务质量状况，提高旅游者的满意度。

2. 大力提升旅游服务质量，完善公共服务体系

旅游业作为服务行业，其实质就是服务，服务质量是旅游业的生命线。休闲旅游者对旅游地服务质量高度重视，旅游服务变得越来越重要。而服务意识是服务产品的生命线，是服务工作的灵魂，直接影响着服务质量的好坏，是顾客满意度的源头。因此，提升旅游业从业人员的服务意识、提高服务质量是维护旅游区良好形象的重要工作。

开发休闲旅游，公共服务体系完善是重要条件，是任何旅游区都要关注的。便利的交通条件、良好的住宿餐饮条件是必不可少的，除此之外，公共服务体系不断完善对休闲旅游发展也至关重要，如旅游地图、旅游宣传资料、游客中心、旅游指示系统等旅游解说系统的建设以及旅游区信息传输渠道建设、旅游安全与危机预警系统建设等也都非常重要。为从根本上解决旅游服务中的问题，各地各层级的旅游政绩观和发展理念必须转变，不能单纯以建设多少旅游景区、接待多少游客、增加多少收入作为评价业绩的主要标准，而应更多关注综合质量、旅游者权益等的提升。

3. 打造诚信安全友好的旅游环境

只有营造公平优质的旅游环境，游客才能玩得安心、开心、舒心，而不窝心。休闲旅游不仅需要良好的生态环境，还需要和谐的人文环境，注重旅游地生态环境保护和居民素质提升是维护旅游区良好形象的重要工作。发展休闲旅游需要从环境保护的层面设计好每一个项目，保护好优良的自然环境，还要密切旅游者与社区居民的联系，激发当地居民参与到旅游活动中去，使之自觉地保护环境和有节制地建设。

（四）认真研究目标市场，延伸产业链条

市场是旅游发展的主体，目标市场的研究与相关策略研究是休闲旅游产品开发的关键环节。目标市场的研究既要注重宏观经济状况，也要关注目标市场的旅游需求与购买能力，同时要关注竞争对手分析，科学评估自我实力，确定开发层次和产业延伸策略。科学的目标市场研究是确保产品获得良好经济效益的前提。目标市场确定后，可根据市场需求丰富产品的内涵，针对市场的消费能力、偏好确定产品价格，逐步延长产业链条，扩大区域影响力，从而带动地方经济社会发展。

（五）营造旅游形象，提升品牌影响力

旅游形象是旅游区的生命，也是其形成竞争优势最有力的工具。随着休闲旅游市场竞争日益加剧，休闲旅游地旅游形象的营造和品牌打造变得越来越重要。旅游形象能使旅游者对旅游地的总体风格产生清晰、明确的印象，引导旅游者对旅游资源的深度感知和参与，从而选择旅游地并增加旅游的停留时间、消费程度和忠诚度。在当前国内外旅游市场需求转向休闲旅游的形势下，国内众多知名旅游城市也纷纷开始转变城市旅游形象，正在围绕休闲旅游主题塑造城市旅游形象。例如，杭州将城市旅游形象定位为“东

方休闲之都”，桂林将城市旅游形象定位为“世界山水体验之都”，广东梅州也打出“休闲到梅州，享受慢生活”。因此，旅游地必须转变思维方式，丰富旅游形象内涵，使旅游形象品牌化。

第三节　休闲旅游产品创新

休闲旅游产品创新是旅游业推动区域社会经济发展的必要条件，是拓展旅游业内涵的基础条件，是旅游可持续发展的基本途径。

一、休闲旅游产品创新内涵

休闲旅游产品创新是把一种从来没有过的新观念、新产品、新技术、新市场、新材料引入休闲旅游生产经营体系，形成新组合的过程。其目的是实现经济价值和人文价值，通过产品创新，不断激发购买欲望，努力促成交易行为。一方面能够充分满足广大游客喜新求变的消费心理，另一方面又可以为企业经营带来显著经济效益。根据休闲旅游产品的自身特点，其基本内涵主要包括四个方面。

（一）思想观念创新

休闲旅游产品思想观念创新的关键，就是要按照旅游产业的客观要求和市场经济的一般规律，摒弃旧观念，破除旧思想，不断地解放和发展旅游生产力。首先，要充分认识旅游强大的关联带动作用，从而为区域旅游发展形成良好的决策氛围。其次，要落实科学的旅游资源观。坚决摒弃那种“缺乏旅游资源或者旅游资源欠优就不能发展旅游”的传统观念，要通过深挖历史文化，突出地域特色，提高创意水平，创新设计产品，来实现对传统旅游资源观的突破。再次，要改变区域旅游发展观。坚决消除“只有经济特别发达地区才能发展休闲旅游”的陈旧意识，要相信经济基础相对落后的地区也能够通过休闲旅游业的率先发展，来实现经济社会和各项事业的全面进步。最后，要树立新型旅游消费观。坚决摒弃“旅游就是吃喝玩乐”的落后思想，要通过观念转变，推动旅游消费，最终实现拉动内需、刺激经济的目的。

（二）主题内容创新

主题内容创新是休闲旅游产品成功开发的基础，对于旅游吸引力的形成和市场竞争力的培育至关重要。主题是蕴含于旅游产品中的核心内容，它不仅与旅游产品的具体形态紧密结合在一起，还引导着特定时期旅游消费的潮流趋势。因此，主题能够赋予旅游产品鲜明特色，给消费者带来深刻印象。休闲旅游产品主题创新的形式有很多，比如主题公园、主题酒店、主题线路等。

为了更好地提炼休闲旅游产品的主题内容，在产品创新开发过程中，必须注意几个基本问题：一是从消费者角度确定主题。要针对旅游客源市场的调查分析，在全面了解消费者的需求意向和购买能力的基础上，准确进行市场定位，从而使休闲旅游产品具有相对稳定的市场容量。二是使产品主题形成鲜明特色。越是新奇独特的事物，就越能得到旅游消费者青睐。缺乏特色，休闲旅游产品就失去了存在的市场基础。因此，在休闲旅游产品的主题创新过程中，切忌重复雷同和随波逐流。三是确立休闲旅游产品主题必须注重文化含量。休闲旅游活动既是经济活动，又是文化活动，旅游消费过程总是被深深打上文化的烙印。所以，一旦主题确立，必须形成充足的可供挖掘的文化内涵。四是产品主题需要体现可持续发展思想，突出强调对生态环境和特色民俗文化的重点保护，始终坚持开发和保护并举的基本原则，确保能够实现旅游可持续发展。

（三）人文关怀创新

人文关怀是以人为本位的世界观，集中体现为对人的关注、理解和尊重，它着眼于生命关怀，着眼于人性自由，注重人的存在、价值和意义，关注人的思想、精神与情感。具体而言，一是坚持休闲旅游产品设计的人性化。长期以来，我国旅游产业发展更多地停留在外在的经济功能层面上，导致旅游经营活动的功利性倾向十分严重。然而，休闲旅游价值体系中更为重要的是人本化的社会功能，人们通过旅游能够实现自我教育、提高和发展。因此，产品创新就必须坚持人性化设计，充分体现对游客的人文关怀。二是强调旅游服务提供的个性化。从本质上讲，休闲旅游产品是服务性产品，旅游消费属于高层次消费。并且，张扬个性，体现自我，在消费过程中得到最大限度的心理满足，已经成为旅游活动的一种时尚。因此，经营者就必须提供针对性的个性化服务。三是实现旅游消费过程的互动化。休闲旅游者旅游的根本目的就是获得各种体验，产品创新只有实现了消费过程的双向互动，才能加深游客体验。

（四）技术手段创新

技术创新是指应用新知识、新材料、新工艺和新方法，通过新的生产方式与经营管理模式，开发新产品，提供新服务，进而实现商业价值的整个过程。技术创新对经济发展具有极大的推动作用，通过与生产要素相结合，提高生产效率，创造经济价值。

休闲旅游产品通过技术手段创新，将会在消费理念、需求动机、出游条件等方面给人们带来极大改变。同时，也会对休闲旅游企业经营、休闲旅游产业运行以及休闲旅游研究本身等领域产生诸多影响。事实上，无论是休闲旅游经营还是休闲旅游消费，与科学技术的密切结合，都是未来旅游发展的重要趋势。首先，随着信息技术在旅游领域的运用，促进旅游供给方式和旅游消费模式发生了明显变化。其次，环境科学技术和工程建筑技术的快速发展，使得旅游景观数量日益增加，旅游环境质量不断提高。再次，旅游交通技术的改善以及旅游装备制造技术的普及，缩小了地理空间范围，减少了旅游进出障碍，对旅游行程安排、旅游活动组织以及旅游产业布局等都产生了重大影响。最后，与旅游密切相关的其他辅助性技术，如检验检疫技术、医疗保健技术、金融保险技术等的不断发展和完善，也会对休闲旅游产品经营和旅游消费体验带来全新变化。

二、旅游产品创新相关理论

（一）旅游产品创新理论

“创新理论”源于熊彼特的“经济创新”理论的研究。美国经济学家约瑟夫·熊彼特在 1912 年以德文出版了他的早期代表著作《经济发展理论》。在该书中，他开创性地论述了以技术创新为基础的经济创新理论。他认为“创新是企业家实行对生产要素的新的结合，建立一种新的生产函数。也就是说，把一种从来没有过的关于生产要素和生产条件的新的组合引进生产体系”。创新就是企业经营者抓住市场的潜在盈利机会，以获取商业利益为目标，重新组织生产条件和要素，建立起效能更强、效率更高和费用更低的生产经营系统，从而推出新的产品、新的生产（工艺）方法、开辟新的市场、获得新的材料或建立企业新的组织。由此可见，创新要求实施企业经营者突破传统模式的限制，充分发挥想象力，根据市场的需要，结合技术的发展条件，不断推陈出新。实践证明，如果一个经济组织的产品不能满足消费者的需求，那么它迟早要被市场淘汰，旅游业亦是如此。如果旅游经营者不能根据市场要求，提供新的旅游产品，必定会受到市场的冷落。由于旅游资源内涵的广泛性以及旅游动机和兴趣的多样化，旅游经营者可以顺应旅游市场需求的变化，不断进行旅游产品的创新，更新和再生旅游产品的吸引力因素，从而将产品周期的有限生命转化为无限的周期循环，使旅游资源在市场永葆青春活力和魅力。

吉尔伯特的差异化战略模型是指通过“差异化旅游产品而获得高额的旅游收益回报”。用于旅游业中就是各目的地因地制宜，努力开发自己的特色产品，以当地特有的自然资源和人文资源为依托，把当地的社会文化氛围融入旅游产品的创新中，使旅游者得到独特的体验，从而吸引旅游者以更多的支出来购买目的地的旅游产品，同时保持其忠诚度。

波恩的可塑性理论认为“目的地要想不断提高竞争力，就必须保持可塑性，即永远地创新，不断地变化”。同样，旅游产品是可变的、可细分的、可根据市场的变化而塑造的。通过这两个理论（差异化战略模型、可塑性理论）可以看出，旅游产品是可优化、可创新的，只有通过不断地对旅游产品优化和创新，才能赋予旅游地新的生命力。

由于旅游资源内涵和外延的广泛性，以及旅游者出游动机和兴趣的多样化，也就决定了旅游产品优化、创新的可能性和必要性。

王学峰（2002）认为任何产品都有一个是否适应市场需求潮流的问题，人们的欣赏水平是逐步提高的，也是随着时间的变化而转移的。吸引力是旅游资源的理论核心，而旅游资源是旅游产品的基础和主体，旅游产品的创新其实质就是其吸引力的提升，即市场竞争力的提升，由此提出“旅游产品可创新理论”，其基本观点包括：①旅游产品内涵和外延的多样性和复杂性，决定了产品创新的多维性，其涉及的因素也多种多样。既可以是一种需要大量投资的物态创新，也可以是一种精神创意，而后者无疑更具意义，它不仅包括对旅游线路、旅游项目和产品结构的优化，还包括服务质量的提高、产品种类的增加、产品品牌的提升、旅游大环境的完善、旅游形象的构建等。②坚持以市场为导向，在不改变产品本身的情况下，对产品生产的过程重新认识、重新设计，以更有效的满足消费者的需求为出发点，不断更新和再生其吸引力因素，强调过程对市场的适应力。③根据旅游者的消费心理，把握时代脉搏，紧跟时代潮流而设计开发旅游产品，使其在一段时期内能够在旅游市场上占据一定的市场份额，刺激产品的“张力”，促进全新的产品趋向流行，要根据市场需求的变化不断更新和提升旅游产品竞争力因素，从而将产品周期的有限生命转化为无限的周期循环，通过创新和竞争两股力量的交互式作用使产品在市场上永葆青春和活力。④旅游产品的创造性开发和竞争性开发，实质上是创造需求，把潜在的东西更深层次地挖掘出来，创新带动需求，引导消费潮流。

（二）旅游产品生命周期

1. 旅游产品生命周期内涵

产品生命周期（Product Life Cycle）简称 PLC，是指产品从正式投放市场开始，直到最后被市场淘汰，退出市场为止的全部过程。产品的生命周期一般括四个阶段，即导入期、成长期、成熟期和衰退期。典型的生命周期曲线呈倒 U 形（见图 5-1）。

（1）导入期（Introduction Stage）：导入期也称作投入期或介绍期，是产品引入市场、销售缓慢增长的时期。

（2）成长期（Growth Stage）：成长期是产品被市场迅速接受和利润大量增加的时期。在成长期内，生产和销售费用都有所下降。

（3）成熟期（Mature Stage）：成熟期是产品已被大多数的潜在购买者所接受，市场需求量趋饱和而造成销售增长趋缓的时期。

（4）衰退期（Decline Stage）：衰退期是产品销售下降的趋势日益增强，利润迅速减少的时期。

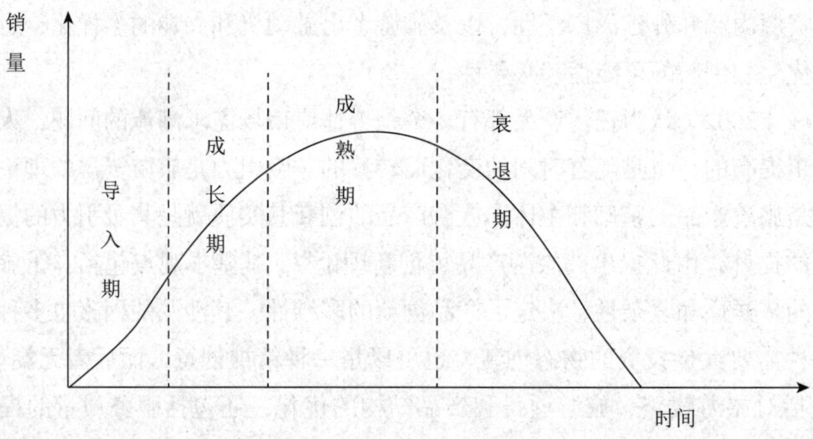

图 5–1 产品生命周期曲线[①]

休闲旅游产品同一般的产品一样都有一个产生、成长、成熟和衰退的过程，20 世纪 80 年代初，产品生命周期理论被引入旅游研究领域，从而形成了旅游产品生命周期理论。旅游产品生命周期理论认为旅游产品的发展过程要经历开发、发展、繁荣、衰退四个阶段。在开发阶段，旅游产品还未被广大消费者所认识，产品在旅游市场上知名度较低，通过修建旅游设施、改善交通条件，加强宣传促销，市场逐步打开，游客增加速度很快，从而进入到发展阶段。在繁荣阶段，游客增长速度趋于平稳，在旅游旺季，游客人数开始出现超过当地居民的趋势，对旅游的投入已开始产生良好的经济效益和社会效益。随着旅游产品的特色逐渐为更多的人所熟悉，其吸引力会随之逐渐下降，游客人数达到峰值后开始出现缓慢下降趋势。旅游企业或有关部门应进一步改善旅游设施，开发新旅游项目，扩大接待规模。在衰退阶段，旅游目的地的社会和环境承载力已达极限，由于市场竞争和新的旅游产品的吸引，加上严重的环境和社会问题，游客人数明显回落，一些旅游设施闲置或用作他用，这一阶段可采取延长旅游产品生命周期策略或更新策略。

旅游产品生命周期理论是一客观规律。任何一项旅游产品的吸引力都会随时间的推移而发生变化，其市场需求也会发生变化，都有一个发现与开发、成长与巩固、衰退和淘汰的过程，只不过这个过程所经历的时间长短不同而已。只有了解旅游产品生命周期的变化趋势，了解市场需求的变化，采取正确的策略和措施，才可能延长产品的生命周期。

2. 影响旅游产品生命周期的主要因素

（1）旅游产品的吸引力。一般来说，吸引力越大，其生命周期越长。如中国悠久的历史和秀丽的山河对海内外游客具有很大吸引力，一些具有深厚文化底蕴的人文景观和

---

① 陈婷婷 . 浅议旅游产品生命周期的特殊类型及市场营销对策［J］. 商场现代化，2008（28）.

自然景观长盛不衰。而一些近几年刚建成的“宫”“庙”“城”，由于雷同和缺乏特色、相互间地理位置相距太近而门可罗雀。

（2）目的地的自然环境与社会环境。因为旅游产品的吸引力不仅来自产品本身的吸引力，还更大程度上依赖目的地的自然环境和社会环境，如居民的友好态度、优美的环境、便捷的交通等。正是从这个意义上说，目的地政府必须树立大旅游的观念，用系统工程的方法来统一规划，不仅要重视旅游景点的物质文明建设，更要重视精神文明建设，这样才可能使本地区旅游业可持续地高速发展。

（3）消费者需求的变化。消费者的需求可能因时尚潮流的变化而发生兴趣转移，从而引起客源市场的变化，导致某地旅游资源吸引力的衰减。消费观念的变化、收入的增加、新的旅游景点的出现、目的地的环境污染或服务质量下降都会影响消费需求的变化。

（4）正确的经营策略和方针。在旅游业市场竞争日趋激烈的今天，改变经营观念，加大促销与宣传力度，实施正确的产品组合策略和市场细分战略，才可能保持可扩展的客源市场，才能延长旅游产品的生命周期。

3. 旅游产品生命周期理论运用中应注意的几个方面

（1）旅游产品生命周期理论中的旅游产品可以是一个综合旅游产品的概念，如一项旅游资源的开发利用，也可以是组成综合旅游产品的单一旅游产品，如一条旅游线路、一项服务项目。

（2）旅游产品生命周期是指旅游产品一般的发展规律，并不是指所有旅游产品都具有相同的变化趋势或具有相同的生命周期。不同的产品其生命周期是不同的，其生命周期所经历的阶段也可能不同。一些自然景观、人文景观，由于其特定的文化内涵以及不可复制性等特点，其生命周期可能较长；而一些人造景观其生命周期可能相对较短；有些旅游产品、服务项目由于种种原因甚至未经历繁荣阶段就被淘汰。

（3）旅游产品生命周期是客观存在的，但不是固定不变的。人们可以通过采取各种措施来延长其寿命。旅游产品，特别是一些自然景观和人文景观，由于其独特的文化内涵而无法被完全仿制，具有垄断性特点。加上人文景观或自然景观在美感主观体验上具有客观的稳定性，绝大多数优秀的精神和文化产品具有恒定的审美价值，使得一些旅游产品，特别是一些名胜古迹，年代越久，其吸引力越大，但这并不能证明旅游产品生命周期理论是错误的。因为旅游产品生命周期是一个与市场有关的概念，一方面，随着时间的推移，旅游产品本身也会磨损，随着游客的增加，其环境也不可避免地受到污染，并会产生一些社会问题；另一方面，游客到过某旅游景点后，该旅游景点对其吸引力将有所下降，加上市场竞争加剧，新的旅游资源开发和消费习惯的改变，其需求也会发生变化，旅游产品的吸引力会不断下降。但通过开发新的旅游项目、改善旅游设施、扩大宣传促销的范围、重新包装产品、开拓新的市场则可延长旅游产品的生命周期。一些旅游名胜长盛不衰的奥秘就在于此。

（4）应用旅游产品生命周期理论要重视市场这个因素。生命周期是指旅游产品投入市场到淘汰的过程，其生命周期的长短不仅受产品本身吸引力大小的影响，还受到竞争、经济状况、时间、季节、质量、价格、服务项目等因素影响。研究旅游产品生命周期理论不只是要求我们了解旅游产品生命周期，更重要的是要求我们根据旅游产品所处的发展阶段，根据市场需求制定正确的经营策略。所以，对于一些旅游景点经济效益不佳，不能机械地认为是产品老化所致而盲目地进行淘汰，而应对客源市场进行深入的分析，了解消费者有哪些需要、我们产品的吸引力如何、市场定位是否准确、产品推销是否到位，从而制定出正确的经营战略来延长旅游产品的生命周期。旅游产品生命周期理论要求我们在制定企业经营战略时，首先，要重视客源市场和定位，了解旅游者的消费心理和休闲旅游追求个性化、多样化的特点，开发新的旅游项目。如对农村居民可开发都市休闲旅游项目，对城镇居民则可开发乡村旅游项目，对体育爱好者可开发体育休闲旅游项目等。其次，应根据消费者的不同需求，按时间、品种、消费水平和线路等要素进行产品组合和配套服务，延长旅游产品的生命周期，减缓变化趋势。最后，应加强宣传与促销。对企业来说，某一休闲旅游产品在某一市场、某一地域滞销，并不意味着该产品一定处在衰退期，可能是宣传力度不够，也可能在其他地域、其他市场上很畅销。所以应在正确的市场定位基础上，进行多种形式的宣传和促销来扩大市场占有率，而不是盲目地实施淘汰策略。

（三）RMP分析法

RMP 分析法是吴必虎在旅游资源调查评价、旅游市场预测、调查分析和旅游产品开发理论等研究的基础上，结合区域旅游规划实践，提出了 Resource（资源）—Market（市场）—Product（产品）分析的流程路线，即 RMP（昂谱）分析方法。它以旅游产品为中心，进行性 R 性分析（Resource Analysis）和 M 性分析（Market Analysis），以此为基础进行 P 性分析（Product Analysis），最终提出旅游产品开发框架（见图 5-2）。

RMP 分析法保证了所提出的解决方案具有科学依据并且切合实际，有利于选择更加符合市场需求的旅游产品，为地方社会经济的持续发展提供可靠保障。

1. 资源（R 性）分析

R 性分析研究对象有两个层次，核心是分析旅游吸引物本身的品位，区域的旅游资源数量、资源种类、景观质量等；外围是分析旅游接待设施和区域基础设施（如交通条件）等的服务水平，方法以描述性分析为主，休闲旅游开发要在充分挖掘资源的特性和特色的基础上设计产品。

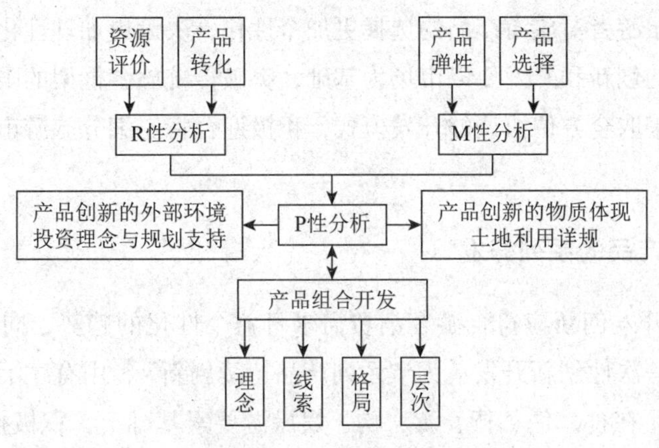

图 5-2 RMP 分析模式①

2. 市场（M 性）分析

M 性分析包括定性分析细分旅游市场弹性、旅游者消费偏好和旅游需求量预测。在市场经济条件下，只有根据游客需求趋势设计引领市场潮流的产品才能在市场的竞争中获得市场支持，赢得市场份额。休闲旅游产品本身是一种收入弹性很大的消费品，从人类的需求层次来讲，休闲旅游产品的消费属于高层次消费，必须以较高的收入为前提，只有人均或家庭收入增加到一定水平，居民手中有了很多余钱才会消费。此外，即使居民有足够多的可支配收入，旅游者产生了休闲旅游的动机以后，在不同的旅游产品之间仍然存在着弹性方面的很大差别。对国内休闲旅游来说，目前弹性较小的旅游产品一般多为中短途的观光旅游产品、周末短途度假旅游产品。也就是说，旅游者出游大多数会选择这两种旅游产品。第三位产品是远途旅游，即居民到离惯常环境比较远的、自然环境和风景比较好的自然保护区或风景名胜区旅游。第四位是文化旅游，它是上述旅游产品中弹性最大的。旅游者稍有不满意或因有其他因素影响就不会选择，如体验不够或文化水平不高等。

3. 产品（P 性）分析

P 性分析包括产品创新的外部环境和空间布局两方面。P 性分析是在深入分析旅游地的自然地理背景、历史文化传统、社会心理积淀、经济发展水平、技术人才条件等内外环境因素，分析资源的特性和市场主题选择之后，从多样的旅游对象中依据市场导向、充分考虑外部时空组合，构建具有针对性、独特性的形象和内容来具体设计旅游产品。

三、产品创新的指导思想

休闲旅游产品创新活动不是盲目进行的，与以往旅游消费情况相比，今天的消费市

① 吴必虎 . 区域旅游开发的 RMP 分析——以河南省洛阳市为例［J］. 地理研究，2001（1）.

场更加多样化，旅游者对旅游产品的选择更加个性化，决策更加理性化。在这种时代潮流下，旅游产品的创新和开发要以市场为基础，突破传统旅游框架的限制，借助新兴科学与网络技术，采取全方位协调的开发模式，积极迎合特定细分旅游市场的出行游览需要。

（一）坚持产品的系列开发

旅游产品的开发创新应符合游客消费需求日益个性化的趋势，向深层次、多元化方向发展，变“一次性创新开发”为“系列产品持续创新”，用有序不断的开发来延长产品的生命周期，在食、住、行、游、购、娱旅游要素基础上，积极拓展商、养、学、闲、情、奇，为游客提供更多有内涵、高品位的旅游产品。

（二）坚持产品的集团化、品牌化策略

旅游经营者们应摆脱片面旅游资源开发模式，运用全局的眼光，积极利用区域间的比较优势，走新型合作伙伴道路，通过区域间的互动，调节旅游冷热点，使旅游活动摆脱“一日游”或“数日游”式的景点拼凑模式，把一个或数个区域中的景区（景点）联合起来开发，形成景点集团，做到以“热”带“冷”，形成鲜明的品牌印象，争取获得游客的旅游认同感。

（三）运用科学、网络技术，完善旅游产品

信息化时代的到来为旅游经营者进行旅游产品创新提供了新的技术支持。借助网络技术，旅游经营者能以比过去快数倍甚至数十倍的速度获得所需的信息，从而通过信息的分类处理，建立自己的信息数据库，利用数据分析，预测近期、中期和远期的市场发展趋势，指导产品的开发与创新。借助科学技术向旅游者提供实、虚两种不同性质的产品，实地旅游产品以景区资源实体为载体，让旅游者能亲眼看见和亲身感受到；而虚拟旅游产品，使旅游者足不出户，就能欣赏到远方美丽的景色，并且又能保护某些珍贵的旅游资源。

（四）实施“全方位”的创新策略

在休闲时代背景下，休闲旅游产品不仅包括了旅游业基本要素，而且还涉及休闲产业要素，以及与企业经营有关的各种组合，如代表企业形象的声誉组合、代表企业竞争优势的特色组合等。经营者们只有积极调动休闲旅游产业涉及的各个方面，实行全方位的产品创新策略，才能使产品的形象深入人心，不断引起潜在旅游者的兴趣。

四、产品创新的类型

（一）按照市场与资源的组合划分

根据市场与资源的组合情况，产品创新可以划分为追随型、灵感型、新版型和奇观型四类（见表 5-1）。

表 5-1 产品创新类型[①]

分类	现有市场	潜在市场
现有资源或产品	追随型	新版型
	对现有产品进行调整以适应现有市场	现有市场产品进行重新定位以吸引新市场
新资源或产品	灵感型	奇观型
	将新产品引入现有产品市场	将新产品引入新市场

（二）按照旅游目的地划分

按照旅游目的地划分，产品创新可分为结构创新、类型创新、功能创新、过程创新、主题创新五类。

1. 结构创新

旅游产业结构的调整就是旅游产品结构的创新。从旅游产品的结构来看，产品结构创新主要是对现有旅游产品的补充即选择性旅游产品的开发，对原有产品的组合状况进行整合，如度假、特种旅游等多种旅游产品的开发，完善产品的结构。

2. 类型创新

产品类型是由旅游目的地的市场和资源的双向比较因素决定的，而旅游经营者和管理者的旅游观念是其形成的主观因素，产品类型直接决定了旅游目的地旅游业的性质和特点。产品类型的创新主要是对原有产品质量的全面提升和开发新产品。

3. 功能创新

运用最新的高科技手段多角度的开发旅游景点和休闲活动的文化内涵，对某些特殊景点和服务设施进行多功能化的综合设计；运用相应的宣传促销理念和手段改变或引导游客，帮助旅游服务人员树立新的旅游理念，提高游客和服务人员的旅游文化档次，增强景点与游客的沟通，引起共鸣。

4. 过程创新

坚持以市场为导向，在不改变产品本身的情况下，对产品生产的过程重新认识、重

① Fyall A，B Garrod，A Leask.Managing visitor attractions：New directions［M］.London：Butterworth-Heinemann，2003.

新设计，以更有效地满足消费者的需求为出发点，强调过程对市场的适应力。

5. 主题创新

随着市场形势的变化适时推出新的产品内容，在动态中把握并引导旅游需求，充分依托市场，引领消费时尚，这一点对于主题公园等人造景观来说尤为关键。

五、产品创新的支持系统

休闲旅游产品是综合性产品，涵盖的内容和范围十分宽泛。因此，产品创新开发是一项庞大而复杂的系统工程，必须经过多方协调与通力合作才能完成。

（一）政府对旅游企业产品创新的支持

长期以来，在我国各地旅游开发实践中，普遍推行的是政府主导型发展战略。政府主导型发展战略的核心，就是根据旅游产业运行的基本特点，以市场为基础来配置资源，充分发挥政府的宏观调控作用，促进旅游经济又好又快发展。政府对旅游产品创新的支持应该是多方面的。首先，政府要为企业产品创新创造良好的环境，深化经济体制改革，建立现代企业制度和健全企业的创新体系，有重点、有选择地支持企业创新活动。其次，在财力方面，为企业创新活动提供长期低息贷款，并在税收方面给予一定的优惠政策。此外，还应在技术、价格政策、知识产权保护等方面支持旅游企业产品创新，影响和规范企业的创新行为。

（二）良好的旅游产品创新群体

经营者是旅游产品创新活动的主角，必须具备不断创新思维并善于把握机会，能预见新的市场机会。旅游产品创新不仅要求经营者有优秀的个人素质，还要求有一支由一定数量的高素质的技术人才和管理专家组成的能在市场竞争中高瞻远瞩、开拓进取的创新集体，为企业的产品创新打下良好的基础。

（三）合理、正确的产品创新策略

旅游产品创新策略多种多样，旅游企业合理规划、配套和建设旅游线路，积极开拓和更新旅游产品。具体可成立专门研究小组，建立专家网络，设立专门研究基金，从整体考虑，做长远规划，努力实现高质量、高效益的产品开发。

（四）社区对产品创新的参与

社区参与旅游发展能降低旅游业发展带来的消极影响并促进旅游业的可持续发展。1997 年 6 月，世界旅游组织、世界旅游理事会与地球理事会联合制定并颁发的《关于旅游业的 21 世纪议程》，倡导在旅游业可持续发展中把居民作为关怀的对象，并把旅游目的地居民参与当作旅游发展过程中一项重要内容和不可缺少的环节。旅游开发能为社区居民提供更多就业机会和致富门路，也需要社区居民积极参与和密切配合。社区居民既是旅游景区开发的依附者，又是旅游经营利益的分享者，同时还是旅游接待服务的提供者，特别是在住宿餐饮、土特产品、地方风俗以及才艺表演等方面，社区居民所发挥的创新推动作用十分巨大。

（五）广大游客对产品创新的积极配合

产品创新并非企业单方面行为，消费者可以参与企业产品的设计与开发。旅游活动是一种参与性、互动性非常强的消费形式，旅游消费的根本目的就是获得审美体验。因此，在产品创新开发过程中，就需要广泛征求消费者的意见和建议，可以邀请他们亲自参加旅游线路设计、游览行程安排，使休闲旅游产品更加能够满足消费者需求。

六、产品创新的方法

为了改善休闲旅游环境，提高休闲旅游质量，为出行者提供更多游乐项目，旅游企业必须从食、住、行、游、购、娱六要素着手，进行产品创新。

（一）旅游饮食的创新

出门在外，旅游者对饮食的要求，绝不是填饱肚子，而是通过“吃”领略异乡的风情。他们都是抱着试一试、尝一尝的心情，吃一点他乡的饭菜、水果等。旅游饮食的创新可以从三个方面入手：一是让饮食文化成为特种旅游商品，如美食之旅、减肥之旅、啤酒节之旅、糖果节之旅、烹调之旅、茶道之旅等；二是让饮食构成旅游参观景点，如啤酒厂、葡萄园、烧鸭店、茶园、美食一条街、雪茄加工工作坊等；三是让饮食作为游乐项目，如糖画、面塑、吹糖人、捏面人等。通过举办与这三方面有关的饮食活动，沟通旅游者与旅游企业经营者之间的关系和感情。

（二）旅游居住的创新

旅游者对旅游居住条件的基本要求可以分为物质和精神两方面。物质上要求居住的地方“整洁”“便利”，在精神上要求“声望”。旅游者出行，包含着对旅游目的地文化的欣赏，也包含着对异乡情调的猎奇。住在民族化、地方化的环境中，“寓住于玩”“寓住于看”，对于延长旅游目的地的生命周期有着较大的作用。

旅游业具有较明显的季节性，淡旺季显著，这使得我国饭店（度假区）淡旺季反差过大。面对这种现象，各大旅游饭店（度假区）的经营者可以依托 RCI（分时度假交换公司）的交换功能，采取分时度假的方式，把客房一次性地卖出若干年。这样既有利于饭店（度假区）的投资者迅速收回部分投资，又保证游客在某一特定时间的出行有必要的住宿保证，解决他们的后顾之忧。

（三）旅游交通的创新

作为旅游者出行重要组成部分的交通方式同样也可能成为旅游产品。骑骆驼、乘筏漂流、观光隧道、海底漫游等活动日益成为人们追求的旅游项目。例如，连接上海浦西浦东、展现高科技的观光隧道开通的第一天，人们蜂拥而至，希望亲身经历这一奇异之旅，成为国庆节期间上海的一个耀眼旅游景点。

（四）旅游景区、景点旅游项目的创新

休闲旅游业发展应该突破传统“看”“观”的局限，推出游客参与性为主的旅游产品。旅游经营者要把整个旅游活动看作一个大戏院，设置一个产品生成的“大舞台”，吸引旅游者感同身受地扮演人生剧作中的一个角色，并在整个情感体验过程中获得某种满足，从而心甘情愿地为此支付一定的费用。如深圳华侨城主题公园，跳出“景观观赏层面”的思维定式，在“参与性娱乐层面”和“文化性生活层面”上进行旅游项目的策划与营造，从而不断增强主题公园的新优势，吸引不同层次的游客前往参观游览。又如在承德离宫增设蒙古包、宫廷宴乐舞等项目，游客边享用美食边欣赏宫廷歌乐舞蹈；天津黄崖关长城设计“长城与大自然”旅游线路，包括徒步、自行车比赛、长跑等内容，改过去的纯观光型为参与型休闲旅游。

（五）旅游购物的创新

依靠当地的文化传统，充分利用当地的资源和技艺，突出当地的特色和个性，逐渐形成自己的拳头旅游纪念品。具体可以按照以下几点：

（1）一品为主，兼营其他。强调旅游纪念品摊点以只经营一种独特的纪念品为主，增强该产品的花色。

（2）加强参与性，使旅游者参与旅游纪念品的设计和制作，或采用前店后厂的方式，让旅游者积极加入旅游纪念品的制作行列中来，丰富他们的旅游经历。

（3）增加旅游纪念品的功能效用，根据实际情况创新。例如，有的产品本来是摆件，但为了方便旅游者携带，可以改成挂件。

（六）休憩娱乐项目的创新

旅游业的娱乐项目众多，如体育类型的有狩猎、滑雪、登山、潜水等；娱乐类型有联欢节、化装舞会、狂欢节、游乐场等；科学文化类型有专题游乐园、音乐节、电影节、艺术节等；传统类型有春节、庙会、祭祀、泼水节等。旅游经营者可以根据当地的气候条件、旅游者游玩欲望的强烈程度等选择合适的时机举办各种节日，不断推出新的旅游

产品，吸引潜在游客，丰富人们的日常生活。除此之外，还可以把各项类型的活动集中在一起，如利用举办世界性的体育活动、博览会或国际会议的机会，开展综合性的活动。

【思考与练习】

1. 理解休闲旅游产品的内涵及特点。

2. 简述休闲旅游产品需求分析。

3. 举例说明 RMP（昂谱）分析法。

4. 阐述休闲旅游产品开发策略。

5. 归纳休闲旅游产品创新类型。

6. 分析休闲旅游产品创新支持系统。

【案例分析】

中国邮轮市场快速增长 国际邮轮巨头进入“中国定制”时代[①]

想要在中国蓬勃发展的邮轮市场分一杯羹，只是引入邮轮旅游文化或许远远不够，国际邮轮巨头们在中国市场的这场竞争正步入“中国定制”时代。

2016 年年初，以“意大利风情”为招牌的歌诗达邮轮宣布斥资 1900 万欧元升级旗下的“大西洋号”邮轮，打造适合中国市场的专属服务设施。同样在 2016 年第一季度，公主邮轮旗下的“盛世公主号”下水，成为首艘专为中国游客打造的国际奢华邮轮。最近加入这场“本土化战争”的是全球第二大邮轮公司——皇家加勒比国际邮轮，该公司为中国市场定制的“海洋赞礼号”2016 年 4 月在德国迈尔造船厂下水，在 6 月到达天津。

就在前几年，国际邮轮巨头在中国的“市场教育”还抱着让中国游客体验国际邮轮文化和海外风情的目标，尽管一路不断增加中国雇员数量或者加强与本地机构的合作，但“中国定制”在最初并未在考虑之列。2015 年，皇家加勒比在中国市场上引入的“海洋量子号”还没有太多“中国定制”的特征，无论是船上的表演或是食物，都有更强的国际化特色。与之相比，此次定制的“海洋赞礼号”就带有更多本土化特色，把熊猫形象搬上船，甚至与故宫博物院合作，在船上展示故宫的文创艺术产品并开设文化历史讲座。为了适应中国游客对无线网络的需求，皇家加勒比还在旗下的“海洋赞礼号”和“海洋航行者号”配置海上最快的互联网 VOOM，满足中国游客随时上网的需求。

转变背后，中国市场的爆发式增长显然是一个重要推手。世界邮轮协会的统计数字显示，2014 年中国邮轮游客数量达 70 万人次，已经超过西班牙和法国，逼近英国和德国；中国交通运输协会邮轮游艇分会的统计显示，2015 年中国邮轮游客出入境约 248

① 中国邮轮市场快速增长 国际邮轮巨头进入“中国定制”时代［EB/OL］.https：//www.yicai.com/news/5005132.html，有删改。

万人次，同比增幅达44%。就单个公司而言，从2008年进入中国市场以来，皇家加勒比在中国市场的游客承载量每年增幅高达53%，短短五六年的时间，中国市场在皇家加勒比的全球业务中贡献已经与英国业务不相上下。面对加速扩张的中国市场，邮轮巨头们现在需要考虑如何更好地适应中国游客的需求。

在"中国定制"之余，邮轮巨头们已经开始抢占中国的高端市场。2015年进入中国的"海洋量子号"就是皇家加勒比旗下的高端产品；2016年3月，马来西亚云顶集团旗下运营邮轮业务的云顶香港在内地推出主营高端航线的星梦邮轮；冠达邮轮旗下定位高端线路的旗舰邮轮"玛丽皇后2号"于2017年3月在上海起航。

中端市场也同样难以舍弃，毕竟目前中国的邮轮市场的主流产品仍然集中在大众型的中低端线路。皇家加勒比邮轮香港销售及市场总监杨博雄认为，中高端市场二者并不能完全分离。在有"海洋量子号"布局高端市场的同时，2016年皇家加勒比推出的"海洋赞礼号"就主攻中端家庭和白领市场。为了吸引更多人体验邮轮旅游的经历，皇家加勒比还在"海洋航行者号"上推出3天2夜、价格低至1159港元的邮轮体验之旅。

思考题：

1. 结合案例，试析国际邮轮巨头是如何进入中国邮轮市场的？

2. 结合休闲旅游产品开发原则，谈谈如何开发我国邮轮旅游产品？

参考文献

[1] 杨美霞. 关于休闲旅游产品创意设计的若干思考［J］. 社会科学家，2017（3）.

[2] 朱孔山. 论旅游产品设计与开发的原则［J］. 商业研究，2004（7）.

[3] 张静. 我国休闲旅游产品开发现状及对策分析［J］. 生产力研究，2006（11）.

[4] 宋东宁. 黑龙江省休闲旅游产品开发研究［D］. 哈尔滨：东北林业大学，2008（4）.

[5] 吴必虎. 区域旅游开发的RMP分析——以河南省洛阳市为例［J］. 地理研究，2001（1）.

[6] 曹秀珍. 区域体育旅游产品开发RMP分析——以富阳市为例［J］. 浙江体育科学，2011（3）.

[7] 王萍，康丹，刘敏. 山西省非物质文化遗产旅游开发昂普（RMP）分析［J］. 太原师范学院学报：社会科学版，2017（6）.

[8] 雷卫中. 浅议旅游产品生命周期［J］. 南京经济学院学报，1997（2）.

[9] 黄安民. 休闲与旅游学概论［M］. 北京：机械工业出版社，2015.

[10] 吕连琴. 谈旅游产品开发规划的理念和途径［J］. 地域研究与开发，2008（3）.

[11] 刘甜甜，马建章，张博. 森林公园养生旅游产品开发策略研究［J］. 学术交流，2013（9）.

[12] 孙冬英．九江市休闲旅游产品体系构建与开发研究［J］．安徽农业科学，2011（20）．

[13] 杨美霞．休闲旅游产品内涵建设与层次提升——以江苏泰州为例［J］．社会科学家，2015（7）．

[14] 王学峰．旅游产品创新的基本问题探析［J］．山东师范大学学报：自然科学版，2002（4）．

[15] 李伯伟，李青，陈德荣．秦皇岛旅游产品优化创新探讨［J］．工业技术与职业教育，2010（2）．

[16] 武邦涛，楼凌雁．实施旅游产品创新战略的研究［J］．技术经济与管理研究，2002（4）．

[17] 方澜．论旅游产品创新开发的主要途径［J］．企业经济，2010（3）．

乡村旅游

【学习目标】

通过学习，掌握乡村旅游内涵、特征及类型，了解国外乡村旅游的发展概况及经验，掌握我国乡村旅游的发展条件及发展历程，明确我国乡村旅游发展现状及存在的问题，熟悉乡村旅游资源开发原则、开发模式及开发程序，把握乡村旅游产品构成要素及提升策略。

【内容结构】

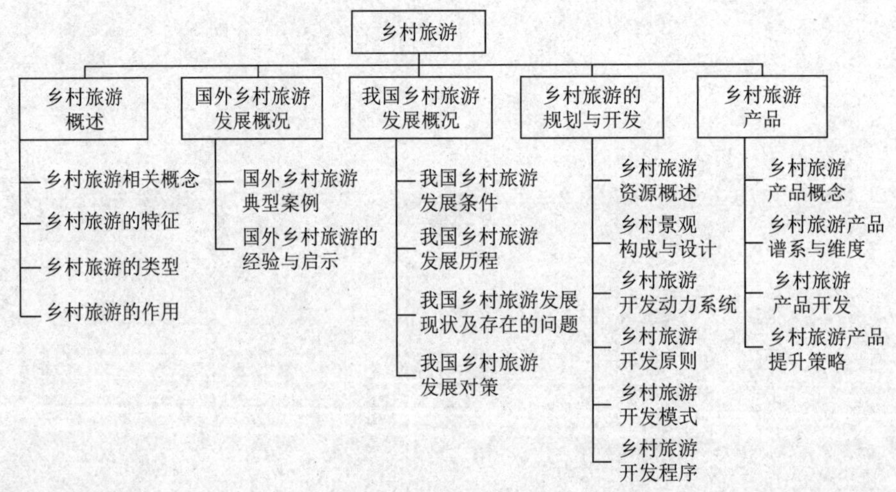

【开篇导读】

19 世纪中叶兴起于法国的乡村旅游活动经过 100 多年的发展，从最初单一的度假旅游空间选择，已经发展成为具有相当规模、内容丰富的旅游活动，并且已走上规范发展的轨道，显示出极强的生命力和越来越大的发展潜力。目前，乡村旅游已经成为一种重要的旅游方式。

乡村旅游包括了乡村性的环境旅游和乡村民俗（民族）文化旅游，其动机同时包括了“观光（感知）、度假（享受）、专题（认知）”三方面的因素，其内容是“观光—休闲—专项”旅游的复合体，即乡村旅游具有田园风光观光、休闲度假、自然生态和民俗文化专项旅游等的综合功能。因其可以实现旅游与保护生态环境的结合、旅游和民族文化的结合、旅游和扶贫的结合，在国外被称为“绿色旅游”“生态旅游”“可持续性旅游”。在许多国家和地区，乡村旅游被认为是阻止农业衰退和增加农村收入的一种有效手段，是农村地区经济发展和经济多样化的动力。乡村旅游业为乡村创造了大量的就业机会，已经成为降低乡村贫困程度的重要因素。

在中国，20 世纪 80 年代以来，随着国民收入水平的提高和农村产业结构的调整，农业观光旅游项目的设计与开发，使其成为农村地区发展旅游业的重要渠道。1998 年以来，随着中国生态旅游的展开，农家旅馆在中国经济发达地区悄然兴起，成为乡村度假旅游的重要载体，乡村旅游实现了从观光旅游到休闲度假旅游方式的升级，加之国内外旅游需求个性化发展，形成观光旅游、休闲度假旅游、专题旅游等多元并存和共同发展的局面。

中国乡村旅游的发展过程基本上是一个市场化发展的过程，蓬勃发展的乡村旅游已经在脱贫减困、解决“三农”问题等方面发挥了越来越重要的作用，乡村旅游产品也由此备受世人瞩目，正从旅游市场的边缘走向国内旅游市场，并将成为引领旅游市场发展的主流。

在中国工业化和城市化快速发展的今天，中国乡村旅游的发展为第一与第三产业的结合找到了一个重要的切入点，成为平衡城乡发展和缩小城乡差距的重要渠道，是非常成功有效的开发式扶贫。2006 年，国家旅游局确定的旅游主题是“2006 中国乡村游”，在全国范围内大力发展乡村旅游，这是基于中国旅游业可持续、跨越式发展目标的客观选择，这意味着中国乡村旅游的发展开始进入了一个新的阶段。①

第一节　乡村旅游概述

一、乡村旅游相关概念

（一）乡村旅游

对于乡村旅游概念的界定，目前国内外学者尚未达成一致意见。Patmore（1983）认为乡村本身不是休闲资源，而是介于城市和荒野山地的连续体，因而城市和乡村并没

① 马彦琳 . 如何推动中国式乡村旅游的发展［J］. 旅游学刊，2006（3），有删改。

有严格的区别，乡村本身并没有什么特性使乡村成为旅游资源。相反，乡村是由于生活在这个连续体中人们的文化特点而变得富有魅力。Mormont（1990）认为乡村包含重叠的社会空间，这些社会空间有各自不同的思维方式、社会制度和行为网络。乡村的吸引力在于它能提供都市生活所不能提供的东西。Clock（1992）指出，乡村是一种特殊的居住地；乡村社区是买卖的背景；乡村生活方式可以被移植；乡村文化的生活画面可以被加工、整体推销和出售。欧洲联盟（EU）和世界经济合作与发展组织（OECD，1994）将乡村旅游（Rural Tourism）定义为发生在乡村的旅游活动。其中“乡村性（Rurality）是乡村旅游整体推销的核心和独特买点”。因而乡村旅游应该是发生于乡村地区，建立在乡村世界的特殊面貌，经营规模小，空间开阔和可持续发展的基础之上的旅游类型。Lane（1994）曾对乡村旅游的概念做了较为全面的阐述，认为由于乡村旅游是一种复杂的、多侧面的旅游活动，不同的国家和地区乡村旅游的形式不同；有些城市和景区旅游并不仅限于城市地区，也扩展到乡村；而有些在乡村的旅游却并不是乡村的，如主题公园和休闲宾馆。Lane界定纯粹形式的乡村旅游是：①位于乡村地区；②旅游活动是乡村的，与自然紧密相关，具有文化传统和传统活动等乡村世界的特点；③规模是乡村的，即无论是建筑群还是居民点都是小规模的；④社会结构和文化具有传统特征，变化较为缓慢，旅游活动常与当地居民家庭相联系，乡村旅游在很大程度上受当地控制；⑤由于乡村自然、经济、历史环境和区位条件的复杂多样，因而乡村旅游具有不同的类型。杨旭（1992）认为乡村旅游是以农业生物资源、农业经济资源、乡村社会资源所构成的立体景观为对象的旅游活动。王兵（1999）认为乡村旅游是以农业文化景观、农业生态环境、农事活动及传统的民俗为资源，融观赏、考察、学习、参与、娱乐、购物、度假于一体的旅游活动。吴必虎（2001）认为乡村旅游就是发生在乡村和自然环境中的旅游活动的总和。肖佑兴等（2001）认为是以乡村空间环境为依托，以乡村独特的生产形态、民俗风情、生活形式、乡村风光、乡村居所和乡村文化等为对象，利用城乡差异来规划设计和组合产品，集观光、游览、娱乐、休闲、度假和购物于一体的一种旅游形式。贺小荣（2001）认为是以乡村地域上一切可吸引旅游者的旅游资源为凭借，以满足观光、休闲、度假、学习、购物等各种旅游需求为目的的旅游消费行为及其引起的现象和关系的总合。乌恩（2002）认为乡村旅游是在传统乡村地区开展的，以乡村自然环境、风景、物产及乡村生活为旅游吸引物的，不过多依赖资本和高度技术，较少使用专用接待服务设施的旅游活动形式。何景明和李立华（2002）认为狭义的乡村旅游是指在乡村地区，以具有乡村性的自然和人文客体为旅游吸引物的旅游活动。乡村旅游的概念包含了两个方面：一是发生在乡村地区，二是以乡村性作为旅游吸引物，二者缺一不可。查芳（2004）认为乡村旅游是指在乡村地区，以具有乡村性的乡村景观为旅游吸引物的旅游活动。刘德谦（2006）认为乡村旅游是以乡村地域及农事相关的风土、风物、风俗、风景组合而成的乡村风情为吸引物，吸引旅游者前往休息、观光、体验及学习等的旅游活动。

以上可以看出，学者们从不同的侧面分析了乡村旅游的含义，从不同的侧面给出了乡村旅游的定义。总之，乡村旅游应具有以下内涵。(1)乡村旅游的吸引物是乡村本身，包括自然、人文、社会等多种形式的资源，涵盖乡村的农事生产活动、农业景观、文化传统、风俗习惯、居住环境、自然景观等各方面。(2)从地理角度看，乡村地区包括：一是地域辽阔，人口密度较小，居民点的人口规模较小；二是土地利用类型以农业用地和林业用地等自然用地为主，建筑物占地面积较小，即具有乡村型的自然景观；经济活动简单，以农业和林业为主，并具有较强的季节性。三是具有传统的社会文化特征。(3)乡村旅游的主体包括城乡居民。目前，虽然乡村旅游主要客源市场是城市居民，但从长期来看，不同乡村的居民进行乡村旅游活动的也会不断增加。由此可见，乡村旅游是人们在乡村地区，以具有乡村性的自然和人文客体为旅游吸引物的旅游活动。

（二）乡村休闲旅游

乡村休闲旅游脱胎于乡村旅游概念，是乡村旅游的进一步提升和完善。国外的乡村旅游概念，从最开始提出时就带有了休闲的性质。西班牙学者 Gilbert and Tung 在 1990 年的相关论述中，就提到了乡村旅游就是在乡村环境中从事各种休闲活动的一种旅游形式，可以说国外的乡村休闲旅游发展就是乡村旅游的发展。国内学界对乡村休闲旅游的界定，主要有几种观点。罗自力（2007）认为乡村休闲旅游是城市人在自由的时间里，主动地从城市文明的外在压力下解脱出来而在城郊地带进行的休闲旅游活动。孙颖（2008）认为乡村休闲旅游是在传统和合文化及和谐美学意识的驱动下，城市居民走向乡村享受、认识乡村生活，带有生态科教和身心回归自然色彩的专项旅游活动。白慧芳、李艳芳（2011）认为乡村休闲旅游指以城市居民为客源，以乡村性旅游资源为基础，以休闲为主要目的的旅游活动。李亚婕、武瑞营（2013）认为乡村休闲旅游是以农民为经营主体，乡村民俗文化为灵魂，把农业与旅游业结合在一起，利用农村区域的优美景观、自然环境、民俗文化、农副产品吸引游客前来观赏、游览、品尝、休闲、体验、购物的一种新型农业经营形态。胡章鸿、仇文利（2015）认为乡村休闲旅游是游客在自由支配的时间里，从城市到乡村（包括村庄和乡镇）或从本乡村到其他乡村，依托已有自然资源和人文资源，通过娱乐、观赏、体验、购物等形式达到减轻精神压力、追求身心放松目的的一种旅游活动。学者们从目的、形式、对象等方面对乡村休闲旅游进行了规定。基于以上认识，乡村休闲旅游是人们以休闲为主要目的，以乡村性景观为旅游吸引物，在乡村逗留一定时期的旅游活动。乡村休闲旅游是更高层次的旅游活动，其本质是向旅游者展示一个农村地域生产和生活的时空整体，它既是集旅游者、旅游对象、旅游地域、旅游目的、旅游经营者于一体的一种社会物质生产活动，也是一种精神消费活动。

乡村休闲旅游是乡村旅游发展的新形态，出于习惯，人们通常把乡村休闲旅游也视为乡村旅游，因此，本书也沿用此观点。

（三）相关概念辨析

目前，对乡村旅游的认识还存在一些误区，有的学者将乡村旅游简单地与乡村旅游的分支农业旅游、观光农业、休闲农业等同起来，降低了乡村旅游的丰富性，遮盖了乡村旅游所包含的其他类型，特别是乡村民俗旅游和乡村民族风情旅游；还有些学者把乡村旅游的概念简单地归属于“绿色旅游”“生态旅游”，导致乡村休闲旅游经营方式、开发模式和开发思路上的单一化，不利于构建乡村休闲旅游研究的理论体系。

1. 农业旅游

2001 年我国正式提出农业旅游。为了认真贯彻落实国发〔2001〕9 号文件和 2001 年全国旅游发展工作会议上的讲话精神，国家旅游局把推进工业旅游、农业旅游列为 2001 年旅游工作要点。从 2001 年 5 月国家旅游局下发文件，到 11 月初全国各地共上报工业旅游和农业旅游项目的推荐材料 223 项，经过分析、调研、筛选、征求意见等一系列工作，最后于 2005 年 1 月正式公布了首批全国工农业旅游 306 个示范点名单，北京韩村河等 203 个单位成为首批“全国农业旅游示范点”。2005 年年末，四川广安牌坊新村等 156 个单位成为第二批“全国农业旅游示范点”。

不言而喻，我国农业旅游的萌芽几乎与乡村旅游的萌芽同步，只是农业旅游的正式提出稍晚了一些。根据《全国农业旅游示范点、工业旅游示范点检查标准（试行）》中对农业旅游点的界定，农业旅游是以农业生产过程、农村风貌、农民劳动生活场景为主要旅游吸引物的旅游。农业旅游是对应于工业旅游而言的，是农业功能拓展的一种形式，是农业与旅游业结合在一起，利用农业景观和农村空间吸引游客前来观赏、游览、休闲、体验、购物的一种新型农业经营形态。农业旅游偏重于乡村旅游中与生产关系比较密切的那一部分，因此农业旅游不能完全等同于乡村旅游。另外，农业旅游又为更为广泛的乡村旅游的发展奠定了基础。作为乡村旅游的主体，它也定会推动我国乡村旅游的发展。

2. 生态旅游

生态旅游的产生有着深刻的社会、经济及文化背景，它与人类生活环境质量的恶化、人类环境意识的觉醒、人类“回归自然”心态的激活、传统旅游形式对生态环境保护的忽视、人类进步和社会文明的需要、旅游业持续发展的要求等密切相关。

生态旅游（Ecotourism）一词发轫于 20 世纪 80 年代。1980 年加拿大学者 Claude Moulin 和 Hawkins 等人编著的《旅游规划与开发问题》一书中发表了“有当地人和当地组织参与的生态旅游和文化旅游规划”（*Plan for Ecological and Cultural Tourism Involving Participation of Local Population and Associations*）一文，首先使用 Ecological

Tourism 这一术语[①]。而正式把生态旅游（Ecotourism）作为一个独立的术语是由世界自然保护同盟（IUCN）生态旅游特别顾问谢贝洛斯·拉斯喀瑞（Ceballos Lascurain）于1983 年提出的。他认为："生态旅游就是前往相对没有被干扰或污染的自然区域，专门为了学习、赞美、欣赏这些地方的景色和野生动植物与存在的文化表现（现在和过去）的旅游。"[②]20 世纪 80 年代以后，生态旅游开始受到国际上的重视，并以每年 25%~30% 的速度增长，成为世界旅游业中增长最快的一部分。1999 年国家旅游局提出了"99 生态环境游"，进一步推动了生态旅游在我国的开展。

目前，学术界对生态旅游的定义还没有一个统一的界定。郭来喜（1992）认为生态旅游是以大自然为舞台，以高雅科学文化为内涵，以生态学思想为指导，以休闲、保健、求知、探索为载体，旅游者参与性强，品位高雅，形式多样，既使旅游者获得身心健康、知识乐趣，又能增强热爱自然、珍惜民族文化、保护环境的意识，弘扬文明精神实现可持续发展的旅游体系。卢云亭认为生态旅游是按生态学的要求实现环境优化，使物质、能量良性循环，经济和社会优良、高效、和谐地发展，并有丰富的值得观赏的生态项目，以不破坏环境为特征的风景旅游活动。陈忠晓等（2001）认为生态旅游通常为一种指向自然区、野生生物和传统文化的小尺度旅游，它在保持文化完整性、基本的生态过程的前提下，既利于旅游目的地的持续发展，又有利于旅游者实现旅游的审美需求，同时还是一个生态伦理道德的陶冶过程。吴楚材（2007）认为生态旅游是城市和集中居民区的居民为了解除城市恶劣环境的困扰，为了健康长寿，追求人类理想的生存环境，在郊外良好的生态环境中去保健疗养、度假休憩、娱乐，达到认识自然、了解自然、享受自然、保护自然的目的。

生态旅游无疑是一种自然旅游，它是在以自然资源为基础和特点的自然旅游的基础上发展而来的。然而，由于生态旅游既要满足游客对回归自然的需要又要保护好自然，因而它不是一般的自然旅游，而是一种可持续的关注地方文化的自然旅游，是自然旅游和可持续旅游的交集。同时，生态旅游也不是大众旅游形式，它在一定意义上与大众旅游截然相反，是体现环保意识的选择性旅游形式，显示了大众旅游未来的发展走向。生态旅游强调一种行为和思维方式，即保护性的旅游，对游客知识层面的要求层次较高，是一种较为小众的旅游形式，是一种专业性质的旅游，强调生态的自我发展。乡村旅游对游客的知识层次没有过高的要求，是一种较为普遍的大众旅游形式。

3. 民俗旅游

"民俗"作为独立人文学科的专有名称，是英国民俗学会创始人汤姆斯于 1846 年正式提出的。民俗是创造于民居又传承于民居的与人类生活关系密切的传统文化现象。民俗是一种活着的潜文化，即人们所说的"活化石"。民俗事项包括 3 类：一是游艺的民

① 杨开忠，许峰，权晓红 . 生态旅游概念内涵、原则与演进［J］. 人文地理，2001（4）.

② 吴楚材，吴章文，郑群明，胡卫华 . 生态旅游概念的研究［J］. 旅游学刊，2007（1）.

俗（口头文学、民间歌舞、民间音乐、游戏、民间技艺等）；二是信仰的民俗（节日和节日活动等）；三是生产的民俗社会的民俗，或者称为经济的民俗与社会的民俗（生产活动事项、生活活动事项、人生民俗事项——婚丧嫁娶等）。

民俗旅游是以与城乡民众密切联系的民俗传承事象作为旅游主要目的对象的旅游活动。旅游者在旅游活动中，除了观览、参与、体验当地民众的游艺民俗传承、信仰民俗传承、生产民俗与民生民俗传承之外，自然也不可避免地要观览、参与、体验到当地民众的现实生活内容，以及并非地方传承的文化艺术。民俗旅游包括都市民俗旅游、乡村民俗旅游，乡村民俗旅游是乡村旅游内容的一部分，由于我国乡村民俗所具有的丰富的文化内涵，所以它又是乡村旅游吸引力的不可或缺的一部分。在我国辽阔的乡村，极为丰富的民俗事项不仅有踪影可寻，还在一些地方保留得相当完好，我们有责任去挖掘它们、保护它们，同时在保护和利用中加强人们对它的价值的认知。在这方面比较具典型意义的是山东安丘的石家庄（村）。20 世纪 70 年代初，石家庄是作为“社会主义新农村的典型代表”首先向外国人开放的“第一村”。虽然经历了 70 年代后期原有政治任务结束后的变化，但却伴随着山东 1984 年首届潍坊风筝节的举办和山东省旅游局的“千里民俗旅游线”的开辟，又和年画之乡的杨家埠等成了海内外驰名的中国民俗旅游村。在那里，不仅民俗事项得到了较好的挖掘，而且也比较好地与旅游者需要结合了起来。

随着人类社会现代化步伐的加快，作为生活传承的民俗正在不断地淡化和消退。但是，无论是国家还是地区，在现代化的进程中，乡村总是滞后于城市的。所以，乡村保存的民俗也就总是多于城市，加之我国广袤土地上交通阻隔的历史差异，因此，地域性的民俗特征就更显出了它的千差万别。在当今老百姓的现代生活方式趋同走势不可逆转，而旅游产品同质化竞争越来越突出的时候，差异性的民俗旅游产品便成了吸引游客、增强竞争力的一个重要拳头。因此，在发展乡村旅游时，应该注意民俗旅游与乡村旅游的密切关系。

二、乡村旅游的特征

乡村旅游目前已经成为人们回归自然、放松身心、进行休闲娱乐的主要方式之一。乡村旅游作为旅游业的一个分支，既具有一般旅游活动的特点，同时又具有自身的特征。

（一）活动区域及活动对象的乡村性

乡村性是客观、准确地描述乡村旅游活动区域及活动对象特征区别于其他不同旅游类型的主要依据。乡村旅游活动区域一般地域辽阔多样，受工业化影响小，土地利用粗放，以大农业以及分散的居民地为特征，绝大多数地区保持原始自然风貌，加上各地风格各异的风土人情、乡风民俗，使乡村旅游在活动区域和活动对象上具有乡村性的特点。一是资源环境具有明显的乡土性。如古色古香的乡土民居、如诗如画的田园风光、原始古朴的劳作形式，这些都散发出浓郁的乡土气息。二是活动具有浓郁的乡情。与农家朋友漫步于田间小道，或与他们一起耕耘植物、采摘果实，或与他们手牵手载歌载舞，这些活动原汁原味，蕴含浓浓的乡情。三是感受淳朴的民风、别样的民俗文化和风土人情，也是乡村休闲旅游的文化部分，是灵魂所在。因而，这些在特定地域环境形成的“古、始、真、土”的特点，具有城市无法比拟的优势。

（二）景观构成多样性

农业是一个受人类调控的半自然半人工生态系统，它既具有自然景观的特点，又具有人类参与而形成的人文景观的内涵。其景观主要由乡村聚落景观、乡村经济景观、乡村文化景观及自然环境景观构成，受人类干扰强度低，景观自然属性强，每一种乡村景观类型都具有其特定的景观环境、景观行为、人类活动方式及特定的干扰强度，呈现出单体景观要素的多样化。此外，还可根据乡村景观空间结构的规律性、组合模式及特征对区域乡村景观进行有机组合，因受自然及人类活动条件、人类活动强度等的影响，景观组合类型及特征等也表现出多样化的特点。

（三）资源利用可持续性

由于乡村旅游是农业与旅游业相结合而产生的新型旅游产品，它是在原有农业生产条件和资源基础上开发而成的。在旅游淡季时以农业生产为主，旺季时则以旅游接待服务为主。因此，对其资源开发利用要尤其谨慎，以不破坏原有的农业生态景观及原始人文景观为前提，科学管理，适度开发。其发展不仅要满足当代人的旅游需求，也要为子孙后代保留足够的旅游空间、良好的生态环境及原汁原味的人文景观。否则，会影响当地农业发展，甚至会造成某些资源的永久性破坏。

（四）旅游过程参与性

旅游过程的高参与性是指旅游开发和经营过程中有当地居民积极参与，旅游活动的开展过程中有游客的主动参与。当地人积极参与并从中受益，可以使旅游业发展受当地人的支持，促进和提高他们的环境保护意识，有利于环境保护及当地社区发展。游客作为旅游活动开展的主体，他们积极参与诸如坐牛车、推豆花、坐渔船、对渔歌和农事劳作，以及购买民间工艺品与农副产品等，是提高旅游活动质量和效果的关键。

（五）旅游环境安适性

乡村旅游可以避免城市旅游、景区旅游所出现的拥挤与杂乱，缓解游客游览时的紧张、焦虑情绪，使游客在无拘无束的条件下尽情体验乡村的风土民情，欣赏田园风光和乡村环境，最大限度地激发游客激情，使游客得到彻底的休闲放松。

（六）旅游活动季节性与地域性

旅游资源大多以乡村风貌、农事劳作及传统习俗等为主。农业生产各阶段受水、土、热、光等自然条件的影响和制约，因此具有明显的季节性特点。在开发利用过程中必须充分考虑季节因素，以便因时、因地组合产品，产生各具特色的乡村景观。另外，由于自然环境和文化传统的差异，不同地域乡村的农业生态——文化景观风格各异，因而不同地域范围的乡村同样会产生完全不同风格的景观。

三、乡村旅游的类型

（一）按旅游项目和旅游活动划分

1. 观光游览型

观光游览型乡村旅游往往以独特的乡村自然风光和野趣、乡村人文景观和民俗为主要吸引物，游客的主要活动就是观赏、游览，并品评由此带来的独特感受。依据其主要内容和位置特征，可以做如下细分。

（1）观光农业。观光农业也被称为休闲农业、旅游农业、农业观光等，是以具有观光价值的农业资源和农业产品为前提，把农业生产、农业科技、农产品加工和游客参与农事活动等融为一体，是农业与旅游业相结合的一种新型的交叉产业。观光农业首先在一些经济发达国家和地区出现，如日本、美国、荷兰、英国、法国、澳大利亚、瑞士、新加坡以及我国的台湾地区等。农业景观是观光农业发展的基础，农业景观具有自然景观和文化景观的双重特征，并在形象、色彩等视觉方面给游客带来强烈的震撼，以“景”吸引人，主要包括以下几种类型。

①观光种植业。观光种植业指具有观光功能的现代化种植，它利用现代农业技术，开发具有较高观赏价值的作物品种园地，或利用现代化农业栽培手段，向游客展示农业最新成果。引进优质蔬菜、绿色食品、高产瓜果、观赏花卉作物，组建农业观光园、自摘水果园、农俗园、果蔬品尝中心等。如山东寿光的蔬菜园、北京海淀区的樱桃园等。

②观光林业。观光林业指具有观光功能的人工林场、天然林地、林果园、绿色造型公园等。开发利用人工森林与自然森林所具有多种旅游功能和观光价值，为游客观光、野营、探险、避暑、科考、森林浴等提供空间场所。

③观光渔业。观光渔场指利用滩涂、湖面、水库等水体，开展具有观光、参与功能的渔业旅游项目，如参观捕鱼、驾驶渔船、水中垂钓、品尝水鲜、参与捕捞等，还可以让游客学习养殖技术。如北京房山区长阳镇张家场村的碧溪垂钓乐园等。

④观光牧业。观光牧业是利用具有观光性的牧场、养殖场、狩猎场、森林动物园等，为游客提供观光和参与牧业生活的风趣和乐趣，如草原放牧、马场比赛、剪毛挤奶、猎场狩猎等。

⑤观光副业。通过经营与农业有关的具有地方特色的工艺品，向游客展示其加工制作过程，吸引旅游者观看艺人的精湛造艺或组织游人自己参加编织活动。如北方利用麦秸、玉米叶编织工艺品，海南岛利用椰壳制作兼有实用和纪念用途的茶具等。

⑥观光生态农业。该类型采用土地综合利用的生态模式，强化生产过程的生态性、趣味性、艺术性，生产丰富多彩的无公害、绿色、有机食品，为游客提供观赏和研究场所，形成林果粮间作、农林牧结合、桑基鱼塘等农业生态景观，如珠三角地区桑、鱼、蔗相结合的生态农业景观。

（2）古镇村落观光。古镇村落观光是以历史悠久、保持相对完整且独具民族特色的古镇村落为参访对象，以具有历史、科学价值的建筑为载体，以丰富的传统文化为亮点，集观光、娱乐和休闲体验于一体的旅游活动。古镇村落资源既包括古镇村落的规划、各类建筑、历史遗址等物质文化遗产，也包括各类民俗、民族语言、生活民居、民间技艺、生产方式等非物质文化遗产。中国广大农村至今保持着极其丰富的历史记忆和根脉，以及丰富的文化遗存。如湖南高城马帮古寨“依山建屋，傍水结村”的风水格局、马帮以及千两茶等，都是古镇村落人类生产和发展的文化印记。我国古镇村落旅游正处于快速成长期，如江苏的周庄、同里，安徽的宏村、西递，上海的朱家角，江西流坑，湖南张谷英村等都是具有代表性的古镇（村）。

（3）乡村自然景区观光。乡村自然风光旅游是以饱览、享受乡村美丽纯朴的自然风光为目的的旅游活动，它以乡村的山野、田野、原野或海滨等自然风光为吸引物，人们可以乡间散步、登山、海边游泳、沙滩漫步、骑马、划船、漂流等。如广西“龙胜梯田”、云南的“云阳梯田”等。

2. 参与体验型

参与体验型乡村旅游是指可以提供很多由游客主动参与活动的项目，让游客在体验的过程中获得知识、修养身心。如在浙江浙西大峡谷旅游过程中，游客可以参与漂流、垂钓、远足、探险等旅游活动；又如在浙江安吉竹海旅游过程中，游客可以参与各种农业生产活动，通过参加各种乡村劳动，体会耕作、收获的乐趣，这些乡村旅游可归于此类型。

3. 休闲度假型

休闲度假型乡村旅游主要依托自然优美的乡野风景、舒适怡人的清新气候，结合周围的田园景观和乡村特有的民俗文化、农业文化，为游客提供休憩、度假、娱乐、餐饮、健身等服务，它是近代乡村旅游的起源，也是典型的乡村旅游形式。游客在乡村区域居住一段时间，过一种吃农（渔、牧）家饭，住农（渔、牧）家屋，干农（渔、牧）

家活，闻泥土（海腥、野草）之清香，享乡村居民之乐，一方面放松心情，一方面全面地了解乡村的自然、人文和社会特点，增强体验感。同时，度假旅游也是城市居民和乡村居民互相交流的最好形式之一，可以互相影响，改变各自对不同区域的看法和认识，也可以带来对现有生存状态新的理解。休闲度假型乡村旅游包括休闲度假村、休闲农庄、乡村酒店、乡村民宿等，如江苏溧阳大石山休闲农庄、安徽来安白鹭岛生态旅游度假村等可归于此类型。

4. 乡村旅居型

乡村旅居既是人们的一种旅行方式，也是一种生活方式，是基于“世外桃源”情结和“乡愁”情结而开启的一种新的生活方式，乡村久违的乡音、乡土、乡情以及古朴闲适的生活、恒久的价值和传统具有无穷的吸引力，如婺源村居等。

5. 综合型

综合型乡村休闲旅游是集观光游览、参与体验、休闲度假、旅居等多种项目于一体的乡村旅游形式。这种旅游形式能使游客在饱览各种秀美乡野景观的同时，通过参与各种具有乡村特色娱乐活动并居住在具有当地乡村特色的旅馆或农家里，体验当地的乡风民俗和乡村生活情趣，享受乡村特有的泥土芬芳和清新空气，回归自然，舒缓久居繁华都市形成的紧张心态。如北京市丰台区的南宫村、江苏常熟蒋巷村等可归于此类型，这种旅游形式将是今后乡村旅游发展的重要方向。

（二）按旅游资源划分

1. 田园风光型

乡村区域有其独特的生产方式，其中农业生产是该区域的主要生产部门，也是乡村性的一个表征。城市居民为了追求不同的生产生活体验，往往把农业生产和由此产生的田园风光作为旅游的主要目的。田园风光是乡村的独特景观资源，它带来的是一种宁静、舒适的体验，与城市的喧嚣和紧张节奏有着明显的区别。如江苏省南京江心洲和八卦洲可归于此类型，它们均以独特的田园风光和大江风光而著称。

2. 民俗风情型

主要以传统的民族习俗为旅游对象，包括民族节日、民族服饰、民族礼仪、民族婚俗、民族生活习惯等方面。如汉族的元宵节、清明节、端午节、中秋节；藏族的浴佛节、雪顿节；彝族的火把节；傣族的泼水节等传统节日。各地的舞龙灯、舞狮子、陕北农村的大秧歌、东北的二人转等乡村风俗；潍坊年画、贵州蜡染、南通扎染、青田石刻以及各种刺绣、草编、泥人、面人等民间工艺品等。利用乡村居民长时间积累和流传下来的各种风俗习惯以及乡村地区保留的比较原始和朴素的文化风情吸引游客并让游客参与进来，获得独特感受。如广西桂林的阳朔渔村、北京市海淀区车耳营民俗旅游专业村等可归于此类型，其中在车耳营民俗旅游专业村可观看到农户精心准备的扭秧歌、小车会等传统民俗节目表演。

3. 居所建筑型

居所建筑型乡村旅游以建筑形式和聚落形态为旅游对象。乡村地区有着独特的文化，其生产和生活也受到这种文化的影响，其中比较直接的表现就是保留下来的聚落景观、乡村民居、乡村宗祠等具有独特风格的建筑物，如黄土高原的窑洞、东北林区的板屋、客家的土楼等民居；这些建筑带有乡村的特点，与现代城市的建筑景观是完全不同的，更加具有浓郁的地域风格，表现在为适应当地自然环境而演变出的独特结构和风格，以及因生产生活需要而产生的布局方式等。

4. 现代农业景观型

随着现代科技的发展，农业的现代化也给乡村带来了新型的生产方式，在一些传统农业较为发达的地方，建立了一些基于高新科技的农业生产单位和加工单位，如生态农业园等。这些农园、果园、农产品加工基地、现代农村聚落景观、现代农业科技设施等也是现代乡村的独特景观，是城市居民平日里见不到的，如上海浦东的孙桥现代农业开发区、江苏省苏州未来农林大世界和无锡生态农业园等可归于此类型。其中，孙桥现代农业开发区以展现先进的现代农业科技和设施化农业生产为主，在这里游客可以观赏到从荷兰引进的 3 公顷自控玻璃温室以及喷灌、滴灌、微喷灌、无土栽培、蜜蜂辅助授粉等先进农业设施和技术。

5. 资源复合型

乡村地区有着各种各样独特的旅游资源，但是仅仅凭借单一的优势资源来吸引游客是不够的。大多数的游客往往需要在其旅游活动中得到多种体验，从而获得更多的乐趣，因此，资源复合型的旅游地可以吸引更多的游客。同时，由于乡村相对的封闭性，也时常会有多种独特资源并存的情况，这种复合型的旅游资源集合体也成为乡村旅游发展的重要物质基础。如浙江省奉化的滕头村、北京市丰台区的南宫村可归于此类型，其中滕头村以秀美的田园风光、别开生面的农俗风情、独特的江南风情、现代化社会主义新农村形象等旅游资源为依托，发展了由江南风情园、将军林、盆景园、绿色长廊等几十处景点组成的生态旅游，由植物组成的观光园、花卉苗木观赏区、蔬菜种子种苗基地、时令瓜果采摘等组成的观光农业，由纺纱织布、舂谷砻米等参与项目和憨牛猛斗、温羊角力、笨猪赛跑、凤鸡争雄等动物表演组成的农俗风情游乐等丰富多彩的旅游活动。

（三）按旅游者的需求与选择划分

乡村旅游可以表现为下列几种具体类型：休闲娱乐型（以“农家乐”“渔家乐”“山里人家”等为代表）；收获品尝型（以“采摘游”“垂钓世界”“美食村”等为代表）；运动养生型（以“乡村运动俱乐部”“乡村温泉别墅”等为代表）；观光审美型（以新村风

貌观光、农业科技观光、古民居和古宅院游、民族村寨观光等为代表）；求知教育型（以拓宽视野和增长见识为主题，以农业教育园、农业科普示范园、农业科技馆等为代表）。

（四）按地理位置划分

1. 都市郊区型

主要位于大中城市附近，旨在满足城市居民周末休闲度假的旅游需求，基本是旅游者能够在较短的时间（一般应在一小时内，最长不超过两小时）到达。大多以浓厚的乡土气息、独特的乡村景观，甚至乡村饮食为卖点，如安徽芜湖近郊的“陶辛水韵”等。有些为了满足大中城市巨大的旅游需求，在原有的农业和现代农村聚落景观基础上，融入现代科技、现代美而发展起来的各种观光农业，如上海浦东的孙桥、北京的韩村河、江苏的张家港、广东的东莞、苏州的“未来农业大世界”等。此外，还有一些将乡村的民俗习惯搬进城而建的民俗村、民俗馆等。

2. 景区边缘型

主要分布在一些著名景区的周边地区，其乡村旅游资源与所在著名景区相互联系或相互补充，主要吸引那些前来景区游玩，同时又在时间允许条件下游览景区周边地区的游客，如安徽黄山附近的西递、宏村古村落，贵州黄果树附近的安顺屯堡村寨，梵净山附近的铜仁云舍土家族村寨等著名旅游景区周边农村地区开发的乡村旅游可归于此类型。这种乡村旅游类型的分布主要是依托一个大规模的、高级别的风景区（旅游地），以景区游客为主要目标市场，在开发中更加注意原生状态的保护。需要注意的是，景区边缘型乡村旅游目的地的开发要注意与所依托景区的整体配合，不能出现旅游项目的重复建设，以免造成资源浪费。

3. 边远型

主要分布在远离城市（客源地）的偏远地区，这些地区常常是位于中心区域的最外围，大多是交通不太便利的山区，如四川阿坝州理县桃坪羌寨、湘西土家族苗族自治州的部分村寨、江西井冈山的拿山乡、安福的边塘村等可归于此类型。由于地处偏远山区，与现代社会中心区域的联系交流比较少，使得这样的地区具有更为显著的乡村性特点及神秘色彩，加上这些地方往往因为特有的自然条件，使得风景近乎原始而且秀美，因此也就对游客有着更强的吸引力。需要指出的是，这些地方往往由于较为恶劣的自然条件，传统农业一般不发达。因此，发展乡村旅游更加被认为是给当地居民增加部分收入、解决就业人口、增加与外部区域交流机会的良好途径。

（五）按对资源和市场的依赖程度划分

1. 资源型

对资源的依赖程度较高。这种旅游地资源品位一般较高，特色较浓，典型的如云南丽江的泸沽湖、安徽徽州的呈坎村等。

2. 市场型

对市场的依赖程度较高。一般来说，位于经济发达、人口众多、交通方便的地方，特别是在大中城市的内部或附近分布较多，如城市附近的农家乐等。

3. 中间型

对资源和市场没有明显的偏向。这种又可以分为两种类型：(1）资源很丰富，市场较广阔，如江苏昆山市的周庄。(2）资源较丰富，市场较狭小，如井冈山的拿山乡、龙胜各族自治县的平安村、皖南黟县的西递村等。

（六）按科技含量划分

1. 现代型

科技含量高，一般位于大中城市附近，有着巨大的客源。在原有农业的基础上，融入现代科技，进行人工设计而成的一个自然—人工系统。

2. 传统型

科技含量较低，以较为自然化的乡村旅游资源为吸引物，如丽江的泸沽湖等。

四、乡村旅游的作用

（一）有利于促进农村经济发展

1. 推动农村产业结构调整，增强农业可持续发展能力

乡村旅游将农业和旅游业结合在一起，利用独特的农业景观和农村自然环境，结合农业生产和经营活动以及农村乡村文化生活，吸引游客前来观赏、品尝、习作、体验、休闲度假。由于乡村旅游者“回归自然”的心理需求，乡村旅游经营者就必须打破“小而全”的农业结构，依托本地的自然文化景观，因地制宜地发展优势农产品，提高农业的可观赏性，有利于优化农业结构，带来区域农业产品的特色化。乡村旅游的发展也带动了农村商业、服务业、交通运输、建筑、农产品加工业等相应产业的发展，从而实现农业向第三产业的延伸和渗透，促进传统农业向现代农业的转变，加快农业产业化的发展。由于乡村旅游具有鲜明的乡土性和农业特色，很重视农业资源的开发利用与自然生态相结合，注重农业景观欣赏和知识教育相结合，使生产、生活、生态有机地结合，把发展的思路拓展到关注人—地—人和谐共存的更加广阔的社会背景中，有利于农业实现可持续发展。

2. 助力农民增收脱贫，提高农民的整体素质

旅游业本身属劳动密集型的产业，它对劳动力的吸纳能力较强，乡村旅游使广大农民向非农领域转移。据测算，一个年接待 10 万人次的乡村旅游景点，可直接和间接安

置300位农民从业，直接和间接为1000个家庭增加收入。开发旅游资源发展乡村旅游业，需要有酒店、旅行社、交通、邮政、电力、商业等服务设施，不但需要有管理人员，还需要大量的服务人员，这就为农村地区创造了大量的就业机会。脱贫攻坚工作开展以来，文化和旅游部在全国12.8万个建档立卡贫困村中，确定了2.26万个具备旅游发展条件的贫困村，作为旅游扶贫的重点对象。根据文化和旅游部监测点数据，2019年通过乡村旅游实现脱贫人数占脱贫总人数的33.3%。2019年以来，文化和旅游部会同国家发展改革委开展了全国乡村旅游重点村名录建设工作。截至2021年年底，两部委遴选出全国乡村旅游重点镇（乡）100个、全国乡村旅游重点村1199个，有225个是建档立卡贫困村。据监测，乡村旅游已成为重点村村民就业的主要渠道，乡村旅游就业贡献度平均为47.1%。在国家政策引导下，乡村旅游蓬勃发展，2012—2019年，全国乡村旅游人数从近8亿人次跃升到30亿人次，年均增速超过20%，为农民就业提供了广阔的空间。农民通过直接或间接参与旅游开发、接待和服务，如提供餐饮、住宿、交通等服务，或者种植、加工、销售当地的土特产品，增加了收入。河北阜平骆驼湾村将扶贫产业与乡村旅游相结合，发展了餐饮住宿、培训拓展、娱乐休闲多种旅游业态。2012年，村民人均纯收入只有950元，2021年增长到了17480元。贵州毕节化屋村依托乌江源百里画廊天然山水风光和苗族村寨的优势，大力发展乡村旅游，2021年，接待游客突破65万人次，同比增长300%以上，实现旅游综合收入3.1亿元，人均纯收入达1.9万元，村民纷纷吃上“旅游饭”，日子越过越红火。①

乡村旅游是一个以服务为主的行业，它对农业生产者和经营管理者有更高的要求，既需要掌握农业科技的工程技术人员，更需要高层次、复合型的管理人才，同时它的服务对象是受教育程度较高的都市游客。这些高素质人才的传播、带动及与游客的交流、学习，促使农民重视知识，并且尽量多学知识，提高各种能力。同时旅游业是促进人的流动的产业，由于人的频繁流动，带动了信息、技术、资金的流动，促进了当地农民思想观念、价值观念的改变，不断参与市场竞争，在从事经营的过程中锻炼了才干、提高了自身素质，也有利于提高他们的经济收入。

3. 改善农村生态环境

乡村旅游的发展离不开良好的生态环境，其发展的背景是人们返璞归真、回归自然的心理需要。因此乡村地区山清水秀的自然风貌、清新的空气、新鲜无污染的绿色饮食等成为乡村旅游吸引系统中的重要因素。为招徕游客，乡村旅游经营者会力求景区内部的田园、道路、村落以及四周的环境美化，农舍田园布局合理，景观错落有致，这使得农村大、小环境都能得到改善。而且发展乡村旅游创造的经济效益，能为生态保护提供更多的资金和技术支持。同时由于农民从乡村旅游发展过程中受益，使他们开始意识到

① 赵腾泽. 乡村旅游提质升级 助力乡村全面振兴［N］. 中国旅游报，2022-09-23（A01）.

家园生态环境保护的重要，从而自觉维护乡村环境。乡村旅游发展带动了“美丽乡村”建设，助力农村人居环境改善。数据显示，2020年，乡村旅游区生活垃圾集中收集点覆盖率达到91.9%，水冲式厕所普及率达到72.5%，接入生活污水处理设施的农户比率为63.1%。这表明，通过乡村旅游扶贫工作的开展，可以有效地改善农村生态环境。

4. 助推乡村文化振兴

乡村旅游有利于统筹物质文明和精神文明，培育文化自信与乡土自信，助推文化整合与保护传承。乡村旅游的发展和延续基础是农耕文化资源和优秀乡土文化，是与其他类型旅游活动区别开的显著标志，也是乡村旅游最具有生命力的竞争优势之一。在乡村旅游的开发建设过程中，将深层次地挖掘乡村文化的内涵，在保护与开发过程中促进文化交流与传播，有利于本土文化的传承和发扬。乡村特有的民风民俗、服饰建筑、饮食文化、民间工艺、图腾文字等，这类独特且具有不可复制性的瑰宝是乡村的历史文化烙印，借助乡村旅游的平台，将这些珍贵的文化信息传递给大众，能够让乡村文化得到传承和弘扬。

（二）有利于缩小城乡差距，促进城乡共同繁荣

发展乡村旅游是统筹城乡发展的重要举措，是构建社会主义和谐社会的重要载体，对于消除社会不和谐因素、促进社会和谐发展起着非常重要的作用。乡村旅游的发展可以促进城市向农村传输人流、物流、信息流和资金流。大批城市旅游者的到来，促进了乡村旅游接待者与城市客人在物质和文化两个方面的相互交流，农耕文化与现代都市文明的碰撞、交流与融合。同时为满足旅游者在旅行期间的食、住、行、游、购、娱等要求，各级政府加大了对基础设施建设投资的力度，乡村也采用集体出资或个人投资的方式改善基础设施状况，这样会使得农村的道路、通信、供电、供水、垃圾处理等基础设施明显改善，农村环境卫生和村容村貌得到明显提升。在区位适宜的地方会建立设施齐全的多功能小镇，这样城乡差别日趋缩小，达到了城市带动农村的目的。

（三）有利于实现旅游产业转型升级

1. 为旅游领域拓展了新天地

乡村旅游是现代旅游业向传统农业延伸的新尝试，旅游业借农业经济的优势求发展，农业借旅游业的优势求进步，两种产业相互促进、相得益彰。发展乡村旅游将更加丰富中国旅游业的特色与内涵。

2. 为城市旅游热点扩散提供了广阔的场所

目前，城市旅游资源的开发已近极致，各旅游“热点”的发展已近饱和，加之假日经济加重了景区的负担，极化的旅游流加重了景区负担。因此，极大的旅游流必须通过一定的手段向外分流，以减轻城内压力。过热的城内景区要向外“散热”，发展城市边

缘地区的乡村旅游是最佳策略。目前，我国发达地区的大中城市近郊多有这种新型旅游区，如大连西郊度假村、大连凌水农场、冰峪度假村等。乡村容量大、承受力强，可疏散旅游热点城市的游客压力。乡村旅游可充分满足都市游客走进自然、求新求异的旅游需求，缓解都市生活压力。乡村旅游的进一步开发，将更新人们的旅游观念，为旅游业的发展开拓新领域。

3. 有效克服旅游业淡旺季的矛盾

乡村旅游在一定程度上克服了传统旅游业的淡旺季季节差异问题。淡季时可以农业生产为主，旺季时转为以旅游接待服务为主。运作重心随着旅游淡、旺季的转换而在两种产业之间交换，从而克服了传统旅游业的季节差异问题，使人、财、物等各项资源得到更充分、合理的利用。

第二节　国外乡村旅游发展概况

乡村旅游是后现代社会人们回归自然的载体和农村经济发展的新增长点，是阻止农业衰退、增加农村收入、实现农村社区可持续发展的不可替代的手段。不论是在发达国家还是发展中国家，乡村旅游已经成为重要的旅游方式和新的经济增长模式。

乡村旅游最早在欧洲兴起，至今有100多年的发展历史。19世纪中叶，随着工业化进程推进，人们的生活节奏加快，城市遭到的污染日益加剧，因而，城市居民向往宁静的田园生活和清新的乡间环境，开始参与乡村旅游，但旅游者只限于中产阶级和上层社会，旅游者的数量和规模还处在初级发展阶段。20世纪中后期，铁路运输的快速发展提高了城市与农村来往的通达性，乡村旅游呈现出极强的生命力和发展潜力。到20世纪80年代，全球绿色运动推动了旅游业向休闲、度假、体验、环保等方面扩展，乡村旅游脱离了乡村观光的初始动机，向更高层次的乡村休闲旅游发展。进入20世纪90年代，在世界旅游组织和其他国际组织的大力推动下，乡村旅游开始向发展中国家推广。目前，乡村旅游已成为现代国际旅游的主要发展方向之一，显示出良好的发展前景。

在欧美发达国家，乡村旅游主要是以度假旅游形式出现的，因此，乡村旅游又被称为“绿色度假”。在发展中国家，乡村旅游主要表现为农业观光旅游形式。旅游者与农民的接触和交流还停留在表面的层次，在这些国家的部分发达地区，随着城市化进程的加快和农民生活水平的提高，乡村休闲度假旅游正在孕育产生。

一、国外乡村旅游典型案例

从全球乡村旅游的发展情况来看，截至目前，法国、德国、美国、日本等国家是世界上乡村旅游发展成功的国家，在产业体系、业态体系、服务体系、管理体系、营销体系、法律体系等多方面引领世界乡村旅游发展。

（一）法国乡村旅游

乡村旅游作为法国旅游业的一部分，起步于19世纪50年代，70年代进入了快速发展时期，形成了成熟的模式，一度承载了法国旅游业60%的游客，吸引了世界各地游客。法国旅游局网站信息显示，2018年，法国乡村旅游接待游客200万人次，给农民带来了700亿法郎的收入，相当于法国全国旅游业收入的1/4。①

1. 法国乡村旅游发展的背景

（1）发达的经济和完善的社会保障体系。法国位于欧洲西部，面积55万多平方公里，是西欧面积最大的国家，人口约6000多万，它的工业经济非常发达，国内生产总值一直处于世界前列。同时，法国的社会保障制度位于世界领先水平，全民拥有丰厚的养老金、失业保险、医疗保险、工伤保险、残疾保险及家庭津贴，用于社会保障制度的支出占国民收入总支出的30%。法国发达的经济和高收入为法国乡村旅游发展提供了有力的支撑。

（2）带薪假期为乡村旅游发展创造了条件。早在1936年，法国众议院通过法律规定，劳动者只要连续工作满一年就可享受15天的带薪休假。1982年修改的《劳动法典》规定，每年休假天数可达到30天，充足的时间提供了法国人外出旅游的基本条件。

（3）农业的产业化加快了乡村旅游发展。第二次世界大战后，法国政府将土地集中，进行大规模的产业化经营。根据各地的自然条件、技术水平，将全国分成了22个大农业区，再细分为470个小区，全面推进农业生产机械化，实现了农业产业化，彻底摆脱了“小农经济”的困扰。整齐的、大片区的农业景观对游客具有吸引力，加之基础设施的改善，餐饮、住宿、商店等配套服务不断完善，形成旅游产业六大要素的集聚，为乡村旅游的开展提供了重要的保障。

（4）政府的支持为乡村旅游提供了保障。法国乡村旅游发展初衷是为了解决农产品过剩、价格过低、农村人口大量涌进城市的迫切问题，政府出台大量优惠政策刺激乡村旅游发展。1951年法国开始在乡村地区建设乡村（民俗）旅馆，吸引游客前来观光。1955年，政府开始向从事乡村民俗、生态旅游的农户们发放信贷支持，启动繁荣小城镇计划，以公共财政来支持“农村家庭旅游服务计划”。由政府投入资金，将马厩和仓库改造为旅馆，供旅客使用；为了提高当地居民办乡村旅游的积极性，规定家庭旅馆建成后达到三稻穗（三星级）标准的，并且10年中每年对公众开放6个月的，将得到政

---

① 李静宇，林立波．欧洲乡村旅游对中国乡村旅游发展的启示［J］．北方园艺，2020（4）．

府的公共补贴，其补贴金额达到修缮资金的10%~30%。到1962年，法国政府颁布了规范乡村旅游的第一部法律——《马尔罗法》，该法要求乡村旅游服务机构在推进小城镇、乡村旅游开发过程中，需要注重乡村生态与人文景观的结合，鼓励成立乡村旅游合作组织或中介机构，政府对这些合作组织或中介机构实施免税政策。由此，法国乡村旅游走上了规范化的发展道路。1972年，法国政府又颁布了《乡村旅游发展质量规范法》，该法对过去10年来乡村旅游发展中的问题进行了总结，推出了乡村旅游发展系列质量标准与技术规范，并设立了旅游检查制度，赋予游客评价权。此外，政府还相继成立了乡村旅游常设会议机构、部际小组等部门规划设计乡村旅游的发展，这些政策都有力地支持了法国乡村旅游的发展。

2. 法国乡村旅游发展特征

（1）法国乡村旅游产品具有原真性和本土性。根据法国农会的划分，法国乡村旅游项目共分为9种，分别为农产品农场、农场客栈、点心农场、骑马农场、狩猎农场、教学农场、探索农场、暂住农场和露营农场，主要提供美食品尝、休闲放松、农场参观、乡村住宿等旅游产品（见表6-1）。法国乡村旅游的住宿呈现多样化的模式，主要包括乡村别墅、露营和乡村酒店等，强调与游客的积极沟通，加强游客的体验活动。美食食材原产地均在本地及周围农场，食材新鲜，烹饪方法也是采用当地加工方式。

表6-1　法国乡村旅游产品类型[①]

类别	主要内容
美食品尝	要求食材必须出自当地农场，使用当地的烹调法，呈现本地乡土特色；餐具强调质朴风格，主人与游客共同分享美食；品尝农场自己生产的农产品并可购买
休闲放松	学习骑马、喂马、照料马、掌控马的技巧；游客参与狩猎、读书、摄影等活动
农场参观	参观葡萄园、酒窖，参与制酒、品酒活动；参观当地奶酪的制作过程；参观薰衣草庄园，学习精油制作过程；参观农场的各种动植物
乡村住宿	乡村别墅、帐篷、旅行挂车、连锁酒店、独立酒店等
学习知识	了解动植物的成长过程，学习农业知识；激发游客自我探索的乐趣

（2）法国乡村旅游具有较强的行业自律性。法国的行业协会在经济生活中起着重要作用，它们既是代表企业向政府提出各项要求的发言人，也能在某些方面代替政府对经营者进行指导、培训和帮助，提供更多的服务。法国农会是公共职业联合机构，具有半官方、半民间性质。1935年，成立农会常设委员会（APCA），代表农民利益干预政府政策，1988年，APCA设立了农业及旅游服务接待处，研发了"欢迎莅临农场"组织网络，有组织、有系统地整合各个区域，根据不同的条件和属性区分了9种农场，并对它们进行严格管理，在很大程度上保证了产品质量，有力地推进了法国乡村旅游的规范

① 娄在凤. 法国乡村休闲旅游发展的背景、特征及经验［J］. 世界农业，2015（5）.

化和标准化。

此外，法国很多协会都是民间组织。这些民间协会组织者由有丰富经历的人来担任，如法国友人之屋协会由退休工人成立。此协会明确规定，为保证接待质量，房间不允许超过 5 间，每次最多接待 15 人，为游客提供真实的信息，接待游客如同自己的朋友一样，人性化的服务受到了游客的欢迎。因此，法国友人之屋协会的成立在一定程度上有效地弥补了官方协会的不足，逐渐形成了乡村旅游的行业自律，对乡村旅游的可持续发展营造了良好氛围。

（3）法国乡村旅游具有独特的经营模式。法国乡村旅游的经营模式简单高效，主要是以家庭农场为载体发展起来的。经营形式包括个人农场、有限责任农场、民事团体、商业集团等，其中个人农场占绝大多数；土地的经营方式有租赁经营、土地所有者直接经营和分成制经营，土地大小不等；经营者要求最低具有初中学历，具备农业经营和管理的知识，最好熟悉当地的文化，如有些退休的法国老人，他们热衷于讲解本土文化，与游客分享人生经验；农场员工非常少，作物的收割全部交由其他企业来做。

（4）法国乡村旅游具有完善的营销体系。法国乡村旅游具有明确的市场和顾客定位。其目标市场共分为 3 类：第一类是所处省份的周边几个省，而不是全国，车程大约 1 小时左右；第二类是国内大城市，如巴黎、尼斯等；第三类是周边国家的大城市，如德国的柏林、英国的伦敦、西班牙的马德里等。法国乡村旅游拥有广泛的销售渠道。一方面，他们积极建设自己的网站，游客可通过网络进行咨询和预订，同时，他们积极参加各种大型展会，利用报纸、杂志等把信息直接传达给游客。另一方面，法国乡村旅游企业通过跟旅行社以及专门做旅游产品预订和销售的网站合作，进行间接销售。此外，法国乡村旅游非常重视对客人信息的管理与沟通，对于经常光顾的客人，通常会通过办理会员卡、免费服务等方式争取游客再次光临。

（二）德国乡村旅游

德国是欧洲经济最发达的国家之一，发展乡村旅游已有近百年的历史，早在 20 世纪六七十年代，德国的旅游业，尤其是乡村旅游随之迅速发展起来。现在，整个德国旅游业的发展正在朝着大众化、多样化和个性化的方向发展。在这期间，乡村旅游更是一枝独秀，代表了德国旅游业的发展趋势。

1. 德国乡村旅游的主要类型

德国的乡村旅游从形态上看，主要可以分为两大类型，即观光娱乐型和休闲度假型。

观光娱乐型主要是以当地独特的人文景观和城市人所陌生的乡村农林牧副业生产过程为卖点，在城市的近郊或景区附近开辟有特色的果园、花圃、茶园、菜园等，游客可以自己入内采摘，尽享田园乐趣。如在一些类似“农业生态园区”的现代化大型农场，不仅种植许多农作物和超市里卖的名贵蔬果、花卉，还专门喂养观赏鱼和珍稀动物，供游客观光；或让游客参观当地有特色的传统农副业产品加工的生产作坊，观看生产的全过程，有的地方还建有配套服务的娱乐场所等。

休闲度假型的乡村旅游，则是利用优美的山水自然环境和不同的农林资源，如森林、湖泊、草场、果园等风景宜人的地方，向人们提供休闲度假的各种服务。德国的乡村，几乎所有地方都有教堂，许多地方还有向游客展示当地民俗特色文化的各种各样的博物馆，使游客在回归自然的同时领略到当地独特的民俗风情。目前这种形态的乡村旅游，已成了大多数德国城市居民休闲度假的一种主要形式。

2. 德国乡村旅游的特点

（1）重视对自然环境和文化资源的保护。环境和资源是影响旅游业发展的一个主要因素。德国的乡村风景优美，绿化覆盖率极高，河水清澈，空气清新，除了农地以外几乎没有裸露的土地，更没有城市的喧哗，让来到这里的人感觉非常静谧而安宁。由于德国人都非常重视和珍惜本地独特的历史文化资源，所以各地乡村都把有当地特色的人文历史资源妥善地保护起来，并在乡村旅游中发挥其作用。

（2）具有鲜明的个性化特点。德国各地的乡村个性化特点特别明显，乡村的民居住宅、建筑风格和样式各有特色，就是公共建筑也都不尽相同；加上德国人喜欢全方位地展示当地独特的人文历史资源和民俗文化，使得这种个性化的特点更加突出。

（3）完善的基础设施条件。德国的交通业很发达，遍布全国城乡的便利交通网络，是发展乡村旅游的优越条件。德国乡村旅游已建立了完善的预订系统，游客只要通过网络或电话，就可以预订，非常方便。与旅游相配套的乡村旅馆、教堂、商店、加油站、医疗机构和停车场等服务设施，也都做得比较到位。

（4）对乡村旅游的有效管理和扶持。德国政府一直对乡村旅游的发展进行有效的管理。比如推行乡村旅游的品质认证制度，只有经检验合格后才会颁发度假农场的认证标志。这一制度从 1972 年制定至今，已经多次修订，使游客的合法权益得到了有效的保障。德国政府每年下拨专项经费用于乡村旅游的促销，仅此一项就达 360 万欧元。除政府管理外，有些方面的工作则主要通过遍布全德国的行业协会来进行，以保证乡村旅游的质量。

（5）重视环境教育。德国人非常重视对国民的遵纪守法和遵守社会公德的普及性教育。无论是学校还是家庭，都让孩子从小就接受这方面的教育，形成人人爱护环境、自觉保护环境的良好社会风尚。德国的乡村也跟城市一样，对垃圾实行分类化处理，乡村的生活污水也要经过处理后才允许排放。河道两边也都用石块整齐地堆砌起来，山地及零星土地都必须绿化。

（6）珍惜和重视保护历史遗存。德国人把历史遗存看作教育民众的好教材，所以特别珍惜和重视对历史文化遗存的保护。德国的乡村随处可见各类专业博物馆，只要是当地曾经有名或是有特色的东西，人们都会通过办博物馆的形式，把这些文化遗产保留下来；对那些历史遗迹，如德国乡村众多的古堡，更是精心养护。德国人这种对历史文化的重视，深入人心。他们把那些带有教育意义的旅游资源与纯商业的娱乐设施区别对待，有些地区对博物馆采取不收门票或收费较低的做法，让它们更好地发挥价值。

（三）美国乡村旅游

美国乡村旅游的传统可追溯至英国——居住于城市的英国封建贵族、富人常常前往乡村游历、休憩，以躲避城市的喧嚣和污染。近代早期，英国人殖民北美时将这一习惯带到了美洲。美洲大陆壮丽的风景、独特的动植物资源、舒适的气候更令英国殖民者们心向往之，早在美国立国前后，乡村旅游就已在上流社会蔚然成风。目前，乡村旅游已是美国农村重要的经济支柱之一。

1. 美国乡村旅游类型

美国建国后，随着经济的持续发展、人均收入的不断提高，乡村旅游开始了产业化进程，逐渐形成四种各具特色的业态类型。

（1）乡村俱乐部。乡村俱乐部是以乡村贵族式生活为主题的乡村旅游业态。最早的乡村俱乐部系 19 世纪一群英国贵族建立的费城板球俱乐部，该俱乐部坐落在风景秀丽的切斯纳特希尔村，主要面向上流社会，以收入与社会地位为标准实行封闭、严格的会员制，并向会员收取较高的会费。会员通常在俱乐部中居住较长的时间，享受优美的乡村风景，同朋友聚会、宴饮，从事所谓的“贵族运动”，如骑马、打高尔夫球和网球。人们将能够加入这个俱乐部看作一种身份的象征。此后成立的乡村俱乐部大多采用了费城板球俱乐部的制度，但在规模、舒适度、会员制的严格程度方面有所区别。时至今日，乡村俱乐部遍及美国各地，成为美国人中短途乡村旅游的重要目的地。大多数乡村俱乐部是地方性的小企业，但也有一些成功的连锁企业，如美国俱乐部公司，它拥有 83 家乡村俱乐部和 7 万名会员，是自 1980 年以来美国最成功的乡村俱乐部之一。

（2）乡村文化旅游。乡村文化旅游是以体验乡村民间特有的历史文化为主要休闲、娱乐方式的乡村旅游业态。美国虽然仅有数百年的历史，但作为移民国家，它汇聚了来自不同国家的移民。在开拓、建设北美大陆的过程中，移民者将自己国家的文化融进了美国大地，缔造了绚丽多彩的乡村文化。许多村庄为了保存历史、招徕游客，有意识地将传统的服饰、建筑、生产方式和生活习惯保留了下来，成为乡村文化旅游的对象。尤其是独具特色的乡村节日一直是美国乡村旅游的重要组成部分。例如，在俄亥俄州的哥伦布市，德国移民的村庄会在每年的秋季举办德国乡村啤酒节。在节日中，当地村民向游客出售传统风味的德国啤酒、香肠、面包和纪念品，表演德国传统歌曲。为了利用这些旅游资源，美国人建立了乡村主题游乐园或纪念馆。以密苏里州布莱森市的“银币城”为例，该游乐园再现了 19 世纪美国西部小镇的风貌，为游客提供传统的乡村音乐，表演传统的生产、生活方式，出售带有浓厚乡土风情的旅游纪念品。过山车、观光火车等娱乐设施也都按西进运动时期的乡村传统进行装饰，以突出乡村的特色。目前，该园是美国最成功的游乐园之一，每年吸引成千上万的美国人前去观光。

（3）农业旅游。农业旅游是以农业生产活动为主要休闲、娱乐方式的乡村旅游业态。根据美国联邦农业署的定义：农业旅游是在农庄、牧场或农业企业中，以一种娱悦游客的方式为所有者增加收入的事业。农业旅游涉及出于娱乐、教育或参与的目的参观、参与农庄经营、园艺或农业生产的行为。马里兰州甘布里尔斯市的德普肯农庄是美国农业旅游的一个典型案例，该农庄曾以烟草种植为主业，从1992年开始转而生产鲜花、葫芦和新鲜鸡蛋。借由巧妙的市场营销，每年马里兰州及周边地区的许多市民都前来赏花，农庄顺势推出自助插花、采摘南瓜的服务，并向游客出售果酱、果冻、葫芦、鲜花等农产品，由此实现了收入增长。在得克萨斯州的沃斯堡，市政府还组织官方性质的农业旅游，邀请外地的农业企业家、农业专家前来参观本地的农庄、牧场和农业展览馆，以此展示投资价值，为招商引资创造条件。

（4）门户社区旅游。门户社区旅游不同于其他三种业态类型。在该业态中，休闲、娱乐的主要对象，如名山大川，并不在乡村社区内，但相关的村庄坐落在景区周边，靠近交通要道，并有能力为游客提供旅游服务，以此吸引游客到此游玩、住宿或购买季节性别墅。所谓季节性别墅是指游客出于度假、旅游的需要而在景区或其周边购置的房产或拖车式活动房屋。在美国，典型的门户社区通常位于国家公园附近，因为公园内的土地属于国家，较少兴建永久性的住宅区，有的公园因为地势复杂也不适合居住，所以游客们往往将公园周边的村镇当作落脚点。许多村镇，如科罗拉多大峡谷附近的图萨延、索诺兰沙漠国家公园附近的阿霍、落基山国家公园附近的埃斯蒂斯帕克等，因此成为新兴的旅游胜地。如在图萨延，游客不仅可以由此出发前往大峡谷国家公园，并且图萨延有多种多样美国西部风格的餐厅、旅店和礼品店，包括印第安艺术家手工制作的美丽、珍贵的纪念品。

不同类型的乡村旅游之间往往有交叉之处，以宾夕法尼亚的阿瑞德斯维尔为例，当地的苹果丰收节兼具文化旅游和农业旅游双重性质，游客不仅可以在节日里欣赏乡村文化表演、展览和节日典礼，还能够参与农活，亲手采摘苹果，制作果汁、果酱等。不同类型的乡村旅游及其之间的交叉、组合，共同构成了丰富多彩的美国乡村旅游产业。

2. 美国发展乡村旅游的特征

（1）各级政府大力支持。事实上，美国没有一个全国性的旅游管理机构，因此也没有专门管理农业旅游的机构。尽管缺乏机构的支持和管理，美国政府还是在政策上给予了乡村旅游一定的支持。早在19世纪末20世纪初，美国的西奥多·富兰克林政府、伍德罗·威尔逊政府就曾颁布一系列法令，有力地保护了乡村地区的生态景观。罗斯福新政时期，政府又通过“以工代赈”，组织数百万人从事环境保护、基础设施建设，进一步改善了乡村地区的生活条件。第二次世界大战结束后，美国历届政府大力推动高速公路建设，建成连接美国城乡各地的高速公路体系。更重要的是，从罗斯福新政以来，美国历届政府推行了积极的经济政策和福利政策，显著地提高了美国人的平均收入水平。到 1960 年，约 60% 的美国人享有中产阶级生活水平，能够加入乡村旅游的消费大军之中。近年来，政府陆续颁布了一系列有利于乡村旅游发展的政策、法规。1981 年，美国国会在商务部下成立了美国旅行和旅游管理局，研究农业旅游对乡村经济增长和多样化的可行性。1992 年，布什政府正式颁布《1992 年旅游政策与出口推进法》，建立乡村旅游发展基金会，利用旅游产业推动乡村经济的发展。美国农业部、交通部、商业部、阿巴拉契亚区域委员会等机构也成立相关的图书馆和研究机构，帮助村社、农场主开展农业旅游。

美国各个州政府对乡村旅游进行了大力扶持。政府内部设立旅游管理部门，负责旅游市场营销。其中最重要的就是通过立法的形式允许当地政府对旅游经营企业的使用者，主要是外地游客，实施新的税收。在这些税收中最常见的是对商业住宿设施的使用者征税，大部分州都征收“床位税”“临时房间税”等。这种广泛实施的客房税对美国乡村旅游的发展有着深远的影响。在州政府实施这项政策之前，只有大城市才有足够的资金成立会议和访客局，而现在，只要社区的管辖范围内有商业住宿设施，都设有类似的机构，这有利于当地乡村旅游的发展。美国各州政府根据各州的实际制定乡村旅游管理法规，规范土地、建筑、道路、农产品、食品加工等相关事项，将具体的开发权、管理权下放到县市级政府，但不干预县市级政府的旅游管理行为。县市级政府毫无疑问更加了解当地的自然资源和人文资源、社区居民的意愿，在此基础上制定出详细的规划，合理利用好每一寸土地，使得乡村旅游的发展能给当地的经济社会文化发展带来更大的效益。

（2）保持乡村性。乡村性是乡村旅游的生命力所在，乡村自然的田园风光、悠久的文化风俗、独特的生活方式对城市的居民有着持久的吸引力。为了保持“乡村性”，美国很重视乡村自然环境和文化的保护，在进行乡村旅游规划时注意保持其原汁原味，避免乡村旅游开发的同质化和城市化，建成的游客中心和服务设施等规模都较小，在生态资源脆弱的地区和遗产地尽量采用徒步的方式解决交通问题。

（3）注重体验性。美国乡村旅游业珍视游客对于旅游的积极体验，重视展现乡村文化与生活方式，并积极帮助、引导游客融入其中。美国的旅游学者认为在旅游中获得满足的游客会更有价值，因为开心的游客更愿意积极评价景点和旅游公司，更倾向于再次购买旅游服务。在实践中，美国的乡村旅游业将人力资源管理作为成功的基石，汇聚、组织、培养和激励高层次旅游服务人才。尤其强调导游的作用，主张以导游作为游客与农业活动、农村文化的桥梁，带领游客领略农村风情。美国的乡村旅游业也重视游客的住宿问题，主张通过多样化的娱乐和周到的服务将住宿作为旅游活动的有机组成部分，而不仅仅是临时过夜的住所。

（4）产业信息化程度高。美国是世界科技强国，其优势也辐射到了乡村旅游领域。20 世纪末，美国制定了农业信息化的国家战略，通过立法实施“信息高速公路计划”，大规模地开展信息化基础设施建设。通过收集大量的涉农信息建立了专业化的数据中心，同时利用市场化手段推动农业信息化的建设，形成了联邦、州、县市贯通的农业信息网，通过网络可以实现对外宣传、市场推广、内部管理等多项功能。任何一个乡村旅游企业可以通过其自有的网站或者服务平台发布旅游信息招徕游客，游客可以借助网络关注乡村旅游产品的发布、活动的具体情况等信息，还可以预约行程、采购产品等。

（5）环境保护意识强。美国国家公园管理局、州政府、县市政府在管理乡村旅游地时注意环境保护意识的宣传，设置了大量的旅游提示标识，让游客在欣赏风光、体验自然的同时学习环境保护的知识。如为了应对优胜美地、大峡谷、锡安国家公园等被保护地区的环境污染和过度拥挤问题，在旅游高峰时段，国家公园管理局会限制车辆进入公园的部分区域，使用接驳车解决交通问题；美国田纳西州对于每次参观的人数做出了限定范围和建立环境破坏补偿机制。美国城市与住房发展部在 21 世纪初推出了“社区挑战计划”，拨款振兴乡村地区的中心街区和特色街道、培育独具风情的乡村建筑景观，以此改善农民的生活条件，同时也为乡村旅游增加了新的景点与商业机会。美国政府尤其注重利用新兴的环保技术，建设“绿色社区”。例如，在堪萨斯的格林伯格，政府利用节能、减排和绿色能源技术重塑了整个村庄，建立起大型的风力发电厂，由此不仅显著地减少了农户的电费开支，而且体现环保理念的建筑和大型的风力发电机还成了该社区的“旅游热点”，吸引了大批游客。

近年来，随着低碳经济、循环经济的绿色生态理念宣传，美国人民的环保意识也逐步增强。美国游客在乡村旅游时都有较强的环保意识，在享受美好自然风光之余，还不忘保护环境，不随意乱扔垃圾，也不会人为地破坏环境，大多数游客会自觉携带垃圾袋，在离开时带走垃圾。有一部分游客还会到当地旅游景区管理部门捐献财物，以实际行动支持乡村旅游的发展。

（6）社会各界广泛参与。高校助力乡村旅游。在美国乡村旅游的发展过程中，美国的高等教育机构发挥了重要的作用。例如，美国加州大学成立了小农庄计划，为农户提供技术指导，包括在网站上提供发展乡村旅游的建议。尤其自建国以来，美国成立了一系列“赠地学院”，专门为农村和农业提供科研指导。20 世纪五六十年代以来，这些学院的专家们成了研究、推动乡村旅游的主力军。许多企业、乡镇利用政府的优惠政策和学术界的援助，因地制宜地开展经营，取得了很好的成效，呈现产、学、研相互促进、共同发展的局面。

（7）社区群众积极参与。乡村旅游开发地的政府通过大力宣传，让社区居民对乡村旅游在拉动经济增长、提供就业机会、营造良好的乡村环境有了进一步认识和理解，从而吸引了社区居民积极主动地参与到乡村旅游建设活动中，兴建各项基础设施，为乡村旅游提供各种服务。如明尼苏达州乡镇的居民，通过开设旅馆、饭店、手工艺品店，开辟露营地以及提供运动设施来支持乡村旅游的发展。

（8）重视法律援助。在旅游中，游客的利益极易遭到侵犯。为了切实保护游客的权益，自19世纪60年代以来，美国各级政府不断提高警务执法力度，使得美国的犯罪率逐年下降。同时，当侵权、侵害事件发生时，游客有多样化的维权方式：在政府层面，可以向联邦的商业改善局、消费者保护局、各地的消费者保护机构求助；在非官方层面，美国消费者联盟、美国旅行企业行会、消费者行动基金会也是游客权益保护的有力支持者。游客更可以联系律师、记者、检察长，甚至向自己所在地区的议员求助。故意侵害游客权益的企业往往会受到行政、司法机构的严厉惩罚，付出巨额赔偿。美国政府与民间对游客权益的保护反过来又促使商家改善经营，进一步提升游客旅游体验。

（四）日本乡村旅游

乡村旅游在日本又称为绿色旅游。日本是“农家乐”旅游的发源地，1935年，日本学者青鹿四郎在《农业经济地理》一书中首次提出了“农业观光”这一概念，20世纪60—70年代之后，日本才真正开始在全国范围内实施、推广乡村旅游。日本乡村旅游是国家农业和地域开发等农业政策实施的产物，经过近半个世纪的发展，日本的乡村旅游取得了显著成绩，处于世界先进水平。

1. 日本乡村旅游的起因

（1）第一产业衰落，催生新的经济增长点。伴随着工业化和城市化的发展，青壮年外流，日本出现了农业生产降低、农民收入急剧降低等一系列问题，农业地位日益下降。这一现象引起了政府和学者的关注，为了提高农民收入、改善村民生活质量、振兴乡村经济，当地政府出台了一系列政策措施，鼓励、支持、引导发展乡村旅游，带动农村地方整体发展。

（2）基于“本土化”回归的旅游需求。到了当代社会，日本文化出现了向“本土化”回归的一种趋势，这种文化趋势在日本国内旅游中表现得很充分。它的一个重要的表现就是日本的乡村成了日本人民通过旅游的方式寻找和重现传统社会和文化的一个地方。在迅速的城市化与工业化进程中，日本城市居民产生了“故乡丧失”的感觉，他们意识到需要缓解压力、提高生活质量，才能恢复工作热情，因此也促进了日本乡村旅游的发展。

（3）乡村精英的示范联动作用。乡村精英指的是在经济资源、政治地位、文化水平、社会关系、社区威信、办事能力等方面具有相对优势，具有较强的自我意识与参与意识，并对当地的发展具有较大影响或推动作用的村民。日本上野县四贺村村长，在当地蚕业和烟业失去竞争力、农民生活状况日益低下的情况下，利用废弃的桑园地等，带领四贺村居民开发了逗留型市民休闲农园，取得了良好的经济效益，也促使其他村民积极参与到乡村旅游接待中来，从而实现了四贺村经济的复苏。

2. 日本乡村旅游的主要类型

日本的乡村旅游项目多以休闲型旅游为主，旅游项目具有娱乐性强、互动参与性大、表现形式新颖等特点。

（1）时令果园。时令果园是城市居民非日常性的旅游观光场所，它根据果物的成熟季节，定期向市民开放，游客在时令果园里可以观赏、采摘果蔬，了解其生长、生产过程，在欣赏乡村景色的同时，又能收获劳作的乐趣。时令果园在日本许多地方都有，归纳起来主要有两种类型：一是位于东京郊外松户、市川与多摩川沿岸，以及登户周边的具有代表性的梨园等；二是诸如汤河原、伊东、稻取、西伊豆的蜜柑园，伊豆长冈、久能山的草莓园、山梨县的葡萄园、长野县的苹果园等。前者是因为城市化进程的加快导致城郊土地日渐减少（成为住宅地），而那些靠近大都市的农园业主随之主动将果园的发展方向转到观光旅游方面，以满足市民观光休闲需求；后者则是由于城市周边地区日渐成为观光旅游胜地而自身地处旅游线路上，不知不觉地被“观光化”了。在日本的一些水果和花卉的主要产地，其农园本身就是人们观光旅游的目的地。从时令果园的分布情况来看，70% 集中在关东、甲信越地区，且多为个人经营。从果园经营类别来看，既有专营某一种类的，也有实行两种或多种兼营的，它们大多根据自身的经济实力、技术条件和市场需求等情况来进行开发和经营。

（2）休闲农场。日本乡村的休闲农场，将农业生产、农产品消费和休闲旅游融合为一体，并依据自然条件和农产品的类型进行开发、经营，形成了其独特的风格。休闲农场是日本乡村旅游中最具代表性的经营业态之一，它以生产蔬菜、瓜果、茶蚕或其他农作物为主，在具有多种优越的自然资源，如山溪、森林、水塘、牧场、特有动物的条件下，开展极具特色的农业旅游活动。其中，有以单一农产品为主构成的专业性农场，如葡萄公园农场，将葡萄园景观的观赏、采摘、制品，以及与葡萄有关的品评、写作、绘画、摄影、体验、竞赛与庆典活动等融为一体，以葡萄为中心来为游客提供系列休闲旅游活动。其他的如水稻、果品、花卉、茶叶、蚕桑等也都有类似的专业性休闲农场。另外，日本最多的还是各类综合性的休闲农场，它们一般在农场内规划有服务区、景观区、草原区、森林区、水果区、花卉区及活动区等，分别开展经营活动，为游客提供各种不同类型的农业体验。游客既可以在果树区采摘水果，又可以在花卉区品味鲜花的芬芳，还可在服务区享受专业的饮食、休闲服务等。休闲农场的面积因性质与功能而异，既有迷你型，也有大型的果蔬综合农场。在经营方式方面，既有政府经营而提供给社会大众免费使用的，也有收取门票的营利型公园，从提高经营效率、增加农民收入与减少政府财政负担方面来看，财团法人的经营方式最受欢迎。

（3）民宿农家。乡村农家是乡村旅游休闲度假的最佳住宿场所。在日本，农户耕作面积虽然不大，但都具有秀丽的景色、独特的文化和丰富的农产品等特色。在这些地区，农民将废弃或多余的农舍加以精心改造，提供给都市休闲度假者住宿，称之为“民宿”。“民宿”一般容纳25~60人，以当地特色食物供应餐食，一天的收费在5500~6500日元。日本的这种农家住宿一般以家庭成员为主进行经营，经营者参加旅馆公会，按照《酒店法》的规范进行管理。每月定期接受行业协会的指导，卫生、消防、保险等均有相应的措施，旅客住宿均通过行业协会安排。除此之外，在农村观光点，日本还兴建有自然休养村和休闲度假村，使游客不仅可观光、采果、体验农作、了解农民生活、享受乡土乐趣，还可以住宿、度假、游乐等。

（4）儿童体验。发展体验农业旅游，是日本乡村旅游的一项重要策略。在日本，学校特别注重孩童对农业活动的参与体验，让他们能接受农耕教育，并与自然生态进行最亲密的接触。在农村，虽然水稻种植和收割等农业活动早已实现了机械化，但学校每年为学生安排观光农园并参加农业生产活动的必修课。这样做的目的是让学生们都有亲自体验农业劳动的机会，更好地掌握科学知识和增进对农艺的了解，并能亲身体会到人与自然和谐共处的重要性。据统计，日本儿童每年参加乡村修学旅行的人数在300万~400万，因此，乡村修学旅行成了对儿童进行农村体验和生态教育的最佳课堂。就农家而言，由于接受托育孩童，除可以获得住宿、伙食及生活费用等收入外；在休息日或假日，家长到农村探视孩子，其住宿费及伙食费用也为农户带来了收益；更为重要的是，家长们购买农村的土特产、农产品、手工艺品等，也能增加农家收入，促进农村经济的发展。

（5）老年疗养。众所周知，日本是世界上著名的长寿国，它在20世纪90年代初就进入了“老年社会”，全国的老年人口占到总人口的50%以上。日本的老年人一般有时间、有健康、有金钱，被称为“三有老人”。这些“三有老人”对自己的身体健康状况非常重视，其中很多人把接触大自然当成修身养性的重要方法之一。为适应老年人的这种旅游需求，日本的很多乡村设有专为65岁以上老人提供疗养、休闲、保健服务的旅游度假村。老年度假村这种新型的乡村旅游形式在日本社会的银发一族中极具人气，老年者在度假村所获得的农趣和快乐，是其在喧闹的城市生活中无法得到的，这也为他们解决健康、医疗与照顾等多方面的社会问题提供了较大的帮助。

二、国外乡村旅游的经验与启示

（一）政府对乡村旅游发展起着至关重要的调控作用

国外乡村旅游的实践证明，在市场“缺位”的地方，政府能够“到位”，借助政府力量能调动更多的产业要素，可以使乡村旅游业获得协调发展。各国政府扶持乡村旅游的措施主要就是制定开发政策，提供人力、财政支持，设置专门管理部门、服务机构。

法国政府在乡村旅游发展方面起到了领导作用，其目标是将乡村旅游作为农业发展的一种手段。20世纪末，美国国会促成了由联邦旅行与旅游管理局和明尼苏达大学旅游研究中心合作完成了《乡村旅游发展培训指南》，该指南出台的目的就是为乡村地区和小城镇提供旅游规划指导和建议。日本政府出台了《旅行业法》《农业基本法》《农山渔村余暇法》《山村振兴法》等法律文件，由农林水产省负责管理、咨询、提供补助经费和贷款等，同时为防止观光休闲农业景区偏离农业本质而趋向纯粹娱乐，为了形成合理的区域布局，对乡村旅游的发展和休闲农业景区的建设进行合理规划，制定并颁布了《发展观光农业示范规划》和《发展休闲农业规划》，把这些法律和法规列入全面的综合规划之中，从而有力地推动了日本乡村旅游的发展。在我国的乡村旅游发展中，政府的宏观调控职能尤为重要，要充分发挥政府对乡村旅游发展的战略规划职能，严格落实对乡村旅游产品规划的评审把关职能；充分发挥政府在推进乡村旅游发展中制定开发政策以吸引多方投资的职能；落实好政府为乡村旅游建设提供给排水、电力供应和防火系统、道路基础设施等配套建设的职能；健全政府有关部门对景区建设和服务质量进行评估、对公共基础设施状况进行检验的职能；有效开发政府为开发者提供服务咨询等一系列职能。

（二）乡村旅游必须重视保护自然环境和文化环境

从国际乡村旅游发展的实践来看，越是具有丰富悠久历史的文化遗产和历史文化价值的乡村地区，越是拥有美丽自然景色、独特环境特征和自然特征的乡村地区，就越能够成为发展乡村旅游的理想之地。但是，旅游资源的开发和保护存在一种共生关系，乡村旅游资源的开发必须与周围自然环境相协调，产品才具有吸引力。发达国家的许多乡村地区的旅游业以新形式的农业为基础，如生态农业，这吸引了越来越多的城市居民，也日益提高了人们的旅游环保意识。一些游客会积极参加农村环保项目工作，这些项目主要有助于农村旅游资源的保护与开发，如开辟人行小路、野生动植物栖息地等。从我国开展乡村旅游的发展过程来看，环境和文化的保护已经成为关系乡村旅游发展能否实现可持续发展的关键，特别是某些地区在“新农村建设”中出现的认识偏差，已经转化为制约甚至破坏乡村自然环境和历史文化传承的不利因素。

（三）旅游目的地居民的参与态度是乡村旅游开发成功的必要因素

大量研究证明，与外来者相比，关心社区开发的当地居民更关注当地利益、文化和非经济的影响。由于他们对当地氛围的变化更为敏感，如果是当地居民发起的旅游开发，对环境和文化的保护意识就更强烈，而且可能最大限度地优化当地的经济和社会效益，这就使得旅游开发能够获得可持续发展的基础。当地居民的参与程度、本地的协作模式、社区成员之间的关系共同构成相互作用的特征变量，对社区参与乡村旅游开发起到决定性影响，目的地居民加入旅游工作的目的是在保持社区社会特征的同时强调当地的社会需求。因此，仅仅使目的地居民对旅游者持欢迎态度是不够的，只有通过有效的政策和方法让他们参与乡村旅游项目投资、加入旅游就业者队伍，与开发商形成共同的利益关系，乡村旅游开发才能拥有坚实的成功基础。我国乡村旅游开发的实践也进一步证明，充分发挥农民的积极性、创造性，以农民为主体，尊重农民的意愿搞专业化开发才是保持这项旅游活动“乡村性”本质特征的最牢固的基础。

（四）乡村旅游开发必须重视旅游者的体验过程和精神追求

乡村旅游具有使游客深入体验乡村范围和田园社会的功能。欧洲的乡村旅游者选择乡村度假，并非追求低廉的收费，而是在找寻遗失的淳厚的传统文化氛围。因此，乡村旅游较之于一般的旅游产品具有更明显的参与需求，许多学者认为它是体验经济的一种重要形式，游客往往要求在农村亲身参与农业劳动，亲手制作和品尝农家特色的食品，在田间、果园、森林、鱼塘或牧场领略乡村生产和生活。从发达国家到发展中国家，乡村旅游都在向着集观赏、考察、学习、参与、娱乐、购物和度假于一体的综合性方向发展。因此，我国乡村旅游发展中应当注重引导旅游者以追求心神的宁静、追求人与自然的和谐、追求健康快乐，体验乡村风土人情为出游目标，旅游开发者更应当在产品设计中融入更多的生态性、体验性、民俗性和文化性，使得乡村旅游成为一种较高层次的旅游行为。

第三节　我国乡村旅游发展概况

一、我国乡村旅游发展条件

（一）乡村旅游资源丰富，发展潜力大

我国资源种类繁多、类型多样，是世界上旅游资源最丰富的国家，其中约 70% 的旅游资源分布在农村。我国是典型的农业大国，农业资源丰富多样，有多样性的乡村自然景观与农业景观，还有丰富的民族文化和民俗文化。因此，我国广大的农村地区，是奇山秀水、名胜古迹、风情民俗、自然生态、田园风光等旅游资源的富集地，为我国乡村旅游业的发展提供了优越条件。可见，我国乡村旅游业的发展具有得天独厚的发展条件。

（二）新农村建设为乡村旅游业发展提供了新的契机

建设社会主义新农村是开创中国特色社会主义事业新局面的战略举措，也是发展农村生产力、惠及最广大农民群众的民心工程。2005 年 10 月，中国共产党十六届五中全会提出要按照“生产发展、生活宽裕、乡风文明、村容整洁、管理民主”的要求，扎实推进社会主义新农村建设。2006 年 12 月，中共中央、国务院出台《关于推进社会主义新农村建设的若干意见》指出：加快农村全面小康和现代化建设步伐，是我国现代化进程中的重大历史任务。发展乡村旅游是积极配合社会主义新农村建设工作的具体表现，是利用国家政策导向，抓住机遇，促进旅游业发展的有效措施。

在我国，“春赏花、夏耕耘、秋摘果、冬随俗”向来为文人墨客所向往和钟情。以乡村人居、民俗风情、田园风光、农业生产及其自然环境为基础的旅游活动在广大农村普遍开展，深受游客青睐。国家旅游局围绕主旋律，抓住新机遇，将 2006 年全国旅游主题确定为“中国乡村游”，及时提出旅游业向农村挺进，使旅游产业的发展参与到整个国民经济发展的大环境中去。一时间乡村旅游在全国各地迅速发展起来，“吃农家饭、住农家屋、享农家乐”成为城镇居民节假日主要的休闲旅游活动。为深入贯彻中央关于建设社会主义新农村的战略部署，2007 年 3 月 20 日，国家旅游局与农业部在北京签署了关于促进社会主义新农村建设与乡村旅游发展合作协议。同时，农业部和国家旅游局又联合下发《关于大力推进我国乡村旅游发展的通知》，提出充分发挥农业和旅游两个行业的优势，“十一五”期间，在全国范围内共同组织实施乡村旅游“百千万工程”，即建成具有乡村旅游示范意义的 100 个县、1000 个乡（镇）和 10000 个村。截至 2017 年年底，已认定 388 个生态环境优、产业优势大、发展势头好、示范带动能力强的乡村旅游示范县（市、区）。2020 年 7 月，农业农村部印发《全国乡村产业发展规划（2020—2025 年）》，指出乡村休闲旅游业是农业功能拓展、乡村价值发掘、业态类型创新的新产业，横跨一二三产业、兼容生产生活生态、融通工农城乡，发展前景广阔。由此可见，乡村旅游在我国迎来了良好的发展机遇。

（三）乡村道路交通状况不断改善

新型城镇化和城乡一体化建设有力改善了乡村基础设施建设情况，尤其是道路交通环境得到极大改善。交通运输部近两年数据显示，2011—2021 年，中央用于贫困地区公路领域的投资达 5068 亿元，累计新改建农村公路约 253 万公里，解决了 1040 个乡镇、10.5 万个建制村通硬化路的难题，到 2021 年年底，农村公路的总里程达到 446.6 万公里，改造农村公路危桥超 6 万座，实施安全生命防护工程超 127 万公里。城际公交、私家车、物流运输车等都可以畅通无阻地直达乡村各家各户，乡村居民同外界的联系日益紧密，为乡村旅游的可持续发展提供了良好的基础保障。

（四）乡村旅游市场需求旺盛

随着城市规模不断扩大，各种“城市病”相伴而生。乡村恬淡的生活方式、淳朴的生活情趣、古老的风俗习惯对“城内人”有较强的诱惑力。乡村旅游作为现代休闲旅游的一种重要形式，能够满足旅游者利用短期假日得到娱悦身心、休闲娱乐以及康体健身等多种功能的需求。因此，乡村旅游得到了越来越多游客的青睐。在实行双休日以后，城市居民的出游中，40% 以上的目的地是城市周边的乡村地区，乡村旅游作为环城游憩带的重要组成，在旺盛需求的带动下进入了一轮高速发展期。在一些城市，已形成固定的乡村游客群体，城市居民“一日游”和“二、三日游”的比例呈逐年上升态势。目前，中国城市居民利用周末和节假日短期出游已超过 55%，他们出游的主要目的就是到周边景区和乡村观光、度假、休闲。

（五）乡村旅游产品日益丰富

乡村旅游带动了乡村一二三产业的融合发展，逐渐构建了稳定的产业链，形成了多样化的旅游产品。例如，与乡村第一产业相关的有机蔬菜种植业、蔬菜瓜果采摘业、家禽和鱼类养殖业等，与第二产业相关的乡村土特产品加工业，与乡村第三产业相关的农家乐、物流业、农村电商等，多样化的旅游产品推动了乡村旅游的长期发展。

二、我国乡村旅游发展历程

从旅游活动产生的层面探讨中国乡村旅游的缘起，可以溯源到春秋战国时期，彼时我国先民就有了到郊野踏青的习俗。如果将乡村旅游作为一种现代旅游经济活动看待，国内学者普遍认为国内的乡村旅游兴起于 20 世纪 80 年代末。参照国外乡村旅游发展成熟的国家，我国乡村旅游发展还处于初级发展阶段，但是发展迅速。

（一）萌芽时期

在 20 世纪 80 年代中期，城市经济体制改革的成功和农村改革的出现，使得农家乐等乡村旅游的萌芽形态开始出现。1984 年开业的珠海白藤湖旅游农民度假村为乡村旅游发展的主要标志；80 年代后期，深圳首先举办了国内第一届荔枝节，随后又开办采摘园，各地纷纷效仿；1987 年，四川郫县友爱镇农科村出现中国第一家“农家乐”；1989 年中国农民旅游协会曾一度命名为“中国乡村旅游协会”，表明我国乡村旅游的兴起。

乡村旅游发展初期，城乡旅游景观的差异性是吸引旅游者的主要因素。乡村优美的田园风光、良好的自然生态环境能够对城镇居民旅游者产生较大的吸引力。加之，1995 年 5 天工作制的实行，客观上推动了我国乡村休闲旅游业的发展。人们选择节假日在春秋两季与亲朋好友相约组织郊游活动，一些城郊风景旅游地、独具特色的民族村寨以及生态环境良好的森林公园成为主要的旅游目的地。同时，一些风景名胜区周边的乡村农舍会配合景区为游客提供餐饮服务，即“农家乐”。旅游者的出游动机主要为休息游玩，与亲朋好友互动等，乡村旅游活动主要停留在观光游览的基础层次上，处于自发和粗放式经营阶段，还没有出现专门的乡村旅游产品，游客停留时间短暂，且大多数依附景区开发。

（二）发展初期

以 1998 年“华夏城乡游”旅游主题确定为标志，国家旅游局开始提倡“吃农家饭、住农家院、看农家景、享农家乐”等，接着又将 1999 年的旅游主题定为“中国生态游”。同时，“黄金周”制度的实施进一步激发了我国休闲旅游的热潮。2001 年，国家旅游局把推进工业旅游、农业旅游列为 2001 年旅游工作要点，标志着以农业旅游为形式的乡村旅游活动开始在全国范围内展开。2001 年和 2002 年农业部相继出台了《农业旅游发展指导规范》和《全国农业旅游示范点检查标准》。

这一阶段乡村旅游虽然仍处于农家乐的初级阶段，但乡村旅游产品更加丰富。乡村旅游发展一方面继续依托乡村旅游特色农业景观，如竹林、茶园、果园等特色农业产业，具有一定的景观审美功能，吸引一些旅游者前来观光游览；另一方面现代农业科技快速发展，农业景观开始被作为一种旅游资源进行开发，依托农业科技发展起来的农业观光园、农业科技园成为新的吸引物。农业科技示范园、生态农业观光园、农场旅游、花卉盆景观光园等旅游产品形式开始出现。这一时期的乡村旅游活动仍主要停留在观光游览层面上，旅游功能有所提升，开始具备科普教育功能，乡村旅游也开始注重科学规划。这种经营方式在京津冀、长三角和珠三角地区表现得更为明显，并成为大众化、区域化的休闲活动。此外，位于大都市区旁的乡村地区也开始出现环城休闲休憩带的旅游形态。

（三）大力发展期

中国旅游产业的发展对国家政策具有较强的敏感性，在一定阶段，国家政策环境会引导旅游者的旅游消费趋向，从而会影响旅游市场供给。2006 年，国家旅游局将我国旅游宣传主题定为“2006 中国乡村游”，提出“新农村、新旅游、新体验、新风尚”的鲜明口号，并发布《关于促进农村旅游发展的指导意见》，指出“农村旅游是新农村建设的积极实践，是推动旅游业成为国民经济重要产业的主要力量”。同年，乡村旅游被国务院写入“十一五”规划。这就为我国乡村旅游的新发展带来了新的契机，标志着乡村旅游进入了一个新的高速发展时期。2007 年，国家旅游局又确定了“2007 中国和谐城乡游”的主题。同年，国家旅游局和农业部联合成立了“全国乡村旅游工作领导小组”，联合发布了《关于大力推进我国乡村旅游发展的通知》，这次联合改变了以往多头管理、责任不清的情况，为乡村旅游的发展提供了条件。2007年和2008年中央"一号文件"连续两次提出乡村旅游是增加农民非农收入的重要途径，乡村旅游开始得到国家政策重视，并出现在更多的政策和文件中。2013年《国民旅游休闲纲要（2013—2020年）》的颁布，更是将旅游业和乡村旅游上升到了一个新的高度。这段时期的政策更加注重具体的支持和推动措施，基础设施、公共服务和资金扶助等成为政策文件持续关注的重点。

这一时期的乡村旅游经济开始进入到快速发展阶段。乡村旅游逐渐发展成为大众化旅游活动，农村环境不断改善，基础服务设施更加完善，乡村旅游产品逐渐丰富，成都的农家乐模式、贵州的村寨模式、云南的旅游特色小城镇模式，以及北京、上海等大城市周边的现代农业观光园都受到了普遍关注，一些地区开始依据地方特色模仿发展乡村旅游，以促进社会主义新农村建设，协调城乡关系。此时的乡村旅游市场开始扩大，旅游者的需求层次也开始提高，对于旅游产品功能不再满足于单一的观光游览，相应一些具有体验性、参与性的乡村旅游活动发展迅速，如采摘游、农家乐、渔家乐等旅游产品较受欢迎。

（四）转型提速期

随着我国旅游者需求程度的不断提高，经济社会不断发展，已有的乡村旅游形式已经越来越无法满足游客的游览需求，对游客的吸引力也越来越低，乡村旅游急需转型升级。首先，旅游者的消费意识开始发生转变。对于某一群体的旅游者，乡村旅游活动已成为一种经常性的休闲活动，以满足他们的休闲需求，乡村旅游有大众化发展趋势。其次，旅游者对于乡村旅游环境、乡村旅游服务以及乡村旅游产品的要求在提升，乡村旅游经营开始关注乡村旅游科学规划，进行分类指导，加强乡村旅游从业人员培训，以提高旅游服务水平。最后，游客休闲旅游需求的多元发展促使乡村旅游产品功能的提升，乡村旅游市场进一步细分，在原有观光游览的基础功能上出现了具有体育健身、疗养保健、科普教育、文化体验等多种功能类型的旅游产品。

2014年，农业部公布了全国第一批美丽乡村名单；同年，国务院发布了《关于创新机制扎实推进农村扶贫开发工作的意见》，提出到2015年和2020年分别达到扶持约2000个和6000个贫困村开展乡村旅游的目标，乡村旅游政策进入密集发布期。在此期间，国务院和相关部委以乡村旅游或休闲农业名义发布文件9个、相关重要文件约30个，乡村旅游地位空前提高。2015年，中共中央、国务院印发的《关于加大改革创新力度加快农业现代化建设的若干意见》（中央一号文件）提出，要积极开发农业多种功能，挖掘乡村生态休闲价值，这意味着乡村休闲旅游概念初步形成。2016年，《中共中央国务院关于落实发展新理念加快农业现代化实现全面小康目标的若干意见》（中央一号文件）提出要着力发展休闲农业和乡村旅游，同时，多层次、多角度扶持休闲农业与乡村旅游业发展，指出将乡村旅游建成繁荣农村、富裕农民的新兴支柱产业。2016 年 9 月，农业部印发《关于大力发展休闲农业的指导意见》，鼓励开发休闲农庄、乡村酒店、特色民宿、户外运动等乡村休闲度假产品，探索农业主题公园、农业嘉年华、特色小镇、渔人码头等模式。到 2020 年，产业规模进一步扩大，接待人数达 33 亿人次，营业收入超过 7000 亿元；布局优化、类型丰富、功能完善、特色明显的格局基本形成；社会效益明显提高，从事休闲农业的农民收入较快增长，发展质量明显提高，服务水平较大提升，可持续发展能力进一步增强，成为拓展农业、繁荣农村、富裕农民的新兴支柱产业。至此，可以说乡村旅游的休闲内涵以国家政策的形式被着重提及，乡村休闲旅游发展开始进入正轨。

2017 年 5 月，农业部《关于推动落实休闲农业和乡村旅游发展政策的通知》指出，旨在促进引导休闲农业和乡村旅游持续健康发展，加快培育农业农村经济发展新动能，壮大新产业新业态新模式，推进农村一二三产业融合发展。2017 年 7 月，国家发展改革委等 14 部门联合印发《促进乡村旅游发展提质升级行动方案（2017 年）》明确提出，2017 年全国乡村旅游实际完成投资达到 5500 亿元，年接待人数超过 25 亿人次、乡村旅游消费规模增至 1.4 万亿元，带动约 900 万户农民受益的发展目标。2018 年中央一号文件《中共中央国务院关于实施乡村振兴战略的意见》指出，乡村旅游是农村产业结构调整、重塑乡村文化生态、实现乡村振兴的重要途径，乡村旅游政策由行业发展上升到国家战略，并指出我国实施休闲农业和乡村旅游精品工程，建设一批设施完备、功能多样的休闲观光园区、森林人家、康养基地、乡村民宿、特色小镇。2018 年 4 月，农业部《关于开展休闲农业和乡村旅游升级行动的通知》提出，推动业态升级、设施升级、服务升级、文化升级、管理升级，到 2020 年，产业规模进一步扩大，营业收入持续增长，力争超万亿元，实现乡村休闲旅游高质量发展。2018 年 10 月，国家发展改革委等 13 个部门联合发文《促进乡村旅游发展提质升级行动方案（2018—2020 年）》，提出鼓励引导社会资本参与乡村旅游发展建设，加大对乡村旅游发展的配套政策支持。《国家乡村振兴战略规划（2018—2022 年）》提出，顺应城乡居民消费拓展升级趋势，结合各地资源禀赋，深入发掘农业农村的生态涵养、休闲观光、文化体验、健康养老等多种功能和多重价值，以形成新的消费热点，增加乡村生态产品和服务供给。

这一时期的政策文件更加注重转型提质，注重创新思维和创新方式，以更加丰富的形式提供支持和帮助，同时鼓励通过经营类型和经营主体的多元化实现行业的健康发展，出现较大规模的农场，或者综合利用农村环境资源，结合农、林、牧、渔等资源，提供较多样化的服务，包括住宿、餐饮等。各种民俗活动的开发、民间庙会等乡村节庆活动的提倡、地方文化历史的挖掘、乡村空间和景观的美化和营造等具有地文特色的乡村休闲旅游产品不断丰富，呈现出蓬勃活力。2019 年，全国乡村旅游人数占国内旅游总人数一半以上。2020年，受新冠肺炎疫情影响，我国旅游业遭受巨大冲击，文化和旅游部与有关部门采取一系列举措，积极推动行业恢复发展。2020年7—8月，乡村旅游有序复工复产，乡村旅游总人数、总收入均已恢复往年同期的九成多，开工率达94.5%，乡村旅游从业人数达1061万人，乡村旅游快速率先恢复，成为旅游业复苏的主力军。据乡村旅游监测中心测算，2021年一季度，全国乡村旅游接待总人数为9.84亿人次，比2019年一季度增长5.2%；全国乡村旅游总收入3898亿元，比2019年一季度增长2.1%。全国乡村旅游全面恢复，保持良好发展势头。

三、我国乡村旅游发展现状及存在的问题

乡村旅游作为我国旅游业的一部分，发展规模逐渐扩大，已涵盖我国广大农村地区，覆盖了农、林、牧、副、渔及种植业、养殖业、加工业等。据农业农村部的数据显示，2019年，乡村旅游接待游客32亿人次，营业收入超过8500亿元。我国乡村旅游的数量和质量都取得长足发展，已进入乡村休闲旅游业快速发展阶段。但由于我国乡村旅游发展时间短、基础薄弱，发展过程中表现出一些问题和不足。

（一）缺乏乡村旅游发展的理论思考与实践方案

一般而言，一个区域产业选择要经过严格的论证，特别是要明确产业发展的优势、劣势、机遇、挑战，这样才能保持产业的生命力。然而，在乡村旅游发展中，恰恰缺乏对相关问题的理论思考，更缺乏切实可行的实施方案。

1. 对乡村旅游发展的可行性缺乏科学认识

当前，一些地方盲目开发乡村旅游项目，“有条件上，没有条件创造条件也上”的现象相当普遍。对乡村旅游发展中几个理论问题没有进行深入的思考，即对乡村旅游发展的主体、发展的内容、发展的模式、发展的组织、发展的保障都缺乏认知，更没有进行系统论证。随着乡村旅游的深入发展，迫切需要对上述理论问题进行认真科学的思考，并提出具体的实施方案。

2. 缺乏乡村旅游发展的科学规划

当前，在乡村振兴战略背景下，基层政府积极探索推动乡村产业振兴的路径，特别是在全域旅游理念指导下，乡村旅游成为基层政府关注的重点。与此同时，一些私营企业主或者返乡农民工，在政府的引导之下，纷纷进入乡村旅游行业。但在推动乡村旅游发展中，发展目标、发展思路、发展规模、空间布局、市场前景、保障措施以及谁来发展、发展什么、如何发展等问题都没有经过科学论证，更没有形成科学规划，从而导致了乡村旅游发展的随意性、盲目性。

3. 对乡村旅游发展的资源承载能力缺乏科学分析

对一个适宜发展乡村旅游的区域而言，其发展的适宜规模究竟多大，即在推动区域

产业发展、增加农民收入的同时，又不对区域生态环境带来负面影响，这值得思考。但正是由于对乡村旅游发展缺乏系统的理论思考，以及缺乏科学的发展规划，乡村旅游发展规模也缺乏科学分析。当前乡村旅游发展多采用外延式的方式，盲目扩大发展规模，根本不考虑区域生态环境的承载能力，更缺乏科学的分析与评价，对区域资源环境造成破坏和污染，进而影响了乡村旅游的可持续发展。

（二）乡村旅游发展路径存在误区

由于对乡村旅游的概念及内涵缺乏认知，在乡村旅游发展路径选择过程中往往会存在一些误区。

1. 过多地引进现代元素符号

改革开放以来，农村经济取得显著成就，农民生活水平得到极大提升，也带来了思想的转变。特别是在城镇生活环境的影响之下，农村居民也逐渐偏爱现代化的生活方式，更大范围地分享改革红利，这在一定程度上对乡村旅游发展路径的选择产生了一定的影响。因而，一些地方在发展乡村旅游时将重点放在了基础设施的大建设、铺大摊子、上大项目方面，过多地把现代元素符号引进乡村旅游发展之中，淡化真正能够体现乡村旅游特点的区域文化元素符号、民俗民风元素符号。其实，这些区域文化符号才是乡村旅游的灵魂所在，更是乡村旅游持续发展的根本，也是热衷于乡村旅游群体的目标追求。

2. 过多地引入城市元素符号

乡村旅游发展的关键是让旅游者感觉到置身于乡村优美生态环境之中，可以呼吸清新而洁净的空气、喝到甘甜而洁净的饮水、吃到安全优质的农产品、体验到乡村农耕文明以及民族文化风俗、领略到乡村地域的民居特点等。但目前，乡村旅游发展中过多地把城市元素符号引进来，特别是在餐饮、住宿方面更是如此，无法体现乡村旅游的特色，让旅游者感觉不到乡村之美、乡村之幽、乡村之香。

3. 乡村旅游商品缺乏区域性特色、艺术性

目前，我国乡村旅游商品区域性特色不足，缺乏依据区域资源优势开发的商品。可以说，具有鲜明区域性特色的乡村旅游商品的开发没有得到相关主体的关注，特别是乡村旅游产品的设计缺乏艺术性，难以满足游客多层次、多样化与高文化品位的需求。

（三）乡村旅游保障措施不力

实现乡村旅游可持续发展，不仅是实施乡村产业振兴的重要内容，更是助力精准扶贫成效巩固的有效选择。当前，乡村旅游发展缺乏保障措施，影响了乡村旅游的健康、可持续发展。

1. 乡村旅游发展的人才严重短缺

当前，我国从事乡村旅游的主体是广大的农村居民或者一些企业主。他们往往对乡

村旅游的理解存在一定的局限，而且缺乏有效的管理经验，在此情况下，乡村旅游多在低层次上发展。正是由于缺乏具有一定专业知识的人才队伍对乡村旅游产业进行经营管理，严重影响了乡村旅游发展水平的提升。

2. 乡村旅游发展的管理组织不健全

当前乡村旅游的发展缺乏有效的管理组织，更缺乏乡村旅游发展的经济合作组织或者产业联盟，导致了乡村旅游的无序发展，而且难以对乡村旅游经营主体进行有效监管，进而影响了乡村旅游的健康发展。

3. 乡村旅游发展的管理机制与体制缺失

由于以往对乡村旅游的发展没有真正重视，其管理机制与体制没有真正建立起来。随着乡村旅游“井喷式”的发展，迫切需要一套完善的管理机制与体制，以确保乡村旅游良性运营及健康发展。

四、我国乡村旅游发展对策

发展乡村旅游是实施乡村振兴战略的重要内容，针对乡村旅游发展中存在的突出问题，应采取有效对策，以更好地推动乡村旅游的健康发展、增加农民收入、助力乡村振兴。

（一）重视乡村旅游发展的前期准备工作

1. 对乡村旅游发展的可行性进行研究

对于特定区域而言，是否适宜发展乡村旅游，首先要分析是否具备资源基础，还要分析其地理区位、交通条件等要素，以及农村人居环境状况，综合分析评价之后再做出判断，切不可盲从于全域旅游理念，不切实际地发展乡村旅游。

2. 对乡村旅游发展进行科学规划

在对乡村旅游发展资源状况、特点及其空间分布、农村居民意愿等进行广泛调研的基础上，科学制定乡村旅游发展规划，明确发展目标、发展思路、发展重点、发展规模及所需要的保障措施等。

3. 对乡村旅游资源的生态承载力进行科学评价

对规划发展乡村旅游的每一个区域进行生态承载能力的评价，分析该区域适宜的游客规模、游客来源，以及对区域旅游资源、生态环境的潜在影响等，并提出相应的预警方案。

4. 对乡村旅游发展主体进行培训

根据规划，对从事乡村旅游的主体以及管理组织成员进行培训，提高他们对乡村旅游的认知水平，以及如何做好乡村旅游服务等工作的业务知识和技术水平，以提升乡村旅游发展的质量。

（二）依据乡村旅游特点强化运营管理

1. 强化绿色理念对乡村旅游发展的指导

“绿水青山就是金山银山”。在乡村旅游发展中，要树立绿色发展理念，切实保护乡村旅游资源基础，强化农村生态系统、农业生产系统以及农村人居环境系统的保护、改善与治理，提升农村生态环境质量。

2. 强化乡村旅游产品的开发

在发展载体方面，积极推动采摘园、农家乐、民宿游等传统乡村旅游产品提质升级，与此同时，推动度假乡村、现代农业庄园等新业态发展，着力提升乡村旅游吸引力，拓展产业链条，促进乡村旅游高质量发展。

3. 着重开发区域性特色强的乡村旅游商品

依据区域农村资源优势，开发区域性特色强的旅游商品，保证商品的质量，提高商品的艺术性，以满足消费者对区域性乡村旅游商品的需求。

4. 充分挖掘区域生态、民族文化、民俗等元素的价值，避免一些误区

乡村旅游要注重发挥区域特色，挖掘关键元素的价值，提升对游客的吸引力，避免过多地引进现代元素符号、城市元素符号。

（三）强化乡村旅游发展的保障体系建设

1. 注重乡村旅游经营管理人才队伍建设

根据区域每个乡村旅游景点的功能定位、发展前景等，制定相应的培养对策，围绕着乡村旅游发展，着力培育一大批“懂农业、爱农村、爱农民”的农业干部和农业技术推广人员，造就一批在农村留得住、用得上、能带动的“土专家、田博士、农创客”，更好地服务于乡村旅游发展，提升乡村旅游发展的水平。

2. 健全乡村旅游的管理组织

随着乡村旅游的不断发展，需要一个有效的组织，以规范、监督乡村旅游发展主体的行为，并进行必要的评价，更好地推动乡村旅游的健康发展。因此，在基层应健全乡村旅游的管理组织，并注重农村居民的广泛参与。

3. 建立与完善乡村旅游发展的机制

创新乡村旅游发展的机制体制，明确政府与市场的作用，各级政府应及时出台促进乡村旅游的相关政策，增加这些政策的精准性和有效性，特别是在新时代，紧紧围绕乡村振兴的硬任务，结合乡村旅游发展的特点，建立完善的机制，引领乡村旅游的健康发展。

4. 制定乡村旅游的标准

随着乡村旅游在全国范围内的发展，两个方面的工作需要规范，即乡村旅游管理规范和乡村旅游服务规范。与此同时，乡村旅游发展主体的多元化、旅游主体需求的多元

化及乡村旅游产品的多元化等，都会对乡村旅游管理的规范化提出更高的要求、更严峻的挑战。为此，要保障乡村旅游实现跨越式发展，迫切需要制定相应的标准，以促使乡村旅游发展规范化、标准化。

5. 强化乡村旅游发展的立法工作

围绕着乡村旅游发展，加强立法，制定地方性法规条例，逐步将乡村旅游纳入法制化轨道，更好地促进乡村旅游的发展。

第四节　乡村旅游的规划与开发

一、乡村旅游资源概述

（一）乡村旅游资源的概念

从地域范围看，乡村旅游资源，顾名思义应该是位于乡村范围内的旅游资源。从内容看，乡村范围内的旅游资源丰富多彩，既包括了地文景观类、水域风光类、生物景观类等自然旅游资源，也包括了古迹和建筑类、休闲求知健身类及购物类等人文旅游资源，也就是说包括了乡村范围内的所有的旅游资源，这是乡村旅游资源广义的概念。但乡村旅游资源应该是一种有自己特色的、有一定内涵的旅游资源，以区别于一般的旅游资源。

从旅游资源的基本要点出发，乡村旅游资源应该是对旅游者具有吸引功能，被旅游业利用后具有经济、社会、生态等综合效益功能，具有作为现代旅游活动的基本属性。同时，乡村旅游资源还应和其他旅游资源一样，需加强保护。总之，乡村旅游资源是指能吸引旅游者前来进行旅游活动，为旅游业所利用，并能产生经济、社会、生态等综合效益的乡村景观客体。

作为乡村旅游资源的乡村景观，应该同时具有吸引功能和综合效益功能，应该是生态环境保护较好的、给人以美的享受的旅游活动的客体。所以，不是所有的乡村景观都能成为旅游资源，也不是所有的乡村都可以开展乡村旅游活动。

（二）乡村旅游资源的构成

作为可以被旅游业利用的乡村景观是以自然环境为基础、人文因素为主导的人类文化与自然环境结合的文化景观。按旅游资源本身属性，乡村旅游资源应属于人文旅游资源的范畴。它是由自然环境、物质要素和非物质要素共同组成的和谐的乡村地域复合体。

1. 自然环境

自然环境是由地质、地貌、气候、水文、土壤、生物等要素组合的自然综合体，是形成乡村景观的基底和背景。人们在自然环境的基础上，创造了与当地自然环境相协调并具有地方特色的乡村景观。乡村旅游资源在外部特征和内部结构上无不打上了自然环境的烙印。组成自然环境的各要素具有地带性分布规律，在此影响下形成的乡村景观，如农业类型、农作物分布、民居形态等也有明显的地带性分布规律。自然环境各要素在农村景观的形成中起着不同的作用。地质地貌条件对乡村景观的宏观外貌起着决定性的作用，海拔的高低、地形的起伏决定了农村景观的类型，如江南平原地区的水乡景观、山区的梯田景观等。地质地貌条件也制约着一些地区资源的利用和开发程度，从而影响了各地乡村的社会经济和人们的生活状况。气候条件对乡村景观也起着巨大作用，影响着动植物分布、土地类型、耕作制度及民居类型。水文条件也影响着农业类型、水陆交通、聚落布局等。土壤条件直接影响了农业生产的布局。生物，尤其是植物是组成乡村景观的重要因素，形成了各具特色的森林景观、农田景观、草原景观等。不同的动物种群又形成了牧场景观、渔场景观等不同的景观。

2. 物质要素

物质要素是乡村旅游资源中游客亲身观察到的具体事象，如地形、土壤、森林、农业、聚落、房屋建筑等有形的物质，这些物质要素的不同组合，形成了不同乡村景观的外部特征。乡村的物质生产是乡村旅游资源中最基本的组成要素，可以形成不同的乡村旅游资源类型，如田园风光、草原牧场、渔区景色、林区景观、城郊农业景观等。一个地区的建筑是该地区自然环境和人文环境诸要素共同作用的产物。从建筑材料、房屋形态、聚落规模、布局、功能等方面可以反映出该地区的地貌、气候、水文、生物等自然条件，经济状况、民族文化、人口密度、土地利用状况、生活习惯等社会经济条件。民族服饰也是民族文化的集中反映。

3. 非物质要素

乡村旅游资源还包括一些人们无法直接通过感官感知的无形的非物质成分，如人们的思想意识、道德情操、价值观念、心理特征、思维方式、民族性格、风俗习惯、宗教信仰、政治观点等。它们构成了乡村旅游资源的核心，是乡村旅游资源的灵魂和精髓所在。人们只有在欣赏乡村旅游资源外貌特征的同时，用心品味其深层次的文化内涵，才能真正领略到有滋有味、情景交融的乡村景观的内在特征。同时，一个地区居民的文化气质、精神面貌、生活习惯又能形成一种特有的“氛围”，即人文景观的氛围，如使人们感受到奋发向上或活泼愉快的气氛。

（三）乡村旅游资源的特点

1. 人与自然的和谐

作为旅游资源的乡村景观是人类长期以来与自然环境相互作用、相互影响形成的文化景观，这种景观的形成过程无一不是人与地理环境的不断磨合的过程。当人们掌握自然规律，遵循生态学的原理，人与自然关系协调时，大自然就给人们以恩惠，乡村社会经济得到发展，反之则要受到大自然的惩罚。人们经过与自然环境的反复较量，逐渐认识并掌握了自然规律。因此，人们对自然环境长期改造和适应形成的乡村景观是人与自然共同创造的和谐的文化景观。

2. 广泛性

世界上除高山、沙漠和寒冷地带外，广泛分布着从事农、林、牧、渔业的居民，在自然条件的基础上，人们通过世代不断的努力，创造了各有特色的乡村景观，它们广泛分布于世界各地，其中不少可以作为乡村旅游资源进行开发利用。因此，乡村旅游资源在空间分布上具有极广泛的特点。

3. 多样性

旅游资源多样化的组合形式，决定了乡村旅游资源内容丰富、类型多样。既有农村、牧村、渔村、林区等不同的农业景观，集镇、村落等不同特点的聚落景观，又有各地区丰富多彩的民族风情。所以乡村旅游资源具有多样性的特点。

4. 地域性

乡村旅游资源与自然环境、社会环境的关系十分密切。在不同的环境影响下，有不同的景观类型。即使同一种景观类型，在不同的自然条件下又有不同的特征，如不同气候带形成了相应的农业带。而由政治、宗教、民族、文化、人口、经济、历史等要素组成的社会环境的差异性又往往形成不同的乡村民俗文化，如民族服饰、信仰、礼仪、节日庆典等。由于地球上自然环境和社会环境的地域差异性，乡村旅游资源具有明显地域性的特点。

5. 系统性

在人与自然环境长期作用下形成的乡村旅游资源，是自然环境和人文环境各要素组成的复杂而和谐的统一整体，任何要素的变化都会引起乡村景观的变化。乡村景观受自然规律的支配和社会规律的影响，形成了一个复杂的系统。故乡村旅游资源具有整体性和系统性的特点。

6. 季节性

乡村旅游资源的季节性既表现在人们一年内有规律的生产、生活的运行规律，也表现在随四季的变化而形成的自然环境、农业生产和社会生活的季节变化和明显的周期性的特点。所以，乡村旅游资源具有季节性的变化规律。

7. 民族性

民族文化是乡村旅游资源的重要内容，各民族都有本民族特有的文化。在信息交流频繁的城市，原有的地域民族文化较多地融合了其他民族的变化，形成了多民族文化的交融，使原有的民族文化发生变异。而广大乡村，由于地理区位、交通和信息条件的限制，民族文化的传承性较强，传统的原汁原味的民族文化能较完整地保留下来，故乡村旅游资源具有明显的民族性特点。越是民族性强的旅游资源，越具有吸引力，尤其是地处我国边远地区的少数民族乡村，拥有浓郁的民俗文化。

8. 时代性

乡村文化景观是一定历史时期的产物，具有显著的时代特征。随着社会的进步、科学技术的发展、文化交流的扩大，乡村景观也发生了相应变化，从其变化中可以清晰地看到时代发展的轨迹。

9. 保护性

乡村生态环境是一个自然生态系统与社会系统共同组成的复杂的大系统。生态系统相当脆弱，一旦遭受破坏就难以恢复。乡村生态环境不仅是旅游活动的客观环境，也是广大农民赖以生存与发展的基础。因此，对乡村旅游资源进行开发利用时，必须遵循生态学的规律，把保护乡村生态环境放在首位，始终坚持保护性的开发原则。

（四）乡村旅游资源分类原则

1. 同质原则

同一类型的乡村旅游资源的主要组成成分、景观外部特征、景观功能、内部结构应保持相对一致性，而与其他类型旅游资源有较大的差异性。

2. 发生、演化一致性原则

同一类型的乡村旅游资源的形成基础，包括自然环境、社会环境应具有相似性的特征，同一类型的旅游资源应有共同的发展过程和演变规律。此外，同类型乡村旅游资源未来具有大致相同的发展方向。

3. 同时性原则

乡村旅游资源是一个具有季节变化特点的地域综合体，不同的季节出现不同的景观，有时甚至会在较短时段内发生较大的变化。因此，在对乡村旅游资源进行分类或对不同类型的乡村旅游资源进行比较时，必须遵循同时性原则，才能真实地反映出不同类型乡村旅游资源的不同特征。

二、乡村景观构成与设计

（一）乡村景观构成

乡村景观主要由乡村田园景观、乡村聚落景观、乡村建筑景观、乡村农耕文化景观和乡村民俗文化景观构成。它们以不同的方式组合，形成了不同的乡村旅游景观。

1. 乡村田园景观

自然田园风光是乡村景观中最主要的构成部分，是乡村旅游景区建设的基础，它包括大规模或连片的农田带、多种类的经济果林与蔬菜园区、一定面积的天然或人工水面等。

2. 乡村聚落景观

聚落是人类活动的中心，它既是人们居住、生活、休息和进行社会活动的场所，也是人们进行生产劳动的场所。我国乡村聚落分为集聚型，即团状、带状和环状村落；散漫型，即点状村落；特殊型，表现为帐篷、水村、土楼和窑洞等。乡村聚落的形态、分布特点及建筑布局构成了乡村聚落景观丰富的内涵。这种景观具有整体性、独特性和传统性等特点，反映了村民们的居住方式，往往成为区别于其他乡村的显著标志。

3. 乡村建筑景观

乡村建筑包括乡村民居、乡村宗祠建筑及其他建筑形式。不同地域的乡村民居均代表一定的地方特色，其风格迥异，给游客以不同的感受。如青藏高原的碉房、内蒙古草原的毡包、喀什乡村的“阿以旺”、苗乡的寨子、黄土高原的窑洞、东北林区的板屋、客家的土楼等，千姿百态，具有浓郁的乡土风情。乡村宗祠建筑，如气派恢宏的祠堂、高大挺拔的文笔塔、装饰华美的寺庙等是乡村发展的历史见证，反映出乡村居民生活的某一侧面。

4. 乡村农耕文化景观

我国农业生产源远流长，乡村劳作形式种类繁多，有刀耕火种、水车灌溉、围湖造田、采药摘茶等，这些都充满了浓郁的乡土文化气息，体现出不同的农耕文化，对于城市居民、外国游客极具吸引力。

5. 乡村民俗文化景观

乡风民俗反映出特定地域乡村居民的生活习惯、风土人情，是乡村民俗文化长期积淀的结果。乡村传统节日精彩纷呈，藏族有浴佛节、雪顿节等；彝族有火把节等；傣族有泼水节等。龙舟竞渡、赛马、射箭、荡秋千等各种民俗活动都具有较高的旅游开发价值。此外，各地民间工艺品，如潍坊年画、贵州蜡染、南通扎染、青田石刻以及各种刺绣、草编、泥人、面人等，无不因其浓郁的乡土特色而深受游客青睐。

（二）乡村景观设计

从旅游的角度而言，景观即风景，而风景具有景物、景感和条件三要素，其中景物构成了风景的客观物质要素，景感则构成了风景主观情感要素，条件则是指影响景观构成的各种限制性因素。乡村性景观界定了乡村景观的物质构成、景观体验和造景方式与城市景观的不同，乡村性的景观可以分成物态构成、行为构成、制度构成和精神构成四个部分，乡村性景观可以从这四个层面进行规划设计，从而为人们提供多角度的丰富多彩的乡村旅游审美体验。

1. 物态构成

物态层面的乡村性景观是乡村文化的构成基础。旅游也被称作观光、看风景，而看的主体是物化的景观，从旅游景观设计角度而言，要选择那些符合社会积淀的“有意味的形式”类的物质形象。《天净沙·秋思》中“枯藤老树昏鸦，小桥流水人家，古道西风瘦马”以及《山村咏怀》中“一去二三里，烟村四五家；亭台六七座，八九十枝花”以近乎素描的方式为人们选择乡村性景观提供了启示。一般而言，这类物象可分为两大类：一是以乡村自然风貌、动植物和乡村生态环境为代表的自然物，如老树、枯藤、流水、西风、瘦马等；二是以乡村建筑、文物古迹、宗教庙宇、宗族祠堂、民俗工艺品等为代表的人造物，如小桥、人家、亭台等，代表了乡村群体在历史长河中社会实践的“显著成就”。其中最具乡村审美意象的就是以古村、古屋、古祠、古坊、古路、古桥、古塔、古井、古塘、古树及古藤等资源所构成的、具有历史岁月感的、完整的乡村生活物态空间结构整体，这些物质存在与乡村居民世世代代的衣、食、住、行等需求密切相关，具有浓郁的乡村文化氛围。

2. 行为构成

乡村性景观的行为层面的构成主要以乡村非物质文化遗产为代表，这其中比较具有旅游体验价值的有：传统手工艺、民间歌舞表演艺术、传统风味饮食、家风家教以及少数民族村寨的各种民族礼仪与祭祀仪式等“外显的行为模式”。这些可视化的行为文化是乡村旅游体验的核心，是乡村生活美学的精华，但这些具有地域性特征的行为文化必须在乡村性景观的物质环境场景下展现才有味道。这一点袁家村的油泼辣子，提供了示范：游客置身于一家面积很大的辣子坊，入眼便是一串串的干辣椒，巨大的石磨正在磨着红红的干辣椒，滚烫的麻油浇在被碾碎的辣椒上，视觉、听觉、嗅觉一并被调动起来，味觉也随之兴奋起来，随之就是买买买。磨坊、石碾、辣椒被一套传统的油泼辣子工艺串联起来，共同形成购买体验。

3. 制度构成

乡村性景观的制度层面的构成主要以村规民约等为代表，是乡村传统文化载体的基础保障，主要由传统道德、不成文的村规民俗和成文的法律规则以及各种正式和非正式组织所构成的各种社会规范，乡村的基层治理结构、乡约村规等社会治理方面的文化组成。这些文化在乡村旅游开发中不能以教科书式的展示来体现，而是要发挥其村规民约的实际功效。袁家村因关中小吃而走红，如何让游客吃得放心呢？村里创造性地采用民间传统的“发誓”这一民间常用的承诺方式，要求所有店主在门口竖立诸如“店主发誓承诺，如果掺假，甘愿祸及子孙”的发誓牌子，让游客感受到鲜活的民间制度文化。

4. 精神构成

乡村性景观最核心的文化内核就体现在精神层面，其中乡村百姓的信仰、家国情怀、乡贤精神、家风祖训等“内隐的行为模式”是其核心，常常以一种潜在的形式存在，最不易被旅游者感受到，却又最具旅游体验性与人文教育性。袁家村通过关中传统民居、民俗等物质和外显的行为文化，构建了可视化的旅游体验场景，创造性地使用传统村规民约约束住了村民和旅游经营者的行为，通过共同富裕的宣传感召和利益平衡机制组织动员了全体村民，将袁家村的核心精神文化以乡村生活的形式呈现在广大旅游者面前。

乡村经过漫长历史长河洗礼，已经在人们头脑中形成了“共同心理图像”。具体来说就是乡村的房子、院子和村子在具备自身地域特色的“形式”的同时，还要暗合如《归园田居》与《过故人庄》等田园诗歌中所传达出来的“意味”。这个意味要从乡村的生产、生活、生态“三生资源”中去挖掘和提炼，通过景观化、功能化、舞台化，来实现旅游体验的所要求的好看、好用和好玩，满足旅游者过一阵“他者”生活的怀乡诉求。

三、乡村旅游开发动力系统

（一）乡村旅游动力系统结构

系统论认为，系统是由相互作用和相互依赖的若干组成部分结合而成的具有特定功能的有机整体，系统各单元间、系统间都存在物质、能量、信息等的流动。旅游活动本身就是一个由不同子系统构成的巨系统。从系统动力源的角度，旅游系统主要由旅游主体（旅游者）、旅游客体（旅游吸引物）、旅游媒体（旅游产业）和旅游支持体（政府）四部分构成，而城市居民、农民、旅游业、政府是构成我国乡村旅游系统的四个子系统，即作为乡村旅游主要客源的城市居民是乡村旅游主体的代表；作为乡村旅游吸引物主要拥有者的农民是乡村旅游客体的代表；作为各种旅游要素整合者的旅游业是乡村旅游媒体的代表；作为乡村旅游规划者的各级政府组织是乡村旅游支持体的代表。城市居民、农民、旅游业、政府在乡村旅游中的基本诉求，形成了乡村旅游的需求动力、供给动力、营销动力和扶持动力，构成了乡村旅游发展的核心动力系统。反向性、乡村性、本土性、现代化、市场性、产业化、一体化、小康化是乡村旅游动力系统的8个驱动因子（见图6-1）。

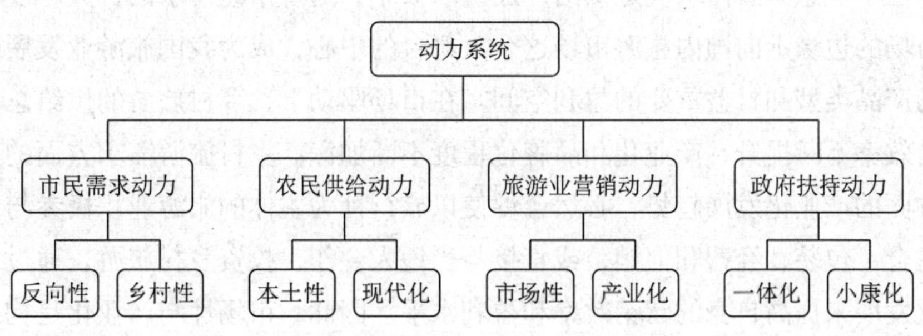

图6-1 乡村旅游动力系统结构[①]

① 杨军．中国乡村旅游驱动力因子及其系统优化研究［J］．旅游科学，2006（8）．

（二）乡村旅游驱动因子分析

1. 需求动力来自城市居民对乡村性的追求

旅游业得以产生和发展的基础是旅游客源地与目的地之间的差异，包括自然的差异、文化的差异以及人们在不同的活动和经历中体验的差异与感悟的差异。追求差异化的旅游行为称为“反向旅游”，反向性是旅游活动的根本驱动力。乡村旅游便是一种典型的反向旅游，其反向性是建立在由乡村的人居环境、田园风光、生活方式、民俗风情和生产活动等城市所不具备的独特要素形成的乡村性的基础之上的。城市生活环境与乡村生活环境所形成的巨大“压差”，吸引着城市居民暂时离开城市，走进乡村，去体验与城市截然不同的生活，形成了城市居民对乡村旅游的巨大需求。客源地的城市性与目的地的乡村性级差或梯度是乡村旅游的动力源泉，乡村旅游生存的基础是乡村性或乡村地格。因此，乡村性与反向性是构成乡村旅游需求动力的两个核心因子。

2. 供给动力来自农民对现代化的追求

我国城乡收入差距水平比大多数国家都高，城乡收入差距问题突出。农村与城市在基础设施、医疗卫生、文化教育、经济收入、社会保障等方面的巨大差距，使广大农民向往城市生活，具有强烈的现代化诉求。同时，乡村旅游的本质特征是“农游合一”，广大农民“亦农亦旅”，既不离土也不离乡，可以就地将生活性资产和生产性资产转化为经营性资产，投资小、风险小、经营灵活、不误农时，具有明显的本土性，非常适合农民经营，是广大农民脱贫致富、实现现代化梦想的最佳途径之一。因此，本土性与现代化是构成乡村旅游供给动力的两个核心因子。

3. 营销动力来自旅游业对利润的追求

作为旅游业的一种形态，乡村旅游具有明显的市场性，遵循着市场经济的一般规律。市场性不仅意味着需求决定供给，还讲求效率。随着市场需求的扩大，乡村旅游正从旅游市场的边缘走向国内旅游市场这个大舞台的中心，成为我国旅游业发展中一种不可或缺的产品类型和日益重要的盈利空间。在市场驱动下，乡村旅游的供给总量不断增加、供给效率不断提升、产业化和品牌化程度不断加深。乡村旅游需求方面的不断增量与供给方面的产业化发展趋势，必然会促使以旅行社为主体的旅游业积极参与乡村旅游产品的组合、包装、经营和促销，或直接与当地人合作，投资乡村旅游，通过乡村旅游的产业化发展来提高自身的营销效率和盈利水平。因此，市场性与产业化是构成乡村旅游营销动力的两个核心因子。

4. 扶持动力来自政府对城乡一体化的追求

我国城乡间日益凸显的巨大差距势必引发一系列社会问题，因此加快城乡一体化进程、实现全面小康成为我国各级政府的重任。大量的实证研究表明，乡村旅游具有反贫困功能，能够带动农村地区发展。乡村旅游不仅可以有效开发利用农业资源，促进农村的产业升级和优化，引发乘数效应，扩大就业和拓展农民增收渠道；而且有助于保护乡村文化和历史遗产，提高乡村综合环境质量，促进乡村社区多元化发展和人口素质提高，对重构经济社会系统具有特殊意义。乡村旅游的发展为第一与第三产业的结合找到了一个重要切入点，成为平衡城乡发展和缩小城乡差距的重要渠道。因此，各级政府对乡村旅游给予了大力扶持，一体化和小康化成为构成乡村旅游扶持动力的两个核心因子。

（三）乡村旅游动力系统的优化

反向性、乡村性、本土性、现代化、市场性、产业化、一体化、小康化这 8 个属性方面和诉求方面的驱动因子分别隶属于城市居民、农民、旅游业、政府 4 个子系统，由于切入点不同，客观上存在一定的激励不相容现象，造成了动力系统内部因子间的摩擦。解决相互间摩擦，可以通过舞台化、利益化、共生化和组织化等途径，提高乡村旅游动力系统的效能，从而促使乡村社区经济、文化与环境的可持续发展。

1. 舞台化

舞台化是在一体化过程中保持反向性的有效途径。所谓舞台化并不是将乡村生活完全戏剧化或虚拟化，而是按照游客实际需求，将乡村生活划分为“前台”与“后台”。“前台、后台”的理论，最初是美国社会人类学家马康纳（Dean MacCannell）将社会学家戈夫曼（Erving Golfman）的“拟剧论”（Dramaturgical Perspective）大胆地引入旅游活动及旅游与“现代性”关系研究中的。戈夫曼把社会结构比作一个大舞台，并提出了“前台”（The Front Stage）与“后台”（The Back Stage）的理论。“前台”指演员演出及宾客与服务人员接触交往的地方，针对陌生人或偶然结识的朋友的行动叫“前台”行为；“后台”指演员准备节目的地方，是一个封闭的空间，是不能向外人随便展示的。旅游开发中的舞台化操作，就是把当地居民生活中的一部分内容放到前台加以展示，对后台基本采取封闭的做法。在马康纳“前台、后台”理论的基础上，杨振之[①]提出了“前台、帷幕、后台”的旅游开发模式，认为如果让旅游目的地社区全部打开大门，毫无屏障地迎接游客的到来，那么整个社区都成了前台，东道主真实的社会生活也就没有了存在的空间，文化的存续将会出现严重的危机。为了不让前台的商业浪潮席卷整个旅游目的地社区，为了使东道主社区有一个保留其文化形态原生性的空间，需要设置一道屏障，就是帷幕。帷幕是前台与后台之间的一个“缓冲区”，将前台与后台分割，封闭了后台，使之更具神秘性，同时也保护了后台。“缓冲区”是一个象征，其空间范围根据实际需要可大可小。

实践表明，一般游客对乡村旅游景观及其原生态文化的要求具有两面性：一方面，游客希望体验真实的乡村文化、饮食、风俗、景观等；另一方面，游客无法忍受乡村在基础设施、卫生状况、舒适程度等方面的落后。也就是说，游客追求的反向性是有限度的、相

① 杨振之．前台、帷幕、后台——民族文化保护与旅游开发的新模式探索［J］．民族研究，2006（3）．

对的，甚至是表面的，是在居住环境、生活习俗、文化传承等方面的反向性，而不是维持落后面貌的反向性。因此，可以按照“舞台化”理论，在开发乡村旅游时将游客所追求的要素置于前台，满足游客体验乡村生活及对“乡村意象”的追求；同时，将农民所追求的要素置于后台，顺应农民对一体化的要求，并在前后台之间设立相应的“缓冲区”。

2. 利益化

利益化是在现代化进程中保持乡村性的有效途径。在发展乡村旅游的过程中，一方面，要尊重乡村现代化的内在要求，通过现代化的技术手段和理念来促进乡村基础设施和环境质量的改善，提高农民生活质量和文明程度，为乡村旅游发展创造良好的外部条件；另一方面，要尽可能地使乡村整体景观保持浓郁的乡村性。乡村旅游可持续发展的关键就是要保持乡村性，而农民主动维持乡村性的动力便是从乡村旅游发展中受益。因而要通过科学的规划和有力的引导，使广大农民在现代化与乡村性之间找到自身利益的结合点，使他们认识到乡村性是乡村旅游的核心吸引物，是他们从事乡村旅游的宝贵资源，从而使乡村性得以传承和优化。

3. 共生化

保证当地居民受益的机制是旅游产业链的本土化与经营者的共生化，共生化是在产业化过程中保持本土性的有效途径。要清醒地认识到产业规模大并不一定等于农民收益高，发展乡村旅游既要满足产业化的需要，积极吸引外来资金、技术和人才；又要对外来要素进行科学引导和规范，在规划制定、项目设计、利益分配等方面充分照顾当地农民的福利，为农民创造更多的参与机会。同时，要通过政策的倾斜与扶持，加大对当地农民的技能培训、业务指导和金融支持等，提高乡村旅游产业化发展所需要的各种要素在当地的自供能力。通过农民的自主经营、与外来经营者的共同经营、为外来经营者服务等途径，形成共生经济关系，实现共同发展。

4. 组织化

组织化是在尊重市场性的同时实现全面小康化的有效途径。乡村旅游市场性形成的扶贫缺陷，要求我们在发展乡村旅游时，不能放任自流。既要尊重市场规律，又要通过积极干预来克服市场失灵，把帮助弱势群体广泛参与作为乡村旅游工作的重要内容。通过组建乡村旅游协会、农村旅游合作社等组织，将分散的弱势群体组织起来，并通过科学的规划、合理的制度安排等给予扶持与引导，培育弱势群体的发展机会和发展能力，建立公平的利益分配机制，使乡村旅游不仅能带动贫困地区总体上的发展，而且能带动当地绝大多数农民脱贫致富。

四、乡村旅游开发原则

乡村旅游开发是运用一定的资金和技术，对乡村的自然旅游资源、社会文化旅游资源、公共投资、技术与人力资源、服务设施、基础设施等旅游产业要素及相关社会经济资源优化配置，使潜在的旅游资源转化为旅游者可以利用的旅游吸引物，并因此产生经济价值及其他多种价值，或对已被部分利用资源的广度和深度进行开发，从而提高旅游资源综合价值的过程。

（一）因地制宜，维护和突出特色

农业生产具有强烈的地域性和季节性，发展乡村旅游必须因地、因时制宜，突出区域特色。个性很强的乡村社区在旅游开发中应服从个性发展并强化形象，个性特征不强的乡村社区应该创设出具有个性且符合社区实际的旅游形象。开发过程中，应该根据实际科学地进行 CI 策划（形象策划），同时研究 CS（顾客满意度）战略，把 CI 与 CS 有机结合，使乡村社区策划系统（CI+CS）更趋科学、合理，营造出特色突出、形象丰满的旅游社区体系。

（二）依法开发原则

（1）旅游开发必须遵循相应的保护法规，如《水法》《森林法》《基本农田保护法》《野生动物保护法》等，不至于使乡村社区在旅游过程中环境与人的和谐意境受到损害。

（2）杜绝“黄、赌”等现象的出现。“走婚”等不合乎国家法规的旅游产品，严重影响了社区形象，同时也滋生了犯罪活动，对社会生活构成了威胁，所以此类产品一定要坚决杜绝。

（三）原汁原味原则

旅游开发时，要尽量保持旅游资源的原始性和真实性。具体表现在不仅保持大自然的原生韵味，而且保护当地特有的传统文化，避免因开发造成文化污染，避免盲目地把城市现代化建筑、设施植入乡村景区。旅游接待设施也应该与当地自然及文化协调，保证当地人与自然的和谐关系，提供原汁原味的“真品”和“精品”给游客。但这并不是说阻止社区进步，阻止当地发展经济，而是实现旅游与经济发展二者的最佳结合。

（四）市场主体原则

（1）开发过程中必须以市场需求为导向、资源开发为中心、产品设计为重点，按照“市场—资源—产品—市场”的模式，开发适销对路产品，建设特色园区、精品项目，组织主题鲜明、多层次的旅游线路。

（2）按规范化市场机制运作，避免政府唱独角戏。乡村旅游是从乡村社区进化和结构优化的角度来指导旅游开发的，它不仅仅涉及旅游部门，还涉及乡村社区的各个方面，可以说是一项社区建设的系统工程，协调性很强，所以各个部门都要高效、快速地协作，保证乡村旅游这一系统的全面展开。

（五）承载力控制原则

在旅游开发和利用过程中，应遵循生态规律，具体体现在遵循生态容量这一基本规律上。对生态旅游资源及环境的开发和利用都有一个承载力的范围，超出这一范围，旅游资源及环境就会受到破坏。为此，我们应该把旅游活动强度和旅客进入人数控制在资源和环境的承载力范围之内，避免出现乡村社区内土壤板结、果实青黄不接、垃圾随地可见的局面。

（六）环境教育原则

乡村旅游与传统的大众旅游差异之一便是对游客具有环境教育功能，使游客在愉悦之中提高环保意识。旅游开发时，必须认真考虑在旅游区中设计一些能启迪游客环境意识的设施和旅游项目。同时在乡村社区内落实环保宣传的措施，按区划分，责任到人，使民众参与进来，保持乡村“碧水蓝天”“山清水秀”的田园风光。

（七）可持续发展原则

1998 年第九届全国人大提出了中国农业发展的新战略，即“建设一个山川秀美、可持续发展的生态农业”。乡村旅游也应以可持续发展理论为指导，审视经济发展、生态环境与农业发展的相互关系。避免大旅游的粗放性开发和经营，避免开发中的破坏性行为，避免低水平管理所带来的破坏，将开发与保护、开发与扶贫结合起来，创造一个环境优美、市场规范、品位高雅、生态文明的乡村旅游度假区，实现社区社会、经济、生态、环境等各方面的协调共生与永续发展。

（八）社区居民参与原则

当地居民是社区的主体，离开当地居民，旅游社区功能就无从谈起。因此，在乡村旅游中应尽可能地积极引导当地居民参与到旅游投资、旅游运输、旅游服务和旅游商品的生产、加工、销售等中来。这样既能方便游客，完善旅游服务，增强地方特有的文化气氛，提高资源的吸引力，又能让社区居民从旅游中受益，实现旅游扶贫的功能，避免出现居民对发展旅游的逆反心理，也使自觉保护更具有强有力的动力。

（九）合理规划原则

在乡村旅游开发过程中，应合理规划、科学设计，将旅游资源开发与自然环境保护、再生资源永续利用紧密结合，谋求经济效益、生态效益的协调；同时要与基本农田保护规划、村镇建设规划相结合，搞好农村居民点与道路规划，合理开发和整理土地，改善农村环境。在保留传统民居的同时兴建新民居；搞好基础设施建设，方便游客观光、游览、购物、参与农作、休闲、度假等多项活动。

（十）客主权益兼顾原则

在旅游经济范畴内，旅游景区与游客在发生游览行为的过程中，构成对立统一的整体，双方的权益均应得到维护，否则旅游经济就不可能得到健康发展。因此，既要考虑如何使景区有正常收益，又要考虑游客的承受能力；既要注重保护当地居民的正常生活、生产，又要保证游客的合法消费权益。另外，还应对游客进行教育，以免因不了解当地民风民俗而对社区居民产生误解、对立。

五、乡村旅游开发模式

（一）按投资方式划分

1. 政府投资开发模式

该模式由政府全面负责开发，投入资金，解决和安置村民。这种开发结果往往会造成投入与产出不成比例，加重政府的财政负担，而且存在巨大的投入与收益不确定性风险问题。

2. 政府出资金与农民出资源的合股模式

由政府出资主导开发，农民比较放心，旅游开发的收入也不会外流，政府也相对容易协调与村民的关系。但政府需要花大量的资金和时间处理开发事务，而且还要承担开发风险。

3. 政府主导和协调，由外来或本地投资商独资模式

这种开发模式对于政府而言，只需要协调村民与投资商的关系，风险最小。政府将资源拿来直接交给开发商进行开发，开发商不需要直接与村民打交道，与村民的关系处理变成了政府的事情。只是开发商需要投入资金，以换取资源。但对政府而言，政府首先要从开发商中取得资源置换费，或者先行垫资对村民进行搬迁工作，如果没有大额的迁移补助，政府协调的压力也可想而知。此外，政府还要不时协调旅游开发与村民之间的矛盾，一旦当地村民无法从旅游中受益，他们就会成为旅游开发和开发后旅游业顺利开展的障碍。这种开发模式适合规模较小、人口密度小、资源相对比较集中的乡村。

4. 政府主导，外来或本地投资商与当地村民合股开发的模式

由政府主导，架起当地村民与投资商的联系桥梁，协调当地村民与投资商的关系，解决投资商与村民的矛盾，给予投资商和当地村民政策保障。但在实际旅游开发中，部分村民可能会出现逐利行为，不愿与开发商签订后期协议以及执行协议。

5. 撇开政府，由当地村民委员会与外来投资商合股开发的模式

这种开发模式适用于发达地区和村民素质普遍较高的区域，需要当地村民委员会独

立完成投资开发协调重任，并加强对开发商的监督。否则开发商可能受短期经济利益的驱动，对当地资源进行超强度的开发，因而可能会出现开发性的资源破坏现象，使当地的旅游资源尤其是历史人文旅游资源造成不可挽回的损失。

（二）按乡村旅游经营方式划分

1. 个体农庄模式

个体农庄模式以“旅游个体户”的形式出现，通过对自己经营的农牧果场进行改造和旅游项目建设，使之成为一个完整的旅游景点，能完成旅游接待和服务工作。通过个体农庄的发展，吸纳附近闲散劳动力，形成以点带面的发展模式。如湖南益阳赫山区的花乡农家和内蒙古乌拉特中旗的瑙干塔拉，通过旅游个体户自身的发展带动了同村的农牧民参与乡村旅游的开发，走上共同致富的道路。

2. “农户 + 农户”模式

在远离市场的乡村，农民对企业介入乡村旅游开发有一定的顾虑，大多农户不愿把资金或土地交给公司来经营，他们更信任那些“示范户”。在这些山村里，通常是“开拓户”首先开发乡村旅游并获得了成功，在他们的示范带动下，农户们纷纷加入旅游接待的行列，并向示范户学习经验和技术，在短暂的磨合后，就形成了“农户 + 农户”的乡村旅游开发模式。这种模式通常投入较少，接待量有限，但乡村文化保留最真实，游客花费少，还能体验最真的本地习俗和文化，是最受欢迎的乡村旅游形式。但受管理水平和资金投入的影响，通常旅游的带动效应有限。在湖南汉寿县的“鹿溪农家”，从2001 年 7 月起开发乡村旅游，最初只有两户村民参与，在不到一年的旅游接待中，“开拓户”获纯利 8000 元，产生了巨大的示范效应，到 2003 年全村 30 多户中有 14 户条件较好的农户参与旅游接待服务，还有不少农户提供特种家禽、绿色蔬菜、山里野菜、生态河鱼等农产品和参与民俗表演，逐渐形成了“家禽养殖户”“绿色蔬菜户”“水产养殖户”“民俗表演队”等专业户和旅游服务组织，吸纳了大量富余劳动力，形成了“一户一特色”的规模化产业。通过乡村旅游的开发，顺利调整了农村产业结构，实现了农村经济的良性发展。

3. “公司 + 农户”模式

在发展乡村经济的实践中，高科技种养业成功地推出了“公司 + 农户”的发展模式，因其充分地考虑了农户利益，在社区全方位的参与中带动了乡村经济的发展。这种模式包括“公司 + 农户”和“公司 + 社区 + 农户”两种模式。

（1）“公司 + 农户”模式。通过吸纳社区农户参与到乡村旅游的开发中来，在开发乡村旅游资源时，充分利用了社区农户闲置的资产、富余的劳动力、丰富的农事活动，增加了农户的收入，丰富了旅游活动，向游客展示了真实的乡村文化。同时，通过引进旅游公司的管理模式，对农户的接待服务进行规范，避免不良竞争损害游客的利益。

（2）“公司 + 社区 + 农户”的模式。公司先与当地社区（如村委会）进行合作，通过村委会组织农户参与乡村旅游，公司一般不与农户直接合作，但农户接待服务、参与旅游开发则要经过公司的专业培训，并制定相关的规定，以规范农户的行为，保证接待服务水平，保障公司、农户和游客的利益。在湖南浏阳市“中源农家”，2001 年成立了“浏阳中源农家旅游公司”，负责规划、招徕、营销、宣传和培训；村委会成立专门的协调办，负责选拔农户、安排接待、定期检查、处理事故等；农户负责维修自家民居，按规定接待、提供导游服务、打扫环境卫生，全村农户积极参与旅游的接待服务，保证了公司、农户、游客的利益，同时村级经济实力也得到了较大的提高，并改善了村里公路，增加了公共设施。

4.“政府 + 公司 + 农村旅游协会 + 旅行社”模式

这一模式的特点是发挥旅游产业链中各环节的优势，通过合理分享利益，避免了乡村旅游开发过度商业化，保护了本土文化，增强了当地居民的自豪感，从而为旅游可持续发展奠定了基础。例如，贵州平坝区天龙镇在发展乡村旅游时就采用了这种模式，当地政府负责乡村旅游的规划和基础设施建设，优化发展环境；乡村旅游公司负责经营管理和商业运作；农民旅游协会负责组织村民参与地方戏的表演、工艺品的制作等，并负责维护和修缮各自的传统民居，协调公司与农民的利益；旅行社负责开拓市场，组织客源。天龙镇从 2001 年 9 月开发乡村旅游，到 2002 年参与旅游开发的农户人均收入提高了 50%，同时推进了农村产业结构的调整，在参与旅游的农户中有 42% 的劳动力从事服务业，并为农村弱势群体（妇女、老人）提供了旅游从业机会，最大限度地保存了当地文化的真实性，使古老的民族文化呈现出勃勃生机。

5. 股份制模式

为了合理地开发旅游资源，保护乡村旅游的生态环境，可以根据资源的产权将乡村旅游资源界定为国家产权、乡村集体产权、村民小组产权和农户个人产权 4 种产权主体。在开发乡村旅游时，可采取国家、集体和农户个体合作，把旅游资源、特殊技术、劳动量转化成股本，收益按股分红与按劳分红相结合，进行股份合作制经营。通过土地、技术、劳动等形式参与乡村旅游的开发。企业通过公积金的积累完成扩大再生产和乡村生态保护与恢复，以及相应旅游设施的建设与维护。通过公益金的形式投入乡村的公益事业（如导游培训、旅行社经营和乡村旅游管理），以及维持社区居民参与机制的运行等。同时通过股金分红支付股东的股利分配。这样，国家、集体和个人可在乡村旅游开发中按照自己的股份获得相应的收益，实现社区参与的深层次转变。通过“股份制”的乡村旅游开发，把社区居民的责（任）、权（利）、利（益）有机结合起来，引导居民自觉参与他们赖以生存的生态资源的保护，从而保证乡村旅游的良性发展。如厦门岛东海岸区黄厝村在旅游开发中对旅游股份合作制做了有益的探讨，并取得了显著的效果。

6. 产业依托型模式

该模式是以有较好经济基础的乡村为依托，立足当地规模化的农业产业优势，以旅游市场需求为导向，通过政府引导、企业为主、村民参与，进行旅游项目开发，积极发展乡村旅游产品，促进旅游业的快速发展。如云南红河州蒙自市依托十几万亩石榴、桃李等果园，积极开发和发展果园旅游，不仅促进了水果产品的生产、加工和销售，而且带动了农村经济社会的全面发展。该模式的特点：一是依托和发挥农业产业化、规模化生产的比较优势，大力发展特色乡村旅游，具有投资少、见效快的突出特点；二是既满足了旅游者观光、休闲和乡村体验的多样化旅游需求，又促进了当地农副产品的生产、加工和就地销售，促进了农村经济的发展；三是引导农民开展旅游接待服务，既创造了新的就业岗位，又增加了农民收入，提高了农民的服务意识和综合素质；四是带动了农村产业结构的调整，促进农村生产生活条件和村容村貌的改善，形成了良好的旅游环境和氛围，促进了乡村旅游的发展。

7. 综合开发模式

该模式是针对乡村旅游资源丰富的县（市），由政府主导进行乡村旅游的规划设计，投入资金建设和改善公共基础设施，开发核心景点，吸引社会资金投入建设旅游设施，引导乡镇居民参与旅游接待服务，促进乡村旅游的快速发展。如云南迪庆州的香格里拉以宁静的森林、洁净的湖泊、辽阔的牧场、独特的藏族风情为特色，积极吸引社会资金和当地村民参与旅游开发和接待服务，形成了在国内外有较高知名度的“香格里拉”乡村生态旅游胜地。该模式的特点：一是发挥政府主导的作用，通过整体规划设计，政府引导性投入，吸引社会资金投入和村民参与开发，加快了乡村旅游开发建设的步伐；二是区分公共性项目和经营性项目，由政府投资建设公共性基础设施，吸引社会资金投入建设和村民参与经营项目，能迅速形成有规模的旅游接待设施和配套服务；三是引导和指导农民，积极参与和开展相应的旅游接待服务，带动了地方农副产品的加工和销售，促进了农民就业和收入增加；四是依托绚丽的民族文化，组织惠及广大乡村居民的旅游节庆活动，在吸引和招徕大量游客的同时，极大地丰富了农村文化生活，提高了农民的文化素质和生活水平。

（三）按乡村旅游发展动力或协调机制划分

1. 政府主导型

在政府规划指导下，采取各种措施，给予乡村旅游开发积极的引导和支持。其典型特征就是政府参与规划、经营、管理与推销等活动，以带动农村经济发展的模式（见图6-2）。这种模式具有较强的针对性与可操作性，尤其是在农村经济发展落后地区开发乡村旅游的初始阶段，其驱动功效十分突出。在我国部分地区如贵州、安徽、云南等地实施政府主导发展驱动模式取得了显著的效果。

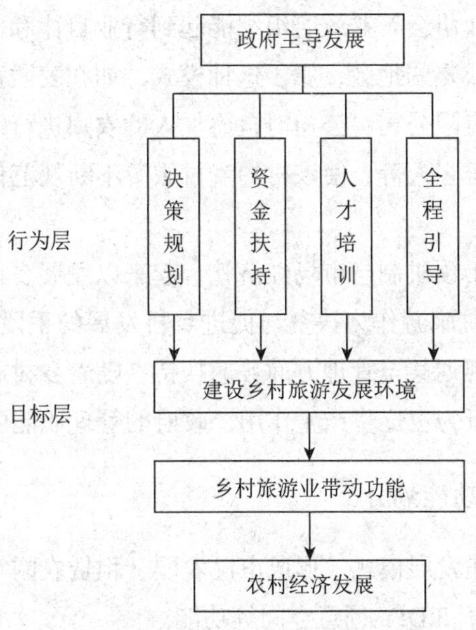

图 6-2 政府主导发展驱动模式流程[①]

（1）决策规划。这是政府主导发展驱动模式运行时必须首先做到的。发展乡村旅游必须因地制宜，因此，政府应聘请旅游专家进行实地调查论证，做好乡村旅游发展总体规划、专项规划和详细规划。

（2）资金扶持。农村地区发展乡村旅游的一个重要制约因素是缺乏旅游发展资金，政府要在财政补贴、建设资金、银行贷款、税收权限等方面给予优惠。同时要制定一些吸引旅游开发资金的特殊政策，广聚社会闲散资金，倡导乡村旅游开发筹资社会化。

（3）人才培训。人才匮乏、管理和服务水平低下、丰富的游资源不能被有效地推向市场，已经成为乡村旅游发展的限制因素。因此，当地政府一方面应创造良好的环境条件，使本地人才脱颖而出，并精选有较高文化水平的年轻干部进入决策层。另一方面可选派各方面素质较好的人员去旅游大专院校接受培训，参与酒店的实习与管理，同时可请旅游高等院校的专家、学者来本地举办讲座、培训。

（4）全程引导。绝大部分农村地区教育落后、信息不畅，商品经济意识淡薄。政府首先要动员群众积极参与，更新知识，转变观念。其次要引导群众，采取启发、开导、典型带动等方式，引导群众利用现有条件开展旅游经营，兴办家庭旅馆，加工、出售当地土特产品。

2. 市场主导型

该模式的主要特征是政府很少干预乡村旅游产业的成长和发展，而主要由市场自动调节乡村旅游经济的成长和变动趋势。这种发展模式往往要求具备较为完善的市场机

---

① 李德明，程久苗. 乡村旅游与农村经济互动持续发展模式与对策探析［J］. 人文地理，2005（3）.

制，各种民间团体、行业协会等非政府组织能起到行业自律和保护行业利益的作用。我国部分乡村游发展较为成熟的地区，属于这种模式。如在安徽黄山上张村，成立了黄山市翡翠人家农家乐旅游有限公司，公司对自愿加入的农户进行统一培训，并由公司统一对外宣传促销，统一安排客人等，使该村的乡村旅游不断规范化发展。

3. 混合成长型

这种模式把政府的干预机制与市场经济整合起来以发展乡村旅游。在乡村旅游成长的初期，政府往往把乡村旅游作为扶贫与促进乡村发展的手段来发展，在资金、宣传、基础设施建设、培训、规划甚至管理方面普遍扶持。随着乡村旅游行业协会及其他民间组织的成立，行业自律行为也逐步产生作用，政府的管理职能弱化、监管职能加强。

（四）按乡村旅游功能划分

（1）主题农园与农庄发展模式。形成市民农园、租赁农园等多种形态，承载农旅结合的农事参与、自然教育和 DIY 创意空间等功能。

（2）传承地方性遗产之乡村主题博物馆发展模式。承载传统产品与传统工艺、传统生活与生产方式、非物质文化遗产展演和文化景观重现功能。

（3）乡村民俗体验与主题文化村落发展模式。承载古村落、新文化村落、新经济村落等不同阶段乡村整体人文生态系统的物化与意化的统一过程的认知和体验功能。

（4）乡村旅游基地化之乡村俱乐部发展模式。不仅是乡村旅游的高级会所和信息中心，还是乡村旅游的中介机构；不仅向乡村旅游者提供全方位的乡村旅游服务，而且提供一种乡村旅游全过程的联程服务，旅游者可以在不同地方的不同乡村俱乐部享受到一体化服务，并通过订购乡村旅游线路，向自驾车群体旅游提供自助式全程服务。

（5）现代商务度假与企业庄园发展模式。承载企业董事会议、商务谈判、员工奖励度假和旅游景观房产等功能。

（6）农业产业化与产业庄园发展模式。集生产、研发、销售、交流、教育和旅游于一体的现代化农庄，比较成熟的有葡萄酒庄园、香料庄园、草莓庄园和西瓜庄园等。产业庄园既要体现产业化生产特点，又要满足服务性企业的需要。

（7）区域景观整体与乡村意境梦幻体验发展模式。乡村景观意境可划分为地方文化代表型——乡村文化意境，水体景观主导型——水乡意境，山野乡村主导型——自然意境，林间乡村代表型——林海意境，平原农耕代表型——农田耕作意境，牧区乡村代表型——自在天堂意境，民族村寨型——异域人文意境，城乡过渡代表型——都市乡村意境 8 大类型。基于追寻儿时的记忆、寻找传说中的桃花源里避世文化的理想空间等多种意境追寻，乡村景观意境的感知和体验也成为现代最为时尚和有吸引力的乡村旅游活动和产品形态。

（五）按乡村旅游资源空间分布特点划分

1. 城市依托型

依托区内中心城市的一级环城区或地方县市的二级环城区，凭借优越的地理位置，充分利用都市郊区相对城区良好的自然生态环境和独特的人文环境、地缘区位优势和便利的交通条件而发展起来的乡村旅游目的地。这样的地方大多明确地把大中城市作为目标客源市场，在一定的农业基础上主要通过人工来构建农业生态景观或者是有意识地保留农村的古风民俗，为城市居民周末、假日创造参与农事活动的机会，提供观光、休闲、游憩、餐饮的“后花园”，以其返璞归真的内容、新颖有趣的形式、低廉实惠的价格吸引游客。最为典型的就是“农家乐”，如成都的“农家乐”、深圳的农场等。

2. 景区依托型

这种景区周边的乡村旅游是各地一些著名风景名胜区的伴生物，是旅游者在对自然风景观光之余，对周围村庄和田园风光、民俗文化、农家生活的观光游赏。由于远离重要客源地，在可进入性上要逊于城市依托型乡村旅游目的地，但因其分布在著名的旅游路（环）线上或者直接背靠景区，交通、住宿等旅游配套设施建设良好，吸引了充足的游客量或者人流量；同时，该类模式常常有着保存更为完好的自然、人文生态景观。

3. 特色村寨的社区参与模式

特色村寨是乡村建设和发展的历史缩影，也是传统文化的遗迹。这种类型的乡村旅游和民俗旅游交织在一起，具有浓厚的乡村文化和村落建筑特色，需要通过社区参与，即政府、旅游企业和当地农民三者结合起来，发挥旅游产业链中各环节的优势。由村委会成立农村旅游协会，并由农村旅游协会有组织地引导企业和农民，按照统一村寨旅游规划和社会主义新农村的要求，发展旅游接待设施和配套服务。

（六）按主题划分

（1）田园农业主题。以农村田园景观、农业生产活动为旅游吸引物，开发果乡游、花乡游、渔乡游、水乡游等主题活动，满足游客体验农业、回归自然的心理需求。

（2）民俗风情主题。以农村风土人情、民俗文化为旅游吸引物，突出农耕文化、乡土文化和民俗文化特色，开发农耕展示、民间技艺、时令民俗、节庆活动、民间歌舞等旅游活动，增加乡村旅游的文化内涵。

（3）农家游乐主题。农民利用自家庭院、自己生产的产品及周围的田园风光、自然景点，以低廉的价格吸引游客前来食、住、行、游、购、娱等。

（4）乡镇村落主题。以古村镇宅建筑和新农村格局为旅游吸引物，开发观光旅游。

（5）休闲度假农庄主题。依托乡野风景、清新空气、地热温泉、环保生态的绿色空间，结合周围的田园景观和民俗文化，兴建一些休闲、娱乐设施，为游客提供休憩、度假、娱乐、餐饮、健身等服务。

（6）科普教育主题。利用科普教育原地，为游客提供了解历史、学习农业技术、增长农业知识的旅游活动。

（7）回归自然主题。利用自然景观、山水、森林、湖水等，发展观山、赏景、登山、森林浴、滑雪、划水等旅游活动，让游客感悟大自然、亲近大自然、回归大自然。

总之，分类标准不同，乡村旅游的开发模式就不一样。上述几种类型的模式在实际操作过程中，往往相互融合、相互渗透。乡村旅游开发模式没有最佳的模式，没有万能的模式，也没有终极的模式。一个地区乡村旅游开发模式的创新与运用，是在特定的资源禀赋、政策环境和社会条件下，各相关利益主体之间反复博弈的结果。博弈的过程是动态的，机理是复杂的，其结果也是多变的。我国农村地域辽阔，各地经济发展水平与旅游业发展很不平衡。因此，在实际操作中应因时、因地制宜，综合考虑，依据实际情况和市场前景有针对性地进行选择，而不可整齐划一、生搬硬套，这样乡村旅游发展才能既充分合理地利用资源，又能协调与解决好各方面（尤其是与当地居民）的利益冲突，保证乡村旅游向规范化、规模化、品牌化的方向发展。

六、乡村旅游开发程序

乡村旅游开发是在特定的农村环境中进行的，开发过程及开发后的经营都将对农村社会、经济和环境产生一系列影响，因而乡村休闲旅游的开发始终要与农村居民最直接的利益联系在一起，要使当地农民在旅游开发中受益，充分体现“社区事务、社区参与”的思想，并广泛征求专家意见，保证项目的科学性。编制乡村旅游开发程序一般概括为如下几步：拟定开发项目、项目影响因子的识别、咨询沟通、项目可行性研究、项目修订、筹集开发资金和项目实施。

（一）拟定开发项目

乡村旅游开发要充分考虑社区利益，并在“资源＋市场”开发导向下拟定旅游项目，既立足于资源优势，同时又考虑到旅游市场的需求。在对现有的乡村旅游资源和可挖掘的旅游资源的丰度、广度、组合度、关联度以及开发条件进行分析论证的基础上，拟定具有地方特色的乡村旅游项目。

（二）项目影响因子的识别

开发乡村旅游项目通常能促进当地社会经济发展，并使当地居民受益，但同时也可能带来负面影响，直接和间接引起当地社会经济环境的变化。对开发项目的影响因子进行识别，为定性定量地预测和解释影响的程度提供基础数据，目的是提出增进有益影响的建议，制定消除或缓解有害或负面影响的对策。

这些影响因子包括人口影响因子、社区内和机构内的各种关系因子、个人和家庭层次上的影响因子、社区基础设施需求因子、经济条件变化因子等（见表 6-2）。各种因子又可细分为不同的内容，根据乡村旅游资源状况、乡村旅游项目和乡村所处的区位条件等进行调整。

表 6-2 乡村旅游开发项目社会经济影响评价的因子[①]

类型	内容
人口影响因子	人口自然增减；农村剩余劳动力的流入流出；旅游者数量季节性变化；农村家庭的迁入迁出；年龄、性别、民族组成的变化
社区内和机构内的各种关系因子	对拟开发项目的态度；村民受益差异；行政联系的影响；农村产业结构调整；经济方面的不公平；改变就业机会；社会治安状况
个人和家庭层次上的影响因子	扰乱日常生产生活的方式；邻里联系的变化；造成民族习俗、观念、宗教活动的差异；家庭结构的变化
社区基础设施需求因子	引起社区基础设施变化；土地的获取和支配条件变化；社区公共服务条件的变化；对已有资源的影响；休闲和文体活动变化
经济条件变化因子	就业人数、类型、收入的季节性变化；部分地块价值变化；个人和家庭收入水平；家庭收入中非农收入所占比例；地方财政收支；拟开发旅游项目的投入和产出；新增基础设施、社区公共服务设施的投入

（三）咨询沟通

人口影响因子、社区内和机构内的各种关系因子、社区基础设施需求因子的变化影响当地农村财政收支和经济发展，最终结果是导致当地居民生活质量发生变化。因此，应把各因子变化对社区居民的综合影响信息传递给社区居民，以获得公众对项目开发的理解和支持。乡村旅游开发是一个双向信息反馈的过程，主要通过乡村旅游开发指导委员会将旅游的影响告知社区居民并向社区居民做出解释，综合考虑社区居民的意见和建议，尽量扩大有益的影响，消除或减少负面影响。

（四）项目可行性研究

乡村旅游开发项目能否达到预期的效果，还需聘请有关专家对项目进行可行性研究。专家运用科学的方法对拟旅游项目进行深入细致的调查研究，对建设方案预期的技术经济效果进行分析、比较、论证，从而评价方案的可行性，为投资决策提供科学依据。在这一步中对旅游市场和对经济的分析非常重要，以保证待开发的旅游项目在经济

① 文军，唐代剑．乡村旅游开发研究［J］．农村经济，2003（10）．

上可行、在市场上有需求，并具有良好的可操作性。

（五）项目修订

通过聘请有关专家组成专家评审团对项目可行性进行评审，参加评审对象扩大到旅游开发指导委员会成员，以及与旅游项目实施相关的社区代表。这样，既能保证项目的科学性，又能得到社区居民的支持，以减少实施过程中的阻力。

（六）筹集开发资金

多渠道筹集开发资金，坚持“谁投资、谁受益”的方针，鼓励多种形式的资金投入。村民可采用资源入股、资金入股等形式，也可以工代资、以劳动力的形式转化为股份。对于所在村的上级行政部门，则可以采用旅游扶贫、投资基础设施建设的方式为旅游业初期发展注入资金，以奠定乡村旅游开发的基础。以项目换土地、土地作价或土地使用权都可以作为筹资方式。在现行政策允许的条件下，优化投资环境，给予投资者一定优惠措施以调动外来投资者的积极性。

（七）项目实施

顺利筹集到资金后，即可以实施旅游项目开发。

总之，在乡村旅游开发时还需要注意的几个结合：（1）乡村旅游开发要与其他旅游开发相结合。不能把乡村旅游理解为是一种纯粹的农业资源开发，而要与区域内其他旅游资源和旅游景点的开发结合起来，借助已有旅游景点的吸引力，争取客源，以形成资源共享、优势互补、共同发展的格局。（2）乡村旅游开发要与农村扶贫相结合，解决好农村剩余劳动力的就业问题。我国农村目前有大量的剩余劳动力，从中短期看，我国的就业压力有增无减，解决农村剩余劳动力的就业是一个非常严峻的问题。开发乡村旅游可增加旅游就业机会，在一定程度上缓解农村剩余劳动力就业的压力。（3）乡村旅游开发要与小城镇建设相结合。乡村旅游开发可能牵涉移民问题，小城镇是比较理想的接纳场所。乡村旅游开发要与小城镇建设相结合，小城镇的建设要按旅游城镇的风貌进行控制，使小城镇本身就成为旅游吸引物之一，也可以依托小城镇发展乡镇企业、旅游商业，如农副产品的深加工、旅游纪念品的生产等。（4）乡村旅游开发与旅游保护相结合，走可持续发展的道路。在乡村旅游开发中要注意资源开发与环境保护协调问题，防止环境污染和资源破坏，在旅游资源开发中坚持“保护第一，开发第二”的原则，走可持续发展道路。

第五节　乡村旅游产品

一、乡村旅游产品概念

乡村旅游产品是指乡村旅游地为满足旅游者体验乡村环境、乡村文化及其他乡村旅游活动等方面的需要而提供的有形产品和无形服务的总和。乡村旅游产品对开拓旅游市场、引导市场消费、提高竞争地位，都起着关键的作用。从现代营销理论的产品整体观念看，乡村旅游产品的概念包括三个层次的含义（见图 6-3）。

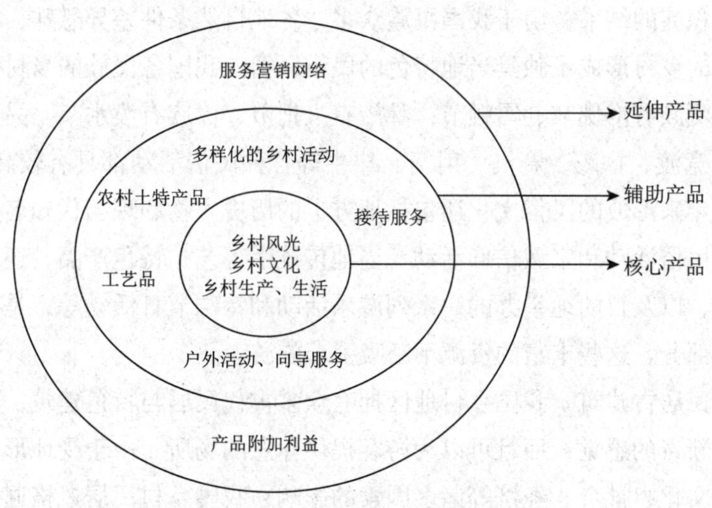

图 6-3　乡村旅游产品模型[①]

（一）核心产品

核心产品是旅游者获取旅游体验的主要对象，是乡村旅游发展的早期阶段主要体现，是乡村旅游作为传统旅游的替代产品的标识性特征。乡村旅游以乡村农业景观带、农事活动、民俗活动为依托，以垦殖地带的风景、乡村文化或农事活动为主要审美或体验对象，是构成乡村旅游产品的核心，也是整个乡村旅游吸引物的基础。

1. 乡村风光

乡村风光是乡村景观中最主要的构成部分，是乡村旅游景区建设的基础。由于乡村

① 王宏星，崔凤军 . 我国乡村旅游产品体系及其影响研究［J］. 西藏大学学报，2005（1）.

所处地理位置及自然地理环境的不同，乡村有着丰富的、天然的旅游资源，如森林公园、奇峰异岭、河流水库、特色村寨、耕作农业景观、林业景观等。由于我国南北气候差异显著，在乡村自然景观表现上也更加丰富，如山东半岛及辽东半岛的果乡，长江中、下游的竹乡，江、浙、皖、闽的茶乡，华北平原的棉乡，新疆吐鲁番的瓜果之乡等都以乡村风光的独特魅力吸引着中外游人。乡村风光可以使旅游者暂时忘掉城市的喧嚣和来自生活和工作的压力，呼吸到清新的空气，亲身感到大自然的美好，会使旅游者产生新奇感，并将其吸引过来。

2. 乡村文化

我国农村幅员广阔，历史悠久，文化呈现多样性。乡村文化包括乡村民俗风情、乡村民居古建筑、农耕文化。

（1）乡村民俗风情。乡村民俗反映出特定地域乡村居民的生活习惯、风土人情，是乡村文化长期积淀的结果。由于我国民族众多，各地自然条件差异悬殊，在几千年的繁衍生息中各地的乡村形成了独具当地特色的民俗风情。我国各民族的乡村传统的节日也大为不同，如藏族有浴佛节、雪顿节，彝族有火把节，傣族有泼水节。另外，盛行于我国农村的龙舟竞渡、摔跤、赛马、射箭、斗牛等各种民俗活动都具有较高的欣赏价值。我国农村几千年来形成的民俗文化还包括地方上的历史人物和现当代知名人士，有特色的乡村聚落、民俗活动和宗教信仰活动、当地传统手工艺、特色产品，还有充满情趣的乡土文化艺术，以及目的地举办的一系列游乐活动和特殊节日活动等，是乡村旅游资源中最富魅力的部分，这些丰富的资源不断吸引着旅游者。

（2）乡村民居古建筑。我国乡村地区拥有众多古代民居与特色建筑，乡村民居建筑不但能给游人新奇的感觉，而且可以为游客提供休息的场所。由于受地形、气候、建筑材料、历史、文化、社会、经济等诸多因素的影响，我国乡村民居风格迥异。例如，黄土高原的窑洞、东北林区的板屋、青藏高原的碉房、内蒙古草原的毡包、喀什乡村的“阿以旺”等以其独特的建筑形式使游客耳目一新。我国农村还有许多古代工程、古老院落、桥梁古道、古代河道等，富有民族特色。这些民居与乡村建筑等体现了当地的文化艺术特点，吸引着国内外的游客。

（3）农耕文化。农业生产虽然是一种经济活动，但其中却蕴含着丰富的文化内涵。例如，南方的水稻梯田反映了南方农民精耕细作的耕作文化，以及对丘陵山地土地资源充分利用的经营思想。目前，桂林龙胜地区就成功地开发了龙脊“梯田文化”旅游，将旅游与农耕文化有机地结合起来。湖南省洞庭湖的大水面养殖和捕捞、大面积的粮、棉、桑、麻种植等，均体现了鱼米之乡的色彩。农耕文化是我国古老文明的重要组成部分，也是乡村旅游吸引旅游者的重要吸引物。

3. 乡村生产、生活

城乡生产、生活方式的差异性使城市居民希望能够参与农业生产的过程，体验乡村的生活方式。乡村生产、生活方式的参与性和体验性成为乡村旅游发展的最大吸引力。现今乡村旅游中使游客参与到农事生产中的一种比较流行的方式就是租赁农园，其主要目的是让市民体验农业生产过程，享受耕作的乐趣。并且由于市民在乡村拥有自己的农园，会使市民的重游率大大提高，有利于乡村旅游的发展。城市居民除了希望可以参与农业生产以外，还希望能够体验乡村的生活方式，品尝乡村的野味饮食。乡村的鲜活野味如鲜蛋、鲜鱼、鲜蔬菜、土鸡，还有农民自家酿制的美酒等，成为双休日、节假日城市居民前往的重要原因之一。乡村极具特色的生产生活方式促使许多城市居民加入乡村旅游的队伍中来，这成为吸引城市居民到乡村旅游的重要吸引物。

（二）辅助产品

辅助产品是由本土的各种直接或间接从事旅游业的人员提供的产品，包括当地的社会餐饮服务，可供参观的博物馆、古建筑、民间工艺品和土特产品作坊，钓鱼、登山等各类户外活动，还包括一些多样化的乡村活动，比如引领游客获得社戏、舞龙、龙舟竞赛等各种乡村文化体验。其服务对象一般也不局限于乡村旅游者，还包括本地居民。辅助产品不是核心基础要素，但可以作为乡村旅游体验的重要组成部分，是增强核心产品吸引力和竞争力的主要途径。

（三）延伸产品

延伸产品是乡村旅游发展到一定阶段、形成一定规模后的产物，游客通过乡村旅游网络获得旅游信息、预订及其他增值服务，乡村旅游的从业者也通过该网络共享资源并开展营销活动。这是乡村旅游发展到较高阶段后出现的产品层次。

在乡村旅游产品体系中，核心产品体现了乡村旅游者的基本旅游需求，也常常是乡村旅游开发的前提，辅助产品和延伸产品则是以提高乡村旅游吸引力和提供乡村旅游便利条件为特征，形成乡村旅游产品整体竞争优势不可或缺的部分。

二、乡村旅游产品谱系与维度

（一）乡村旅游产品谱系

1. 农家乐产品

农家乐产品主要包括乡村景观、乡村农事、乡村生活等以观光、参与为主要内容、发展最早的一类乡村旅游产品。由于所依托的农业性质的不同，还包括渔家乐、林家乐、牧家乐等。这类产品主要强调的是展示农村农作及生活这一主题，吸引城市旅游者体验农村生活的一类初级乡村旅游产品，不过通过长期的发展，许多地区的这类产品也都开始向复合型产品转型。

2. 乡村餐饮产品

乡村餐饮产品以地方性特色餐饮为主要内容，间杂垂钓、棋牌、品茗等活动内容的点状或带状式服务接待型乡村旅游产品。这类产品是乡村旅游中较为低端却极为重要的一类产品，几乎存在于所有的乡村旅游地之中，甚至以点状或带状的形式存在于一些旅游线、旅游景区外围或者城市周边。

3. 乡村科普产品

乡村科普产品主要包括生态农业、高科技农业、新农村工业等以观光、体验为主要内容的乡村旅游产品。这类产品往往依托于大中城市周边的新兴生态农业基地，主要整合了农业机械化、科学化、产业化、生态化生产的方式，以展现科技农业与生态农业为基本内容，附属农产品采摘、销售、加工等活动内容，主要吸引城市市民、家庭群体。

4. 乡村景区产品

乡村景区产品以乡村环境、历史积淀或特色的民俗风情为依托，将某乡村区域建设成景区。这类产品往往有比较鲜明的主题或比较浓郁的特色或者比较稀缺的资源；同时这类产品又与旅游景区如黄山、九寨沟等有所区别，主要特色在于“乡村性”。这类产品在一些少数民族聚集或者历史悠久的农村中发展尤为成功，特别是古村落、古镇、古街、村寨等。目前全国发展较好的一些乡村景区有：安徽西递宏村等古村落、贵州少数民族山寨、上海金山农民画村、杭州梅家坞等。

5. 乡村社区产品

乡村社区产品是指依托良好的乡村生态环境，将乡村居民区改造建设成旅游社区，或居民区 + 乡村景观房产型区域，形成集观光、生活、休闲于一体的乡村旅游产品。这类产品是目前许多地区乡村旅游发展的新型产品，是一类具有乡村特色的休闲体验产品，如余杭的山沟沟、临安的神龙川等。

6. 乡村运动产品

乡村运动产品依托乡村特殊的地形地貌或特色资源，如水域、山地、森林、峰林、草原、沙滩等，开展以乡村风情为背景的运动性产品，如山地自行车、野外探险、水上运动、拓展训练、露营等。

7. 康体养生产品

康体养生产品以乡村良好的生态环境为背景，开发诸如食疗、药物保健、生态养生、天然氧吧等为内容的乡村康体产品。这类产品与乡村社区产品有一定的重合，主要区别在于乡村社区注重的是对整个乡村生活的体验，是一种完全开放式的休闲度假式产品。康体养生产品一方面对生态环境要求比较高，往往在风景优美、山水环绕的山村，另一方面对服务要求比较高，要有专门的经营机构进行开发与服务，配套服务设施也更为齐全。

8. 乡村度假产品

乡村度假产品将乡村良好的自然景观、优良的生态系统及相对完善的服务设施体系与商务度假、企业或私人庄园相结合，构建具有乡村风情、乡土气息、地方文化氛围的乡村商务度假地或者庄园度假产品，目前主要出现在大城市的周边地区。

9. 乡村俱乐部、会所产品

乡村俱乐部、会所产品面向高端游客群，开发以俱乐部、会所为形式的综合性乡村旅游产品，如乡村俱乐部、名企会所、游艇俱乐部等。这类产品主要特点在于经营模式往往是会员制，未来有可能成为高档乡村旅游产品的宠儿。

（二）乡村旅游产品维度

依据以上的乡村旅游产品谱系，以乡村旅游消费水平为标准，进一步对旅游产品维度进行划分（见图 6-4）。乡村旅游产品共分为四个维度，其中基础产品主要面向大众化的乡村旅游者，是乡村旅游发展最早出现的主要产品类型，其吸纳旅游消费能力较低，内容较单一，游客逗留时间较短。这类产品在当地乡村中往往扮演两个功能：一是服务于当地居民，改善当地环境与丰富当地居民生活的功能；另一个是作为当地的形象接待场所，成为当地形象的代言，是当地经济与生态发展的附属产物，一般不能充当当地的支柱产业。不过目前许多这类产品正在逐渐转型，往综合方向发展。功能产品是对特定乡村资源的演绎，具有相对的主题性和功能性，对特定旅游群体具有更高的旅游吸引力。这类产品所在的乡村往往将旅游作为经济收入的主要来源之一，是乡村经济的主要支柱产业之一。发展产品是基于功能产品在服务质量、设施水平和舒适程度等方面的提升，更注重对专业群体休闲需求的满足，是现在和未来乡村旅游产品发展的大势与主导。高端产品代表了乡村旅游的品质与品牌，是都市时尚元素在乡村的另类活化演绎，是未来乡村旅游发展的一种极致表现。主要针对的是少数高收入、有着某些共同爱好或共同特征的群体，是未来乡村旅游发展的最高端产品，但发展规模不会太大。

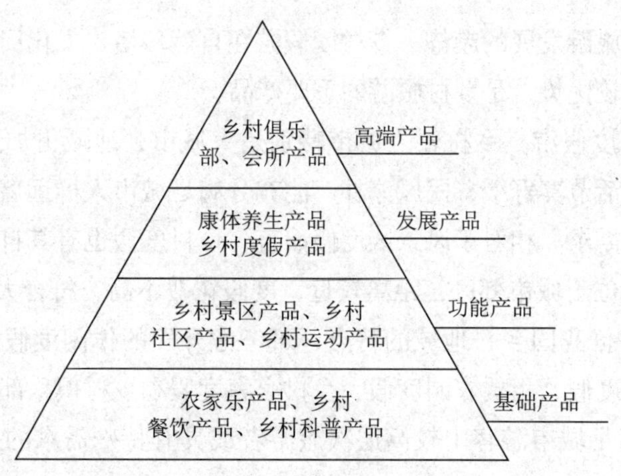

图 6-4　乡村旅游产品维度[①]

① 徐清 . 乡村旅游产品谱系及开发模式研究［J］. 浙江林业科技，2009（3）.

三、乡村旅游产品开发

（一）乡村旅游产品开发类型

1. 乡村观光系列

乡村开发观光游系列产品具有低成本优势，可以利用现有的纯乡村自然、人文景观或农业产业园区，稍加改造设计甚至无须任何修饰就可开发出各具特色的观光系列产品。具体项目有：田园观光、水乡观光、水果农园观光、茶园观光、竹园观光、特殊林地观光、中草药园地观光、村落观光（古村落、特色村落和新农村观光）和乡村博物馆等。

2. 乡村生活体验游系列

随着城镇化水平的不断提高以及人们闲暇时间和收入的增多，出现了以休闲化、个性化、参与性为主流的旅游新趋势。乡村地域拥有广袤的土地空间和丰富的文化传承，可为不同层次、不同类型的个性化户外活动及文化体验提供场所和条件。乡村体验旅游是顺应这种趋势，对乡村旅游资源进行深层次开发的最佳选择之一。农村社会群体在生产和经济活动中所创造、形成的文化形态和面貌更具有人文特质，也可以说是乡村体验旅游所追求的目的和本质所在。对于乡村体验旅游者而言，亲身参与和体验是最重要的。他们喜欢和向往的是原汁原味、无须雕饰的乡村环境和乡村生活，所以，乡村体验旅游产品开发对于自然资源和部分基础设施的要求并不高，关键是要有能吸引人的、真正让人可以体验和回味的乡村旅游主题和创意。体验项目包括民俗风情体验游、农事活动体验游、乡村野外生存体验游、亲子体验游、动物亲近体验游、艰苦生活体验游等。

3. 乡村度假游系列

度假游是当今旅游发展的趋势，乡村度假游在自然环境、文化回归、时间和经济成本上具有较大的比较优势，是乡村旅游的重要产品。

（1）乡村休闲度假游。乡村较之城市特别是大城市，地域更加开阔，自然环境较好，空气清新，生活节奏舒缓，民风淳朴，能充分满足城市人群远离喧嚣与紧张、回归自然、修养身心的需求。相对于风景区度假而言，乡村度假也有其自身的优势：可开发为度假地的乡村多位于城市郊区，距离较近，度假花费不高，符合大众需求，适合2~3天的短期度假。根据我国乡村地域的特点，可考虑开发的休闲度假产品有：农庄（农场、牧场、渔场）度假、租赁农园度假、乡村家庭度假和乡村俱乐部度假等。乡村俱乐部度假主要是为满足城市游客中较高层次旅游者或具有特殊需求的旅游者进入乡村旅游、休闲、度假而设计的。受到大部分乡村对外联系的不便捷性、基础设施的不完备性、食品卫生的不安全性、服务水平的不周到性等因素的影响，一些高消费阶层对乡村文化和生活的渴求只能通过乡村俱乐部提高相应的服务来满足。因此，乡村俱乐部必须在基础设施和服务配套方面尽可能完善。具体项目有：乡村垂钓俱乐部、乡村高尔夫俱乐部、乡村马术俱乐部、乡村棋牌俱乐部等。

（2）乡村修学度假游。乡村拥有丰富的乡土旅游资源和科普教育的素材，可以让城市的青年学生开阔视野、增长知识、陶冶情操。通过乡村考察学习，青年学生可以学会热爱自然和生态环境、热爱家园、热爱劳动、珍惜资源。各类科技农业园区的建立，更是为青年学生提供了了解现代科技农业的机会，使他们可以学习到很多农学、生物学、气象学、乡村文学方面的知识，有助于青年学生综合素质的提高和正确人生观的形成。这类修学度假游的主要形式有：乡村家庭修学度假、教育农园等。

4. 乡村康体养生游系列

这类旅游产品是一种人们在工作、学习之余以旅游地度假、疗养等形式来消除疲劳、增进健康的一类旅游活动，旅游地同时要求具备较好的配套设施和服务，以提高疗养效果。现代社会人们常因繁重的工作学习任务和社会竞争压力而处于亚健康状态，有着强烈的康体养生需求。乡村地域优越的环境气候为开展康体养生游提供了良好的条件。根据不同的环境和资源优势，可考虑开展的康体养生游有：温泉疗养游、森林浴疗养游、日光浴疗养游、运动健身疗养游、绿色饮食疗养游等。

5. 乡村体育冒险游系列

城市居民工作学习的压力日益增大，强化运动和冒险性运动是释放这种压力的有效方式。乡村广阔的天地和相对自然的环境为强化运动创造了足够的空间，乡村旅游应充分利用这一优势，针对强化运动和冒险性运动爱好者开发系列体育冒险产品，如乡村定向越野、乡村野外生存游戏、乡村漂流、空中滑翔、龙舟赛会、乡村攀岩、团队激励拓展训练等。这类活动技术性强、经验要求高，因此操作中须与专业机构和组织者合作，对参与者进行必要的培训，提供足够的安全保障。

6. 乡村商务会议游

将商务会议活动引向乡村是商务会议活动的一种崭新的尝试，也是商务会议发展的一种趋势，而且可降低商务会议的成本。在一些大城市郊区、自然条件优越、有一定基础设施基础的乡村地区，可开发商务会议游，特别是行业内部协作会议、企业内部年会和城乡商贸会议。随着农业产业化的推进和农村经济的不断发展，乡村商务会议游必将迎来越来越广阔的市场。

7. 乡村“无景点休闲旅游”

所谓“无景点休闲旅游”是指旅游中并无特定的景点，游览线路十分随意，具有边旅游边休闲的特征，是近年休闲旅游发展的一种新趋势。大部分乡村并无明确的旅游景点，但乡村整体的环境吸引力很强，游客可以在乡村大空间里随意游走，一边欣赏沿途乡村美景，一边可以和朋友谈论或者做自己感兴趣的任何事情，轻松随意，类似一种

“移动的度假”。

8. 乡村专题旅游系列

各类专题旅游是乡村旅游向更深层次发展的要求和形式，也是乡村旅游市场越来越细分化的结果。结合市场需求，目前阶段可开发的乡村旅游专题有：乡村传统节庆旅游，农产品博览会游，乡村购物游，乡村音乐之旅（如乡村音乐会欣赏、乡村音乐培训班、乡村音乐交流会、乡村音乐创作会、乡村音乐比赛），民间美食之旅（如品尝民间传统特色美食、民间美食烹饪培训班、美食烹调大赛、民间美食节、美食食材鉴别与采购、民间美食知识讲座），乡村工艺品鉴赏、制作之旅，乡村摄影、写生、乡村文学创作之旅，乡村老年休养农庄，乡村影视基地等。

（二）乡村旅游产品的组合设计

1. 拓展乡村旅游产品的广度和深度

乡村旅游产品的精髓是自然生态与传统文化的完美结合，具有很大的市场发展潜力。目前我国乡村旅游产品过于倚重田园观光类和农事活动参与类，产品组合宽度有限。田园观光类和农事参与类产品也主要局限于以农户家庭接待为主，对乡村地域的自然风光和民俗文化挖掘不够。因此，应充分利用乡村旅游与传统旅游的不同，全方位考察乡村特殊的自然环境优势和人文环境特色，设计多样化的产品线，形成包括观光、体验、度假、康体、运动、商务、修学教育及各类专题旅游产品在内的系列产品。在每一系列产品线下创新开发特色鲜明、内涵丰富的多样化旅游项目，从多方面满足旅游者需求，拓宽市场，增加销售额，提高乡村旅游的经济效益和社会效益，减少旅游市场变化带来的风险，提高乡村旅游适应市场需求的能力。

2. 向上扩展产品线

我国乡村旅游现处于旅游市场的低端，主要体现在产品价格低廉、质量不高。而事实上，发达国家的乡村旅游产品的层次是较高的，我国旅游者将乡村旅游视为低档旅游产品实则是一种误解。为修正乡村旅游在旅游者心目中的低端产品印象，同时完善乡村旅游自身的产品线，有必要向上扩展产品线，推出中、高档乡村旅游产品线，使乡村旅游产品在低（如观光、体验类旅游）、中（如康体、运动类旅游）、高（如度假、俱乐部式、商务会展类旅游）三个档次都有可供旅游者选择的产品，适应不同层次的市场需求。

3. 加强乡村旅游产品的内部组合

旅游者的需求常常是多方面的，特别是在旅游业发展尚不是特别成熟的地区，旅游者乐于追求一次旅游中的多重旅游体验经历。因此，乡村旅游地应结合自身的特色和优势，将不同内容和形式的乡村旅游产品进行恰当的组合，形成功能复合型的乡村旅游产品组合。例如，可以组合成“乡村观光＋度假”“乡村观光＋商务会议”“乡村商务＋

会展”“乡村康体 + 运动冒险”“乡村观光 + 乡村体验”“乡村体验 + 修学教育”“乡村观光 + 技能培训”等“1+1”“1+2”甚至“1+3”的产品组合，使乡村旅游既有单一主题的产品，也有多重主题或一主一辅、一主二辅等复合型产品。单一主题产品可以满足需求单一、旅游时间较短，如周末游的游客需求；复合型产品则适宜满足需求多重化、旅游时间充裕，如黄金周或带薪休假游客的需求。

4. 注重乡村旅游产品与外部其他旅游产品的组合

我国的乡村旅游尚处于发展阶段，乡村还远未成为大众旅游者的主要目的地或最优选择地之一，很多地方的乡村旅游是在大城市周边（郊区）或著名旅游景区外围发展起来的，或者说这些地方乡村旅游的发展仍然一定程度依赖大城市或著名景区。鉴于此，乡村旅游的发展应注重与城市及风景名胜的区域合作和联动。对于城市郊区型乡村旅游地，应充分利用大城市的吸引效应，与城市旅游产品组合成“城市—乡村旅游”复合型产品；对于景区型乡村旅游地，则应依托景区，与景区旅游产品组合成“景区—乡村旅游”复合型产品，使乡村旅游尽可能成为城市或景区旅游中的辅助产品，这样乡村旅游不仅能吸引本地城市游客，还能吸引外地游客。

四、乡村旅游产品提升策略

乡村旅游已成为当今旅游业发展的一个新趋势，乡村旅游产品不断丰富，但仍然存在产品系列化、深度化不够，缺乏特色和文化品位的问题。值得注意的是，随着我国乡村旅游规模的不断扩大，市场竞争日趋激烈，要想立于不败之地，必须不断研究与挖掘具有乡村特色的旅游产品，不断提升乡村旅游产品的品质。

（一）乡村旅游产品系统分析

乡村旅游产品系统包括主题选择、形象设计、项目策划、辅助设施和服务系统等大子系统（见图 6-5），包含食、住、行、游、购、娱、信息、环境等诸多要素。而旅游市场的需求变化使不同时期的产品价值在系统要素中发生变化，产生了对旅游新产品开发和产品提升改造的需求。因此，乡村旅游产品提升的成功与否，关键在于对五大子系统的改造与设计。若具有主题独特、形象鲜明、设施合理、服务动人的乡村旅游产品，就会强化产品的吸引力，激发游客的出游驱动力，增加游客停留时间，提高游客的总体消费。

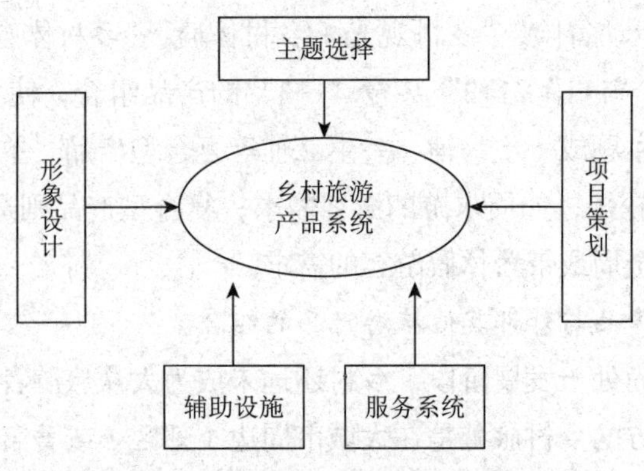

图 6–5　乡村旅游产品系统示意 [①]

1. 主题选择

主题是旅游项目运营的核心和品牌运作的基础。乡村旅游产品开发的主题应该以挖掘当地民俗、把握当地不同的旅游资源特色为切入点，以乡村背景为依托，科学、适当地进行旅游化包装与乡土文化的提炼和提升，使其具有主题鲜明的地域特色和文化特色，形成以“农产、乡色、民情、生态”为主题卖点，充分展现农耕文化、乡土特色、民俗风情。在主题选择过程中，尤其应对生态文化、乡村民俗文化以及农耕文化、地区文化进行深度挖掘，从中探寻乡村发展的脉络、生活习惯和民俗风情的演变，在保护的前提下开发出具有浓郁乡土气息的产品，展示乡村旅游的独特吸引力。

2. 形象设计

乡村旅游地要重视形象设计，应重点突出塑造乡村旅游地的“家”“土”“和”的形象特点。“家”形象——农民成旅游者的家人、农家是旅游者的第二个家、农田是旅游者的家园、农产品是旅游者带回家的礼物，为城市居民提供亲情服务，享受清洁、安逸、舒适的家园。“土”形象——围绕城市居民回归自然、返璞归真的需求，塑造带有浓郁乡土气息的旅游形象，展示农民生活中土气的物品和活动场景，营造“土气而不俗气”氛围。“和”形象——乡村朴实、简陋的建筑保持了与环境的真实接触，体现了“天人合一”的意象与境界，同时包含乡村宁静、和谐的氛围，最终形成清晰的乡村旅游形象，使旅游者从情感认知度上升为美誉度，从而产生旅游动机。

3. 项目策划

在主题明确的前提下，不断挖掘和创新乡村旅游游憩项目来充实乡村旅游内涵，并进行乡村旅游项目的景观设计。乡村旅游项目应从多角度、深层次进行策划与设计，追求农味、乡韵、野趣。从项目文化角度看，对现有的各种资源进行深度的整合，其核心就是要凸显自然景观的文化内涵。从项目内容角度看，根据各乡村的实际情况，把农事、农活、农俗、农产品与游客回归自然、休闲度假的需求结合起来，打造丰富多彩

① 林智理. 乡村旅游产品提质升级策略探析 [J]. 资源开发与市场，2010 (5).

的乡村旅游项目，让游客有吃、有玩、有乐、有知，摆脱“几间房子、几张桌子、吃吃饭、喝喝茶、钓钓鱼”的简单经营项目；从项目发展角度看，游憩项目需要注入现代元素，如体验性、休闲化、参与性、生态性等因素，提高乡村旅游接待项目的游客参与性。同时，在项目策划过程中，还要考虑时令变化等原因常变常新，以此来吸引休闲者，提升乡村旅游项目品位。

4. 辅助设施

旅游服务辅助设施是游客顺利完成旅游活动所需要的重要设施。乡村旅游辅助设施包括引导服务系统（指示牌、地图、路标、标识等）应尽量与环境协调融洽；景区休憩与服务系统（停车场、道路系统、交通工具、休憩节点、服务设施、其他功能性建筑）应与核心吸引物的景观特色相互协调；生活设施系统（通路、通水、通邮、通电、通广播电视等）应在数量和档次上满足游客的基本要求。在辅助设施建设过程中，应体现人文关怀。

5. 服务系统

旅游服务系统是指规范管理中的旅游服务“软件”质量系统，包括服务态度、服务效率、服务档次、服务内容及礼貌礼仪等方面，倡导服务新理念，开展定制化服务，即诚心服务、快乐服务、细节服务、交互服务、超值服务，让旅游者参与服务的生产过程，使旅游者的个性需求得到满足。

乡村旅游产品提升是上述五大子系统的再优化、再改造与再配置，只有对五大子系统进行合理策划与设计，乡村旅游产品才能提质升级。

（二）乡村旅游产品提升途径

1. 文化提升

乡村旅游的吸引力主要表现在城乡文化的差异上，城乡文化的差异越大，乡村旅游的吸引力就越大。独特的旅游文化内涵和品位是旅游目的地吸引力的源泉。文化提升应当包含四个要素，即通过整理、挖掘景区文化资源，达到传承、弘扬本土（区域）传统文化的目的；提高景区知名度和核心旅游吸引力；以独特、原真的文化内涵塑造景区旅游形象，形成旅游市场的文化唯一性品牌；通过对旅游产品进行文化包装，提高产品档次，完善项目功能，形成产品系列，满足游客的文化审美需求。在乡村旅游发展过程中要在乡村旅游地历史特色、人物特色、时代特色、艺术特色、习俗特色的基础上，发掘利用乡村旅游地的历史文化遗存、宗教文化传统、民间信仰和民俗文化等非物质文化遗产，并对旅游形象、旅游景观、旅游主题、旅游产品、游憩方式进行创意包装、文化创新，营造旅游文化氛围，从而达到提升品质的目的。

2. 整合提升

首先是资源整合。旅游产品是一种组合集成的产品，而大多数乡村的旅游资源存在

“星星多、月亮少”的状况。通过对农村环境资源、生态资源、文化资源、社会资源、经济资源和劳动资源的大整合，把那些原来就存在但长期被忽视、没有被充分利用的各种资源整合起来，化“串联”为“并联”，找出乡村旅游拳头产品，形成新的生产力，使更多的“星星”变成“月亮”，进而形成众星捧月之势，提升乡村旅游区域的整体竞争力。同时，各乡村之间的资源要进行整合，将部分服务功能分离出来，吸引和指导周边乡村的农民参与旅游接待服务，形成乡村间良好互动的局面。其次是产业整合。旅游产品是一个系统，因此，需要以全局的理念来把握整个项目，以乡村旅游为主线，贯穿食、住、行、游、购、娱各要素的同时，发挥大旅游产业关联带动作用，将第一、第二产业纳入考虑范畴，形成产业整合优势，推动传统旅游产品的转型升级。最后是布局整合。乡村旅游资源具有一定的分散性和同质性，有必要在空间布局上进行整合，在考虑地形、地势、自然环境、文化氛围以及游线设计、经营运作等要素的基础上，注重单一和整体的关系，形成主辅配合的空间结构。

3. 体验提升

我国乡村旅游在发展之初，着重对自然风景资源、农业生产的收获活动和乡俗节庆活动等旅游产品的开发，但这些产品容易被模仿，易造成整个行业产品趋同化。而乡村旅游的精髓在于让都市人体验传统农家生活的自然乐趣，使他们在旅游中通过参与和体验获得身心的愉悦。这就要求乡村旅游经营者必须深入研究顾客的体验需求，开发出具有体验需求的参与型产品，调动旅游者的视觉、味觉、嗅觉、听觉、触觉，以达到吸引旅游者并增强其忠诚度的目的，从而全方位提升乡村旅游的竞争力。

4. 服务提升

我国绝大多数乡村的服务质量和卫生标准与都市相去甚远。而服务质量与旅游者切身利益密切相关，只有提高乡村旅游管理人员的素质，增强其法律意识、服务意识，规范其服务，才能使旅游者满意，为乡村旅游品牌树立起崭新的形象。在服务质量与档次及经营管理存在薄弱的乡村旅游地，应以“走出去、请进来”等形式对乡村旅游从业人员进行接待标准、礼貌礼仪、操作技能等的系统培训，提高其文化素质和管理水平。在追求旅游服务内容的特色化、个性化的同时，要坚持旅游服务的规范化、标准化，提升旅游“软件”服务质量。

【思考与练习】

1. 如何认识乡村休闲旅游的内涵和特征？
2. 简述乡村旅游的类型。
3. 阐述国外乡村旅游的经验对我国的启示。
4. 试述乡村旅游开发原则。
5. 举例说明乡村旅游产品提升途径。

【案例分析】

“三圣花乡”位于四川省成都市锦江区三圣街道，是我国乡村旅游的发源地。总面积达15000亩，是全国建设社会主义新农村的典范，也是一个以观光休闲农业乡村旅游为主题的城市近郊生态休闲度假胜地。借助乡村旅游业和花卉产业的发展，成都“三圣花乡”按照“因地制宜，错位发展；景观化打造，城市化建设；文化润色，产业支撑；农民离土不离乡，就地市民化”的运作模式，成为成都市建设社会主义新农村、统筹城乡经济社会发展、推进城乡一体化的典范，受到中央和全国各地的广泛关注。

三圣乡以花卉种植闻名，是成都市重要的鲜花生产基地，因此又被称为“三圣花乡”。1992—2000年，三圣乡无人问津，一贫如洗。加之其地处城市通风口，按规划不能作为建设用地，三圣乡极有可能形成新的“城中村”。在这种情况下，政府争取到了“四川省首届花博会”的承办权，并于2003年成功举办花博会，“花乡农居”随即落成，标志着第一朵金花的形成，仅7天时间，接待游客103万人次。至此，三圣花乡崭露头角，吸引都市人前来赏花，改善了环境。一些村民利用自己家的院子打造了能提供简单食宿服务的休闲庭院，并逐渐发展成为提供综合服务的农家乐和花卉观赏园，三圣花乡的品牌逐渐形成。经过十多年的发展，三圣花乡实现了从花卉种植向花乡旅游的跨越，取得了巨大的成就。从2003年开始，锦江区打造了“花乡农居”“幸福梅林”“荷塘月色”“东篱菊园”“江家菜地”，并将这五个景区并称为“五朵金花”。花乡农居成为以花卉种植和旅游业为主导的旅游景区；幸福梅林以梅花文化为核心，开展旅游观光；荷塘月色逐步发展成艺术村，集艺术创作及相关产业于一体；东篱菊园大规模种植多种类菊花，人文风光和自然风光并存；江家菜地将传统农业转变为体验式休闲产业。2006年，三圣花乡被评为全国首个4A级乡村旅游风景区、“成都十佳旅游景区”。

其间，三圣花乡多次举办了以“创意集市”为主题的荷花节、摄影艺术节等，建成了许燎原现代设计艺术博物馆、荷塘月色画家村、幸福梅林民俗村、江家菜地雕塑村、东篱菊园摄影村和花乡农居创意村。锦江区先后建立了“白鹭湾湿地”“秀丽东方”等生态景区，与三圣花乡“五朵金花”共同发展。2015年，三圣花乡探索出了新的发展路径——“艺家乐”，文旅融合成了发展新亮点。在政府的引导下，更多的艺术家和艺术机构以“艺家乐”的形式入驻三圣花乡，为全国乡村旅游的发展提供了一种新思路、新经验。①

思考题：

1. 总结并分析三圣花乡成功的经验和启示。

2. 结合案例分析我国乡村旅游发展的历程及其开发模式。

① 丁国琴，谢萍. 三圣花乡发展历程与持续发展对策研究［J］. 风景名胜，2019（11），有删改。

参考文献

[1] 何景明 . 国外乡村旅游研究述评 [J]. 旅游学刊，2003（1）.

[2] 何景明 . 国内乡村旅游研究：蓬勃发展而有待深入 [J]. 旅游学刊，2004（1）.

[3] 刘红艳 . 关于乡村旅游内涵之思考 [J]. 西华师范大学学报：哲学社会科学版，2005（2）.

[4] 胡章鸿，仇文利 . 论科学发展乡村休闲旅游的理论依据 [J]. 南京林业大学学报：人文社会科学版，2015（3）.

[5] 刘德谦 . 关于乡村旅游、农业旅游与民俗旅游的几点辨析 [J]. 旅游学刊，2006（3）.

[6] 查芳 . 对乡村旅游起源及概念的探讨 [J]. 安康师专学报，2004（6）.

[7] 陈忠晓，彭建 . 生态旅游的内涵辨析 [J]. 桂林旅游高等专科学校学报，2001（1）.

[8] 付启敏，吴刚 . 简论乡村旅游与生态旅游 [J]. 大连教育学院学报，2004（4）.

[9] 肖佑兴，明庆忠，李松志 . 论乡村旅游的概念和类型 [J]. 旅游科学，2001（3）.

[10] 吴小根，陈智博，宋福临 . 关于乡村旅游若干问题的探讨 [C] // 江苏省旅游学会首届学术年会论文集，2008.

[11] 张学银 . 乡村旅游的类型探析 [J]. 管理观察，2009（27）.

[12] 王晶亮 . 发展现代乡村旅游的作用与意义 [J]. 安徽农学通报，2009（11）.

[13] 陈国柱 . 解决“三农”问题的有效途径探讨——论乡村旅游的作用 [J]. 怀化学院学报，2006（10）.

[14] 娄在凤 . 法国乡村休闲旅游发展的背景、特征及经验 [J]. 世界农业，2015（5）.

[15] 蔡玳燕 . 德国：乡村休闲旅游一枝独秀 [J]. 宁波经济：财经视点，2008（2）.

[16] 蒋敬 . 日本乡村旅游发展对我国的借鉴意义 [J]. 中小企业管理与科技，2013（3）.

[17] 雷鸣，叶全良 . 日本乡村旅游发展的路径与启示 [J]. 亚太经济，2008（5）.

[18] 朱寅健 . 乡村旅游：美国经验与中国借鉴 [J]. 西华大学学报：哲学社会科学版，2020（2）.

[19] 左宏琴 . 美国乡村旅游发展经验及其对上海的启示 [J]. 安徽农业科学，2019（10）.

[20] 凌丽君 . 美国乡村旅游发展研究 [J]. 世界农业，2015（10）.

[21] 刘海鸿 . 乡村旅游：国外的理论与实践对中国的启示 [J]. 经济问题，2007（7）.

［22］吴必虎，伍佳．中国乡村旅游发展产业升级问题［J］．旅游科学，2007（6）．

［23］朱运海，曹诗图．论乡村旅游的乡村性及其景观表达［J］．湖湘论坛，2020（11）．

［24］赵璟璐，李瑞婷，刘婉琳．探析乡村休闲旅游产业的开发［J］．山西农经，2020（1）．

［25］丁运超．我国乡村旅游业的发展现状与前景［J］．安徽农业科学，2009（3）．

［26］高曾伟，高晖．乡村旅游资源的特点、分类及开发利用［J］．金陵职业大学学报，2002（9）．

［27］杨军．中国乡村旅游驱动力因子及其系统优化研究［J］．旅游科学，2006（8）．

［28］黄成林．乡村旅游发展若干问题研究［J］．安徽师范大学学报：自然科学版，2006（4）．

［29］李剑锋，黄泰圭，屈学书．近30年来我国乡村旅游政策演进与前瞻［J］．资源开发与市场，2019（7）．

［30］于法稳．新时代乡村旅游发展的再思考［J］．环境保护，2019（1）．

［31］段致辉，韩丽．关于乡村旅游开发的研究［J］．资源开发与市场，2000（5）．

［32］李永文，王培雷，孙本超．乡村旅游开发刍议［J］．焦作大学学报，2004（1）．

［33］吴丽萍，游立，江国逊．乡村旅游开发的动力机制与主题模式［J］．物流工程与管理，2011（4）．

［34］刘黎明．乡村景观规划的发展历史及其在我国的发展前景［J］．农村生态环境，2001（1）．

［35］刘丽君，郭宏杰．我国乡村旅游开发模式研究［J］．安徽农业科学，2008，36（16）．

［36］马勇，赵蕾，宋鸿等．中国乡村旅游发展路径及模式——以成都乡村旅游发展模式为例［J］．经济地理，2007（2）．

［37］郑群明，钟林生．参与式乡村旅游开发模式探讨［J］．旅游学刊，2004（4）．

［38］李德明，程久苗．乡村旅游与农村经济互动持续发展模式与对策探析［J］．人文地理，2005（3）．

［39］王云才．中国乡村旅游发展的新形态和新模式［J］．旅游学刊，2006（4）．

［40］石培基，张胜武．乡村旅游开发模式述评［J］．开发研究，2007（4）．

［41］文军，唐代剑．乡村旅游开发研究［J］．农村经济，2003（10）．

［42］文军，魏美才．乡村旅游开发模式探讨——以广西富川瑶族自治县秀水村为例［J］．生态经济，2003（10）．

［43］邹统钎．中国乡村旅游发展模式研究——成都农家乐与北京民俗村的比较与对策分析［J］．旅游学刊，2005（3）．

［44］李德明．新农村建设为乡村旅游发展创造广阔空间［J］．旅游学刊，2006（5）．

［45］王宏星，崔凤军．我国乡村旅游产品体系及其影响研究［J］．西藏大学学报，2005（1）．

［46］徐清．乡村旅游产品谱系及开发模式研究［J］．浙江林业科技，2009（3）．

［47］林智理．乡村旅游产品提质升级策略探析［J］．资源开发与市场，2010（5）．

［48］毛勇．乡村旅游产品体系与开发［J］．中南民族大学学报（人文社会科学版），2009（3）．

城市旅游

【学习目标】

通过学习，掌握城市旅游内涵，理解城市旅游构成要素，认识城市旅游的特点，熟悉城市旅游空间结构，明确城市旅游形象定位，掌握城市旅游产品开发策略。

【内容结构】

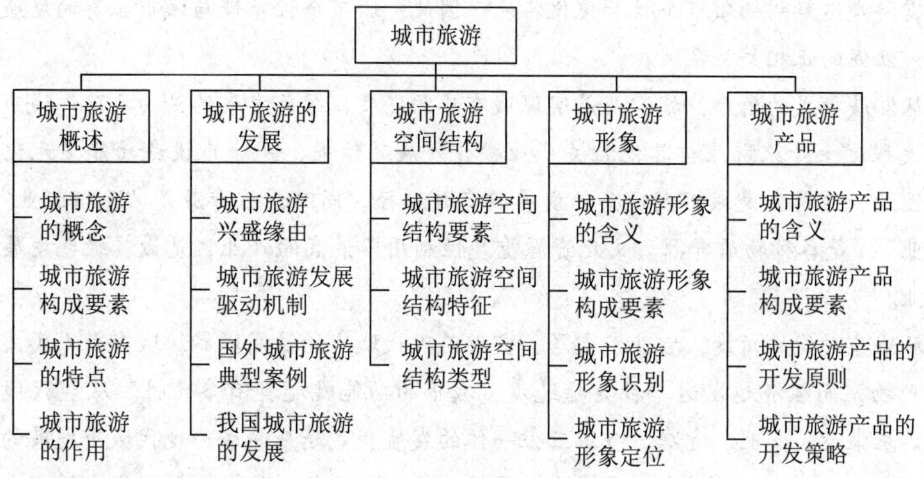

【开篇导读】

旅游业是推动城市转型发展的新引擎[①]

改革开放以来，我国经历了世界上规模最大、速度最快的城镇化发展历程，城市发展取得了举世瞩目的成就。城市已经成为我国经济、政治、文化、社会等方面活动的中心，在国家社会经济发展和政治制度建设中具有举足轻重的地位。

2015 年 12 月召开的中央城市工作会议提出，我国城市发展要不断提升环境质量、

① 王德刚. 旅游业是推动城市转型发展的新引擎［N］. 中国旅游报，2015-12-30（4），有删改。

人民生活质量、城市竞争力，建设和谐宜居、富有活力、各具特色的现代化城市。会议确定的城市发展目标和发展方向，与旅游业息息相关，旅游业将成为城市转型升级的新引擎。

从市场的角度，城市旅游有着巨大的市场。“城市即旅游”已经成为现代旅游发展的一种必然现象。城市的历史、文化、生活、生产、建筑和艺术等，都是重要的旅游吸引力因素，城市有着完善的公共服务体系，城市旅游在整个旅游市场结构中一直占据主导地位。市场消费是拉动投资、拉动生产和决定产业结构的主导因素，随着城市旅游市场规模的持续扩大，必将引导社会资本投向旅游业，使旅游服务企业数量越来越多，产业规模越来越大，最终使旅游业在城市产业结构中所占的地位越来越重要。

从产业结构的角度，旅游业是城市产业结构调整的催化剂。旅游业是一个关联度高、拉动力大、具有高度融合性的综合产业，旅游业能够与工业、商业、农业、林业、水利、文化以及社区、生活等几乎所有社会生产和生活领域进行融合，形成新的产业业态，并以旅游为核心，形成新的产业群，壮大城市旅游和文化产业的规模，促进城市产业结构的优化。

从城市个性塑造的角度，旅游业是塑造城市文化特色的重要途径。旅游竞争力取决于城市个性的差异化，城市越有特色，其旅游吸引力就越强，或者说，发展城市旅游本身就需要塑造鲜明的城市个性和文化特色。因此，城市个性塑造与城市旅游的发展具有互动、互促的正相关关系。

从发展模式的角度，旅游业是实现城市集约发展、绿色发展的必由之路。城市旅游在很大程度上是旅游业与其他相关产业融合发展的结果，是城市设施功能多元化的结果，因此，旅游业是城市实现集约发展的有效途径。同时，旅游业是“无烟工业”“绿色产业”，是各种物质资源、文化资源重复性利用率最高的产业，是最具绿色发展特征的产业。

从城市功能的角度，宜业、宜居、宜游是现代城市的最高境界。城市是人类文明发展的产物，而经济越发达、社会越进步，城市的功能就越具有多元性。从现代城市的发展诉求来看，宜业、宜居、宜游三位一体的发展模式越来越成为现代城市发展的新趋势、新方向。这种新的诉求既是城市发展历史演进的必然结果，也是现代发展理念对城市发展目标的新定位。宜业、宜居、宜游是城市发展理念的最高境界。

总之，旅游业作为关联度高、融合性强的综合性产业，在城市产业结构调整中具有真正的催化作用，必将成为推动城市转型升级发展的新引擎。

第一节 城市旅游概述

一、城市旅游的概念

城市历来都是世界各国旅游业发展的主体，它既是各国主要的旅游目的地和客源地，又是国际国内旅游的集散地，也是现代旅游活动最为重要的载体。城市旅游已经成为当今世界各地旅游产业发展的重要支柱。而城市旅游作为一种重要的社会经济文化现象，引起了广大学者的普遍关注。1964 年，美国学者 Stansfield 在其著作《美国旅游研究中的城乡不平衡》（*A Note on the Urban-nonurban Imbalance in American Recreational Research*）中首次提及了城市旅游业的重要性，从而给旅游学者们提出了一个不可忽视的研究领域——城市旅游研究。从此，中外学者将城市旅游研究推向深入。彭华、钟韵（1999）认为，城市旅游是发生在城市中的各种游憩活动的总称，对于旅游产业来说，则是指旅游者在城市中的所有物质与精神消费活动；保继刚、楚义芳（1999）认为，城市旅游是指以城市为目的地的旅游活动；也有学者认为城市旅游是指旅游者在城市中的旅游活动及其对社会、经济和环境的影响；邹再进、田洪（2002）认为，城市旅游同“山水旅游”“度假区旅游”及“乡村旅游”一样，是一个范畴，是基于旅游目的地标准而划分的几种旅游类型之一，是发生在城市的各种游憩活动及以城市为旅游目的地、以城市为旅游吸引物招徕游客的各种旅游活动的总称，其实质是对现代城市文明的向往和追求；刘德谦（2006）认为，城市旅游是人们出于观光游览、休闲度假、探亲、购物和商务会议、考察交流等目的，以城市作为自己旅游目的地，离开自己的常居地的旅游活动。总之，城市旅游可以看作是以城市文化、城市景观和城市商业休憩娱乐设施为吸引要素，吸引游客前往的旅游活动形式。城市旅游是以城市为目的地的旅游活动，是以现代化的城市设施为依托，以该城市丰富的自然和人文景观以及周到的服务为吸引要素而发展起来的一种独特的旅游方式。

城市是政治、经济、文化的中心，具有强大的经济、消费、文化、休闲功能，特别是大城市，是发展休闲经济的理想场所。马惠娣是国内较早认识到城市休闲是城市基本功能之一的休闲研究学家，她在《城市与休闲》一文中指出“休闲是城市生活的组成部分，是现代城市经济发展的新模式”。魏小安等明确地提出城市休闲是城市的基本功能。城市与休闲生活是互动的，未来的城市经济结构的选择和发展趋势必然是休闲。可以说，城市选择了休闲，而休闲的主要发展也必然在城市。因此，随着休闲旅游在各国的兴起及发展，城市休闲旅游也逐渐成为重要的旅游类型，在旅游人数与旅游收入上均占很大比重。城市休闲旅游是指以城市旅游资源为依托，以城市旅游设施为条件，以特定的文化景观和服务项目为内容，旅游者利用闲暇时间在城市及其周边地区进行一定时期的游览、娱乐、观光和休息，丰富精神世界，缓解压力、舒缓心情的一种旅游形式，是城市旅游的新形态。

二、城市旅游构成要素

（一）资源要素

资源要素是城市旅游的基础，其外在表现形式是城市游憩系统空间布局。城市旅游资源要素构成需要四个条件：一是旅游资源总量，即具有一定数量、种类及一定吸引力的休闲旅游资源；二是旅游资源特质，即具有区别于他地的、稀缺性的并在后天经过优化组合的旅游资源质量；三是资源优势，即该资源在区位、交通、距离客源地的距离等方面具有一定优势条件；四是相关资源供给能力，即与资源密切相关的物质条件具有可持续发展的能力。

（二）服务要素

服务要素是城市旅游的核心，是城市旅游总体水平的决定因素。从服务经济学角度讲，服务既是无形的，也是有形的，服务已经成为一种产品，贯穿市场经济的全过程。旅游服务与旅游产品具有同等地位，旅游服务质量决定旅游资源的经济效益，与旅游目的地形象密切相关，它具有可感知性、与消费同步进行、不可储存等特性。1994 年，世界旅游组织提出了“高质量的员工，高质量的服务，高质量的旅游”的口号，这意味着整个世界范围内旅游服务质量意识的强化和升华。

城市旅游服务要素系统构成取决于五大因素：一是旅游服务的硬件体系，它是以餐饮、饭店、旅行社、交通、金融、贸易、休闲娱乐设施构成的服务体系；二是以旅游景区的停车场、通信、医疗、物种维护、垃圾处理等构成的公共服务设施体系；三是以咨询、救援、财产保障、价格构成的相关服务体系；四是上述服务体系综合构成的休闲旅游服务质量，主要表现为服务体系的法制化、标准化、系列化、规范化；五是上述所有服务的结果体现为旅游的服务绩效，也即旅游带动国民经济的能力、所产生的社会劳动生产率、人均实现利润、旅游服务的扩散力。

（三）环境要素

环境要素是旅游发展的外在因素，它是一座城市或一个地区的旅游赖以存在和发展的最基本的条件，也是旅游资源、旅游服务体系以及管理体系依托的宏观环境。城市环境要素体系作为固有的资源，一方面构成城市旅游收益的重要内容，另一方面对旅游产业发展和旅游价值体系状况有重要影响。因而环境是城市要素体系的重要构成力量。城市环境具有固定性强、替代性差和续存性高等特点。如果从环境文化学角度看，它是城市社会形象、精神面貌、城市品位、文化建设、经济水平、生态质量的综合反映。环境资源先天和后天的禀赋为发展城市旅游提供了巨大的比较优势。城市环境好坏与旅游价值体系的关系，决定着城市旅游发展的质量、方向和效益水平，对提高旅游竞争力起着决定性作用。城市环境体系包括城市基础设施、城市生态环境、城市经济环境、城市文明环境、城市国际化水平。

城市基础设施是城市重要的硬环境之一，是以物质形态为特征的城市基础结构系统，是指城市可利用的各种设施及其质量，包括交通、通信、能源、动力、住房、公共服务、商业、文化娱乐设施等。旅游生产要素的聚合、传递和流动是通过城市基础设施载体进行的，其容量大小和负荷能力强弱决定该城市旅游的产业规模。容量大、负荷能力强，则城市旅游的发展和运行就有充裕、便捷的载体条件，产业规模就能得以自由扩张。城市基础设施水平先进就能为旅游产业的高级化提供基础，为其成长提供良好的条件。其个体质量、空间匹配的状况将影响城市旅游产品的成本和竞争力，从而深度影响城市旅游的价值体系。

城市生态环境包括自然环境和社会人工环境两方面。自然环境包括城市气候、空气状况、水源状况、森林花草状况、江河湖海山脉以及自然景观状况。社会人工环境是指经过人工改造的自然环境，包括名胜古迹、公园风景区、绿地等。城市良好的人工环境还包括杰出的城市建筑物、清晰的城市平面、宽广的林荫道、美丽的广场群、重要的历史遗迹、高雅的艺术街区等。城市生态环境作为特殊的自然资源，既独具特色，又非常稀缺，且不可移动，它为城市旅游提供物质载体和巨大的比较优势。

城市经济环境是一个城市旅游赖以存在和发展的经济基础。GDP、人均储蓄率、地方财政的增长提高了市民生活水平，从而使市民有了充分休闲的可能。经济腹地的经济水平、市场规模、区域物流能力都为城市经济发展提供了可持续性。产业结构提升速率、消费结构的转换、公共服务业的健全与否、城市化水平的提升都为发展城市旅游提供了条件。城市经济既是城市旅游发展的保障，又是其持续发展的动力，它从物质条件方面提供了城市旅游的比较优势。

城市文明环境是城市不可或缺的环境之一。城市人的文化素质、精神面貌、社会安全系数、科技文明所达到的程度均成为城市的名片，并通过“人”这个媒介直接参与或间接作用于休闲产业的运行过程。城市特有的精神文明作为一种无形的、内在的要素资源，影响着城市休闲旅游资源配置和服务质量，对城市旅游的价值体系有重要影响，并成为旅游竞争力的重要来源。

城市国际化水平反映在与世界各国的交往、外来文化的影响、城市宜居程度、经济体系与国际接轨程度、城市法制化管理等方面。其发展程度是形成旅游吸引力的重要因素，参与城市旅游活动的全过程，直接决定旅游的经济效益水平和休闲旅游的国际竞争力。

（四）管理要素

旅游是一个各种要素和资源组成的复杂大系统，旅游活动又是主观与客观的统一过程。因此，管理是城市旅游发展的协同力量，是城市旅游支撑系统的重要软因素，它是一城市与其他城市在旅游产品、质量、价格竞争中获得优势的重要基础。目前一个产业的成功与否和竞争力的提高越来越取决于管理和文化等软因素。按管理主体来划分，它分成政府组织的管理和旅游企业的管理。

政府办事效率高、廉洁自律、公正执法，对休闲旅游宏观事务组织得力、协调有效，将有助于降低成本，提高收益和效益。政府管理水平的高低也会影响休闲资源的利用效率，管理得力会形成资源和成本优势，推动休闲产业要素的进一步聚集，从而提高产业的利润；政府对战略和政策的制定与实施会影响现有优势和创造新优势，会生成新的技术和制度资源优势，使效益持续扩大。

旅游企业的经营管理也同样是重要的软因素之一。现代企业的生产高度专业化，相互的密切合作、有效协调可以使休闲旅游生产的各个环节有效衔接，使生产要素和环境要素得到优化配置和有效利用，有益于降低成本和交易费用，提高产品质量和市场竞争力。旅游企业的经营管理与政府管理共同决定着休闲旅游发展的质量、方向和效益水平。

三、城市旅游的特点

城市，特别是国际大都市，往往是一个地区和国家的政治、经济、文化和商贸中心，是区域和国家对外联系的“窗口”和对外宣传区域和国家形象的“口岸”。城市又是近代旅游的发源地，是旅游者的主要产出地、集散中心和接待中心，也是旅游经济的辐射中心和管理中心。因而城市在区域旅游中具有举足轻重的作用，是现代旅游的支撑点和区域旅游业的支柱。城市的性质和特点决定了城市旅游具有不同于传统旅游的特性。

（一）城市旅游吸引的整体性

城市的旅游吸引，并非仅仅是城市的几个旅游点，而是城市整体。城市旅游吸引的整体性表现为城市旅游景观的多样性和景观吸引的综合性。这是因为城市对旅游者的吸引不同于风景区以某一方面的资源优势为主要吸引要素，而是以整个城市的综合吸引为特征。其旅游吸引力是城市自然文化遗产，区域政治、经济、文化、信息、科技中心的吸引向性，动态、优美的城市环境，丰富多彩的城市娱乐活动与设施以及具有竞争力的城市整体形象等多种景观综合作用的结果。当城市成为一种吸引物时，旅游者将把整个城市当作一个游览景区，城市也始终是作为整体的旅游吸引物而发挥自己的旅游功能。

（二）城市旅游功能的多元性

现代城市是高度复杂的综合性有机体，在政治、经济、科技、文化、教育等多方面呈放射状发展。博大精深、内涵丰富的城市，在旅游功能上表现出多元化的特点。城市便捷的交通，完备的住宿条件，异彩纷呈的风味食品，多功能的商务会展设施，以体育馆、博物馆、音乐厅等为代表的文化载体和文化景观，由道路、绿地、广场、水体、花木、喷泉、雕塑组合而成的城市审美空间，以大型购物中心、特色购物步行街、中心商务地段、旧城历史文化改造区、新城文化旅游区等正在全面地改变着城市的面貌。有研究表明，旅游中心的功能作为城市共性的功能会随着城市的发展得到不断强化。城市旅游功能的开发，被认为是后工业化社会带有规律性的普遍现象。任何城市都具有旅游功能，都有旅游者到来的可能，城市中的任何设施和活动都可以开发成为旅游项目。因此，城市的旅游功能不像景区旅游功能那么单一，表现出多样性、综合性的特点，能满足观光、休闲、度假、会议、商务、购物、修学、考察、节庆、文艺表演、体育赛事、美食、生态等多种功能性要求。

（三）城市旅游活动的参与性

城市旅游景观的多样性和整体性，以及旅游城市本身的开放性特点，决定了城市旅游活动更多的是以一种参与性的形式表现出来的。从某种意义上说，旅游者的参与过程也就是城市旅游景观最终成型的过程。城市旅游的这种参与性的特点，决定了城市旅游提供给游客的更多的是一种体验。城市旅游的非单纯观光功能，如购物、商贸旅游决定了旅游者必须参与才能保证城市旅游功能的最终实现。

（四）城市旅游的辐射性

城市是交通的枢纽，是旅游者和信息的集散地，加之城市在现代社会经济中所处的核心地位，使城市旅游具有极强的辐射带动功能。城市往往是区域或国家旅游发展的中心，是旅游向外扩散和辐射的极核，城市旅游发展的成就在区域或国家旅游发展中往往具有增长极的作用，对区域整个旅游业和旅游经济的发展会起到巨大的带动和推进作用。因此，发展城市旅游必须注意内外联动，同区内其他地区及周边地区联合开发，整体促销，形成以城市为中心的大旅游区。

（五）城市旅游的统一性

城市旅游的特点之一是国际旅游与国内旅游并举，接待外来旅游者与输出本地旅游者并举，是旅游目的地与客源地的统一体。本市居民的休闲活动与外来游客的旅游活动的交织，是发展城市旅游的一大要点。城市旅游的这些特点反映了城市旅游的统一性，这主要表现在两个方面：一是城市旅游主体的统一性，即城市居民既是城市游憩者，又是城市旅游接待者；二是旅游客体的统一性，即作为城市旅游对象的旅游城市既是城市旅游的目的地，又是其他旅游城市的重要客源产出地，是旅游目的地和客源地的统一。

四、城市旅游的作用

（一）有利于发挥城市的游憩功能

早在1933年8月，国际现代建筑协会第四次会议通过《雅典宪章》时就提出，居住、工作、游憩与交通是城市最基本的四大功能。但是现代城市的发展证明，游憩这一功能被忽略了，工业化和城市化曾一度使旅游与城市相背离，使城市的旅游功能被淡化。但随着后工业化时代的到来，城市具有了旅游管理、接待、集散和辐射中心的功能，即城市的旅游中心功能日益突出，旅游城市化趋向得到发展，城市逐渐成了旅游目的地与客源地的统一体。发展城市旅游，拓展城市游憩功能，对满足旅游者的需求和城市市民对休闲的要求，都将发挥重要作用。

（二）有利于形成城市经济的增长极

城市经济的发展是国家经济增长的基础。城市是人们旅游活动的承载空间，旅游者的旅游过程是货币转移的过程，当旅游者对某个城市形成了旅游需求，并通过各种旅游组织方式前往旅游城市进行旅游消费时，对城市来说，便产生了一种非地区性的外部市场，这个非地区性的外部市场为本地区经济创造了一种服务贸易，并以此来获取地区以外的经济收入。加之城市是多种消费的集合地，发展城市旅游，有利于扩充客源市场、增加旅游接待地的财富，同时带动和促进区域相关行业的发展，促进城市经济繁荣。旅游业是一项经济产业，旅游是城市的一项基本经济活动，是当今社会经济发展的一个重要组成部分，目前我国各个城市的旅游产业在城市经济中的比重占到10%以上。

（三）有利于调整优化城市产业结构

旅游综合性强、包容度强，涉及城市的各个产业，旅游业在城市经济结构的优化和调整中起着重要作用。城市旅游产业的发展可以带动第三产业全面发展，推动、改造、提升商贸流通、交通运输等传统服务业，使其向标准化、规范化方向发展，尤其是可以刺激金融、信息、咨询等现代服务业，加快创新步伐，拓宽服务领域，大大提高服务业的比重。旅游产业还可以辐射城市的第一、第二产业，促进经济结构优化调整。在农业结构调整中，城市郊区及客源前景广阔的其他农村，通过发展农业旅游、生态旅游、山区旅游项目和度假休闲基地、农业科教基地等，可以转移部分剩余劳动力，为农村经济发展和农民增收开辟新的门路。在工业改组改造和结构优化升级中，轻工、纺织、电子等行业可根据旅游市场需求，生产适销对路的旅游商品和旅游纪念品，有条件的工矿企业还可精心策划发展工业旅游项目。可见，城市旅游的发展有利于城市布局调整和产业结构优化，进一步促进三大产业健康协调发展。

（四）有利于促进城市基础设施建设和城市环境的改善

旅游业关联度高、涉及面广、辐射力强，涉及食、住、行、游、购、娱等各个方面。发展旅游业要大力改善基础设施，强化城市功能配套，必然带动交通运输、邮电通信、城市建设、环境保护、住宿餐饮、娱乐休闲等多个行业的协调发展。同时，作为一个多产品和多服务的总体，城市旅游更能充分展示特有的地域文化，这种特有的地域文化主要体现在城市风景、园林、雕塑、高层建筑及建筑群、城市广场和文化街市等基础设施建设上。为了增加旅游目的地的吸引力，城市的管理者和规划者必然会合理架构旅游目的地产品，以可持续发展为原则，建设和保护良好的城市生态环境。

（五）有利于促进文化交流与传播

旅游体现了交流、体现了开放，正是在开放和交流的过程中，旅游业才得以发展，也正是通过旅游业的发展，又进一步促进了开放和交流，促进了城市总体面貌的改变。城市尤其是国际大都市是一个国家的窗口、基地和辐射中心，城市旅游就是国内外大量的人流、物流、信息流交会的过程，是区域间合作与交流的纽带。城市旅游的发展，可以相互引进外来技术、设备、人力、管理经验和资金，为城市不断注入新鲜血液，推进城市经济发展；同时，还可以使一些知名度不高、竞争力不强的土特产和工艺品等商品因旅游者的广泛宣传而步入国内、国际市场，尤其是人口的流动，可以使城市间、城乡间的文化得以交流、传播，增强城市的综合竞争能力。

（六）有利于提高城市的文明程度

一座现代化的城市，一定是一个物质文明和精神文明同步发展的城市。发展旅游业在改善城市基础设施建设和生态环境治理和改善的同时，也可促进服务行业的规范化、标准化和国际化，从而带动整个行业服务质量和服务水平的提高。在发展旅游业的过程中，还能提高市民的旅游意识、服务意识。在“人人都是旅游环境，人人都是旅游形象”的影响下，不仅转变了市民的观念，提高了市民素质，而且推动了城市精神文明建设，增强了城市的吸引力，使城市成为具有健康、宜人的环境，充满人文主义精神的乐土。

第二节　城市旅游的发展

一、城市旅游兴盛缘由

从严格意义上讲，城市旅游现象早已有之，只不过 20 世纪 80 年代以来，随着现代城市的发展及其功能的完善，这种现象表现得越来越突出而已。因为从旅游学的角度说，近代旅游的出现是与城市旅游相伴而生的。1841 年 7 月 5 日，由托马斯·库克组织的代表世界近代旅游业开端的团体旅游——以包租火车方式从莱斯特前往洛兹伯勒，其实质就是以城市为旅游目的地的旅游活动。而 1855 年托马斯·库克将近代旅游推向高潮的壮举——从英国莱斯特前往法国巴黎的全包价团体旅游，则更有力地证明了近代旅游是与城市旅游相伴而生的。人类社会进入后工业化时代以后，城市旅游突飞猛进地的发展几乎成了当代旅游的主流。

（一）现代城市的发展与城市功能的完善是城市旅游日趋兴盛的首要原因

城市化是近、现代社会经济发展的重要组成部分。随着城市的发展，城市在国家及区域的中心地位日渐突出，其功能也日益完善。城市的综合发展为现代城市旅游的日趋繁荣创造了重要的条件：①城市人口密集，使得城市探亲访友的频率也高；②城市往往是旅游交通中转枢纽或终点站；③商业、金融、工业、生产服务的功能都集中于城市，带来会议、展览和商务旅游；④城市提供了大量的文化、艺术和娱乐方面的体验。从而使现代城市成为国家或区域政治、经济、商贸、文化和信息的中心，也日渐成为广大旅游者向往的旅游目的地。城市旅游功能的增强使城市职能不断拓展，除兼具其他诸多中心职能之外，也逐渐成为地区、国家及区域的旅游活动中心。

（二）旅游形式的多样化及旅游需求的多元化是城市旅游兴盛的前提条件

人类旅游活动发展到现代，其形式与内容已发生了巨大的变化。旅游形式已由传统的观光旅游为主体发展到了会议、度假、休闲、疗养、商务、购物、修学、探险、生态、远洋等多种旅游形式并存。旅游形式的多样化已完全改变了过去人们根据自然风光和历史古迹确定旅游目的地的传统理念，将旅游资源的涵盖面扩大到了“凡是能对旅游者产生吸引力，能为旅游业所利用，并能产生持续的经济、社会和生态效益的有形物体与无形存在”的范围，从而为旅游者提供了更为广阔的游憩空间和目的地选择范围。同时，随着经济的发展和人民物质文化生活水平的提高，旅游市场的需求呈现出了多元化的特点，人们已不满足于传统观光旅游的“走马观花”方式，而追求更高境界的旅游经历。而现代城市作为现代文明的载体，作为人类物质文明和精神文明的极核，通过其完善的现代城市功能完全能承担起满足旅游者日益增长的多元化旅游需求的重任，因而能有效地促进城市旅游的快速发展。

（三）旅游主体的大众化和旅游方式的现代化是城市旅游兴盛的基础

现代旅游的典型特征是大众旅游，大众旅游是现代旅游产生的重要标志。自从大众旅游产生之后，旅游就不再是少数贵族、资本家的特权，而成为全社会的普遍需求，特别是现代以来，随着社会经济的发展，旅游已越来越成为检验一个国家和地区人民生活质量的重要标志。大众旅游的兴起，首先使旅游主体结构发生了质的变化，呈现出了多元化的特征，即全民旅游时代的到来。旅游主体结构的多元化必然改变人们传统的旅游目的地选择观念，加速和扩大了城乡之间、城市与旅游景区之间的旅游流，从而更强化了城市在区域旅游中的中心地位。同时，现代旅游方式（包括交通方式、游览方式、游乐方式、停留方式、餐饮方式及购物方式等）的发展，使大尺度的旅游空间移动与旅游角色变化成为可能，从而为城市旅游的兴盛创造了条件。

二、城市旅游发展驱动机制

（一）城市旅游发展动力系统

城市旅游动力应是一个由旅游消费牵动和旅游产品吸引所构成的，并由消费引导和发展条件所辅助的互动型动力系统（见图 7-1）。

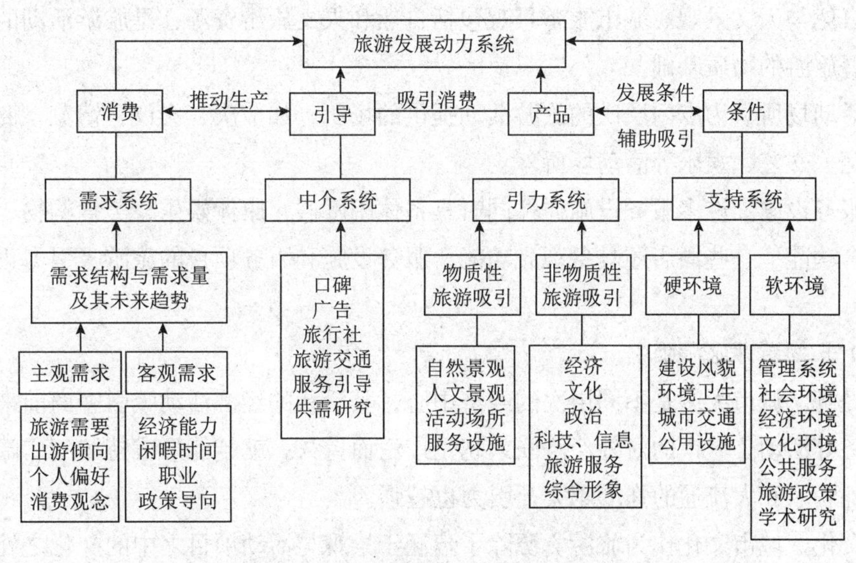

图 7-1　城市旅游动力系统结构模型[①]

① 彭华 . 关于城市旅游发展驱动机制的初步思考［J］. 人文地理，2000（2）.

1. 需求系统

城市是各种供给功能最齐全的区域，但不同的城市由于发展历史和区域特征的差异，形成了不同的城市风格、不同的规模和供给差异、城市与乡村、此城市与彼城市的文化特色等。

需求系统主要包括需求结构与需求量及其未来趋势。其中需求结构重点是分析需求的空间结构、时间分配、需求类型和消费者结构等；需求量研究需求总量、不同区域和不同类型的需求量、需求的时间变化系列等；未来趋势则是从主观和客观需求及宏观社会经济背景中分析未来旅游需求的发展变化。此外，国家和地方有关鼓励或限制旅游的政策法规，对旅游需求有着重大的影响。但必须指出，市场导向要注意根据消费需求倾向，以积极的、创新的、有持续生命力的旅游产品引导消费。

2. 中介系统

中介系统是指传媒及其为宣传服务的各种宣传品，旅行社及其旅游组织工作，联络旅游地和客源地的旅游交通等要素。旅游中介系统是一个联络产品和消费的中间环节，它一方面把产品推向市场，引导消费，将旅游需求转化为旅游活动；另一方面又将需求信息反馈给供方，指导生产。中介系统通过人的流动而达到推动旅游产品生产、发展旅游的目的。因此，中介系统是构成旅游动力系统的一个重要部分。

3. 引力系统

引力系统是一个由旅游吸引要素构成的子系统，即通常所说的旅游资源。旅游资源包括物质性旅游吸引和非物质性旅游吸引。

（1）物质性旅游吸引。

①自然与人文景观。城市旅游景观包括自然和人文旅游资源，是旅游活动的基本载体和发展旅游的物质基础。

②活动场所。为专门层次的旅游活动提供的场所，如节庆、会议、博览、商务、购物、比赛、文艺、娱乐等活动场所。

③服务设施。许多服务设施往往同时具备休闲度假、康体娱乐、美食购物、康复疗养等综合功能，一些酒店还具备观光功能，服务设施和服务项目的旅游吸引力正日益增强。

（2）非物质性旅游吸引。

①经济。城市大多是不同层次的经济中心，其活跃的经济活动吸引客商前来进行商务、业务等活动。城市的对外经济联系越是广泛而持久，就越能形成持续的广阔吸引空间；对外联系和大流通的强度越大，引力也越强。

②文化。城市文化作为旅游资源除了蕴涵于景观与活动项目之中的文化之外，还包含了服务文化、社区文化、环境文化和娱乐文化等，都可形成直接的旅游吸引力。

③政治。一般城市都具有不同层次的行政中心功能，因而对其下属和邻区的各层机

关、事业或企业的领导和办事人员具有必然的公务和政务吸引。具有较大影响的政治中心城市，在一般旅游者中也构成了神秘性，成为直接吸引力。

④科技、信息。城市在信息与科技领域中的领先地位使城市成为旅游者了解新信息、领略新科技或从事科技、信息交流的地方。从事会议、商务等对信息与科技服务要求较高的旅游者来说，城市现代科技和发达的信息构成了其工作的必要条件。

⑤综合形象。城市各要素的有机整合，构成了城市的整体形象。在市场经济社会，旅游形象、城市形象与产品形象一样，构成品牌吸引力，是城市竞争成败的关键。

4. 支持系统

支持系统即旅游大环境，它是社会、经济、文化与自然环境的统一。大环境对旅游吸引力的营造具有很强的辅助作用，对旅游产品的生产与供给具有推动或制约作用，同时对旅游决策行为和旅游活动质量产生深刻影响，直接影响到市场开拓。

（1）硬环境。硬环境即支持旅游发展的城市硬件建设。城市在建设风貌、环境卫生、城市交通、公用设施等方面应该适应旅游发展的需要。即将城市作为一个旅游地，规划与建设充分考虑旅游发展的要求，在城市各种建设项目中融入旅游和环境意识等。城市的建筑、装饰、园林、人文活动等市容市貌、特色景观，是城市表现自我的一个窗口，也是城市的视觉形象，同时构成旅游吸引力。

（2）软环境。

①管理系统。科学的管理系统，包括协调顺畅的管理体制，高素质的决策与经营管理人才及其处理开发、保护、经营矛盾的能力，是保证旅游与城市社会、经济、文化、环境的协调发展、营造城市整体旅游吸引力的重要条件。

②社会环境。安定团结的政治局面、鼓励旅游发展的政策法规、良好的社会治安和交通秩序、居民的文明行为、安全轻松的氛围等是城市旅游吸引力的社会支撑。

③经济环境。城市鼓励流通的政策、公平文明的商业规范、完善的内外贸服务体系，将促进大流通市场的发育，构成城市旅游吸引力的经济大环境。

④文化环境。城市文化在作为旅游资源的同时又构成大环境的重要部分。发掘和培育城市文化，营造内在文化素质和精神理念，是营造旅游文化环境的需要。

⑤公共服务。各类城市旅游者都要求有相应的社会服务体系，尤其商务、公务、会议、科技文化交流等专门层次的旅游者，对于城市公共服务有着更高的要求。

⑥旅游政策和学术研究。对于旅游地来说，政策法规对资源开发、项目建设、经营管理及大环境营造等方面具有导向作用；而相应的学术研究则是一种无形的生产力，使城市旅游发展在修正和创新中获得持续发展能力。

（二）城市旅游发展动力模型

对于具体的城市而言，必须注意区分动力系统的不同因素在城市旅游发展中的作用，以寻求切合实际的城市旅游发展模式。

1. 主动因素

主动因素是指在推动城市旅游发展方面起主导作用的因素。一个城市的旅游发展能否持续，也主要是看其主动因素是否具有持续的动力。

不同区域其主动因素有很大的不同。传统意义上的旅游资源在资源型旅游地如桂林、敦煌等，其资源吸引构成主动因素；而一些经济活跃的城市并没有高级别的自然和人文景点，但是旅游人数和旅游收入却很高，如广州、上海等，其主动因素已不是传统意义上的景点，而是一种经济牵动；还有一些城市需求旺盛，但缺乏休闲度假和娱乐的场所，需求推动成为旅游发展的主动力，这类区域大多在大城市环境较好的郊区，级别不高的旅游资源往往也能建设成为旅游热点，如深圳等地的市郊。

2. 辅助因素

辅助因素是对城市旅游发展起辅助推动作用的因素。它们不是吸引旅游者的主要吸引物，但对引导旅游者的决策行为和实施行为及旅游活动质量有很大的影响。如在经济中心城市，商务旅游者是其主体，而传统意义上的旅游资源则不是其主导吸引物，但城市旅游点（资源）、城市大环境等则对他们的商务活动产生很大的影响。

3. 旅游发展的动力模型

旅游发展动力模型是一种主导动力模型，主要根据主动因素确定。但随着社会经济发展和旅游项目开发，旅游发展的主动因素和辅助因素在一定的条件下可以转化。具体表现为四种动力模型（见表 7-1）。

表 7-1　城市旅游发展动力模型①

旅游地类型	旅游地特征	主动因素	辅助因素	实例
资源驱动型	具有强引力值的自然与文化景点	自然与文化资源的独特性和综合品位	基础设施、接待条件、人文环境	杭州、苏州、泰安、桂林、敦煌、承德、黄山
经济驱动型	经济联系广泛、缺乏高强度景点	以大流通为特征的综合经济活力	城市综合环境、城市景点建设、旅游服务	广州、上海、郑州、汕头、温州等
需求推动型	经济发达、需求旺盛、缺乏旅游点	休闲度假需求推动	景点建设、环境改良、服务配套	深圳、上海等大城市郊区
综合都市型	具有高强度景点又有广泛的经济文化联系	城市综合地位与景点的可持续性	城市综合环境、旅游服务等	北京、西安、大连、青岛、南京、武汉等

① 彭华. 关于城市旅游发展驱动机制的初步思考［J］. 人文地理，2000（2）.

三、国外城市旅游典型案例

（一）新加坡城市旅游

新加坡是位于马来半岛南端的一个岛国，国土面积仅为 647 平方公里。新加坡地处太平洋与印度洋之间的航运要冲、马六甲海峡出入口，有“亚洲十字路口”之称，为世界著名的海空交通枢纽。与绝大多数旅游发达国家和地区相比，除了优越的地理位置外，新加坡的旅游资源比较贫乏。但经过半个多世纪的发展，新加坡旅游业已成为世界十大旅游中心之一，被誉为“亚洲旅游王国”，每年接待的国际游客人数是其本国人口的 2 倍，这在全世界都是罕见的。

新加坡旅游业开始于 20 世纪 50 年代，但最初发展缓慢。1964 年，新加坡接待的国际游客不足 10 万人次，旅游外汇收入仅 6000 多万新元。1964 年成立“新加坡旅游促进局”，此后，旅游业发展大大加快。1973 年，新加坡的国际游客首次超过百万人次，2007 年新加坡到访游客达到 1028 万人次，旅游收入达 141.22 亿新元。现在，旅游业已成为新加坡仅次于工业和贸易的第三大经济行业和创汇行业，旅游业总收入占其国内生产总值的 10% 左右。

1. 充分利用优越的地理位置，因地制宜地发展旅游业

新加坡从自身国情出发，充分利用得天独厚的地理位置条件，创建国际通商口岸、免税购物中心、美食天堂、国际会议和国际金融中心，使该国成为东南亚名副其实的区域中心。

新加坡是个免税港，来自世界各地的货物品种齐全、价格便宜，成为游客的购物天堂。新加坡还是著名的美食天堂，世界各地美食荟萃于此，为游客提供多种选择。新加坡利用地理位置的优越性，把邻近的东南亚各国的旅游资源作为本国发展旅游业的有利条件，使其发展成为东南亚的旅游中转站，从而使新加坡成为世界十大旅游中心之一。

由于国际会议具有参加人数多、逗留时间长、购买能力强、旅游经济效益高等特点，新加坡政府早在 1974 年就专门设立了国际会议局，建立了 100 多座国际会议馆，大力开拓国际会议旅游市场。新加坡政府通过每年举办各类大型国际会议，不仅获得丰厚的经济回报，还大大提高了国际地位及知名度，带动了国家旅游事业的发展。

2. 树立大旅游环境意识，营造良好旅游环境氛围

所谓大旅游环境，有两层含义：一是指狭义的旅游环境，也就是旅游硬环境；二是指旅游接待服务质量，也就是旅游软环境。早在 1973 年新加坡政府就掀起了全国性的、行之有效的植树造林运动，还从世界其他热带地区成功引种约 2000 种植物。由于政府重视，措施得力，目前全国各地都已被绿荫覆盖，就连路灯柱、天桥、房屋墙壁上也广种攀缘植物，成为名副其实的花园城市。新加坡没有一般城市常见的线网、广告、烟

囱，是世界上唯一一个“三无”城市。新加坡政府还大力整治新加坡河，过去恶臭难闻的污水河道现已被改造成为人们漫步、垂钓、享受日光浴的旅游景观带。

新加坡旅游接待服务质量非常高，堪称世界一流。新加坡有一套完整的旅游服务机构，有态度殷勤热情的接待人员，无论食宿、交通、参观游览等都安排得十分周到。为了让外国游客“无障碍”游览新加坡，新加坡旅游局在很多地方设立包括华文在内的多种文字的路牌、告示牌。酒店客房里的各种指南与宣传品及电视频道也尽量照顾包括中国游客在内的各国游客的需要。

新加坡政府根据华人占77%的特点，在社会上进行儒家优良传统教育，开展礼貌运动和敬老运动，树立了良好的社会风尚。游客在新加坡不仅感到生命和财产特别安全，而且感到特别的亲切和受尊重。

新加坡自建国以来政治稳定，经济持续增长，社会治安良好，犯罪率很低，这是新加坡游客持续增长的一个重要原因。

为了鼓励游客来新加坡，新加坡旅游局进一步简化外国游客出入境手续，最大限度地为游客提供便利。例如，自2005年10月1日起，中国和印度国民在有限期内在新加坡转机到第三国将可享有96小时特许过境免签证入境新加坡，访客无须提供航空公司的担保函，只要出示在96小时内离境的机票均可，第三国包括澳大利亚、加拿大、日本、新西兰、英国、美国、德国、瑞士等国。2009年新加坡移民与关卡局对中国公民推行电子签证，自2009年4月1日起，游客到新加坡旅游可通过有信誉的旅行社办理电子签证，极大地缩短了旅客办理签证的时间。

3. 重视投入，不断加强旅游景区、景点建设

新加坡政府非常重视旅游投入，其旅游业发展基金主要是通过对旅游企业征收旅游促进税来解决的，其纳税额是企业营业额的4%。征收的旅游税全部存入旅游促进基金，用于促进旅游业发展。

2005年新加坡旅游局制定了“旅游2015年”，政府注入20亿新元作为旅游业发展基金，主要用在旅游基础设施建设和旅游景区、景点建设，如重新打造乌节路（最繁华的购物大街）、吸引新的投资项目、开发新的旅游产品、为旅游业者进行培训及鼓励业者主办国际活动。

2009年新加坡政府耗资50亿新元（约合30亿美元）在滨海湾和圣淘沙岛分别兴建了两个世界级规模巨大、一体化运作的综合娱乐度假村，包括酒店、购物中心、会议和展览大厅、剧院和主题公园等，有力地拓展了新加坡的休闲和游乐景点，增强了新加坡作为休闲游客和商务客人“必游之地”的优势。

新加坡充分利用其热带海洋性气候的有利条件，建造了许多旅游场所，诸如热带植物园、动物园、水族馆、裕廊飞禽公园等，这些场所不仅布局合理、独具匠心，而且寓知识性、教育性于娱乐之中，因而很受游客的青睐。

4. 注重法制建设，实行严格、科学的管理

新加坡是一个十分注重法制建设的国家，将社会生活的各个方面都纳入法制的轨道，政府依靠一系列政策和法规对旅游业实行严格科学的管理。新加坡目前已经颁布实施的有关旅游管理的法律有《新加坡旅游促进法》《新加坡旅行社法》《新加坡饭店法》《新加坡旅游促进税法》等。新加坡不仅旅游立法完备，做到了有法可依，而且建立了严密的法律监督体系，做到了“违法必究、执法必严”。

5. 开展多种形式的旅游促销活动

新加坡政府在旅游促销、争取客源市场中十分重视并积极参加各种旅游区域合作，先后加入“远东旅游协会”“太平洋地区旅游协会”“东南亚国家联盟旅游协会”等组织，借助区域旅游组织开拓海外客源市场。新加坡还通过多种渠道扩大对外宣传，如向客源国提供各种形式的旅游资料、与客源国的旅游界广泛合作、免费组织观光团来新考察旅游、参加旅游研讨会和博览会等。在中国，新加坡通过在北京、上海、广州等城市的主要电视台、网络及报刊上展开宣传促销，希望吸引更多的中国游客。新加坡用“3天不够”的口号改变中国游客对新加坡的固有印象，在宣传促销时也更加注重与中国游客在心灵上的沟通与互动。

在当前世界旅游市场竞争非常激烈的情况下，新加坡通过树立鲜明的品牌把自己与东南亚邻国区分开来。新加坡在 2005 年 3 月在全世界发起了“非常新加坡”宣传推广活动。“非常新加坡”代表了新加坡与众不同的品质——深厚的文化底蕴与现代环境相映成趣。此外，新加坡旅游局还在重点旅游市场邀请名人担任新加坡旅游大使。

（二）韩国首尔城市旅游

韩国是“亚洲四小龙”之一，也是新兴经济体国家之一，其首都首尔的旅游发展较为成熟。首尔是韩国首都，也是韩国第一大城市。首尔仅占韩国领土面积的 0.6%，但其 GDP 则占了 21%。根据首尔研究院的报告，2013 年首尔外籍游客数量就已达到 1004.5 万人次，其中中国游客达 357 万人次，日本游客达 226.7 万人次。

1. 文化资源的深度挖掘利用

首尔有昌德宫、景福宫、宗庙、庆熙宫、德寿宫等多处文化遗存，其中昌德宫、宗庙等被列为世界文化遗产。除了在大韩民国历史博物馆、首尔历史博物馆进行文化的综合展示外，首尔还结合各类文化遗存建立了系列专题博物馆对文化资源进行深度挖掘利用。例如，在城墙公园建立了城墙博物馆，在东大门建立了东大门历史馆，结合景福宫建立了博物馆，临近国防部建立了战争纪念馆等。除此之外，还有民俗博物馆、泡菜博物馆、刺绣博物馆、出版博物馆等专题博物馆。博物馆内充分利用多种声光电展示手段，游客可以感受时空穿越、与历史人物对话、亲临文化故事场景。

在此基础上，首尔开发了大量文化展示活动，比如在德寿宫大汉门举行王宫守门将

换岗仪式，根据宫城和都城门开闭仪式、宫城行巡仪式等加以再现和演艺。遗存与展示结合、互动参与体验、演艺活动再现是首尔文化资源深度挖掘利用的成功之道，也让城市充满了文化韵味。

2. 购物旅游环境的培育

随着韩国不断放宽旅游签证，首尔购物旅游发展迅猛。首尔针对外国游客推出了大量购物旅游活动，如举办“韩国购物优惠季”，推动人民币等外币无障碍购物，推出中文导购、中国团队游客柜台、中国游客专属优惠活动等；设立大量免税购物区，推出物美价廉的旅游商品。商品既包括手表、名包、珠宝等国际品牌，又包括紫菜、高丽参、化妆品等本地特色商品。旅游购物区的设置结合旅游热点景区设置，如韩国景福宫是国际游客喜爱去的热门目的地，首尔政府就在景福宫南部光化门外设置了东和免税购物区。

3. 影视文化与旅游休闲的深度融合

影视产业推动了韩国文化产业的国际化发展，促进了“韩流”的广泛传播，产生了显著的品牌影响力。首尔将旅游产业发展与影视文化充分结合，开发了系列的影视取景地景点，推出了系列相关主题游线。例如，结合电视剧《来自星星的你》的热播，首尔将剧中众多的取景地开发成为景点，旅行社顺势推出热销线路。电视剧中男女主角活动过的场地，受到追星族的广泛青睐。在餐饮方面，首尔除推出传统饮食外，还广泛利用剧中女主角最喜爱的“啤酒 + 炸鸡”美食，使游客更好地体验韩剧中的场景，感受影视文化。

4. 医疗旅游的优质开发

依托丰富的医疗整形资源，首尔推出了一流的医疗整形与美容旅游服务。在首尔，江南区是医疗服务产业的聚集区，尤以新沙洞最为著名。聚集在江南区的医疗机构数量众多，约占整个首尔医疗服务机构数量的 80%。江南区的新沙洞，东至清潭十字路口，西至新社十字路口，约 3 公里的半径范围内聚集了 200 多家整容中心，使这里成了世界上独一无二的“整容一条街”。

医疗旅游发展中，医疗旅游协会起到了重要推动作用。江南区医疗旅游协会遴选了一批拥有一流医疗专家团队、科研技术水平领先、医疗设备尖端、医院管理体系完善的优秀医疗机构，作为协会官方指定的优质合作医疗机构，致力于提供高医疗服务的品质，并积极开展针对国际游客的医疗旅游系列服务。江南区医疗旅游中心为国际、国内游客免费提供医疗服务项目咨询、医院治疗预约服务、医疗体验服务、酒店预订、机场接送等细致周到的服务，强大的技术支撑、优质的服务、系统的配套成为首尔医疗旅游的竞争力所在。

5. 水环境的优化利用

汉江是首尔的母亲河，首尔不仅开发了汉江水上游，而且结合周边环境形成了众多的旅游休闲空间。沿汉江开发的滨江公园，生态景观良好，是运动休闲和观光游览的好去处。汉江沿线有汝矣岛、仙游岛等众多景点，搭乘汉江游船，可以游览汉江两岸风光，晚上还可以看到优美的灯光秀。而堪称“一条改变首尔命运的河流”则是有着悠久历史的小河——清溪川。位于首尔都市中心的清溪川曾污水横流，2002 年，首尔开始了清溪川恢复改造工程，使其成为大都市亮丽的风景，受到国内外游客的欢迎，这一创意设计也赢得了国际设计大奖。

6. 城市公共空间的旅游化利用

首尔的城市公共空间逐渐被赋予了更多的旅游功能。东大门 DDP 作为城市文化设施，因著名设计师扎哈·哈迪德的标志性设计而成为众多游客前往的设计展示体验空间。南山公园和 N 首尔塔作为城市景观的重要观景点而变得游人如织。作为大学校园的梨花女子大学也是外地游客体验首尔的重要空间。市区为有效串联各类景区，开辟了首尔旅游观光巴士，将城市旅游有效组织了起来。

（三）美国东部城市旅游带

美国东部城市旅游带是指美国东部沿海北起波士顿、南至迈阿密的巨大都市旅游绵延带。该带自北向南分布着波士顿、纽约、费城、巴尔的摩、华盛顿、迈阿密等世界知名城市和众多的中小城市，是美国乃至世界的政治、经济、文化、交通、金融中心。伴随着美国东部都市群的一体化演进，该地区旅游产业迅速发展，尤其是其东北部已集聚形成了一个以都市群为依托、以都市旅游为主体的巨大城市旅游带。该城市带长 965 公里，宽 48~160 公里，面积 13.8 万平方公里，占美国面积的 1.5%。

1. 城市旅游经济总量大，产业集中度高

城市旅游业在各城市经济和人民生活中所占的地位突出，旅游业及其相关服务业成为城市经济发展的支柱产业。据美国旅游业协会（TIA）统计，2002 年，该地区仅波士顿、纽约、费城、巴尔的摩、华盛顿 5 个主要城市的入境旅游市场份额就占全美的 40%，旅游总收入所占的比重更高，达到了 45% 以上。

2. 区域内各城市之间的群体组合优势明显，空间上形成统一的有机整体

美国东北部城市旅游带内各个城市旅游职能定位准确，各城市分工协作，旅游六要素在各城市之间的分配各有侧重。城市之间竞合关系顺畅，市场融合度高。如华盛顿、纽约在整个都市群中处于中心地位，承担了区域集散中心的职能，发挥着强大的旅游流输入、运转和输出作用。而波士顿、费城、巴尔的摩等则处于区域重点旅游城市的地位，是区域内各具特色的旅游目的地，同时发挥了一定的聚散功能。其他城市如大西洋城等则处于附属地位，仅承担或观光、或休闲、或娱乐等某个方面的职能。

3. 地域旅游特色鲜明，资源整合度高，产品错位开发

美国东部沿海岸线长，自然环境千姿百态，既有海洋，又有景色迷人的河湖、瀑布

和广阔无垠的阳光沙滩，可为游客提供观光、登山、露营、游泳、划船、度假、疗养等各种游憩活动，满足人们的旅游需求。美国虽然建国仅200多年，人文旅游资源却相当丰富。其东部沿海的人文旅游资源有国家公园、大型人工游乐场等，其中纽约的自然历史博物馆和自由女神像、费城的国家独立历史公园等每年都能吸引大量游客。

美国东北部都市带内旅游产品结构合理、类型多样，各城市都有不同特色的主打旅游产品，包括观光旅游、商务旅游、会展旅游、购物旅游、休闲旅游等各类旅游产品，以及如大西洋城的博彩旅游，众多农场开展的农业旅游，杜邦公司等一大批大型企业开展的工业旅游，哈佛大学、麻省理工学院、宾夕法尼亚大学等世界著名大学开展的校园旅游等专项旅游产品。特别值得一提的是，美国东部都市群主要城市都是世界著名的会议、展览和商务中心，商务旅游、会展旅游收入在其旅游总收入中的比重达到30%以上。

4. 旅游可进入性强，旅游基础设施完善

美国交通运输完整便捷，有庞大的航空网、公路网、铁路网、航运网和管道运输网，公路、铁路、航空、管道等运输业均居世界前列。东北部城市带内交通运输技术先进，设备数量和运量均占美国乃至西方各国的首位。各主要城市均有国际机场通往世界各地，区域内部有高速公路、铁路、地铁等相连，已形成了一个以空运、水运和公路运输为主体的现代化交通运输体系，旅游交通异常便捷。东部各城市的城际航空也非常方便，有纽约、迈阿密、华盛顿、波士顿等航空港。纽约至波士顿、纽约至华盛顿等设有一种“短途来回班机”，乘客不必提前预订机票，票款在航空公司的柜台缴付，可随到随乘。乘长途巴士也很便利，如著名的“灰狗巴士”，车身高大，车厢宽敞，车身后面有厕所，票价低廉，有单程票、往返票、儿童票等，旅客每人可以免费携带70公斤以内的行李乘车，既方便又快捷。此外，该地区通信便利，城市不同档次的旅游宾馆、饭店、旅游购物和娱乐场所结构合理，旅游业所涉及的六要素协调发展，可以满足各种层次游客的需求。

5. 现代化服务程度高，具有国际领先的个性化服务水平

该区域旅行社业发达，旅行社数量已逾万家，约占美国旅行社总数的1/3。其各个城市的窗口地区、景点、高速公路加油站等均设置了游客中心，提供各类旅游咨询和预订服务，在一些大的购物中心，也都有旅游资讯服务。此外，网上旅游信息资源丰富，旅游饭店规模、档次以及服务等方面也比较配套，整个城市旅游服务都具有较高水准。

6. 重视基本旅游市场与跨区市场的结合

美国远离欧洲市场，这是其发展旅游业的不利因素。但是，美国与加拿大、墨西哥毗邻，这种地缘优势使近距离流动成为美国国际旅游市场的主流。美国和加拿大有着悠久的历史渊源，文化相近，且两国之间不少人有血缘关系。每年出国旅游的美国人中有1/3以上是去加拿大旅游，而加拿大去美国的旅游者占其出国总人数的80%以上。交

通的方便更促进了两国之间的旅游，美国去加拿大的游客中，67% 自驾，18% 乘飞机，8% 坐船，7% 乘汽车、火车和其他交通工具。同时，美加两国互免签证，大开旅游方便之门。

四、我国城市旅游的发展

（一）我国城市旅游发展历程

改革开放以来，中国成为世界旅游的一个重要目的地，中国也走出了一条与发达国家完全不同的旅游发展道路：优先发展国际入境旅游，建设相关配套基础设施。而这些基础设施主要集中在城市，城市在中国旅游的成长中扮演了重要角色。

1. 单一功能阶段：城市主要作为旅游目的地（1980—1990 年）

此时期是中国经济的转型期，同时也是中国旅游业走上产业化发展道路的奠基阶段，旅游工作由“政治接待型”转变为“经济经营型”。我国政府鉴于国民经济的总体特征以及旅游业基础薄弱的现实，按照非常规模式发展旅游业，即以创汇作为支持旅游业发展的目的和政策依据，优先发展入境旅游。

“六五”计划时期是入境旅游的奠基阶段，确立了旅游发展的一些基本方针和原则。“七五”计划时期，入境旅游继续发展、国内旅游开始起步。这种由国际旅游向国内旅游不平衡推进的“中国式旅游道路”具体表现为，刺激国际旅游发展，限制国内旅游发展，以重点旅游地区城市、旅游口岸地区城市和沿海地区城市为中心，以国际旅游者为接待主体，实现旅游经济体系的快速发育。在这一阶段，相对偏远的地区由于道路系统较差，可进入性低，无法满足国际游客的需要。因此，主要中心城市成了国际旅游的主要目的地，如北京、上海、广州、杭州和西安。这一时期的旅游产品主要以人文古迹观光为主。

2. 二元化阶段：城市作为旅游目的地和旅游流的节点（1991—1999 年）

第二阶段是国际入境旅游继续深入发展、国内旅游快速发展的时期。旅游流由主要中心城市向一些非中心城市和西部城市流动，主要的代表城市由北京、上海、广州、杭州和西安扩展到南京、天津、青岛、昆明等城市，其他省会城市的入境国际旅游人数也开始增加。城市周边地区得到开发，基础设施进一步改善。在这一阶段，人文古迹观光旅游产品得到延续，并出现了大量的主题公园产品。

3. 一体化阶段：城市作为旅游目的地、客源地和旅游流的节点（2000 年以后）

2000 年之后，我国旅游业获得了快速发展，成长为国民经济的一个新增长点。入境旅游、国内旅游继续发展，出境旅游迅猛发展，三个市场平衡发展的局面开始形成。

城市入境旅游和国内旅游继续发展的原因主要有：第一，各级政府进一步重视和支持旅游业的发展，全国多个地方出台了扶持旅游业发展的具体措施，加大了对旅游基础设施、旅游资源开发、旅游产品促销等方面的财政投入，24个省、自治区和直辖市把旅游业作为支柱产业、重点产业、先导产业来发展，不同程度地加强了“政府主导”的力度。第二，中国市场秩序的专项整治为入境旅游发展营造了好的市场环境，入境手续不断简化也是促进入境旅游持续增长的一个原因。第三，国际交通得到进一步发展。在美国“9·11”事件带来的不利影响消退后，许多国家又增开了新的航线，如韩国2002年上半年开通了汉城—青岛等多条航线，日本东京地区到中国的航班也有增加。第四，随着中国经济的发展，人们的收入水平不断提高，闲暇时间增加，同时，交通基础设施改善，旅行时间缩短。第五，一些重大活动对旅游发展起了推动作用，如1997年香港回归祖国、1999年澳门回归祖国、1999年昆明举办世界园艺博览会等。

出境游是由内地居民赴港澳探亲旅游发展而来的。1983年1月15日，为了方便内地的港澳眷属到香港、澳门地区探亲访友，广东省旅游公司开始组织广东省内居民的“赴港澳探亲旅游团”。1984年，国务院批准开放居民赴港澳地区探亲旅游，由此拉开了中国公民出境旅游的序幕。20世纪90年代初期，出境旅游主要以新加坡、马来西亚、泰国为目的地。1990年10月，经国务院批准，发布了《关于组织我国公民赴东南亚三国旅游的暂行管理办法》。当时的旅游目的地仅限于东南亚地区的新加坡、马来西亚和泰国3个国家，适用范围仅为出国探亲旅游，费用一律自理，并采取由海外亲友境外交费的办法办理，授权7个旅行社承办这项业务。1992年7月，又增加菲律宾为探亲旅游的目的地国家。1997年7月，经国务院批准，国家旅游局、公安部联合发布了《中国公民自费出国旅游管理暂行办法》，批准了67家旅行社为自费出国游组团社，人们无须再以“探亲”的名义出境旅游。随后，中国公民出境旅游目的地不断增加，中国成为世界瞩目的新的旅游客源国，国际地位得到进一步提高。

这一时期，城市旅游的发展表现在：第一，城市继续保持作为国际入境旅游的目的地；第二，城市与城市之间的旅游得到飞速发展，它们互为客源地和目的地；第三，旅游目的地向城市周边和乡村发展，城市成为乡村旅游的最重要客源地；第四，出境旅游发展迅速，城市成为出境旅游的客源地。此外，城市旅游的发展还表现在，历史文化名城与新兴发展城市出现分化，历史文化名城（北京）和现代都市（上海）等成为主要的旅游目的地和客源地，而次级城市成为客源地。观光、商务、度假、会展、运动和各种节庆与赛事等新型旅游产品纷纷涌现，城市开始强调经营理念，通过旅游创立品牌。

从城市旅游的第三阶段来看，旅游不再是创汇的手段，出境旅游得到了快速发展，城市的旅游功能在回归。国内旅游变得越来越重要，与国际旅游相比，国内旅游可以配合城市化带动服务业发展，大大解决就业问题。城市作为旅游流的节点，可以让更多人了解这个城市，有助于城市品牌的创建。反过来，城市品牌的出现又加大了城市对旅游者的吸引力，出境、入境和国内旅游可以通过城市更好地发展。

（二）我国城市旅游现状

1. 城市旅游是我国旅游业发展的启动点

从 1978 年开始正式发展的我国入境和国内旅游业，都以城市区域为主要的启动点。以入境旅游为例，1978 年后接待的国际游客主要集中在北京、上海等中心城市。此后，一大批新兴的旅游城市不断涌现出来，城市范围内万象更新，发生了我国旅游业的无数个第一，如中华人民共和国成立后的第一家饭店、第一家旅行社、第一家主题公园等。城市旅游在这一进程中，扮演了我国旅游业启动点的角色。

2. 城市一直是我国旅游业发展的主体和基地

在我国，城市是旅游业发展的主体，它既是海内外旅游者的集散地和消费中心，也是国内旅游的主要客源地和带动乡村旅游业发展的基地。以城市为核心的经济发展模式，使我国旅游业的政策制定、营销工作以及产业发展都必然主要依托城市区域展开。也因此，城市旅游的发展情况，特别是相关旅游产业的发展情况，就成了我国旅游业发展的晴雨表，我国的旅游接待很大部分源自城市实体区域。

3. 城市旅游为中国旅游业的发展提供动力

城市旅游以及以城市为核心的旅游业为中国旅游业的发展提供了连续不断的动力。1985 年以前，全国年接待海外旅游者人数超过 10 万人次的城市已有 10 个，总接待量占全国的 85% 以上；到 1998 年年底，年接待海外旅游者人数接近和超过 10 万人次的城市总数已达到 34 个，总接待量约占全国的 3/4，此外，我国还出现了一批以城市旅游为主体的城市。

4. 以城市为核心，构成我国旅游业的区域格局

以点串面，以城市为节点，铺向整个市辖范围，与周边城市联动，构成了整片旅游城市群，如环渤海旅游城市群、长江三角洲旅游城市群、珠江三角洲旅游城市群等。这些旅游城市群，为我国旅游业的发展提供了最强有力的支撑，随着我国旅游业的发展，这些城市群正越来越发挥出强有力的区域构造作用，成为构成我国旅游业区域格局的主导性力量。

（三）我国城市旅游发展趋势

展望未来，我国的城市旅游或将有如下发展趋势：第一，城市旅游总量上继续增长，城市群之内的城市旅游消费潜力将进一步被激发出来，不断形成新的旅游热点和小的旅游热门板块。第二，城市旅游需求和城市休闲需求之间不断融合，形成新形式的旅游城市、休闲城市。第三，城市旅游水平逐渐分化，城市化程度相对不剧烈、方式较为健康的城市，可能凭借良好的资源禀赋发展出健康可持续的城市旅游形态；另一些城市，即使总量上仍将保持增长，旅游业的相关效益却将日益受限。第四，生发出不同的

旅游城市类型。城市可能和乡村发展出不同类型的关系，有的城市完全成为乡村旅游的后备支撑，有的可能和乡村旅游分庭抗礼，有的成为区域旅游的主体，而有的则可能被隔离在旅游系统之外。

21 世纪被称为“城市的世纪”，人类对城市话题的关注前所未有。目前而言，城市旅游日益成为我国旅游业的主要组成部分，长期来看，我国城市旅游的增长势头不可估量。

第三节　城市旅游空间结构

一、城市旅游空间结构要素

旅游空间结构是指旅游经济客体在空间中相互作用所形成的空间聚集程度及聚集状态，它体现了旅游活动的空间属性和相互关系，是旅游活动在地理空间上的投影，是区域旅游发展状态的重要“指示器”。城市旅游空间结构的要素是城市旅游空间构成的基本单元，主要由城市旅游目的地区域、旅游客源地市场、旅游节点、城市旅游区、旅游循环线路及区域出入口通道六大基本要素构成（见表 7-2）。

表 7-2　城市旅游空间结构要素[①]

要素	内容
城市旅游目的地区域	目的地区域边界规划布局
	城市宏观整体规划布局
	要克服行政边界及各城市边界所带来的限制
	要与区域总体发展规划特别是土地使用规划相协调
旅游客源地市场	城市客源地市场规划
	有助于城市出入通道布局
	旅游形象标识物规划设计
	要把客源地与城市都纳入旅游规划文件，包括客源地的城市宣传促销方案制订
旅游节点	城市旅游吸引物聚集体规划、设计及布局
	城市服务设施规划布局

① 卞显红．城市旅游空间结构研究［J］．地理与地理信息科学，2003（1）．

续表

要素	内容
城市旅游区	城市旅游规划，即功能分区规划
	各旅游区主题及范围规划
	各旅游区间的地域合作与协调规划，特别是要与土地使用规划相协调
旅游循环线路	城市旅游流空间分析
	旅游节点通达性规划设计
	城市交通工具的配备及旅游形象标识物定位
区域出入口通道	目的地区域出入口通道位置、空间规划布局
	区域出入口告示设计
	要注意通道应是多重的，要根据客源地旅游者特征、季节、条件及交通工具等因素布局

（一）城市旅游目的地区域

城市旅游目的地区域是指旅游者为了度过美好的闲暇时间所选择参观游览至少过一夜的具有独特风情和风貌的特定城市旅游区域，它有可能由一座旅游城市构成，也有可能由旅游主题或氛围相似的一组旅游城市构成。城市旅游目的地区域及其边界的界定与旅游方式和旅游特征紧密相连，城市旅游目的地区域或大或小，也许会相互重叠。在一个城市旅游目的地区域，这些旅游城市以不同的规模存在并与行政边界密切相关。城市旅游目的地空间规划布局必须克服区域中各旅游城市之间的边界限制及行政区域边界所带来的各种问题，特别是旅游土地规划对合理规划布局城市旅游目的地区域旅游空间的影响。

（二）旅游客源地市场

旅游客源地市场通常指旅游者及潜在旅游者长期居住的区域。旅游者到旅游目的地领略其独特的地域风情和风貌，其需求和愿望来自旅游动机和旅游偏爱并受客源地各种主客观条件的制约。相关研究表明，我国城市居民旅游和休闲出游市场，随距离增加而衰减；80% 的出游市场集中在距城市 500 公里以内的范围；由旅游中心城市出发的非本市居民的目的地选择范围主要集中在距城市 250 公里半径范围内。旅游规划必须综合考虑相互联系的客源地和目的地两方面因素，城市旅游目的地空间规划布局把旅游客源地市场纳入考虑范围，有助于城市旅游目的地入口通道及旅游形象标识物的规划布局。

（三）旅游节点

旅游节点由相互联系的吸引物聚集体及旅游服务设施组成。吸引物聚集体包含旅游者游览或打算游览的任何设施和资源，其包括一个或多个个体吸引物及能产生吸引力的景观和物体等。吸引物聚集体由核心吸引物、旅游者、旅游形象标识物组成。根据吸引力的重要程度差别，吸引物聚集体在空间上呈等级结构。旅游地形象标识物是关于旅游聚集体的任何信息载体，这种信息也许为了目的地促销，也许为了方便旅游者旅游活动。旅游者去旅游目的地旅游受旅游形象标识物的影响甚至操纵。旅游形象标识物的功能有：诱发旅游者的旅游动机、帮助旅游者进行目的地决策、旅游线路的安排、旅游活动的选择等。旅游节点的服务设施包含一系列旅游服务设施，如住宿业、各式餐馆、零售商店或其他任何以旅游者为主要服务目的的服务设施等。这些是旅游目的地的空间主要组成部分，对区域的经济价值有重要作用，但它们不是目的地吸引力的要素。然而近年来旅游发展的实践表明，服务设施和吸引物聚集体之间的关系正在慢慢变得模糊，兼有度假、娱乐、休闲、观光功能的各式度假村、生态旅游地的小木屋、各种游乐场等，自身既是服务设施，又是吸引物聚集体。旅游节点之间由路径连接，路径既代表公路、铁路、航道等交通线，也代表各节点交通线大致的长度及客源的流向，一级客源地流向二级的路径为主路径，二级客源地流向三级为次要路径。

（四）城市旅游区

任一城市旅游目的地区域都由不同旅游主题的旅游节点城市或城市旅游范围组成，如果一个范围内有特定的风格和旅游重点，这个范围就称为城市旅游区。城市旅游区由一个或多个相似的旅游节点城市组成，它的存在使城市旅游目的地区域有可能满足不同类型的旅游者的多样性旅游需求与旅游期望。如果能从空间角度对城市旅游目的地区域内的各城市旅游区很好地规划布局，使各旅游区能加强地域合作而共生共存，这一城市旅游目的地区域就能产生比各城市旅游区的吸引力更强大的区域旅游吸引力。

（五）旅游循环线路

旅游循环线路是指旅游者在旅游目的地吸引物聚集体和服务设施之间的流动轨迹。城市旅游目的地的旅游线路应根据旅游者的旅游动机和切身利益来设计，但还受其他因素的影响，比如各城市旅游节点之间的直接通达性、潜在线路的景观质量、旅游者使用的交通工具及城市旅游形象标识物的定位等，都影响城市区域旅游线路的规划与设计。城市旅游目的地区域内并非所有的旅游节点之间都能直接通达，也并非所有的旅游者在返程时都选择同一线路，因此，城市旅游目的地区域的线路应是循环线路。

（六）区域出入口通道

区域出入口通道是旅游者进入旅游目的地区域的大门或到达（结束）地点。它们也许会沿着一条路线集中分布，也许是在旅游者由一个旅游目的地进入另一目的地区域的渐进过渡点上，虽然有时并未标明，但对旅游者有着重要的生理和心理影响。因此，在城市旅游目的地空间规划布局中，必须关注和考虑城市区域出入口通道。城市旅游目的地区域的出入口通道应是多重的，要根据客源地、旅游者特征、季节条件及交通工具等因素来规划布局，要充分考虑每个出入口通道的位置，要设计出最合适、也最具有吸引力的出入口告示。随着自助旅游者的增加，旅游地不能不考虑日益增多的散客的各种需求，设计好区域出入口通道。

二、城市旅游空间结构特征

城市旅游空间结构的各要素之间存在着密切的联系，具有以下主要特征。

（一）地域性

城市旅游系统空间结构的地域性即地域差异性，体现在城市旅游空间结构各要素方面，尤其是旅游资源方面，无论是自然景观还是人文景观都有地域性。一个地方的景观反映着它所在地区的地质、地貌、气候、水文、土壤、生物等自然要素及其相互作用的结果和特征。

（二）系统性

城市旅游目的地系统的空间结构是由相互作用和相互依赖的空间要素组合而成的具有特定功能的有机整体。各要素之间关联性密切、整体性很强，城市旅游目的地空间结构具有“牵一发而动全身”的相互影响作用。因此，城市旅游空间结构应从系统的整体出发，综合考虑整个系统的运行。从系统论的角度看，系统的整体功能不等于部分之和，若系统结构是合理的，其系统的整体功能将大于部分之和，否则将小于部分之和。

（三）层次性

城市旅游目的地系统是一个多层次的目的地等级系统。旅游目的地系统可分解出不同等级大小的次一级系统，按照结构决定功能的原则，城市旅游目的地系统内范围大小不同的子系统决定了城市旅游目的地系统内部各层次结构功能的不同差异，各系统有机组合构成一个完整的旅游目的地系统。旅游目的地系统的层次性特点，使城市旅游目的地系统内的旅游区等级划分成为可能。只有弄清城市旅游目的地系统的层次性，才能合理地划分不同层次的旅游区，确定它的范围、等级及功能，使旅游区的建设更科学、更系统。

（四）演化性

城市旅游空间结构系统同时还具有时间上的演化性。城市旅游空间结构不是本来就有的，它是随着城市旅游的产生和发展而逐渐形成和发展的，城市发展中的各方面变化都会对城市旅游空间结构产生很大的影响。因此，城市旅游空间结构也必然会处于不断的发展变化之中。

（五）协调性

由于城市旅游空间结构系统是一个有机联系的复杂系统，通过内部各系统之间的物资量、客源量、资金量和信息量等的传输与接受、反馈与负反馈，相互之间会形成一个密切联系的整体。一个可持续发展的城市旅游目的地系统一定具有很好的协调性，既包含各个不同层次城市旅游区系统间的协调，也包含一个城市旅游区系统内部各空间地域组成单元之间的协调。游憩中心地的位置、旅游线路的设置、旅游节点的布置、旅游区的分布等都直接影响旅游目的地系统的协调性。

三、城市旅游空间结构类型

城市旅游系统空间结构类型可划分为三个层次，即城市内部旅游空间结构、环城游憩带旅游空间结构和以城市为集散中心的区域旅游空间结构。

（一）城市内部旅游空间结构

城市内部旅游空间是以城市的游憩商业区、城区内的历史文化景点、城市风貌为主要依托，包括历史文化街区、城市公园、大型购物娱乐场所、餐饮名店、滨河景观带等空间元素在内的一个重要空间实体，具有提供休闲、娱乐、旅游、文化产品的功能，它也是城市空间主要的人流聚集场和扩散场之一。城市旅游空间结构可划分为具有可视景观要素的物质实体空间结构和旅游功能空间结构。

1. 物质实体空间结构

物质实体空间结构指由城市旅游系统中具有物质形态的可视景观要素构成的空间区位关系、空间区位变化及各个单体景观的内部空间特征和单体集合的组合形态。根据其形态特征可将城市内部的旅游空间结构类型划分为点状空间结构、廊道空间结构、等级扩散空间结构、面状空间结构四种空间结构。

（1）点状空间结构。根据空间形态特点可进一步细分为随机状分布型、规则分布型和聚集态分布型（见图 7-2）。在城市旅游发展初期，游客量少，只有供本地或本城市居民休闲娱乐的少数景点；随着城市旅游业的发展，一方面本地或本城居民的休闲娱乐愿望增强，另一方面该城市中具有丰富的历史文化底蕴或能代表城市象征意义的景点对外来旅游者有较大吸引力。随着城市旅游业的发展，在这些主景点周围可能聚集一批新的景点，城市旅游的散状空间结构逐渐被聚集态空间结构取代。

（2）廊道空间结构。根据线性特征可分为单廊道型、多廊道型和廊道网络型（见图7-2）。在城市发展初期，历史文化街区、沿河沿江景观大道往往成为人们休闲、娱乐、旅游的主要去处，伴随城市旅游流量的增大，廊道由单一发展为多条，最终可能使一些廊道轴线相互交叉，构成廊道网络型布局，且交叉点的势能等级彼此接近，否则，可能进一步发展成为等级扩散型空间结构。

（3）等级扩散空间结构。等级扩散空间结构包括单核单等级扩散型、单核多等级扩散型、多核单等级或多等级扩散型（见图7-2）。一般而言，距离城市中央较远的郊区呈单核扩散分布的可能性较大，而城市中央商务区及其周围旅游景点分布较多的区域因人流密度较大，旅游空间结构多半呈多核单等级或多核多等级扩散。

（4）面状空间结构。根据面状景点的空间分布形态又可分为单体型、离散型和聚集型（见图7-2）。单体型是指城市中只有一个面状旅游景区；若是分散分布在城市的不同区域，则称为离散型空间结构；如果存在多个面状旅游景区，且相互聚集在一个城市片区，称聚集型空间结构。

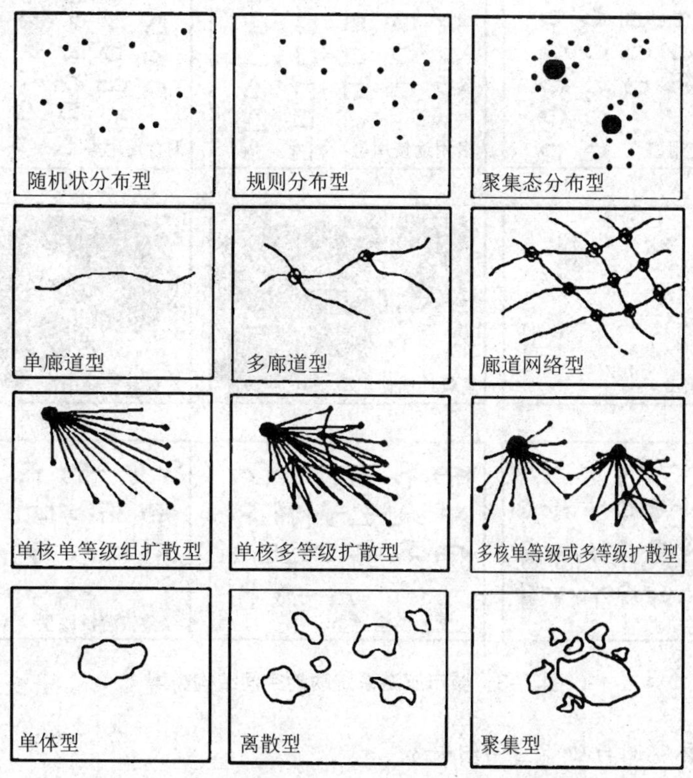

图7-2 城市内部的旅游物质实体空间结构类型[①]

① 杨国良，黄鹭红，刘波，等.城市旅游系统空间结构研究［J］.规划师，2008（2）.

2. 旅游功能空间结构

构建城市旅游系统的根本目的在于满足本地居民和外来游客的休闲旅游需要，不同的旅游资源在满足游客需求方面表现为不同的功能特征。城市旅游的功能空间结构是不同功能类型的旅游资源在空间上的表现形式及其相互关系。

根据城市旅游资源的用途，可将旅游资源的功能空间结构划分为单用途使用型、多用途使用型和混合使用型（见图 7-3）。不同的旅游资源使用方向不同，如博物馆、科技馆主要使游客增长知识；公园主要供城市居民休闲、娱乐等之用，多种用途各异的旅游资源在特定地域空间的聚集方式不同，就表现出不同的旅游功能空间结构。

根据旅游资源被使用的频率差异，可将城市旅游系统的功能空间结构分为低频使用型和高频使用型（见图 7-3）。高频使用型空间结构还可进一步细分为高频均衡使用型与高频差异使用型，前者表示游客对该区域不同的景点利用率都很高，后者说明只有部分景点利用频率较高，而有些景点利用程度相对较低。

按照旅游资源本身的属性特征，可将其功能空间结构类型划分为自然旅游资源型、人文旅游资源型和综合旅游资源型（见图 7-3）。

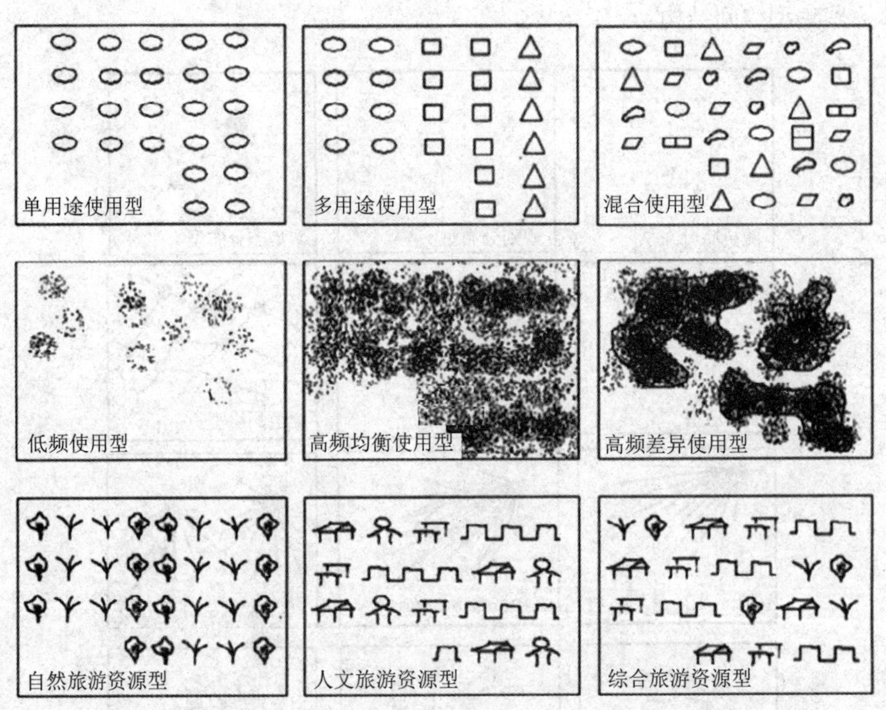

图 7-3 城市旅游系统功能空间结构类型[①]

3. 物质实体空间与功能空间的关系

城市是由众多纷繁复杂的子系统构成的巨系统，其中旅游子系统在与其他子系统相

① 杨国良，黄鹭红，刘波，等 . 城市旅游系统空间结构研究［J］. 规划师，2008（2）.

互作用的同时，其自身内部各要素之间也相互作用，形成特有的空间表现结构形式，并处于不断演化之中。在旅游系统中，物质实体空间和功能空间是最为重要的两种空间结构形式，一般而言，物质实体空间决定功能空间，功能空间反作用于物质实体空间（见图 7–4）。

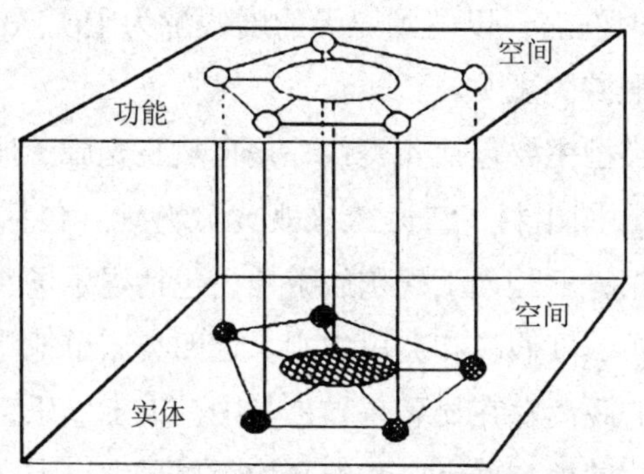

图 7–4　物质实体空间与功能空间的关系[①]

物质实体空间是旅游功能空间的载体，或者说旅游功能源于物质实体，因此具有可视性的物质空间结构是整个旅游系统最基本的组成结构，游客只有在实实在在的景观空间内，才能领略到自然风光、体会当地的风土人情，旅游功能才能得以体现。物质实体空间结构合理，既能降低建设成本，又能使游客在有限的时间内得到最大的收获，还可节约城市土地。而且投资主体在丰厚的利益回报驱使下，会主动扩大旅游物质实体的空间范围，进而带动功能空间结构的变化；反之，旅游物质实体的空间范围缩小，旅游功能作用就会逐渐削弱。旅游功能空间也会反作用于物质实体空间，一个旅游区一旦形成了其特有的功能，那么物质实体空间结构也会沿着功能路径而延伸，如城市中的大型会展区、商业步行街、餐饮娱乐街区，它们的物质实体空间结构的发展很大程度上得益于旅游功能的强化与延伸。

（二）环城游憩带旅游空间结构

环城游憩带（Recreational Belt Around Metropolis，ReBAM）是针对城市居民的户外休闲游憩需求，以及外来旅游者游憩活动的需要，充分利用郊区的区位和环境优势，通过开发各具特色的户外休闲游憩中心地，并由景观道路有机串联而成的环城游憩系统。环城游憩带是大中城市郊区发展的共同趋势，它与城市公共开放空间共同形成城区——近郊游憩体系。

环城游憩带是城市游憩空间的一个重要组成部分，环城游憩带的形成往往是在土地租金和旅行成本的双向力量作用下，投资者与游憩者达成的一种妥协。因为离开城市距

① 俞金国．城市旅游景观空间结构研究［D］．南京：南京大学，2006.

离越远，级差地租越低，投资商的资金压力越少；但是离开城市越远，游憩者的旅行成本越大，其出行意愿和实际出游率越低，最终在某个适当位置形成游憩区域。目前，国际上通常按交通时间与距离划分环城游憩带的范围。一般将环城游憩带划分为三种类型，即距离城市中心100公里以内（车程在1小时左右，以一日游为主）、100~300公里范围（车程在2~3小时左右，以两到三天的度假游为主）、300~500公里范围（半日车程，通常以3~5天度假游为主）。

环城游憩带旅游地类型主要包括4类：一是自然观光旅游地，包括自然风景区、森林公园、自然保护区、田园山村；二是人文观光旅游地，包括历史文化遗址、古建园林、科技文化艺术博物馆；三是人工娱乐旅游地，包括娱乐场、主题公园；四是运动休闲旅游地，包括运动场馆、度假村和会议中心。这四类旅游地具有以下特征：①不同类型旅游地的平均城市中心距离存在显著差异，其中，人工娱乐型旅游地与城市中心的平均距离最小，自然观光旅游地与城市中心的平均距离最大，人文观光旅游地和运动休闲旅游地的平均城市中心距离介于两者之间；②从空间离散程度看，自然观光旅游地的空间离散指数最小，说明资源分布较为集中，人文观光旅游地的空间离散指数最大，表明人文旅游景点分布最为分散，人工娱乐型旅游地和运动休闲旅游地在其平均城市中心距离周围的偏离程度居前两者之间，比较分散；③旅游地随距离的衰减程度不同，人文观光旅游地和人工娱乐型旅游地的空间分布呈近城聚集形态，自然观光旅游地呈远城聚集形态，运动休闲旅游地呈近城、远城双聚集形态。

（三）以城市为集散中心的区域旅游空间结构

以城市为集散中心的区域旅游系统是具有空间扩散能力的复杂系统，由不同等级的子系统组成，各子系统之间呈非线性自相关。在该系统中，供给和需求是最基本的派对关系，需求产生于客源地市场子系统，目前主要来自有充足客源的旅游城市系统，农村客源地仅在经济发达的部分沿海地区出现，广大的中、西部地区仍为潜在市场。供给产生于目的地子系统，该系统包括吸引物系统和背景系统，前者可进一步细分为可视景观系统（如地貌、天象等）、非可视景观系统（如民俗风情等）和节事活动；后者又分为自然生态环境、社会经济文化环境、政府政策环境和人力、技术服务环境。供需之间需要媒介作用才能达成连接平衡，起连接纽带作用的要素有交通、各种旅游相关信息和将信息传达给消费者的促销方式或手段，而旅游流则是往返于客源地与目的地之间的流通介质，如同物理学上的粒子一样，通过它们的传输使整个系统维持平衡，而这种粒子的流动除主观的向外扩散外，还需要借助媒介予以实现。

第四节　城市旅游形象

一、城市旅游形象的含义

城市旅游形象是旅游者对城市的感知形象，即旅游者在游览城市的过程中通过对城市游憩设施（包括公园、购物中心、风景点、文化设施、娱乐城、餐饮点、城市建筑、广场、街道等）的游览和城市社会文化环境（市民素质、民风民俗、社会秩序、服务态度等）的体验所产生的城市总体印象。每个城市对旅游者都有一个趋于一致的感知形象，这种形象是城市综合要素在旅游者心目中的反映，如谈起北京，旅游者就会想起长城、故宫、天安门；谈到深圳，旅游者就会想到一座座现代化的大厦；谈到苏州，就会想起园林等。城市旅游形象对旅游者的旅游决策行为具有重大的影响，那些在游客心目中具有强烈而深刻印象的城市往往吸引着远在千里的旅游者。城市旅游形象是一座城市在人们心目中综合形成的、大众认同的、独特的、使之区别于其他城市旅游的较稳定持久的总体印象和评价，它反映了整个城市作为旅游产品的特色和综合质量等级，对指导城市建设、发展城市旅游和精神文明有着重要的意义。

二、城市旅游形象构成要素

城市旅游形象要素包括形象硬件和形象软件。形象硬件是由城市内部及周围的风景名胜区、城市园林、城市建筑、绿地系统、街头小品、博物馆、纪念地和旅游服务设施等环境形体组成，形象硬件是城市游览的主要对象，也是城市旅游形象形成的物质基础，它主要通过对感观上的直接刺激，给城市旅游者产生一个物质形态上的印象。形象软件由市民素质、民风民俗、服务态度等要素构成，它虽不能直接给城市旅游者产生物质形态上的印象，但对整个旅游形象的形成却有着重要的作用，因为它反映的是城市的主体——人的精神面貌，这种精神面貌所产生的印象和城市物质形态印象经过城市旅游者的心理叠加共同形成了一个城市完整的旅游形象。

三、城市旅游形象识别

城市旅游形象识别系统是指城市通过导入识别系统，把城市的各种旅游信息传递给城市的关系者（包括城市居民、机关团体、新闻媒介、旅游者以及目标市场的人群等），以塑造良好的旅游形象，使人们对其产生一致看法和认同，赢得大家的信赖和肯定。城市旅游形象识别系统由城市旅游的理念识别（Mind Identity）、行为识别（Behavior

Identity）、视觉识别（Visual Identity）三大要素组成。

（一）理念识别

城市旅游理念，即依托城市旅游资源、城市旅游功能，提出旅游业发展的指导思想。城市旅游理念具有统一和独立二重性。统一性，是城市人、旅游者以及在目标旅游市场上的宣传应该是一致的；独立性是指理念一定要突出本地的特色，力求旅游理念的唯一性，不能搞千篇一律。

（二）行为识别

城市旅游的行为识别主要是代表旅游城市个体的行为，它以其理念为指导准则，也就是说，城市旅游行为识别是旅游城市理念的具体化。城市旅游形象通过城市人群的行为识别，体现出城市旅游的个性和精神，这是区别其他城市旅游的关键，也是旅游者识别其特色的主要评判要件。

城市旅游行为识别的设计主要是对旅游城市人行为的设计，设计内容包括从业人员行为规范、公务员行为规范、居民行为规范、群体行为规范、媒介行为规范五个方面。通过旅游行为识别系统，可以看到城市的精神风貌。

（三）视觉识别

城市旅游的视觉识别是通过城市的标识物表现出来的，是对城市旅游理念的进一步具体化、可视化的传达方式。城市旅游必须通过一定方式把抽象的理念加以形象化、视觉化，以标语、口号、图案、景观标识或标志性雕塑等浅显易懂的形式表现出来，使旅游者或目标市场的人群对其产生良好的印象。如中国旅游的形象用了“铜奔马”的象征性标志物，北京用长城为其标识，桂林以象鼻山为城市标志，这些标志都有一个共同点，就是唯一性。

城市旅游识别系统中的理念识别、行为识别、视觉识别是一个有机整体，三者缺一不可。理念是旅游形象的核心，它的作用可以影响到旅游形象的方方面面，行为识别和视觉识别是对理念的具体化。

四、城市旅游形象定位

城市旅游形象定位是将该城市旅游形象经过总结概括、提炼升华，用精辟的语言向社会传播，并得到社会认同，从而在人们心目中确定的形象位置。城市旅游形象定位对于塑造城市形象、扩大知名度、增强吸引力、拓展客源市场、激发当地居民归属感等具有积极意义。

（一）城市旅游形象定位原则

1. 特色鲜明原则

城市旅游形象核心在特色。每一座城市都有一定特征，如地域特征、人文特征，但特色必须是该城市所特有的，其他城市没有或远远不能与其媲美，这种特征往往深深植根于该城市地理环境背景中。如“桂林——山水甲天下”的特色形象以其独特的自然地理环境为最鲜明特征；“深圳——中国对外开放的窗口”的特色形象则是其社会经济地理背景的真实写照。因此，城市旅游形象定位要突出城市地域、人文鲜明特色，注重其个性发展。城市定位的关键是对于城市特色的把握，没有特色，缺乏个性，就难以提高知名度，也就不会有持久的生命力。当然，并非所有城市都能找到特别突出的优势特色，那么必须以市场为导向针对游客需要而做出创造性的形象理念定位。

2. 大众认同原则

旅游的主体是旅游者，旅游者是旅游活动的积极参与者，也是旅游地的最佳评判员。一座城市旅游形象的确定既来自大众，最终又植根定位于大众，因此，城市旅游形象定位必须得到大众认同，这种认同是对其鲜明特色的认可，即既是大众熟知的总体印象，又是大众对其特色认同的评价，只有城市旅游形象的定位得到大众的认同，城市旅游形象定位才会有深厚的大众根基，城市旅游发展才会有广大客源市场和稳定持久的吸引力。

3. 综合优化原则

广大民众对城市旅游形象的认同，来自对城市的各个不同侧面的了解认识，这种了解认识可能比较零散或杂乱无章。因此，对一个城市进行旅游形象的定位时应尽可能充分掌握翔实资料，包括地域特点、自然环境、人文环境、卫生状况、治安秩序、市民素质、民风民俗等方面，得出总体印象。如岳阳市尽管多年连续被评为“全国十佳卫生城市”，但通过对其自然、人文环境条件的对比综合，岳阳市的综合印象则体现在山、水、楼方面，尤以岳阳楼更为突出。城市旅游发展必须依托竞争优势，调整城市区域分工，突出城市特色，只有把竞争优势、比较优势、工业化优势等有机结合，在整体综合的基础上进行优化，在合理确定城市产业定位的基础上，才能科学地确定整体城市旅游形象定位。

（二）城市旅游形象定位方法

1. 特色定位

这是最为常见的一种城市旅游形象定位的方法，即通过突出城市特色、强调其独特之处，力图对旅游者造成强烈的感知冲击，从而达到吸引游客的目的。这里所说的特色应该是该城市所具有的某种独一无二的属性，并且这种独一无二的属性在较大范围内有相当大的知名度和影响力。如慕尼黑因盛产世界级的优质啤酒而号称“啤酒城”，每年一度的啤酒节总要吸引成千上万的外地游客；被誉为“购物天堂”的香港因其琳琅满目的商品吸引了大量的旅游者。每一座城市都应该有属于它自己的特色，这种特色可以来自任何领域，只要具有独一无二的属性和足够的影响力。

2. 比附定位

所谓比附，指的是在对外宣传和品牌创立的过程中，有意地对照占绝对优势、知名度极高的同类产品，努力突出自己第二位的形象。比附的目的在于将自己同其他一般竞争者区别开来，以争取尽可能地占据剩下的市场份额。如果城市规模小、自身特色不明显、知名度低或形象定位起步晚，定位时就最好选择比附定位的方法。比附定位方法的实质就是借冕播誉，尽量借助其他城市的知名度扬名。例如，意大利有个水城威尼斯，把周庄冠以“东方威尼斯”的名号加以宣传以后，周庄的知名度得以急剧上升，一下成了旅游热点。

3. 反差定位

反差定位的思路在于标新立异、突破常规，强调并宣传定位对象是消费者心目中习惯形象的对立面或相反面，同时开辟出一个全新的易于接受的心理形象阶梯，从而抢先占据另一片广阔的市场空间。如前些年人们习惯性地认为只有到北方才能享受冰雪旅游的乐趣，可是精明的四川人在川蜀的高寒地带也搞起了冰雪旅游，吸引了不少南方游客。反差定位方法的使用是否成功主要取决于两个条件：一是存在超出常规尚未被开发的新特质，二是旅游市场对这一潜在的特质有相当大的需求，两个条件缺一不可。

4. 导向定位

这是一种以目标客源市场为中心的定位方法。其做法是，根据自身的资源特点和条件，在市场调查和统计数据的基础上，比较准确地确定出本旅游地的主要吸引对象，即占较大比重的那一类旅游客源，并由此提出专门针对该类旅游者的形象定位。其主要目的是在稳定和扩大主要客源市场的同时，更进一步地提升自己的知名度和影响力，从而间接地增加对非主要客源的吸引力。我国福建省的莆田市以“妈祖圣地”作为该市的旅游形象，实际上采用的是导向定位的定位方法。导向定位的关键在于对客源结构的准确把握，只有当某一类客源比例达到相当份额的时候，才可以考虑导向定位的方法，否则不易成功。

5. 多头定位

一个城市同时存在好几个形象定位的情况是允许的，也是可行的。如北京就同时有国际和国内两个不同的旅游形象定位。这种多头定位之所以有它存在的可能和必要，是由城市功能和区域角色决定的。从国内来讲，北京是首都，是全国政治、商务、文化等各项交流活动的中心，是全国旅游的中心地及中转地。而从国外来看，北京是一座历史悠久的皇城、东方文明的集中体现地、亚太旅游中心城市之一。由此可见，我们从不同的角度透视同一个城市客体，其感知印象是有差异的。但这种差异是互补的（而非相互矛盾），有利于我们全面认识对象。在难以进一步形象整合的情况下，多头定位也不失为明智的选择。另外，多头定位本身就具有针对性强的优势，如果处理得当，无疑可以最大限度地吸引潜在客源。一般而言，国际性大都市如上海和深圳可以国内和国际分头定位，省会城市或知名度较高的大城市可以省内和省外分头定位，而中小城市则宜以市内和省内分头定位。

6. 组合定位

应该承认，让每个城市都有自己的旅游特色并为社会广为识别是很困难的。以集群形态出现的中小城市，以及特大城市周边的卫星城，可以采取相辅相成、互助合力的组合形象定位策略，以区域联合的形式推出大区域整体旅游地形象。根据组合城市间协作关系的平衡性，组合旅游形象定位又可细分为主从组合定位、并列组合定位和互补组合定位三种。我国很多城市已经在自觉不自觉地使用组合形象定位的策略。例如，近几年比较流行的“后花园”的提法，实质上采用的就是主从组合形象定位的方法。又如红色旅游线路一般是由几个红色旅游景区组合串联起来的，也具有一定的组合定位特征。

城市旅游形象定位是一项实践性很强的系统工作。在原则和方法的指导下，还需要具体情况具体分析，灵活运用。毕竟每个城市在资源禀赋、发展历史和人文环境等诸多方面存在不同程度的差异，我们既要按部就班地去缩小和锁定形象要素，又要敢于大胆创新，将两者有机地结合起来。

（三）城市旅游形象定位中主题口号的确定

城市旅游形象定位的最终表述往往以一句主题口号加以概括，而这种口号的概括，并非一般性的归纳、总结，而是在体现特色、得到大众认同的基础上的综合优化，是高度总结概括的提炼、升华。因此，城市旅游形象定位中主题口号要做到新颖、准确、简洁、响亮。

1. 新颖

城市旅游形象定位的口号内容、角度要有新意，做到“人无我有、人有我优、人优我奇”。定位口号的实质内容来源于城市的独特性，是对其综合性的地域自然地理基础、历史文化传统和社会心理积淀及人文环境的四维时空组合，是在体现城市鲜明特色基础上的发现和创新，因此，口号要新颖、独到。形式可借鉴广告艺术，用浓缩的语言、精辟的文字、绝妙的组合、独特的创意等构造一个有吸引魅力的城市旅游形象定位。如三亚——美丽三亚，浪漫天涯；厦门——海上花园，温馨厦门。

2. 准确

城市旅游形象口号应该准确、鲜明、科学、合理，要体现城市特色主题，合乎游客心理，得到大众认同。为了正确、综合、严密表述城市旅游形象的定位，需经多次反复实践，需对整个城市进行定性、定向、定形、定量的分析。以北京2008年申奥成功为例，申奥主题口号定位经过征集、讨论、宣传、反馈、投票、确定等多次反复，最后定位于“新北京、新奥运”，这是对北京城市形象的一种准确、科学、合理的锤炼定位。再如银川——银川风光美，塞上米粮川、岳阳——洞庭天下水，岳阳天下楼等，都是一种准确定位表述。

3. 简洁

顾名思义，简洁即简短明快、干净利索，用最少文字表现最多内容。城市旅游形象定位的主题口号要具备广告词的凝练生动，做到精练鲜明。一是防止烦冗；二是防止“卖弄”，新词、新句堆砌；语言文字表达是在新颖、准确基础上的简洁、鲜明，做到“言简而意赅”。例如，拉萨——“日光城”、漠河——“不夜城”、哈尔滨——“冰城”、新加坡——“花园城市”等。

4. 响亮

城市旅游形象定位的主题口号还需向社会传播，使人们容易接受并牢记，因此，一句成功的定位主题口号还应气势恢宏、响亮，喊起来抑扬顿挫，这样可增强视听、宣传效果，如“上有天堂，下有苏杭”“上海——东方明珠”“大连——北方明珠”等。

（四）城市旅游形象定位的实施

城市旅游形象是某个城市旅游产品特色的高度概括，一个成功的形象定位凭其鲜明特色，可吸引大量游客，因此，一个城市旅游形象一经定位则应将其推向国内外旅游市场，树立良好形象。为此，应采取如下实施策略。

一是做好市场细分和市场营销策划工作，应围绕其形象定位，瞄准主要市场，兼顾一般市场，发掘潜在市场。

二是设计反映城市旅游形象定位的旅游标志和口号，可建旅游标志性建筑或进一步突出原有旅游标志性建筑，并在各主要交通口岸、公共场所、报纸杂志、电台、电视台、旅游宣传品、商品、纪念品上广为宣传，以突出标志口号。如北京——天安门、岳阳市——岳阳楼、卧龙——熊猫、巴黎——埃菲尔铁塔、九江——天下奇秀庐山景、武汉——华中都市旅游第一城等。

三是唱响一支代表城市旅游形象定位的歌曲，如岳阳——《八百里洞庭好风光》、井冈山——《井冈山上迎客来》、广西——《刘三姐》、新疆——《冰山上的来客》等。

四是摄制一部反映该城市旅游形象的宣传图册、视频，突出形象定位主题，既便于携带，又有较高观赏价值和收藏利用价值，其内容可包括主要旅游景区、标志性建筑、住房设施条件、餐饮特色、购物区（点）、娱乐场所、交通线路和市民风貌等。

五是城市各主要旅游景区要围绕定位中心来突出旅游主题形象，做到形散而神不散。宣传促销形式要灵活多样，形象定位宣传应坚持不懈，以取得轰动效应和持续效应。

第五节 城市旅游产品

一、城市旅游产品的含义

国内外对城市旅游产品定义的论述甚少。国外学者 Jansen Verbeke[①] 将城市旅游产品界定为：历史性建筑物、都市风光、博物馆、画院、体育和其他各项活动，这些是城市旅游的第一要素。此外，把虽非核心但也很重要的旅游活动，包括饭店、餐厅、商场、购物场所和其他服务列为第二要素，交通和旅游基础设施则被看作辅助因素。国内学者保继刚[②] 认为城市旅游产品的构成同其他旅游形式旅游产品的构成是一致的，即旅游经营者所生产、准备销售给旅游者消费的物质产品和服务产品的总和，是由旅游吸引物、旅游设施、旅游服务和进入性四部分构成的。

由于城市本身内涵的复杂性，城市旅游产品的内涵十分丰富，并且处于不断扩展和延伸中。许多学者在借鉴旅游产品内涵的基础上，结合城市的特点，从不同的角度对城市旅游产品内涵进行了界定。从供给的角度而言，城市旅游产品是在城市区域范围内（包括城市中心城区和城市近远郊区域）旅游经营者凭借旅游吸引物、交通和旅游设施，向旅游者提供的全部服务；从体验需求的角度而言，城市旅游产品是指旅游者花费一定的时间、费用和精力到城市所换取的一段经历。总之，城市旅游产品是发生在城市地域内，由城市旅游吸引物、城市旅游设施、城市服务和城市可进入性等构成的满足旅游者需要消费的物质产品（有形产品）和服务产品（无形产品）的综合。

二、城市旅游产品构成要素

城市旅游产品与传统旅游产品类似，也包含了食、住、行、游、购、娱六个要素，不过城市旅游产品中的六要素在城市范围内有新的含义。

城市旅游餐饮：既包含本地的特色饮食，也包括城市内来自其他地方的特色饮食。

城市旅游住宿：包括星级酒店、社会旅馆等不同档次的住宿设施；

城市旅游交通：既包含客源地到城市的交通（长途交通）、城市内部的公共交通网络（市域交通），又包含城市为了发展旅游开通的旅游专线及专门的旅游观光巴士；

城市旅游景观：包含历史性建筑物、都市风光、博物馆、画廊、戏院、体育和其他各项活动；

---

① Jansen Verbeke.Inner-city tourism：Resources，tourists and promoters［J］.Annals of Tourism Research，1986（1）.

② 保继刚，潘兴连，杰弗里·沃尔．城市旅游的理论与实践［M］．北京：科学出版社，2001.

城市旅游购物：包括城市内经营旅游纪念品和土特产品商店、大型购物场所等设施；

城市旅游娱乐：既包含城市内各种娱乐设施，也包含城市内的各种娱乐活动；

三、城市旅游产品的开发原则

（一）市场导向原则

城市旅游产品开发要以市场的需求为开发条件，产品的开发应该有充分的市场论证，这其中既包括对当今市场的研究也包含对未来市场需求趋势的预测。在开发中以市场为标准，根据游客需求，针对不同市场群体，结合本城市旅游资源特征，设计出多层次、多样化的旅游产品，开发出具有市场吸引力的旅游产品，最大限度地满足旅游者的需求，在旅游业竞争中处于不败位置。只有基于旅游者需求并以旅游者满意度为出发点，才能达到旅游资源效用的最大化和旅游者旅游偏好的最大满足，这样旅游产品的开发才能获得长远的成功。

（二）可持续发展原则

城市旅游品开发中，要以可持续发展理念为指导，做好以下几点：一是城市旅游产品开发不应破坏城市的自然和人文历史资源，而应保护好它们。二是每一种城市旅游产品开发都应做好影响评估，包括环境影响和社会影响评估，努力将影响降到最低。三是要把握市场变化趋势，保证旅游产品具有持久生命力。

（三）均衡利益原则

城市旅游产品开发需要多方面的参与和支持，这其中每一方都有不同的利益诉求，均衡利益原则就是要求在城市产品开发中平衡城市旅游产品参与方利益诉求，重视每一方面的利益诉求，特别是要采取措施保障处于弱势方的利益。具体到城市旅游产品开发中，一是作为城市旅游产品开发的主导方政府要采取措施，鼓励企业参与到旅游产品开发中，并给予优惠政策保障企业的利益。二是在开发过程中注重游客参与到产品设计中，通过游客的参与来使提供的产品能够给游客以高质量的体验，同时产品设计还要充分体现对有旅游障碍的游客的关怀。三是需要在产品开发过程中保障当地社区居民参与到其中，倾听他们的意见，使得他们能够在旅游产品开发中受益。

（四）因地制宜原则

不同性质的城市、不同自然条件的城市、不同经济社会发展水平的城市、不同区域背景的城市，旅游发展的市场条件与经济基础不同。因此，在城市旅游产品开发过程中，要全方位地考虑上述各个方面，全面地评估自身的优势与劣势，以及机遇和挑战。充分考虑城市本身独有的旅游资源并正确评价其价值，保护、彰显本地历史文化风貌，尽可能地因地制宜，制定出切合本地实地的产品开发规划，开发出符合城市现状的旅游产品，避免不切实际地进行开发。

四、城市旅游产品的开发策略

（一）城市观光旅游产品开发

城市观光旅游是按旅游目的划分的最基本的旅游方式，即以观赏游览异国他乡城市的自然风光、文物古迹等为目的的旅游形式，旅游者通过对城市自然风光、人文景观的欣赏来增进对城市的外观以及城市文化的了解。城市观光旅游产品是为满足城市观光游客需求而设计的，一般是由若干个景观或景物以及相应的旅游设施和服务组合而成的综合性旅游产品，是开发最早、最成熟的一种旅游产品。

1. 城市观光旅游产品类型

（1）城市风光观光。城市风光观光既包括到依托城市里的自然资源开发的供游客欣赏的旅游产品，如桂林的山水风光，也包括都市观光，即欣赏现代经济发展带来的城市大发展，如城市里的高楼、现代人的生活等。

（2）城市名胜古迹观光。每个城市都有其特定的历史，都是在长时间的积累上形成的人类聚居地，名胜古迹几乎在每一个城市存在，体现着这个城市的发展及变迁，因此，城市的名胜古迹观光旅游产品是城市观光旅游产品的重要组成部分。

（3）城市专项观光。随着经济的发展和人民生活水平的提高，传统的观光旅游产品越来越不能满足人们多元化的旅游需求，因此，城市的开发者们依托城市特有的资源开发出了如工业企业观光、工业遗产观光、海洋馆观光等一系列专项观光旅游产品。如青岛啤酒集团开发的青岛啤酒工业旅游产品和张裕集团开发的葡萄酒博物馆观光。

2. 城市观光旅游产品特点

首先，跟一般的观光产品相比，城市观光产品具有多样性的特征。城市观光旅游产品品种繁多，既有传统的观光旅游产品，如自然风光观光、名胜古迹观光，也有城市特有的如工业旅游观光。多种多样的观光种类可以满足游客不同的旅游需求。

其次，跟其他的城市旅游产品相比，城市观光产品具有旅游时间短、游程长，活动空间大，静态观赏为主，对景点的吸引力和知名度要求较高，而对体验、参与等旅游行为的要求较低，缺乏旅游行为的交流和参与等特点。

3. 城市观光旅游产品市场

（1）旅游市场需求。

目前，城市传统观光旅游产品仍然是现代城市旅游产品开发中最为常见的一种旅游产品，是最初级的城市旅游产品开发，这与我国旅游业大多仍然停留在观光旅游的阶段上，旅游市场需求仍然以观光需求为大多数相关，城市观光旅游产品满足了大部分城市旅游者的基本旅游需求。

但是，随着人们精神生活的日益丰富，其旅游需求也必然发生变化，人们求新求异的旅游消费特征使得传统的城市观光旅游产品越来越不能满足人们的需要，一些专项的城市观光旅游产品越来越受到城市旅游者的青睐。另外，休闲旅游的观念越来越深入人心，人们倾向于观光加运动娱乐休闲的旅游方式，使得城市观光旅游产品的开发方向必然发生改变。

（2）旅游市场细分。

①传统城市观光旅游者：传统城市观光旅游者是城市旅游的一般游客，他们进入城市要么欣赏城市里的自然风光，要么了解城市里的名胜古迹，要么欣赏现代都市风光，是出游率比较高的旅游群体。此类游客一般并不钟情于哪一类观光产品，旅游的形式有自驾游、参团游等。

②城市专项观光旅游者：城市专项观光旅游者来到城市是为了欣赏某一特定的专项旅游产品，如工业企业观光旅游等。该类游客一般以团队的形式旅行，具有较强的目的性和获取知识的特点。

4. 城市观光旅游产品开发思路

（1）做好城市观光旅游产品组合规划，塑造良好的城市环境。城市里集合了各种各样的观光旅游产品，既有自然观光，也有人文观光；既有都市风光观光，也有专项旅游产品观光。城市里的观光旅游产品在塑造城市旅游环境上意义重大，城市的观光产品是影响旅游者感知、认知城市旅游形象的最重要的产品。因此，在城市观光旅游产品开发中，要注重各种类型观光旅游产品组合，通过科学合理的规划来塑造良好的城市环境。

（2）把握未来观光产品发展趋势、开发适合旅游者需求的旅游产品。目前，我国正处于旅游快速发展时期，旅游产品也由观光旅游产品向休闲度假旅游产品方向转变，必须把握住这一需求变化，对观光旅游产品升级改造。因此，在城市观光旅游产品开发中要注重对现代市场趋势的把握，结合自身旅游资源特色，做好观光产品与其他旅游产品的组合工作，通过增加观光产品的功能来实现观光产品的转型。

（3）城市风光型观光旅游的深化。城市风光型观光以独特迷人的自然景观、城市风貌等旅游资源为特征，其本身具有较强的旅游功能，但游客的好奇、探新的心理一旦满足以后，会产生喜新厌旧的思想，游客的目光会转向其他的景点，故这类的景点的重游率低，游客在这类地区的停留时间较短。克服这些“瓶颈”的途径是通过智力投入、文化投入和技术投入，完善旅游目的地基础配套设施，创造性地更新游览内容，增加游客在目的地的参与性与娱乐性等。

（4）城市名胜古迹观光旅游的深化。对名胜古迹型的观光产品的文化和历史内涵进行深挖掘，本着为旅游者提供优质服务的目的，对旅游产品进行深加工，并对这些产品进行精心包装，提高其附加值。

（5）城市专项观光旅游产品的深化和拓展。专项观光旅游产品的游客具有很强的目的性和获取知识的特点，因此，在其产品设计中，除了丰富观光的内容之外，还应增加具有教育意义的景观的设计和寓教于乐的参与性活动的安排。另外，城市旅游产品开发者要注重与城市内具备开展旅游活动的企业合作，引导更多的企业和其他单位开展旅游活动，来满足游客求新、求异的需求，丰富城市观光旅游产品和城市旅游产品的类型。

（二）城市文化旅游产品开发

城市文化旅游产品指的是以城市丰富的文化旅游资源为支撑，为旅游者提供的满足其获取文化印象、增智等目的的旅游产品。旅游者进行城市文化旅游产品消费，实际上是旅游者在旅游期间对城市的历史、艺术、科学和文化遗产的考察与学习的过程。

1. 城市文化旅游产品类型

（1）历史类旅游产品：包括各种古迹和文物等。

（2）艺术类旅游产品：包括各种民族文学艺术品、民族歌曲、表演艺术、造型艺术、建筑艺术等。

（3）民俗风情类旅游产品：包括饮食起居文化、服饰文化、民间传统文化、都市风情、特色城镇和典型民族村寨、各种节庆活动、名菜名食、地方特产、特殊医疗等。

（4）宗教类旅游产品：包括宗教圣地、各种宗教活动等。

（5）游乐主题类旅游产品：包括各种游乐场所、主题公园、动植物园等。

（6）科学类旅游产品：包括各种博物馆、修学活动、工业旅游、农业旅游、科学考察旅游、探险旅游等。

（7）附会文化旅游产品：包括在自然旅游资源上附会的各种神话传说、历史传说、文字雕塑、美学认知等。

2. 城市文化旅游产品特点

城市文化类旅游产品既有一般文化类旅游产品的特点，也具有本身独有的特征。

（1）多样性。城市是一个文化大熔炉，各种各样的文化在此交融。这些构成了城市文化的多样性，也是城市文化旅游产品开发的基础。

（2）知识密集性。文化旅游者在旅游的过程中，大都带着求知的目的，能在一个相对集中的时间和地域空间的范围内，同时获得有关该地区的历史、民俗、建筑、饮食等多方面的知识，从而提高游客的文化修养。

（3）地域特色性。城市是人类聚居的重要场所，在长时间的形成过程中，每一城市都有其自己独特的历史印记，无论是遗留下的历史遗迹，还是陈列在博物馆中的出土的文物；无论是本地特色的民间艺术，还是长时间形成的饮食习惯，这些都是本地所独有的特色的旅游资源。

（4）可持续性。文化旅游产品大都是历史文化的沉淀或人类思想精华的积淀，与其他旅游形式相比，文化旅游产品开发更利于人们对文化的保护和传承。

3. 城市文化旅游产品市场

（1）市场需求。随着经济的快速发展、人们物质生活水平的极大提高，越来越多的人开始重视精神生活的质量。在旅游的过程中，他们也不再满足于一般的观光活动，而是希望能在旅游的过程中，在欣赏旅游景点的基础上了解这个城市的历史文化及生活在这个城市的人们的民俗风情，因此，城市里更多的文化类旅游资源被开发为旅游产品，以满足游客的需求。

另外，还有一些游客，他们向往的旅游体验超出了一般的观光产品所能满足的范围，他们希望通过融入城市里、融入城市普通居民的生活里来观察这个城市和城市里的居民，来了解城市的文化和人们的民俗风情。因此，一些以休闲、度假等享受形式为游客提供旅游服务的文化旅游产品也成为城市旅游开发的重点。

（2）市场细分。城市文化类旅游产品的市场可以分为一般文化观光旅游者和以深入了解城市文化历史为目的，参与城市文化旅游活动，获得深层体验的旅游者。

首先，大部分的城市文化旅游产品消费者是文化观光旅游者，该类旅游者通过欣赏反映城市历史文化特色的一些实物展示来了解城市文化，如历史古迹观光、民俗风情展示观光和科技观光等。另外，一般的文化观光旅游者往往也会参与城市举办的各种民间风俗活动。

其次，有些旅游者不再满足于一般的文化观光，而是希望通过融入城市和城市当地人的生活当中来获得深层次的体验。该类旅游者往往在城市滞留的时间比较长，渴望对城市文化的某一方面（如饮食文化、建筑文化等）或者多方面进行深层次的了解。

4. 城市文化旅游产品开发思路

（1）针对市场特点，整合城市文化旅游资源，设计城市文化旅游产品。市场是变化无穷的，游客的旅游需求也各不相同，有观赏性需求，也有参与性需求，有娱乐性需求，也有学习性需求。城市的文化旅游资源具有多样性的特点，多种文化在此交融，因此，针对不同的市场需求，整合城市中多种文化旅游资源，设计满足不同旅游需求的文化旅游产品尤为必要。

（2）突出文化主题，挖掘文化内涵。由于文化具有相对的地域特色性，因此文化旅游产品开发要注意突出文化主题，紧扣地区文脉，适当强化和突出。文化旅游资源开发应寻求差异，突出本地特色，发挥本地优势，切忌照搬、模仿、抄袭。鲜明的主题是一个文化旅游产品必备的，大到景点开发、设施建设，小到服务人员的素质、服饰，都要充分体现城市文化的主题和特色。

文化旅游资源既有物质的，也有非物质的；既有有形的，也有无形的。针对有形文化旅游资源，产品在开发时要使旅游资源的文化内涵在原有的基础上不断地丰富和发展，为旅游活动的发展不断地注入新的血液和动力，使它“活”起来。针对无形文化旅游资源，特别是一些文化遗存，挖掘其文化内涵，可以通过一定的设施和活动，营造文化氛围，使文化内涵通过一定的“物化”载体展现出来，让游客能真实地感受到其中的品位，并从中受益。

（3）遵循文化保护原则，促进文化旅游产品可持续开发。任何文化的旅游开发，势必都会对文化资源、当地居民或者文化资源赖以存在的环境产生影响。因此，在城市文化旅游产品的开发中，一定要尽量少地破坏文化赖以生存的环境以及文化本身，采取手段保护当地居民不要被外来文化异化。另外，文化旅游产品开发过程中，尽量真实地反映原有的文化特色，这样才能使文化旅游产品开发得以可持续发展。

（4）开展文化旅游社会认知教育，保护文化旅游资源，塑造城市文化氛围。发展文化旅游，需要社会各层、各界的大力支持和积极参与。文化旅游涉及诸多地方和社区居民的切身利益，取得当地居民的认同和理解是开发文化旅游产品、发展文化旅游产业的基本前提。应该在城市社区内开展文化旅游知识宣传，把文化旅游认知教育融入文化旅游知识普及活动之中，把文化旅游认知教育融入民间工艺技术培训当中，把文化旅游认知教育和各种民俗活动结合起来。组织当地居民在开展各种富有特色的歌舞、音乐和节庆活动中，学习和了解当地文化旅游的相关知识，增强发展文化旅游的信心，激发参与文化旅游开发的兴趣，塑造良好的城市文化氛围，从而积极参与文化旅游资源的保护和开发。

（三）城市事件旅游产品开发

城市事件旅游产品指城市内以各种节日、盛事的庆祝和举办为核心吸引力吸引旅游者的一种特殊的旅游产品。通过策划、举办旅游事件来促进旅游业的发展，增加旅游地知名度已得到旅游业界的广泛认同。

1. 城市事件旅游产品类型

按照内容划分，城市事件旅游产品可以分为以下几类：

（1）会展旅游产品。即城市内举办的各种会展活动，如上海国际旅游交易会、青岛举办的亚太国际旅游展览会等。

（2）文体赛事型。文体赛事由于其强烈的观赏性、高度的竞争性，尤其是竞技体育所体现出来的拼搏精神引起众多爱好者的兴趣，由此也形成了赛事型事件旅游产品，如奥运会、世界杯等。

（3）节庆活动型。有以传统民俗活动为吸引内容的，如元宵节灯会。有因自然条件形成的特殊节庆，如香山红叶节。也有像青岛啤酒节这样依托城市里某一知名品牌形成的节庆。

（4）商务会议型。随着全球经济的发展、跨国公司的不断壮大，企业合作趋势日益密切，以城市为中心的各种商务、会议活动数量不断增加，随之带来大量客流，商务会议型旅游事件正是在这样的背景下产生的，如财富论坛、APEC 会议等。

2. 城市事件类旅游产品特点

（1）创意性。创意性指的是城市事件类旅游产品不论是节庆类还是其他类型，都必须有一个很好的创意，创意体现在事件旅游产品开发的各个方面，应通过创意来凸显城市的特色，以吸引游客。

（2）影响性。每一种城市事件类旅游产品的开发都能够给城市带来诸多影响。如提升城市的形象、增加财政收入、增加就业机会、提高当地居民的自豪感、丰富城市旅游产品体系等，当然也会带来如噪声、公共安全等消极影响。

（3）目的性。尽管城市事件型旅游产品的开发可能带来的影响是各种各样的，但是就城市旅游产品开发者而言，肯定是具有明确目的性的。城市事件旅游可以提供高质量的文化和运动体验、提高市民的自豪感、吸引旅游者、吸引媒体的关注、提高城市形象、吸引投资、改善基础设施等，很多城市通过举办特别的事件来振兴衰落的商业区，强化城市中心的作用。

（4）独特性。如果城市事件类旅游产品的开发与城市的特色、地位、功能在一定程度上能够协调一致，基本上这样的产品能够反映城市特色，通过各项设施和服务的提供，给游客留下独特印象。

3. 城市事件类旅游产品市场

（1）旅游市场需求。城市事件类旅游产品的市场需求取决于以下几个方面。

一是随着经济的不断发展和各个城市间的联系不断密切，各个城市间人们的交流越来越多，人们需要一个平台来更好地巩固老客户和开发新客户。同时一般的旅游者也热衷于一些新的旅游产品来丰富自己的旅游经历，而会展旅游产品、商务会议型旅游产品则满足了这类人群的需求。

二是随着人们生活水平的提高和观念的改变，娱乐、狂欢等体验式的旅游方式越来越成为一种潮流，人们希望在欣赏城市风光的同时，体验到现代都市生活的动感。因此，一些如狂欢节式的旅游产品成为城市旅游产品开发者关注的重点。

三是城市里反映城市传统民俗特色的一些节庆活动满足了游客了解该城市人文历史的需求。城市里举办的各种赛事活动满足了人们寻求刺激性和紧张感等方面的需求。

（2）旅游市场细分。根据城市事件类旅游产品类型，我们可以将其市场细分为会展旅游者、文体赛事旅游者、节庆活动旅游者和商务会议旅游者四类。另外，从营销的角度，可以将城市事件类旅游产品分为事件专门旅游者和事件引致旅游者。前者以参加和体验城市事件为出游动机，如奥运会的运动员以及会展、会议的参与者等，这类旅游者的旅游动机相对来说基本不受目的地旅游营销宣传的影响，不是目的地旅游营销的重点。而后者是由于城市事件的举办有力地提升了目的地的知名度，使潜在旅游者可以更全面地了解目的地的旅游产品和可进入性，从而产生去旅游目的地旅游的动机，这部分旅游者由事件引致而来，是目的地旅游营销的营销重点。

4. 城市事件类旅游产品开发思路

（1）深入分析影响城市事件旅游产品开发的因素，结合城市实际，开发适合的事件旅游产品。城市规模的大小、经济水平发展、政治文化背景以及知名度、旅游资源丰度和独特性、可进入性、基础设施等旅游竞争力因子，都会对事件旅游的发生、发展产生深刻的影响。一般来说，整体实力优越的大城市，因其经济承载力强、对外交通便捷、基础设施及配套服务设施相对完善，加之高水平的管理与服务、良好的人文环境、较高的知名度和开放度，从而更催生高质量、大规模事件旅游发生。中小城市应该根据自身特色，结合城市历史文化开发事件类旅游产品。

（2）针对事件特点，结合城市特色，做好相关旅游产品的设计工作。事件旅游产品的核心事件本身各有特点，不同的事件参与人群不同，因此对旅游的需求存在差异，这就要求参与到事件接待工作中的（主要是饭店）和提供外围服务的（主要是旅行社、交通部门和景点）旅游企业根据每个事件自身的特点，有针对性地推出相关的旅游产品。事件旅游产品跟其他旅游产品没什么本质区别，都需要靠特色取胜，因此，结合城市特色和事件本身特点开发出合适的旅游产品至关重要。

（3）转变政府职能，当好城市事件旅游产品开发工作的赞助者、规划者、监管者和支持者。目前，在城市节事旅游产品开发的过程中，政府扮演着重要的角色，同时，呼吁节事活动市场化运作的呼声也越来越高。实际上，城市事件旅游开发产品中，应摒弃两种错误观念，一是否定政府在节事发展中的重要作用，认为事件活动要完全市场化；二是坚持政府必须控制事件具体运作，事无巨细，大包大揽。应在今后的发展中，推动政府向赞助者、规划者、监管者和支持者转变。

赞助者：如果事件活动作为一种公益性的目的地营销活动的一部分，政府应该作为重要的赞助者为该节事活动提供资金。

规划者：作为地方管理者，政府应该对城市事件资源进行研究和评价，制定开发当地节事旅游产品的规划，确定开发的重点，提高城市旅游竞争力。

监管者：事件活动对城市的影响是综合和深远的，存在很多积极的因素，也存在很多消极的因素，因此，政府要依靠监管，积极发挥事件的正面效应，杜绝事件的负面效应。

支持者：对于一些企业运作的事件活动，政府及相关部门应扮演好支持者的角色，为事件活动提供及时有效的公共服务。

（4）完善基础设施、提高城市事件旅游硬件水平。在事件旅游产品开发过程中，一方面要注重城市基础设施的完善，包括城市的交通设施、住宿设施、购物和娱乐设施等，要使得事件旅游者有一个轻松、愉快的旅游环境。另一方面要注重跟事件有关的专业设施的提供，每一类事件都需要其所需要的专业的设施来保障，如国际会议，需要高标准的翻译器材以及高质量的通信器材，因此，相关的配套设施就显得至关重要。

（5）做好事件旅游产品开发管理工作。一是协调好事件旅游各参与方的管理工作。一种事件旅游产品的开发需要多个参与方的共同参与，政府方面就需要有安全、交通、通信等部门，涉及食、住、行、游、购、娱各个方面的旅游企业也都会参与其中，另外还有当地居民的参与。这些部门、企业和个人由于各自不同的利益诉求参与到事件旅游产品开发中，在追求利益最大化的前提下，可能会发生冲突，因此，加强对产品开发参与方的管理显得尤为必要。

二是培养事件旅游专门人才。要培养懂事件和事件经济的专门人才，政府要在其中发挥作用。另外，服务于每种事件的专门人才也不可或缺，如举办国际会议时需要的高层次翻译人才和会议组织人才等。

（四）城市夜间旅游产品开发

夜游产品是指在游客及居民从开始晚餐到就寝之间的时段内，以城市、景区等范围内的配套服务设施为依托，为游客及居民提供休闲、游览、娱乐的服务产品的总和。夜游产品是城市旅游重要的组成部分，随着人们生活品质的提升，夜游已逐渐成为一种时尚的都市生活方式。如西安“大唐不夜城”、故宫灯光秀等。

1. 城市夜间旅游产品类型

（1）城市夜间旅游演艺产品。城市夜间旅游演艺产品指在特定的空间舞台上表演的供游客夜间娱乐的一种旅游产品。夜间旅游演艺产品的出现旨在通过丰富旅游产品的种类，延长游客停留时间，来提高城市旅游业的综合收入。城市夜间旅游演艺产品的规模有大有小，既有名声、规模都极大的如《印象·刘三姐》这样的大型实景演出，也有小型演艺活动。目前，很多旅游城市都有一台标志性夜间旅游演艺产品。

（2）城市夜间观光旅游产品。城市夜间观光旅游产品是城市旅游开发者利用现实的风景资源，配上灯光，开发供游客夜间观赏的一种旅游产品。近几年，随着城市亮化工程的流行，夜间观光旅游产品开始大规模兴起，如桂林的“两江四湖”夜游、广州的“珠江夜游”、重庆的“两江四岸”夜游等。目前，夜间观光旅游产品已经成为城市旅游的主要组成部分，其共同点在于主要集中在城市中心区域，以灯光照明为主要景观形式，对于硬件设施和能源供应具有较高的依赖性。

2. 城市夜间旅游产品特点

（1）创意性。不管是夜间旅游演艺产品还是夜间观光旅游产品都需要很好的创意。一台富有本地特色的夜间演艺产品需要专业的创作人员结合城市的人文历史特点来创作。而依托城市自然资源开发的夜间观光产品则需要根据景观的特点给予游客不同于白天的游览体验。

（2）集聚性。相对于日间旅游而言，夜间旅游活动往往局限于有限的空间内，例如，观光产品通常集中于城市的某一路段或社区空间。夜间旅游产品由于安全、照明的要求，也必须要考虑灯光照明、交通疏散、安全保障等系统的建设和配套；如果产品空间分散、规模较大，必然需要相适应的子系统予以支撑，这不但会直接增加建设成本，而且对于硬件设备、技术条件的要求也相应提高，加大了旅游产品开发建设和经营管理的难度。因此，目前绝大多数夜间旅游产品在空间上表现为明显的城市集聚特性，其目的就是要借助和利用市区的硬件设施。

（3）时间性。通常来说，游客夜间旅游行为也表现出不同于日间的特点。游客往往选择一个而不是多个项目产品进行旅游活动，活动范围围绕在住宿点附近，会严格控制活动时间。因此，夜间旅游产品也表现出相应的时间性，如深圳华侨城主题公园的歌舞演出时间一般都在 1.5 小时以内。

3. 城市夜间旅游产品市场

（1）旅游市场需求。在当今旅游业高速发展的大环境下，旅游者变得越来越成熟，他们不再习惯于传统的旅游方式，而是更加注重旅游产品的体验质量。而城市夜间旅游产品的出现可以让旅游者得到全新的旅游体验，得到一种完全与白天不同的旅游感受，使其旅游体验更丰富，旅游时间能够得到更合理的利用。

另外，当地居民生活休闲水平的提高也是促使和支撑城市夜间旅游产品开发的重要因素。白天，大多数的城市居民忙于工作，没有时间放松和娱乐，夜间旅游产品的开发则提供了一个很好的放松和休闲娱乐的机会，且当地居民所形成的休闲娱乐氛围和消费也是支撑城市夜间旅游产品可持续的重要力量。

（2）旅游市场细分。无论是城市夜间观光旅游产品还是演艺旅游产品，都有本地人和外地旅游者的共同参与。因此，城市夜间旅游产品的旅游市场可以分为本地人市场、外地旅游者市场，其中，外地旅游者分为商务散客和旅游团队两类市场。

①本地人市场。城市当地居民是城市夜间旅游产品消费的重要力量，他们的参与可以活跃城市夜间旅游的氛围，这也是吸引外地游客的重要因素之一。本地人市场的特点是重复消费，主要是夜间观光和小规模的演艺吧消费的形式。

②商务散客市场。随着经济的快速发展，城市与城市之间的经济贸易往来越来越多，往返于城市间的商务游客也随之增多，商务散客市场是城市旅游市场的一支重要力量。白天，这些商务游客往往忙于生意上的往来，无暇抽出时间来游览，晚上，他们一般会到当地的酒吧等场所休闲娱乐或者观看一场当地有特色的演出。

③旅游团队市场。旅游团队游客的自由时间不多，如果有集体活动，一般是购物、看演出、夜游景点等。对于这类市场，导游的作用十分关键，看演出一般也是导游推荐的结果。

4. 城市夜间旅游产品开发思路

（1）把握市场需求变化，开发富有特色的城市夜间旅游产品。把握市场需求变化，一是指夜间旅游产品的开发必须结合当前旅游市场的需求现状，分析当前各个细分市场的需求特征，根据市场需求特征开发、设计和不断完善城市夜间旅游产品。二是指夜间旅游产品的开发还应该充分考虑未来的需求变化。例如，未来的旅游活动中，游客更多地注重参与性强和娱乐性强的旅游产品，这就要求夜间旅游产品开发者更多地考虑在产品设计中融入这些因素。

（2）结合城市现状开发合适的城市夜间旅游产品。目前，城市夜间观光旅游产品的开发主要是两种：一是现代都市夜间观光。一些经济发达的都市，如香港、上海等，利用城市的亮化工程、五颜六色的灯光与当地风景交相呼应，形成供游客欣赏游览的景观。二是许多旅游城市利用良好的自然资源，配上灯光，形成与白天不同的景观供游客欣赏，如桂林夜游项目和杭州西湖夜游项目等。因此，不同的城市应该选择与自己特色和现状相适合的夜间观光产品开发之路，开发特色的旅游产品。另外，对于城市夜间演艺产品，要结合当地特色，针对不同客源设计演艺产品，如游客以团队为主，演艺产品要注重个性化、本土化和知名度。

（3）内外兼顾，培育夜间旅游产品的消费主体。夜间旅游产品的消费主体基本上可以分为两部分：一部分是本市市民，另一部分是外地游客。要针对两大不同消费群体，采取不同的方法与措施，引导人们参与夜间旅游。在培育市民消费主体方面，一要积极引导，通过各种形式宣传新型生活方式，引导更多的市民参与到夜间旅游活动中来；二要适当改变当前的工作时间，让市民有更多的时间参与到夜间活动中来。在培育外地游客消费群体方面，一要加大宣传力度，通过新闻媒体、旅行社等渠道向游客推介夜间休闲旅游，引导游客延长逗留时间；二是要增强特色和吸引力，以丰富多彩的夜间旅游活动留住游客。

（4）发挥政府主导作用，有效地推进城市夜间旅游产品的开发。城市夜间旅游产品在延长游客逗留时间、提高旅游业综合收入上发挥着重要作用，因此政府应积极发挥作用，推进城市夜间旅游产品的开发。

首先，政府要为游客创造一个良好的城市夜间旅游环境。公安部门要统筹安排，严厉打击各种丑恶现象和刑事犯罪活动，创造安全的旅游消费娱乐环境。行业管理、工商和技术监督等部门要规范夜间旅游市场，营造放心的夜间旅游消费环境。城市交通部门要通过城市公交线路的调整来方便夜间旅游消费者的出行。

另外，对城市夜间旅游产品开发者和经营者应给予政策支持。一是对参与夜间旅游产品开发和经营的企业在政策允许范围内给予税收等方面的减免。二是加强与旅行社的合作。旅行社在夜间旅游产品开发中发挥着重要的作用，团队游客在选择是否参加夜间旅游的时候，往往倾向于听从导游的安排。政府应鼓励旅行社将夜游项目编入旅游手册和旅游线路，对组团参加城市夜间旅游的旅行社给予奖励和扶持。

（五）城市休闲度假旅游产品开发

随着人们生活水平的提高，休闲的观念越来越深入人心，传统的观光旅游产品已经不能满足人们的旅游需求，休闲度假旅游产品开始成为新旅游时代的重要组成部分和趋势。城市作为现代旅游重要的场所，开发休闲度假产品也是必然趋势。城市休闲度假类旅游产品是指人们利用节假日外出以度假和休闲为主要目的和内容，进行令精神和身体放松的休闲活动。

1. 城市休闲度假类产品类型

城市休闲度假旅游产品既包括外地游客，又包括城市本地人在城市进行的休闲游憩活动，因此，可以将城市休闲度假类旅游产品分为两类。

（1）满足城市外地人旅游需求的休闲度假产品。该类型的旅游产品形式上基本是以城市内品位较高的旅游资源为依托，开发的集观光、娱乐、休闲和运动于一体的度假区（村），如依托海滨资源开发的海滨旅游度假区，依托温泉资源开发的温泉旅游度假村等。

（2）满足城市本地人旅游需求的休闲游憩产品。该类型的旅游产品形式是以城市郊区的优于城市内部的自然生态环境为依托，开发的满足城市居民周末和节假日休闲游憩需求的一种旅游产品，如在城市郊区依托自然生态环境开发的运动健身活动等。

2. 城市休闲度假类产品特点

城市休闲度假旅游产品既有一般休闲度假旅游产品的特点，也具有本身独有的特征。

（1）综合性。与传统观光旅游产品相比，休闲度假旅游产品能够满足游客观光、娱乐、休闲、运动等多种需求，设施配备也相对齐全。与一般的休闲度假旅游产品相比，以城市为依托开发的休闲度假产品可以提供更加完善的设施和服务。

（2）游客对休闲度假旅游产品的选择相对固定。休闲度假旅游者到达目的地后，一般活动范围不大，主要局限于度假地及其周围地区；而观光旅游则通常会进行大跨度的空间转移，尽量用最短的时间游览尽可能多的景点。

（3）休闲度假旅游产品更强调休息、娱乐和保健。观光旅游着意于游山玩水，欣赏异地风情，以开阔视野、增长见识；而休闲度假旅游产品开发的目的则主要在于利用闲暇之余，寻求消遣，消除疲劳，增进身心健康。

（4）停留时间相对较长。观光旅游者往往停留时间较短，来去匆匆。而度假旅游产品开发的目的是让旅游者好好休息、放松，因此，旅游者停留的时间较长。

（5）可重复消费。观光旅游属一次性消费，很少有游客会反复多次地到同一旅游地观光；与之相反，休闲度假旅游地可不断地招徕回头客，吸引人们重复消费。

当然，城市两类休闲度假旅游产品也有不同，如满足外地人需求的休闲度假旅游产品层次较高，配套设施更加完善，而且停留的时间也长于本地人的休闲游憩活动等。

3. 城市休闲度假类产品市场

（1）旅游市场需求。首先，随着经济的发展、社会的进步，人们的旅游观念发生了变化，随之发生变化的是人们的旅游需求和旅游方式。特别是城市里的人们，不再满足于以前那样赶场似的一个景点接着一个景点走马观花式的旅游，而是渴望身心彻底放松的旅游方式。他们希望到风景优美的地方去放松心情，去一处相对僻静的场所去修身养性，于是休闲度假旅游就应运而生了。而城市作为现代旅游的重要场所，因其具有旅游资源丰富多样、旅游设施完善以及旅游管理、服务到位等优势，具备开发休闲度假旅游产品的条件，必然会成为休闲度假旅游者的选择。其次，社会的进步和城市经济的发展会带来竞争的加剧、社会分工的细化，城市里人们的工作压力增大，工作内容枯燥单调，人们希望通过休闲游憩来调节自己的生活，获得身心健康；加之，城市郊区清新的空气、优良的环境和悠然的生活方式都对城市居民具有极大的吸引力，成为人们调剂生活、消除疲劳、恢复健康的理想选择。

（2）旅游市场细分。根据城市休闲旅游产品的分类，城市休闲度假游客可分为外地人休闲度假游客和本地人休闲游憩游客两类。

①外地人休闲度假游客。该类游客的停留时间较长，且消费档次较高，他们一般会选择一些具有较高的观光价值，同时拥有广阔的空间和满足其进行休闲度假的基本设施，以及活动内容丰富的旅游度假区（村）。

②本地人休闲游憩游客。该类游客具有明显的游憩特征，一般是指城市居民在周末或节假日到城市郊区进行的休闲游憩活动，时间一般是 1~3 天，游憩频率比较高。

4. 城市休闲度假类产品开发思路

（1）满足外地游客的城市休闲度假旅游产品开发。

①开发多功能的休闲度假旅游产品。在旅游过程中，休闲度假游客希望能够在较小的活动范围内尽可能多地获得不同的旅游体验，因此，休闲度假旅游产品的多功能性至关重要。城市休闲度假旅游产品在开发过程中，应在突出其特色的前提下，尽可能地丰富旅游产品内容，开发满足游客的休闲娱乐、身心健康和参与体验等旅游产品。

②做好城市其他旅游产品开发工作，配合休闲度假旅游产品开发。

一是城市休闲度假旅游产品的开发，离不开城市完善的设施和管理服务的支持，休闲度假的游客往往会在旅游休闲之余选择到城市中心进行购物、娱乐及美食体验等活动。因此，城市应该完善各方面的旅游设施，加强管理和服务，营造良好的旅游环境，满足游客的旅游需求，深化而不是降低休闲度假游客的旅游体验。

二是城市休闲度假旅游产品的开发离不开城市其他旅游产品的支持，根据旅游需求最大化原理，多数游客在做旅游决策时，会选择在观光旅游的同时进行休闲度假，或者在休闲度假旅游的同时进行观光。旅游者在城市休闲度假地进行的旅游活动，一般伴随着对城市其他旅游产品的消费。因此，在城市休闲度假旅游产品开发的同时，要结合城市其类型旅游产品开发，更好地支持城市休闲度假旅游产品开发。

③做好市场调研，突出本身特色，错位开发休闲度假旅游产品。目前，各个城市都在积极打造休闲度假区（村）旅游项目，旅游度假区（村）遍地开花。抓住休闲度假旅游这个大趋势是无可厚非的，但同时应该做好对本身特色的分析和休闲度假旅游竞争环境的分析，只有结合市场，结合自身特色，错位开发，才能开发出适合自己、有竞争优势和符合市场需求的休闲度假旅游产品。

（2）满足城市居民休闲游憩旅游产品开发。对于满足城市居民休闲游憩需求的旅游产品，应着重开发城市郊区休闲游憩产品，开发过程中应注意以下两个方面。

①注重城郊环境的保护，实施可持续发展战略。城市郊区休闲游憩产品开发的基础是城市郊区优于城市的良好的生态环境。因此，在城郊的旅游开发中，应该特别注重对其生态环境的保护，在开发时必须坚持可持续发展战略。具体而言，各级政府应给予更多的政策支持，促进城郊休闲度假旅游资源和景区环境得到有效保护。此外，还要培育旅游者的环境保护、生态旅游意识和旅游经营者的绿色经营管理理念。只有各个利益相关者都行动起来，环境保护才能得到真正的落实。

②建立和完善社区居民参与机制。在城郊的休闲度假旅游中，多数旅游活动与当地社区有关。因此，为了使城郊休闲度假旅游得到和谐的发展，要建立社区居民参与城郊休闲度假旅游开发、经营管理的机制，尊重当地社区居民对发展旅游的意见和建议，了解他们的合理经济要求，并赋予他们一定的开发决策权，让社区居民真正成为城郊休闲度假旅游发展的参与者和决策者，从而成为城郊休闲度假旅游的受益者。

【思考与练习】

1. 简述城市旅游的内涵及特点。
2. 试述我国城市旅游发展历程及发展趋势。
3. 什么是城市旅游空间结构？城市旅游空间有哪些类型？
4. 结合某一城市，谈谈如何塑造城市旅游形象。
5. 阐述城市旅游产品开发原则及开发策略。

【案例分析】

大明湖能否成功复制“西湖模式”①

据报道，山东省济南市 2016 年 12 月 19 日宣布，大明湖明年元旦起开始全面免费开放，这对市民和游客自然是一件利好的事情，但客流激增对景区周围的交通、停车，

① 刘思敏. 大明湖能否成功复制“西湖模式”[N]. 中国旅游报，2016-12-28（003），有删改。

景区的安保、保洁，政府的财政支持等都是挑战。因此，大明湖的全面开放，不仅仅是一座公园免费的问题，更是对城市文明程度、市民素养的一次检验。为应对免费后激增的客流，景区将会同公安、城管等部门成立现场指挥部，根据客流变化及时采取相应的控流措施，景区全员上岗，做好值守和管理工作。

其实，对于全国各地的旅游者和旅游从业者来说，与济南如何做好客流量超承载应急预案相比，大家更关心的是大明湖免费会不会成为全国各地景区进入免费模式的前奏？不少媒体也借此纷纷热议“杭州西湖免费模式”。

所谓“西湖免费模式”是“天时、地利、人和”的产物。所谓天时，就是近年来，休闲度假旅游在中国方兴未艾；地利，就是西湖所在的杭州位于全国最重要的休闲客源输出地长三角，西湖更适合开发为度假休闲产品，而度假休闲目的地最好与客源输出地靠近；人和，就是杭州市委、市政府看到了这个趋势并率先做出了这个决策，倡导了这种先进的理念。也就是说，杭州市政府通过“西湖免费”这个噱头，贡献了一种“景区免费＋周边消费”商业模式的新理念。由于把城市公园、博物馆等休闲景区成功包装为“杭州西湖免费模式”，巨大的影响力促进了杭州城市旅游在食、住、行、游、购、娱等方面的发展，带动了景区商业网点经营价值的提升，直观上降低了游客的旅游成本，游客逐年增加，逗留时间延长，使杭州市餐饮、旅馆、零售、交通等服务行业都获得了新的发展空间，为杭州创造了大量的就业岗位和较高的经济效益，促进了城市的整体经济发展。

杭州依托西湖的城市公园免费开放的成功模式，为国内其他同类景区的免费开放提供了丰富的经验，但每处景区都有各自特点，杭州模式并没有得到广泛推广。目前来看，复制、实践所谓“杭州西湖免费模式”所需要具备的条件包括：免费景区应与城市融为一体，城市风景湖泊最适合；免费景区要有一定的知名度，有利于城市品牌营销；免费景区所在地要具备良好的旅游设施和公共服务条件；免费景区所在城市的政府要有较强的财力支持；免费景区要距离休闲度假客源地较近，可进入性较好；免费景区所在政府旅游管理部门要具备较强的综合协调能力；免费景区所在城市居民要具备与游客和谐相处的素质。

杭州西湖之所以成功是因为西湖资源和城市融为一体，而且杭州这座城市非常发达，餐饮、住宿、各种休闲设施都可以成为西湖景区的一部分，实现相互利用。单个景区很难形成全产业链，特别是偏远的景区，比如九寨沟、张家界，景区本身想形成全产业链是不现实的。即使与杭州西湖极为相似的南京玄武湖，由于存在明代城墙的阻隔、湖区水面大、湖岸陆地小等问题，因而虽然实施了免费开放，但无法克服发展湖泊度假休闲的先天不足，完全没有收到“杭州西湖免费模式”的那种效果。

济南作为山东的省会，虽然也是历史文化名城，但与青岛相比，在城市形象、旅游产业等诸多方面总是略逊一筹。为办好 2009 年全运会，济南市进行了大规模的城市改造，大明湖新区及其商业休闲业态的扩建就是那个时代的作品，对提升济南的城市形象、促进城市休闲旅游发展起到了重要作用。

这次大明湖全域免费开放，堪称济南市走向新时代的重要契机，有望真正将“西湖免费模式”从理论变成现实。这是因为，如果济南市管理层能够悟透“西湖模式”的理论价值，围绕大明湖，面对未来市民和游客的休闲度假需求，实现大明湖周边的城市有机更新，突出济南的地域文化特色，将大明湖及其周边片区打造成为市民与游客互动的“城市会客厅”，就一定能够使济南跻身中国重要的城市旅游目的地行列。

思考题：

1. 什么是“杭州西湖免费模式”？总结“西湖模式”的成功经验。

2. 结合城市旅游构成要素，谈谈如何打造大明湖休闲旅游。

参考文献

[1] 邹再进 . 田洪，论城市旅游 [J]. 兰州铁道学院学报，2002 (5).

[2] 杨美景 . 城市休闲旅游制度供给机制研究 [J]. 中国经济问题，2008 (7).

[3] 王琳，杜小平 . 论城市休闲旅游的理论要素及运行机制 [J]. 天津行政学院学报，2007 (3).

[4] 彭华 . 关于城市旅游发展驱动机制的初步思考 [J]. 人文地理，2000 (2).

[5] 王民 . 发展城市旅游的思考 [J]. 学术交流，2002 (5).

[6] 陈朝隆 . 城市旅游的特殊性分析 [J]. 热带地理，2005 (6).

[7] 张岩 . 对城市旅游开发问题的思考 [J]. 辽宁教育学院学报，2002 (7).

[8] 金准 . 中国城市旅游的现状及前瞻 [J]. 中国经贸导刊，2014 (11).

[9] 李芸 . 新加坡旅游业发展带给我们的启示 [J]. 扬州教育学院学报，2006 (4).

[10] 伍琴琴，刘连银 . 进入新世纪以来新加坡旅游业发展战略研究 [J]. 东南亚纵横，2009 (7).

[11] 宋增文 . 首尔发展城市旅游哪些经验可借鉴 [N]. 中国旅游报，2016-03-07.

[12] 汪升华，陈田 . 美国东部城市旅游带发展对我国沿海旅游建设的启示 [J]. 经济理论与经济管理，2005 (10).

[13] 郭为，朱选功，何媛媛 . 近三十年来中国城市旅游发展的阶段性和变化趋势 [J]. 旅游科学，2008 (8).

[14] 卞显红 . 城市旅游空间结构研究 [J]. 地理与地理信息科学，2003 (1).

[15] 吴必虎 . 大城市环城游憩带（ReBAM）研究——以上海市为例 [J]. 地理科学，2001，21 (4).

[16] 杨国良，黄鹭红，刘波，等 . 城市旅游系统空间结构研究 [J]. 规划师，2008 (2).

［17］齐祖晟，王倩颖．城市旅游空间结构理论研究［J］．赤子，2015（1）．

［18］吴必虎，董莉娜，唐子颖．公共游憩空间分类与属性研究［J］．中国园林，2003（5）．

［19］苏平，党宁，吴必虎．北京环城游憩带旅游地类型与空间结构特征［J］．地理研究，2004（6）．

［20］王德静．我国城市休闲旅游发展态势与深度开发研究［J］．商业时代，2011（10）．

［21］曹诗图，郑宇飞，孙天胜．旅游概念新思辨［J］．桂林旅游高等专科学校学报，2006（8）．

［22］雒珊珊．浅论休闲旅游产品的开发［J］．淮南职业技术学院学报，2018（5）．

［23］杜丽春．基于人文关怀的河北省休闲旅游产业发展策略研究［J］．环渤海经济瞭望，2019（6）．

［24］胡英清．中国休闲旅游发展研究新进展［J］．广西民族大学学报，2008（4）．

［25］吴克祥，李舟．休闲旅游产业发展模式探讨［J］．商业时代，2004（8）．

［26］陈永昶，郭净，徐虹．休闲旅游国内外研究现状、差异与内涵解析［J］．地理与地理信息科学，2014（6）．

［27］蒋素梅．休闲旅游的特征及女性休闲旅游吸引策略研究［J］．昆明大学学报，2006（2）．

［28］卞显红．城市旅游空间规划布局的影响因素分析［J］．地域研究与开发，2003（6）．

［29］邓明艳，吴瑕．消费时代背景下城市休闲旅游空间的生产［J］．乐山师范学院学报，2012（6）．

［30］杨利，马湘恋．长沙市环城游憩带空间结构特征［J］．经济地理，2015（10）．

［31］金卫东．城市旅游形象浅析［J］．城市规划汇刊，1995（2）．

［32］赵伟兵．城市旅游形象定位的理论与实践研究［J］．广西大学学报：哲学社会科学版，2001（12）．

［33］赵煌庚．城市旅游形象定位探讨［J］．云梦学刊，2001（11）．

［34］成伟光．论城市旅游形象战略［J］．学术论坛，2001（9）．

［35］郑敏．城市旅游及其产品开发研究［J］．北京城市学院学报，2006（1）．

［36］刘丽，齐炜，焦玲玲．城市旅游的一个研究剖面：国内外城市旅游产品研究述评［J］．资源开发与市场，2012（12）．

［37］王瑞刚．城市旅游产品开发研究［D］．济南：山东大学，2009.

［38］崔杰．西安文化旅游产品开发研究［D］．西安：西北大学，2008.

［39］康敏．石家庄市夜游产品开发研究［J］．石家庄学院学报，2019（11）．

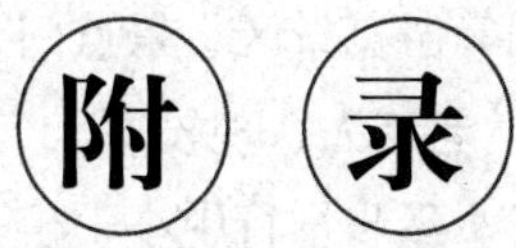

附录1

国民旅游休闲纲要（2013—2020年）①

为满足人民群众日益增长的旅游休闲需求，促进旅游休闲产业健康发展，推进具有中国特色的国民旅游休闲体系建设，根据《国务院关于加快发展旅游业的意见》（国发〔2009〕41号），制定本纲要。

一、指导思想和发展目标

（一）指导思想。以邓小平理论、“三个代表”重要思想、科学发展观为指导，按照全面建成小康社会目标的总体要求，以满足人民群众日益增长的旅游休闲需求为出发点和落脚点，坚持以人为本、服务民生、安全第一、绿色消费，大力推广健康、文明、环保的旅游休闲理念，积极创造开展旅游休闲活动的便利条件，不断促进国民旅游休闲的规模扩大和品质提升，促进社会和谐，提高国民生活质量。

（二）发展目标。到2020年，职工带薪年休假制度基本得到落实，城乡居民旅游休闲消费水平大幅增长，健康、文明、环保的旅游休闲理念成为全社会的共识，国民旅游休闲质量显著提高，与小康社会相适应的现代国民旅游休闲体系基本建成。

二、主要任务和措施

（三）保障国民旅游休闲时间。落实《职工带薪年休假条例》，鼓励机关、团体、企事业单位引导职工灵活安排全年休假时间，完善针对民办非企业单位、有雇工的个体工商户等单位的职工的休假保障措施。加强带薪年休假落实情况的监督检查，加强职工休息权益方面的法律援助。在放假时间总量不变的情况下，高等学校可结合实际调整寒、暑假时间，地方政府可以探索安排中小学放春假或秋假。

① 国务院办公厅．国民旅游休闲纲要［EB/OL］.http：//www.gov.cn/zwgk/2013-02/18/content_2333544.html.

（四）改善国民旅游休闲环境。稳步推进公共博物馆、纪念馆和爱国主义教育示范基地免费开放。城市休闲公园应限时免费开放。稳定城市休闲公园等游览景区、景点门票价格，并逐步实行低票价。落实对未成年人、高校学生、教师、老年人、现役军人、残疾人等群体实行减免门票等优惠政策。鼓励设立公众免费开放日。逐步推行中小学生研学旅行。各地要将游客运输纳入当地公共交通系统，提高旅游客运质量。鼓励企业将安排职工旅游休闲作为奖励和福利措施，鼓励旅游企业采取灵活多样的方式给予旅游者优惠。

（五）推进国民旅游休闲基础设施建设。加强城市休闲公园、休闲街区、环城市游憩带、特色旅游村镇建设，营造居民休闲空间。发展家庭旅馆和面向老年人和青年学生的经济型酒店，支持汽车旅馆、自驾车房车营地、邮轮游艇码头等旅游休闲基础设施建设。加强公园绿地等公共休闲场所保护，对挤占公共旅游休闲资源的应限期整改。加快公共场所无障碍设施建设，逐步完善街区、景区等场所语音提示、盲文提示等无障碍信息服务。

（六）加强国民旅游休闲产品开发与活动组织。鼓励开展城市周边乡村度假，积极发展自行车旅游、自驾车旅游、体育健身旅游、医疗养生旅游、温泉冰雪旅游、邮轮游艇旅游等旅游休闲产品，弘扬优秀传统文化。大力发展红色旅游，提高红色旅游经典景区和精品线路的吸引力和影响力。开发适合老年人、妇女、儿童、残疾人等不同人群需要的旅游休闲产品，开发农村居民喜闻乐见的都市休闲、城市观光、文化演艺、科普教育等旅游休闲项目，开发旅游演艺、康体健身、休闲购物等旅游休闲消费产品，满足广大群众个性化旅游需求。鼓励学校组织学生进行寓教于游的课外实践活动，健全学校旅游责任保险制度。加强旅游休闲的基础理论、产品开发和产业发展等方面的研究，加大旅游设施设备的研发力度，提升旅游休闲产品科技含量。

（七）完善国民旅游休闲公共服务。加强旅游休闲服务信息披露和旅游休闲目的地安全风险信息提示，加强旅游咨询公共网站建设，推进机场、火车站、汽车站、码头、高速公路服务区、商业集中区等公共场所旅游咨询中心建设，完善旅游服务热线功能，逐步形成方便实用的旅游信息服务体系。完善道路标识系统，健全铁路、公路、水路、民航等的旅游交通服务功能，提升旅游交通服务保障水平。加强旅游休闲的安全、卫生等保障工作，加强突发事件应急处置能力建设，健全旅游安全救援体系。加强培训，提高景区等场所工作人员、服务人员和志愿者无障碍服务技能。创新人才培养模式，提高旅游休闲高等教育、职业教育质量，加快旅游休闲各类紧缺人才培养。

（八）提升国民旅游休闲服务质量。制定旅游休闲服务规范和质量标准，健全旅游休闲活动的安全、秩序和质量的监管体系，完善国民旅游休闲质量保障体系。倡导诚信旅游经营，加强行业自律。加强跨行业、跨地区、多渠道的沟通和协调，打击欺客宰客、价格欺诈等严重侵害消费者权益的违法行为。发挥社会监督和舆论监督作用，畅通旅游休闲投诉渠道，建立公正、高效的投诉处理机制。依法维护经营者和消费者的合法权益，维护公平竞争的旅游休闲市场环境。

三、组织实施

（九）加强组织领导。发展改革和旅游部门负责实施本纲要的组织协调和督促检查。各相关部门要将旅游休闲纳入工作范畴，发挥工会、共青团、妇联等人民团体以及相关行业协会的作用，共同推动国民旅游休闲活动发展。

（十）加强规划指导。要把国民旅游休闲纳入各级国民经济和社会发展规划，以及相关行业和部门的发展规划。加强对各地旅游休闲发展的分类指导，鼓励有条件的地方编制适合本地区旅游休闲发展专项规划。城乡规划要统筹考虑旅游休闲场地和设施用地，优化布局。

（十一）加大政策扶持力度。逐步增加旅游休闲公共服务设施建设的资金投入。鼓励社会力量投资建设旅游休闲设施，开发特色旅游休闲线路和优质旅游休闲产品。鼓励和支持私人博物馆、书画院、展览馆、体育健身场所、音乐室、手工技艺等民间休闲设施和业态发展。落实国家关于中小企业、小微企业的扶持政策。

（十二）加强监督管理。地方各级人民政府要按照本纲要的要求，加强旅游市场管理，强化综合执法，确保旅游休闲的相关法律法规和标准规范得到有效实施。

附录 2

旅游休闲街区等级划分（LB/T 082—2021）①

1　范围

本文件规定了旅游休闲街区等级划分的依据与条件。

本文件适用于中华人民共和国行政区划内的各类旅游休闲街区。

2　规范性引用文件

下列文件中的内容通过文中的规范性引用而构成本文件必不可少的条款。其中，注日期的引用文件，仅该日期对应的版本适用于本文件；不注日期的引用文件，其最新版本（包括所有的修改单）适用于本文件。

GB 2894　安全标志及其使用导则

GB 3096　声环境质量标准

GB/T 10001（所有部分）　公共信息图形符号

① 中华人民共和国文化和旅游部．旅游休闲街区等级划分［EB/OL］. http：//zwgk.mct.gov.cn/zfxxgkml/hybz/202101/W020210127614322374044.pdf.

GB/T 15566.10　公共信息导向系统　设置原则与要求　第 10 部分：街区

GB 15630　消防安全标志设置要求

GB/T 16766　旅游业基础术语

GB/T 18973　旅游厕所质量等级的划分与评定

GB/T 26356　旅游购物场所服务质量要求

GB/T 31383　旅游景区游客中心设置与服务规范

GB/T 36309　公共文化资源分类

GB 37487　公共场所卫生管理规范

GB 37488　公共场所卫生指标及限值要求

GB 37489.1　公共场所设计卫生规范　第 1 部分：总则

3　术语和定义

下列术语和定义适用于本文件

3.1

旅游休闲街区　tourism leisure street blocks

具有鲜明的文化主题和地域特色，具备旅游休闲、文化体验和公共服务等功能，融合观光、餐饮、娱乐、购物、住宿、休闲等业态，能够满足游客和本地居民游览、休闲等需求的城镇内街区。

4　等级划分和依据

4.1　等级划分

旅游休闲街区划分为 2 个等级，从高到低依次为国家级旅游休闲街区和省级旅游休闲街区。

4.2　等级划分的依据

旅游休闲街区等级划分以本文件的必要条件和一般条件为依据。必要条件规定了各级旅游休闲街区应具备的硬件设施与服务管理项目。一般条件规定了旅游休闲街区的可进入性、文旅特色、环境特色、业态布局、服务设施、综合服务、卫生、安全、管理等要求。

5　必要条件

5.1　街区内应培育和践行社会主义核心价值观，倡导文明旅游、节约食物和绿色消费，不应传播封建迷信，不应出现庸俗、低俗、媚俗现象。

5.2　应具有明确的空间范围。国家级旅游休闲街区总占地面积不小于 5 万平方米或主街长度不小于 500 米，省级旅游休闲街区总占地面积不小于 3 万平方米或主街长度不小于 300 米。

5.3　应具有稳定的访客接待量。国家级旅游休闲街区年接待访客量应不少于 80 万人次，省级旅游休闲街区年接待访客量应不少于 50 万人次。

5.4　国家级旅游休闲街区应为步行街，省级旅游休闲街区应在每日主要营业时段期间采取主街限制车辆通行的措施。

5.5　其他

a）应具有统一有效的管理运营机构。

b）应注重绿色发展理念，与当地社区有机融合。

c）具有地方文化或创意文化的业态比例不应少于40%。

d）应具有经主管部门批准实施的国家级、省级旅游休闲街区规划。

e）应具备文化展示与体验、游览、购物、餐饮、休闲娱乐等功能，并在全国或省（市、区）层面具有较高的知名度。

f）应具有应对各类突发事件的应急预案。近2年内未发生重大安全责任事故和社会反响强烈的负面舆情事件。

g）应公布访客咨询、投诉和紧急救援电话，且24小时畅通；应有公共广播系统或应急呼叫系统。

6　一般条件

6.1　可进入性

6.1.1　街区应有不少于2个主要出入口。

6.1.2　街区周边交通便利，可有轨道交通、路面公交等绿色交通方式，街区周边应有一定规模的停车场地。

6.2　文旅特色

6.2.1　街区内应有展示城市与街区历史文化风貌的文化符号。

6.2.2　街区应注重依据GB/T 36309梳理文化资源，挖掘文化特色，并融入休闲体验的各个环节。

6.2.3　街区应有非物质文化遗产展示与活动。

6.2.4　街区宜有鲜明的标志性景观以及多样化的游览景点、历史建筑、名人故居、博物馆、文化馆、实体书店及图书馆（分馆）、小剧场等文化景观。

6.2.5　街区宜有本地特色的节事活动。

6.2.6　街区宜有地方餐饮文化展示体验。

6.2.7　街区宜有晚间文化娱乐活动。

6.2.8　街区宜有多样化街头艺术展示。

6.3　环境特色

6.3.1　街区内应环境整洁，应控制声源、降低噪声污染，符合GB 3096的二级标准。

6.3.2　街区内建筑宜特色鲜明，建筑形式、体量、色彩等宜与周边景观相协调。

6.3.3　街区内建筑物及各种设施设备不应有剥落、污垢，且设施设备运行完好，历史建筑应按相应的保护级别采取相应的保护措施且维护及时。

6.3.4 街区宜有绿化且有当地的植物类型，古树名木和珍稀植物应有铭牌。

6.3.5 街区户外广告、灯饰应符合相关规定，橱窗及各种商业展示布置宜有创意和独特性，与整体环境相协调。

6.3.6 街区内宜采用声、光、电等技术烘托休闲氛围，宜有街区夜景。

6.3.7 街区应有节能、节水设施设备和措施，宜符合绿色建筑标准。

6.3.8 街区内市政管网线宜入地。

6.4 业态布局

6.4.1 街区业态规划合理，宜有相应业态鼓励或限制名单。

6.4.2 街区业态应种类丰富，应有体现文化展示与体验、游览、购物、餐饮、休闲娱乐等功能的相应业态。

6.4.3 街区应有特色文化主题业态且经营良好。

6.4.4 街区业态应数量充足，临街单位 70% 以上对外开放。

6.4.5 旅游旺季宜有 80% 以上的经营单位营业时间到 21 时。

6.4.6 宜有创意性和艺术性的消费业态。

6.5 服务设施

6.5.1 街区内应有符合 GB/T 31383 服务规范的游客中心或服务中心，位置合理，标志醒目。应提供解说服务，应有专门的客服人员提供咨询服务、投诉或残障人士服务。宜有包括触摸屏系统的旅游宣传设施。提供导览图和当地旅游宣传资料。

6.5.2 街区导览标牌应醒目，位置合理，设计有特色，与景观相协调，制作、维护良好。在街区出入口宜设置街区全景导览图，标示街区的名称、简介及相关图示，符合 GB/T 16766 要求；在主要叉路口宜设置导览牌或小型区域导览图。宜中外文对照，文字准确规范。

6.5.3 街区内各文物保护单位或景点应设有铭牌标识和景物解说牌且中外文对照。

6.5.4 标识系统设置合理且符合 GB 2894、GB 15630、GB/T 10001（所有部分）、GB/T 15566.10 规定。

6.5.5 街区内厕所应布局合理，数量满足需要，标识醒目美观，建筑造型景观化。厕所设施设备应符合 GB/T 18973 中 A 级旅游厕所管理服务质量的要求。宜有残障人士厕位或功能兼用的家庭卫生间。

6.5.6 街区应设置公共休息区域和休憩设施，且满足访客需求。

6.5.7 街区内店铺宜有统一编号，有特色且对访客明示，符合 GB/T 26356 服务质量要求。

6.5.8 街区内宜有方便残障人士使用的设计或设施设备，并设置规范标识。宜提供幼儿活动场所及便利设施。

6.5.9 街区内宜实现移动通信和 Wi-Fi 信号全覆盖，且信号良好。

6.5.10 街区内宜提供便捷使用的手机等移动设备充电设施。

6.6 综合服务

6.6.1 街区内从业人员宜着装得体整洁，佩戴工牌，语言文明，礼貌、热情，对访客一视同仁，尊重客人的宗教信仰与风俗习惯。

6.6.2 街区内经营单位宜为访客提供包装、订购和邮寄快递、小件寄存等服务。

6.6.3 街区宜提供主要外语语种的翻译服务。

6.6.4 街区宜提供主要外币兑换服务。

6.7 卫生

6.7.1 街区应具有健全的卫生责任制度和卫生检查制度。

6.7.2 街区卫生应符合 GB 37487、GB 37488、GB 37489.1 规定的设计规范、卫生指标和管理规范。

6.7.3 街区内应设置分类垃圾箱，布局合理、数量满足需要，垃圾清运及时；垃圾箱造型美观，完好无损。

6.7.4 街区宜有对吸烟行为的管理规定。

6.8 安全

6.8.1 街区安全管理制度健全，应有安全处理预案及应急救援机制。

6.8.2 街区应有治安机构或治安联络点，宜与属地公安、消防等机构有应急联动机制。

6.8.3 街区应具备齐全、完好、有效的消防、防盗、防暴、救护等设施设备。

6.8.4 街区应配有专职、专业保安人员，且治安状况良好。

6.8.5 街区出入口应方便访客疏散，紧急出口应标志明显、畅通无阻。

6.8.6 街区应有访客量监控系统与访客高峰时段应急预案。

6.8.7 街区应有医疗服务，与周边医院有联动救治机制。

6.8.8 街区相关区域应设置相应的警示、警告和禁止等提示。

6.9 管理

6.9.1 街区内的经营单位应按有关规定办理相关证照，依法持证经营。

6.9.2 街区应定期开展从业人员的业务知识和服务技能培训，且培训效果良好。

6.9.3 街区内经营单位不应经营假冒伪劣商品，不应有强买强卖和兜售行为。

6.9.4 街区应规范价格管理，所有商品和有偿服务应明码标价。

6.9.5 街区应有独立域名的网站、公众号或 App 等智慧街区体系，且内容齐全丰富，更新及时，可进行电子商务，并有专属的网络营销系统。

6.9.6 街区应定期开展访客满意度调查，持续改善服务质量。

6.9.7 街区应有多渠道访客投诉与处理机制，且访客投诉处理及时，处理效果良好。

6.9.8 街区宜有特色鲜明的本街区形象标志和旅游宣传口号，每年宜有定期或不定期的宣传营销活动，且效果良好。